沿海国 200 海里以外大陆架外部界限划界案大陆架界限委员会建议评注

The Commentary on the Recommendations of the Commission on the Limits of the Continental Shelf in Regard to the Submissions of the Proposed Outer Limits of the Continental Shelf Beyond 200 Nautical Miles

（第一卷）

VOLUME I

吕文正　王丹维　编著

海洋出版社

2018 年 · 北京

图书在版编目（CIP）数据

沿海国 200 海里以外大陆架外部界限划界案大陆架界限委员会建议评注. 第一卷 / 吕文正，王丹维编著. —北京：海洋出版社，2018.10
ISBN 978-7-5210-0214-0

Ⅰ. ①沿… Ⅱ. ①吕… ②王… Ⅲ. ①大陆架-划界-国际法 Ⅳ. ①D993.5

中国版本图书馆 CIP 数据核字（2018）第 231144 号

责任编辑：方　菁
责任印制：赵麟苏

海洋出版社　出版发行

http://www.oceanpress.com.cn
北京市海淀区大慧寺路 8 号　邮编：100081
北京文昌阁彩色印刷有限责任公司印刷　新华书店北京发行所经销
2018 年 11 月第 1 版　2018 年 11 月第 1 次印刷
开本：787mm×1192mm　1/16　印张：23
字数：420 千字　定价：168.00 元
发行部：62132549　邮购部：68038093　总编室：62114335

海洋版图书印、装错误可随时退换

前　言

　　解释法律系法律学之开端，并为其基础，系一项科学性工作，但又为一种艺术。

——萨维尼（Savigny）

　　大陆架界限委员会（以下简称"委员会"）是根据《联合国海洋法公约》（以下简称《公约》）成立的三大机构之一。《公约》第七十六条第8款规定："从测算领海宽度的基线量起二百海里以外大陆架界限的情报应由沿海国提交根据附件二在公平地区代表制基础上成立的大陆架界限委员会。委员会应就有关划定大陆架外部界限的事项向沿海国提出建议，沿海国在这些建议的基础上划定的大陆架界限应有确定性和拘束力。"《公约》附件二第三条进一步规定，委员会的职务应为："（a）审议沿海国提出的关于扩展到二百海里以外的大陆架外部界限的资料和其他材料，并按照第七十六条和一九八〇年八月二十九日第三次联合国海洋法会议通过的谅解声明提出建议；（b）经有关沿海国请求，在编制（a）项所述资料时，提供科学和技术咨询意见。"

　　为执行《公约》的规定，委员会于1997年3月14日《公约》缔约国大会第7次会议上选举产生并正式成立，委员会陆续通过了一系列文件：1997年9月12日通过《大陆架界限委员会工作方式》，1998年9月4日通过《大陆架界限委员会议事规则》（以下简称《议事规则》），1999年5月13日通过《大陆架界限委员会科学和技术准则》（以下简称《科技准则》）。这些文件事实上成为委员会审议大陆架划界案的"指南"。委员会积极地行使《公约》赋予的权利，在解释、运用法律和科学技术规则方面体现出较大的"能动性"。

　　截至2017年12月31日，委员会共出具29个《建议》。本书涉及的15个是有关岛屿的大陆架划界案。岛屿大陆架划界案因其复杂性而成为我们研究的首类典型案例。岛屿的大陆架地质构造类型多样、地形地貌特征复杂，在《公约》第七十六条和委员会《科技准则》的应用方面有较大的空间和模糊性。因此如何审议这些岛屿大陆架划界案，对委员会本身也是一种挑战。

另一大挑战来自于各方就委员会性质及其通过《建议》的法律效力的争议。自 1967 年 11 月 1 日马耳他大使阿维德·帕多（Arvid Pardo）在联大的一次重要讲话中提出"人类共同继承财产"的概念后，如何将之付诸实践成为第三次联合国海洋法会议召开的其中一个动因。作为会议集大成者的《公约》设立了三个执行机构，分别是大陆架界限委员会、国际海底管理局（以下简称"管理局"）和国际海洋法法庭（以下简称"海洋法法庭"）。三个机构各司其职。委员会建议核可的大陆架外部界限是沿海国能够主张的大陆架主权权利的最大范围，沿海国在此基础上确定的最终外部界限构成与作为"人类共同继承财产"的"国际海底区域"（以下简称"区域"）之间的边界。管理局是按照《公约》第十一部分成立的，旨在组织沿海国进行"区域"的非生物资源的勘探开发等活动并执行产自"区域"的非生物资源的缴纳与分配。按照《公约》第十一部分和第十五部分以及附件六成立的海洋法法庭（包括海底争端分庭和特别分庭）旨在管辖沿海国按照《公约》向其提交的一切争端和申请，以及将管辖权授予法庭的任何其他国际协定中具体规定的一切申请。[①] 虽然委员会与管理局以及海洋法法庭没有日常的联系，但是这三个机构的工作是相辅相成的，都是为确保一致且有效地执行《公约》。[②] 委员会工作的最重要部分是审议沿海国提交的划界案，并在此基础上通过《建议》。《公约》第七十六条第 8 款规定，沿海国在委员会《建议》的基础上划定的大陆架界限才具有确定性和拘束力。

在委员会第 14 届会议上，联合国法律顾问尼古拉斯·米歇尔（Nicolas Michel）指出，委员会的工作是建立国家管辖的最后延伸界限中的重要一环，它为沿海国在是否正确适用《公约》第七十六条规定的复杂公式来确定其 200 海里以外大陆架的外部界限提供了非常必要的精确性。[③] 在纪念委员会成立 20 周年大会上，法律顾问米格尔·塞尔帕·苏亚雷斯（Miguel de Serpa Soares）再次强调，委员会审议划界案的过程及通过的《建议》的影响是巨大的，它使沿海国能够对数百万平方千米的海底及其底土资源行使充分的主权权利（fully exercise their

---

[①] 《公约》附件六第二十一条。
[②] Dispute Concerning Delimitation of the Maritime Boundary between Bangladesh and Myanmar in the Bay of Bengal（Bangladesh/Myanmar），ITLOS, Judgment of 14 March 2012, para. 373.
[③] 委员会第 14 届会议主席声明（CLCS/42），第 6 段。

sovereign rights)。① 简言之，在缺失委员会《建议》的前提下，沿海国无法行使200海里外大陆架的权利。该观点也为国际法院所接受。在尼加拉瓜诉洪都拉斯案中，国际法院指出，任何200海里以外的大陆架权利主张必须符合《公约》第七十六条的规定并经由《公约》设立的委员会审议。②

英国政治家埃德蒙·伯克曾说过："法律的基础有两个，而且只有两个，公平和实用。"在研究过程中，我们发现，为有效地运用规则并在最大程度上平衡沿海国管辖权利和国际海底区域的人类共同财产权利，从而实现公平公正，委员会内部往往会出现严重的意见分歧。沿海国提出的延伸大陆架的法律和科学依据通常无先例可寻。比如，在日本划界案中出现的涉及冲之鸟礁地位的认定问题，在英国阿森松岛、冰岛等划界案中出现的对三类"海底高地"类型的判断问题，在日本、菲律宾等划界案中出现的活动大陆边缘的增生问题，在澳大利亚、英法西爱四国联合、新西兰、巴巴多斯等划界案中出现的桥线问题，无不考验着委员会委员们的智慧。在有的划界案中，小组委员会虽然接受了沿海国的主张，但是在全会审议时难以达成一致意见，经多届会议讨论，最后以表决方式做出决定。还有个别划界案，小组委员会起草的建议案文甚至遭到全会否决。

法立于上则俗成于下。委员会在审议这些岛屿划界案中所产生的《建议》实际上形成了一种类似习惯法的文件，是审议类似划界案的依据。深入分析这些案例，研究《建议》产生的背景和科学、法律依据，是研究《公约》大陆架制度的重要内容，同时也是对《公约》大陆架制度的最好诠释，有重要的应用和参考价值。

本书分析的15个划界案结构一致，均分为五个部分。其中，第一部分介绍沿海国的划界主张，内容主要译自沿海国提交的《执行摘要》；第二部分罗列其他国家做出的反应照会和要点，内容主要译自各国提交的外交照会；第三部分介绍委员会的审议过程，内容主要译自委员会在每届会议后做出的《大陆架界限委员会主席关于委员会工作进展情况的说明》（以下简称《主席声明》）；第四部分介绍委员

---

① Commemoration of the 20th Anniversary of the establishment of the Commission on the Limits of the Continental Shelf, New York, 10 March 2017, Remarks by Mr. Miguel de Serpa Soares, Under-Secretary-General for Legal Affairs and United Nations Legal Counsel, http：//www.un.org/depts/los/clcs_new/documents/Presentations/7_CLCS_20_ANNIVERSARY_DeSerpaSoares.pdf, visited at Jun 13, 2017.

② Case Concerning Territorial and Maritime Dispute between Nicaragua and Honduras in the Caribbean Sea (Nicaragua v. Honduras), ICJ, Judgment of 8 October 2007, para. 319.

会对每个划界案做出的《建议》，内容主要译自委员会的《建议摘要》；第五部分则是对划界案和委员会《建议》的评注。以上涉及沿海国《执行摘要》、各国外交照会、委员会《主席声明》和委员会《建议摘要》的资料均已在联合国海洋事务和海洋法司网站公开。因篇幅所限，本书对原文的文字和图表略有删节。

本书有关沿海国的《执行摘要》和委员会《建议》的翻译另参照了高健军所译的《200海里外大陆架外部界限的划定：划界案的执行摘要和大陆架界限委员会的建议摘要》（海洋出版社2014年版）及黎明碧等编译的《沿海国200海里以外大陆架外部界限划界案执行摘要与初步信息选编》（海洋出版社2015年版），特此说明。

书中涉及的中文版普通术语力求与《公约》中文版用语保持一致，如将"Ridge"译为"洋脊"，将"Plateau"译为"海台"，将"Bank"译为"暗滩"，等等，部分与《海底地名命名标准（B-6出版物4.1.0版）》中文版翻译不一致，特此说明。书中相关海底地名的翻译主要参照已公布在海洋事务和海洋法司（DOALOS）网站上的中文版划界案《执行摘要》和中文版《主席声明》，两者有不一致的以前者为准，两者均未提及的则参照周定国主编的《世界地名翻译大辞典》（中国对外翻译出版公司2008年版）。书中涉及人名的翻译主要参照《主席声明》和新华通讯社译名室主编的《世界人名翻译大辞典》（中国对外翻译出版公司2006年修订版），两者有不一致的以前者为准。

本书是在自然资源部国际合作司（海洋权益司）"岛屿大陆架划界案案例研究和委员会审议建议评估"课题项目的研究成果基础上完成的。全书由吕文正和王丹维撰写，吕文正负责统稿。因作者能力所限，书中若有疏漏或遗误敬请广大读者批评指正，并特别声明，本书表达的观点纯属作者本人的看法，不一定反映大陆架界限委员会的见解。[①]

最后，感谢自然资源部国际合作司（海洋权益司）和厦门大学南海研究院对本书出版的大力支持，尤其是在编写过程中张海文司长和傅崐成教授提出了宝贵的指导意见。此外，厦门大学海洋与环境学院的雷怀彦教授及硕士研究生林忠亮也参加了课题的部分研究工作，在此一并致以最衷心的感谢。

编　者
2018年6月

---

① 按照《大陆架界限委员会内部行为守则》（CLCS/47）所作的声明。

本书中 15 个岛屿大陆架划界案列表

序号	国家	划界案类型	提交日期	委员会完成审议日期
1	澳大利亚	全部	2004 年 11 月 15 日	2008 年 4 月 9 日
2	爱尔兰（普罗库派恩深海平原）	部分	2005 年 5 月 25 日	2007 年 4 月 5 日
3	新西兰	全部	2006 年 4 月 19 日	2008 年 8 月 22 日
4	法国、爱尔兰、西班牙和英国（凯尔特海和比斯开湾地区）	联合	2006 年 5 月 19 日	2009 年 3 月 24 日
5	挪威（北冰洋、巴伦支海和挪威海地区）	部分	2006 年 11 月 27 日	2009 年 3 月 27 日
6	法国（圭亚那和新喀里多尼亚地区）	部分	2007 年 5 月 22 日	2009 年 9 月 2 日
7	巴巴多斯	全部	2008 年 5 月 8 日	2010 年 4 月 23 日
8	英国（阿森松岛）	部分	2008 年 5 月 9 日	2010 年 4 月 23 日
9	印度尼西亚（苏门答腊西北地区）	部分	2008 年 6 月 16 日	2011 年 3 月 28 日
10	日本	部分	2008 年 11 月 12 日	2012 年 4 月 19 日
11	毛里求斯和塞舌尔（马斯卡林海台）	联合	2008 年 12 月 1 日	2011 年 3 月 30 日
12	法国（法属安的列斯群岛和凯尔盖朗群岛地区）	部分	2009 年 2 月 5 日	2012 年 4 月 19 日
13	菲律宾（宾汉海隆地区）	部分	2009 年 4 月 8 日	2012 年 4 月 12 日
14	丹麦（法罗群岛以北地区）	部分	2009 年 4 月 29 日	2014 年 3 月 11 日
15	冰岛（埃吉尔海盆和雷克雅内斯洋脊西部和南部地区）	部分	2009 年 4 月 29 日	2016 年 3 月 11 日

注：本书的编排以划界案的提交日期先后为序，但需说明有些划界案因审议时间长而结束在后，并且委员会就一些问题提出的建议顺序也不以此为准。

术语和缩略语列表

术语和缩略术语	表达内容
《公约》	《联合国海洋法公约》
委员会	大陆架界限委员会
划界案	200 海里以外大陆架外部界限划界案
《科技准则》	《大陆架界限委员会科学和技术准则》（CLCS/11 和 CLCS/11/Add.1）
《议事规则》	《大陆架界限委员会议事规则》（CLCS/40/Rev.11）
200 海里线	从测算领海宽度的基线量起 200 海里处的线
关键大陆坡脚点	生成确定公式点的大陆坡脚点，该公式点用以划定大陆架外部界限
相关大陆坡脚点	生成确定公式点的大陆坡脚点，该公式点用以划定大陆边的外缘，以有助于大陆架外部界限的确立
沉积岩厚度公式	或称爱尔兰公式，指《公约》第七十六条第 4 款（a）项（i）目规定的公式，由此确定的公式点被称为沉积岩厚度公式点或卡地纳点
60 海里距离公式	或称海登堡公式，指《公约》第七十六条第 4 款（a）项（ii）目规定的公式，由此确定的公式点被称为 60 海里距离公式点或海登堡点
深度限制（制约）线	按照《公约》第七十六条第 5 款和第 6 款的规定，在距离 2500 米等深线外 100 海里处构建的限制线
距离限制（制约）线	按照《公约》第七十六条第 5 款和第 6 款的规定，从测算领海宽度的基线量起 350 海里处构建的限制线
M	海里

目　次

澳大利亚外大陆架划界案委员会审议建议评注 ………………………… （1）
  1　澳大利亚的主张 ………………………………………………… （2）
    1.1　凯尔盖朗海台 ……………………………………………… （2）
    1.2　豪勋爵海隆 ………………………………………………… （4）
    1.3　麦夸里洋脊 ………………………………………………… （6）
    1.4　三王洋脊 …………………………………………………… （6）
  2　各国反应照会和要点 …………………………………………… （9）
    2.1　美国 ………………………………………………………… （9）
    2.2　俄罗斯 ……………………………………………………… （9）
    2.3　日本 ………………………………………………………… （10）
    2.4　东帝汶 ……………………………………………………… （10）
    2.5　法国 ………………………………………………………… （11）
    2.6　荷兰 ………………………………………………………… （11）
    2.7　德国 ………………………………………………………… （12）
    2.8　印度 ………………………………………………………… （12）
    2.9　印度尼西亚 ………………………………………………… （12）
  3　委员会审议过程 ………………………………………………… （12）
    3.1　成立小组委员会之前的初步审议 ………………………… （13）
    3.2　小组委员会审议 …………………………………………… （13）
    3.3　委员会通过建议 …………………………………………… （14）
  4　委员会对澳大利亚外大陆架划界案的建议 …………………… （15）
    4.1　豪勋爵海隆地区 …………………………………………… （15）
    4.2　麦夸里洋脊地区 …………………………………………… （19）
    4.3　三王洋脊地区 ……………………………………………… （21）
    4.4　凯尔盖朗海台地区 ………………………………………… （24）

1

5 对委员会澳大利亚外大陆架划界案建议的评注 …………………（27）
5.1 本划界案由委员会表决通过 ……………………………（27）
5.2 与《南极条约》的关系 ……………………………………（28）
5.3 桥线问题 ……………………………………………………（28）
5.4 海底高地的性质 ……………………………………………（29）
5.5 国家实践与相关评论 ………………………………………（30）
参考文献 ……………………………………………………………（32）

爱尔兰（普罗库派恩深海平原）外大陆架划界案委员会审议建议评注（34）
1 爱尔兰的主张 ……………………………………………………（35）
2 各国反应照会和要点 ……………………………………………（36）
2.1 丹麦 ………………………………………………………（37）
2.2 冰岛 ………………………………………………………（37）
3 委员会审议过程 …………………………………………………（37）
3.1 成立小组委员会之前的初步审议 ………………………（37）
3.2 小组委员会审议 …………………………………………（38）
3.3 委员会通过建议 …………………………………………（39）
4 委员会对爱尔兰外大陆架划界案的建议 ……………………（39）
4.1 从属权利检验 ……………………………………………（39）
4.2 确定大陆坡脚 ……………………………………………（42）
4.3 公式线的运用 ……………………………………………（54）
4.4 限制线的运用 ……………………………………………（55）
4.5 最终外部界限及委员会建议 ……………………………（55）
5 对委员会爱尔兰外大陆架划界案建议的评注 ………………（57）
5.1 本划界案由委员会表决通过 ……………………………（57）
5.2 委员会调整了大陆坡脚点53的位置 …………………（57）
5.3 "两段陆坡"概念 ………………………………………（57）
5.4 国家实践与相关评论 ……………………………………（58）
参考文献 …………………………………………………………（59）

新西兰外大陆架划界案委员会审议建议评注 …………………（60）
1 新西兰的主张 ……………………………………………………（60）
1.1 北区 ………………………………………………………（60）
1.2 东区 ………………………………………………………（62）

1.3　南区 (64)
　　1.4　西区 (66)
　2　各国反应照会和要点 (69)
　　2.1　新西兰相邻国家的照会 (69)
　　2.2　其他国家的照会 (70)
　3　委员会审议过程 (71)
　　3.1　成立小组委员会之前的初步审议 (71)
　　3.2　小组委员会审议 (71)
　　3.3　委员会通过建议 (72)
　4　委员会对新西兰外大陆架划界案的建议 (73)
　　4.1　东区 (73)
　　4.2　南区 (75)
　　4.3　西区 (78)
　　4.4　北区 (81)
　5　对委员会新西兰外大陆架划界案建议的评注 (85)
　　5.1　本划界案由委员会表决通过 (85)
　　5.2　桥线问题 (85)
　　5.3　国家实践与相关评论 (87)
　参考文献 (88)

法国、爱尔兰、西班牙和英国(凯尔特海和比斯开湾地区)外大陆架联合划界案委员会审议建议评注 (90)

　1　四国的主张 (90)
　2　各国反应照会和要点 (92)
　3　委员会审议过程 (92)
　　3.1　成立小组委员会之前的初步审议 (92)
　　3.2　小组委员会审议 (92)
　　3.3　委员会通过建议 (93)
　4　委员会对四国外大陆架联合划界案的建议 (94)
　　4.1　从属权利检验 (94)
　　4.2　确定大陆坡脚 (95)
　　4.3　公式线的运用 (97)
　　4.4　限制线的运用 (97)

  4.5 最终外部界限及委员会建议 …………………………………（98）
 5 对委员会四国外大陆架联合划界案建议的评注………………………（98）
  5.1 本划界案由委员会一致通过 …………………………………（98）
  5.2 委员会接收并审议的第一个联合划界案………………………（98）
  5.3 "最后一段"的桥线规则 ………………………………………（99）
  5.4 "垂线法"的实践运用 …………………………………………（100）
 参考文献 ……………………………………………………………………（102）

挪威（北冰洋、巴伦支海和挪威海地区）外大陆架划界案委员会审议建议评注 ……………………………………………………………（103）

 1 挪威的主张 …………………………………………………………（104）
  1.1 关于大陆边的一般说明 ………………………………………（104）
  1.2 巴伦支海圈洞 …………………………………………………（105）
  1.3 西南森海盆 ……………………………………………………（106）
  1.4 挪威海和格陵兰海的香蕉洞地区 ……………………………（106）
 2 各国反应照会和要点 ………………………………………………（109）
  2.1 丹麦 ……………………………………………………………（110）
  2.2 冰岛 ……………………………………………………………（110）
  2.3 俄罗斯 …………………………………………………………（110）
  2.4 西班牙 …………………………………………………………（111）
 3 委员会审议过程 ……………………………………………………（111）
  3.1 成立小组委员会之前的初步审议 ……………………………（111）
  3.2 小组委员会审议 ………………………………………………（112）
  3.3 委员会通过建议 ………………………………………………（113）
 4 委员会对挪威外大陆架划界案的建议 ……………………………（113）
  4.1 巴伦支海的圈洞地区 …………………………………………（113）
  4.2 西南森海盆地区 ………………………………………………（114）
  4.3 挪威海和格陵兰海的香蕉洞地区 ……………………………（118）
 5 对委员会挪威外大陆架划界案建议的评注 ………………………（129）
  5.1 本划界案由委员会一致通过 …………………………………（129）
  5.2 划界地区的争端安排 …………………………………………（129）
  5.3 确定大陆坡脚点的证据 ………………………………………（129）
 参考文献 ……………………………………………………………………（129）

法国(圭亚那和新喀里多尼亚地区)外大陆架划界案委员会审议建议评注······(131)

  1 法国的主张······(131)

    1.1 法属圭亚那地区······(131)

    1.2 新喀里多尼亚地区······(131)

  2 各国反应照会和要点······(135)

    2.1 瓦努阿图······(135)

    2.2 新西兰······(135)

    2.3 苏里南······(136)

  3 委员会审议过程······(136)

    3.1 成立小组委员会之前的初步审议······(136)

    3.2 小组委员会审议······(137)

    3.3 委员会通过建议······(137)

  4 委员会对法国外大陆架划界案的建议······(137)

    4.1 法属圭亚那地区······(137)

    4.2 新喀里多尼亚地区······(139)

  5 对委员会法国外大陆架划界案建议的评注······(145)

    5.1 本划界案由委员会一致通过······(145)

    5.2 去掉与巴西相关的定点9······(145)

    5.3 新喀里多尼亚东南部······(146)

    5.4 瓦努阿图的维权努力······(146)

  参考文献······(146)

巴巴多斯外大陆架划界案委员会审议建议评注······(148)

  1 巴巴多斯的主张······(148)

    1.1 2008年划界案中的主张······(148)

    1.2 2011年修正划界案中的主张······(149)

  2 各国反应照会和要点······(151)

    2.1 苏里南······(151)

    2.2 特立尼达和多巴哥······(152)

    2.3 委内瑞拉······(152)

  3 委员会审议过程······(153)

    3.1 成立小组委员会之前的初步审议······(153)

3.2　小组委员会审议 ……………………………………………（153）
　　3.3　委员会通过建议 ……………………………………………（154）
　　3.4　巴巴多斯要求委员会澄清建议的内容 ……………………（154）
　　3.5　委员会审议经修订的划界案 ………………………………（155）
　　3.6　小组委员会审议经修订的划界案 …………………………（155）
　　3.7　委员会就修订的划界案通过建议 …………………………（155）
4　委员会对巴巴多斯外大陆架划界案的建议 ……………………（155）
　　4.1　从属权利检验 ………………………………………………（155）
　　4.2　确定大陆坡脚 ………………………………………………（156）
　　4.3　公式线的运用 ………………………………………………（156）
　　4.4　限制线的运用 ………………………………………………（158）
　　4.5　最终外部界限及委员会建议 ………………………………（158）
5　对委员会巴巴多斯外大陆架划界案建议的评注 ………………（161）
　　5.1　本划界案由委员会一致通过 ………………………………（161）
　　5.2　本划界案是第一个修正划界案 ……………………………（161）
　　5.3　以相反证明方式确定大陆坡脚 ……………………………（161）
　　5.4　桥线问题 ……………………………………………………（161）
参考文献 ………………………………………………………………（163）

英国（阿森松岛）外大陆架划界案委员会审议建议评注 ……（164）
1　英国的主张 ………………………………………………………（164）
2　各国反应照会和要点 ……………………………………………（165）
　　2.1　荷兰 …………………………………………………………（166）
　　2.2　日本 …………………………………………………………（166）
3　委员会审议过程 …………………………………………………（166）
　　3.1　成立小组委员会之前的初步审议 …………………………（166）
　　3.2　小组委员会审议 ……………………………………………（167）
　　3.3　委员会通过建议 ……………………………………………（167）
4　委员会对英国外大陆架划界案的建议[8] ………………………（167）
　　4.1　从属权利检验 ………………………………………………（167）
5　对委员会英国外大陆架划界案建议的评注 ……………………（175）
　　5.1　本划界案由委员会一致通过 ………………………………（175）
　　5.2　对阿森松岛性质的认定 ……………………………………（175）

- 5.3 英国划界案委员会建议的影响 (176)
- 5.4 国家实践与相关评论 (176)
- 参考文献 (178)

印度尼西亚(苏门答腊西北地区)外大陆架划界案委员会审议建议评注 (180)

- **1** 印度尼西亚的主张 (180)
- **2** 各国反应照会和要点 (182)
  - 2.1 印度 (182)
  - 2.2 印度尼西亚 (182)
- **3** 委员会审议过程 (183)
  - 3.1 成立小组委员会之前的初步审议 (183)
  - 3.2 小组委员会审议 (183)
  - 3.3 委员会通过建议 (184)
- **4** 委员会对印度尼西亚外大陆架划界案的建议 (184)
  - 4.1 从属权利检验 (184)
  - 4.2 确定大陆坡脚 (186)
  - 4.3 公式线的运用 (189)
  - 4.4 限制线的运用 (193)
  - 4.5 最终外部界限及委员会建议 (193)
- **5** 对委员会印度尼西亚外大陆架划界案建议的评注 (195)
  - 5.1 本划界案由委员会表决通过 (195)
  - 5.2 委员会保留通过大陆坡脚点 38 的位置 (195)
  - 5.3 委员会对外部界限作的修改 (195)
- 参考文献 (195)

日本外大陆架划界案委员会审议建议评注 (197)

- **1** 日本的主张 (197)
  - 1.1 南九州-帕劳洋脊地区 (197)
  - 1.2 南硫磺岛地区 (198)
  - 1.3 南鸟岛地区 (201)
  - 1.4 茂木海山地区 (202)
  - 1.5 小笠原群岛地区 (203)
  - 1.6 南冲大东洋脊地区 (204)

1.7　四国海盆地区 ································· （204）
2　各国反应照会和要点 ································· （207）
　　2.1　美国 ······································· （207）
　　2.2　帕劳 ······································· （207）
　　2.3　中国和韩国 ··································· （208）
3　委员会审议过程 ··································· （209）
　　3.1　成立小组委员会之前的初步审议 ····················· （209）
　　3.2　小组委员会审议 ································ （211）
　　3.3　委员会通过建议 ································ （211）
4　委员会对日本外大陆架划界案的建议 ······················ （213）
　　4.1　南九州-帕劳洋脊地区 ···························· （213）
　　4.2　南硫磺岛地区 ································· （213）
　　4.3　南鸟岛地区 ··································· （220）
　　4.4　茂木海山地区 ································· （222）
　　4.5　小笠原海台地区 ································ （223）
　　4.6　冲大东洋脊南区 ································ （230）
　　4.7　四国海盆地区 ································· （234）
5　对委员会日本外大陆架划界案建议的评注 ···················· （245）
　　5.1　本划界案由委员会一致通过 ························ （245）
　　5.2　桥线问题 ···································· （245）
　　5.3　调整南硫磺岛地区的大陆坡脚点位置 ··················· （245）
　　5.4　调整冲大东洋脊南区的大陆坡脚点位置 ·················· （245）
　　5.5　否定南鸟岛外大陆架权利 ·························· （246）
　　5.6　否定茂木海山地区外大陆架权利 ······················ （246）
　　5.7　冲之鸟礁问题 ································· （246）
　　5.8　国家实践与相关评论 ····························· （248）
　　参考文献 ······································· （251）

毛里求斯和塞舌尔(马斯卡林海台)外大陆架联合划界案委员会审议建议评注 ································· （253）
1　两沿海国的主张 ···································· （253）
2　各国反应照会和要点 ································· （254）
3　委员会审议过程 ···································· （254）

  3.1　成立小组委员会之前的初步审议 ………………………………（256）
  3.2　小组委员会审议 …………………………………………………（256）
  3.3　委员会通过建议 …………………………………………………（257）
 4　委员会对毛塞外大陆架联合划界案的建议 ……………………………（257）
  4.1　从属权利检验 ……………………………………………………（257）
  4.2　确定大陆坡脚 ……………………………………………………（258）
  4.3　公式线的运用 ……………………………………………………（263）
  4.4　限制线的运用 ……………………………………………………（263）
  4.5　最终外部界限及委员会建议 ……………………………………（269）
 5　对委员会毛塞外大陆架联合划界案建议的评注 ………………………（269）
  5.1　本划界案由委员会一致通过 ……………………………………（269）
  5.2　英国和印度对本划界案提供了技术支持 ………………………（269）
  5.3　严格遵守划界的程序和实体规定 ………………………………（269）
 参考文献 ………………………………………………………………………（269）

法国(法属安的列斯群岛和凯尔盖朗群岛地区)外大陆架划界案委员会审议建议评注 …………………………………………………………………………（271）

 1　法国的主张 ………………………………………………………………（271）
  1.1　法属安的列斯群岛地区 …………………………………………（271）
  1.2　法属凯尔盖朗群岛地区 …………………………………………（272）
 2　各国反应照会和要点 ……………………………………………………（274）
  2.1　荷兰 ………………………………………………………………（274）
  2.2　日本 ………………………………………………………………（275）
 3　委员会审议过程 …………………………………………………………（275）
  3.1　成立小组委员会之前的初步审议 ………………………………（275）
  3.2　小组委员会审议 …………………………………………………（275）
  3.3　委员会通过建议 …………………………………………………（276）
 4　委员会对法国外大陆架划界案的建议 …………………………………（276）
  4.1　法属安的列斯群岛地区 …………………………………………（276）
  4.2　法属凯尔盖朗群岛地区 …………………………………………（280）
 5　对委员会法国外大陆架划界案建议的评注 ……………………………（289）
  5.1　本划界案由委员会一致通过 ……………………………………（289）
  5.2　应用深度限制线的前提 …………………………………………（289）

5.3　委员会对相似地貌单元性质的不同认定 …………………… (289)
　参考文献 ……………………………………………………………… (290)
菲律宾(宾汉海隆地区)外大陆架划界案委员会审议建议评注 ……… (291)
　1　菲律宾的主张 ……………………………………………………… (291)
　2　各国反应照会和要点 ……………………………………………… (292)
　3　委员会审议过程 …………………………………………………… (293)
　　3.1　成立小组委员会之前的初步审议 …………………………… (293)
　　3.2　小组委员会审议 ……………………………………………… (293)
　　3.3　委员会通过建议 ……………………………………………… (294)
　4　委员会对菲律宾外大陆架划界案的建议 ………………………… (294)
　　4.1　从属权利检验 ………………………………………………… (294)
　　4.2　确定大陆坡脚 ………………………………………………… (295)
　　4.3　公式线的运用 ………………………………………………… (298)
　　4.4　限制线的运用 ………………………………………………… (299)
　　4.5　最终外部界限及委员会建议 ………………………………… (299)
　5　对委员会菲律宾外大陆架划界案建议的评注 …………………… (300)
　　5.1　本划界案由委员会一致通过 ………………………………… (300)
　　5.2　活动大陆边缘的大陆增生作用 ……………………………… (301)
　　5.3　平均坡度和最大坡度 ………………………………………… (301)
　　5.4　国家实践 ……………………………………………………… (301)
　参考文献 ……………………………………………………………… (303)
丹麦(法罗群岛以北地区)外大陆架划界案委员会审议建议评注 …… (304)
　1　丹麦的主张 ………………………………………………………… (305)
　2　各国反应照会和要点 ……………………………………………… (306)
　　2.1　冰岛 …………………………………………………………… (307)
　　2.2　挪威 …………………………………………………………… (307)
　3　委员会审议过程 …………………………………………………… (307)
　　3.1　成立小组委员会之前的初步审议 …………………………… (307)
　　3.2　小组委员会审议 ……………………………………………… (308)
　　3.3　委员会通过建议 ……………………………………………… (309)
　4　委员会对丹麦外大陆架划界案的建议 …………………………… (309)
　　4.1　从属权利检验 ………………………………………………… (309)

  4.2 确定大陆坡脚 …………………………………………………… (311)
  4.3 公式线的运用 …………………………………………………… (314)
  4.4 限制线的运用 …………………………………………………… (316)
  4.5 最终外部界限及委员会建议 …………………………………… (317)
 5 对委员会丹麦外大陆架划界案建议的评注 ……………………… (319)
  5.1 本划界案由委员会一致通过 …………………………………… (319)
  5.2 小组委员会调整大陆坡脚点 NFM-FOS-001 的位置 ……… (319)
  5.3 判定埃吉尔洋脊的性质 ………………………………………… (319)
  5.4 区域重叠问题 …………………………………………………… (320)
  5.5 国家实践与相关评论 …………………………………………… (320)
 参考文献 ………………………………………………………………… (322)

冰岛（埃吉尔海盆和雷克雅内斯洋脊西部和南部地区）外大陆架划界案委员会审议建议评注 ……………………………………………………… (323)

 1 冰岛的主张 …………………………………………………………… (323)
  1.1 埃吉尔海盆 ……………………………………………………… (324)
  1.2 雷克雅内斯洋脊的西部和南部 ………………………………… (326)
 2 各国反应照会和要点 ………………………………………………… (328)
  2.1 丹麦 ……………………………………………………………… (328)
  2.2 挪威 ……………………………………………………………… (329)
 3 委员会审议过程 ……………………………………………………… (329)
  3.1 成立小组委员会之前的初步审议 ……………………………… (329)
  3.2 小组委员会审议 ………………………………………………… (330)
  3.3 委员会通过建议 ………………………………………………… (331)
 4 委员会对冰岛外大陆架划界案的建议 …………………………… (332)
  4.1 埃吉尔海盆 ……………………………………………………… (332)
  4.2 雷克雅内斯洋脊 ………………………………………………… (338)
 5 对委员会冰岛外大陆架划界案建议的评注 ……………………… (345)
  5.1 本划界案由委员会一致通过 …………………………………… (345)
  5.2 冰岛划界案委员会建议的示范性意义 ………………………… (345)
 参考文献 ………………………………………………………………… (347)

澳大利亚外大陆架划界案委员会
审议建议评注

澳大利亚在《联合国海洋法公约》（以下简称《公约》）开放供签署期间即签字加入，并在 1994 年 10 月 5 日批准了《公约》，《公约》于 1994 年 11 月 16 日开始对其生效。

依据《公约》第七十六条第 8 款及附件二第四条的相关规定，澳大利亚于 2004 年 11 月 15 日向大陆架界限委员会（以下简称"委员会"）提交了自其领海基线量起 200 海里以外大陆架外部界限划界案。

澳大利亚在划界案执行摘要中主张其大陆边外缘在以下 10 个不同海域从领海基线量起超过 200 海里：①阿尔戈（Argo）；②澳大利亚南极领土（Australian Antarctic Territory）；③大澳大利亚湾（Great Australian Bight）；④凯尔盖朗海台（Kerguelen Plateau）；⑤豪勋爵海隆（Lord Howe Rise）；⑥麦夸里洋脊（Macquarie Ridge）；⑦博物学家海台（Naturaliste Plateau）；⑧南塔斯曼海隆（South Tasman Rise）；⑨三王洋脊（Three Kings Ridge）；⑩沃勒比和埃克斯茅斯海台（Wallaby and Exmouth Plateaus）。

关于南极领土主张，澳大利亚在照会中说明，澳大利亚忆及《南极条约》和《公约》中规定的原则，及南极条约体系和《公约》在维护南极地区的安全与稳定方面的重要性，考虑到南纬 60°以南地区的情形及《南极条约》框架下南极大陆特殊的法律及政治地位，请求委员会暂不就本划界案中有关附属于南极大陆的大陆架的资料采取任何行动。

小组委员会在第 19 届会议上向委员会提交了划界案建议草案，委员会在第 21 届会议上以表决的方式通过了经修正的划界案建议。本书侧重论述凯尔盖朗海台、豪勋爵海隆、麦夸里洋脊和三王洋脊等与岛屿延伸大陆架有关的 4 个地区的委员会建议。

1 澳大利亚的主张[1]

澳大利亚拟划定的大陆架外部界限见图 1。

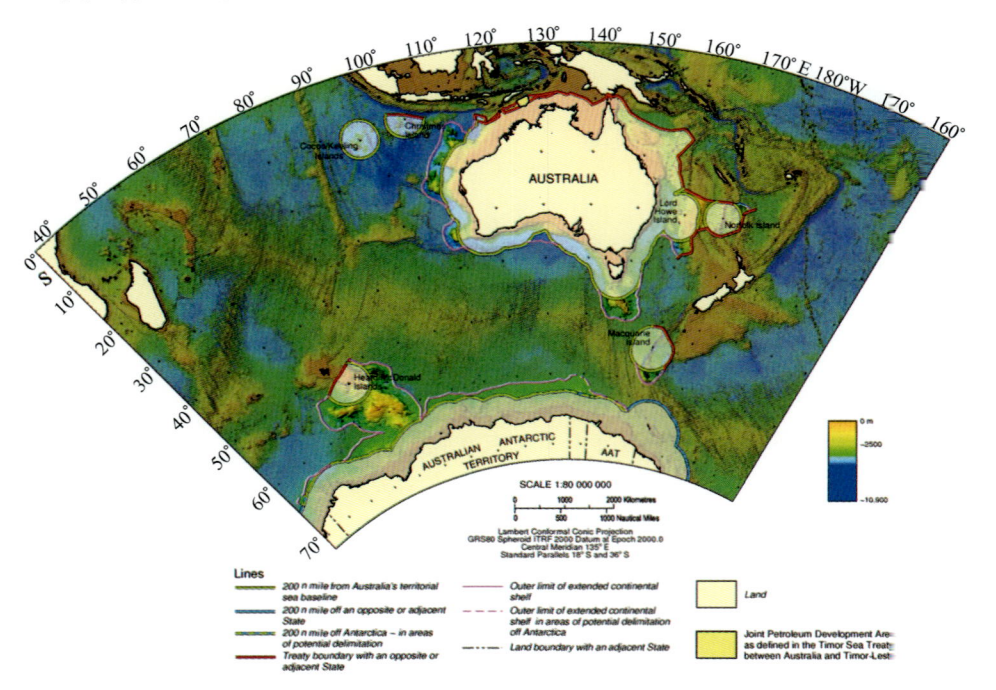

图 1　澳大利亚拟划定的大陆架外部界限全景

资料来源：澳大利亚外大陆架划界案执行摘要。

1.1　凯尔盖朗海台

凯尔盖朗海台是一个位于印度洋中部的巨大复合水下高原，是在印度、澳大利亚和南极板块拉张和岩浆作用下冈瓦拉古陆解体过程中形成的，构成麦克唐纳岛和赫德岛等澳大利亚领土以及法国凯尔盖朗群岛陆块的水下延伸。

澳大利亚和法国各自根据麦克唐纳岛和赫德岛，以及凯尔盖朗群岛对凯尔盖朗海台拥有大陆架的权利。两国根据 1982 年《澳大利亚政府和法兰西共和国政府海洋划界协定》（以下简称《澳法划界条约》），划定了大陆架重叠区边界。

澳大利亚拟在凯尔盖朗海台地区延伸的 200 海里以外大陆架区域为 1 185 038 平方千米。延伸大陆架外部界限的一小部分是由《澳法划界条约》相关分界线确定的，而大部分则由根据《公约》第七十六条规定确定的 1 396 个定点的连线构成，其中：① 1 个定点是由《澳法划界条约》确定的，距离澳大利亚领海基线不超过 200 海里（点 S1）；② 555 个定点是按照距离公式确定的（图 2 中的红

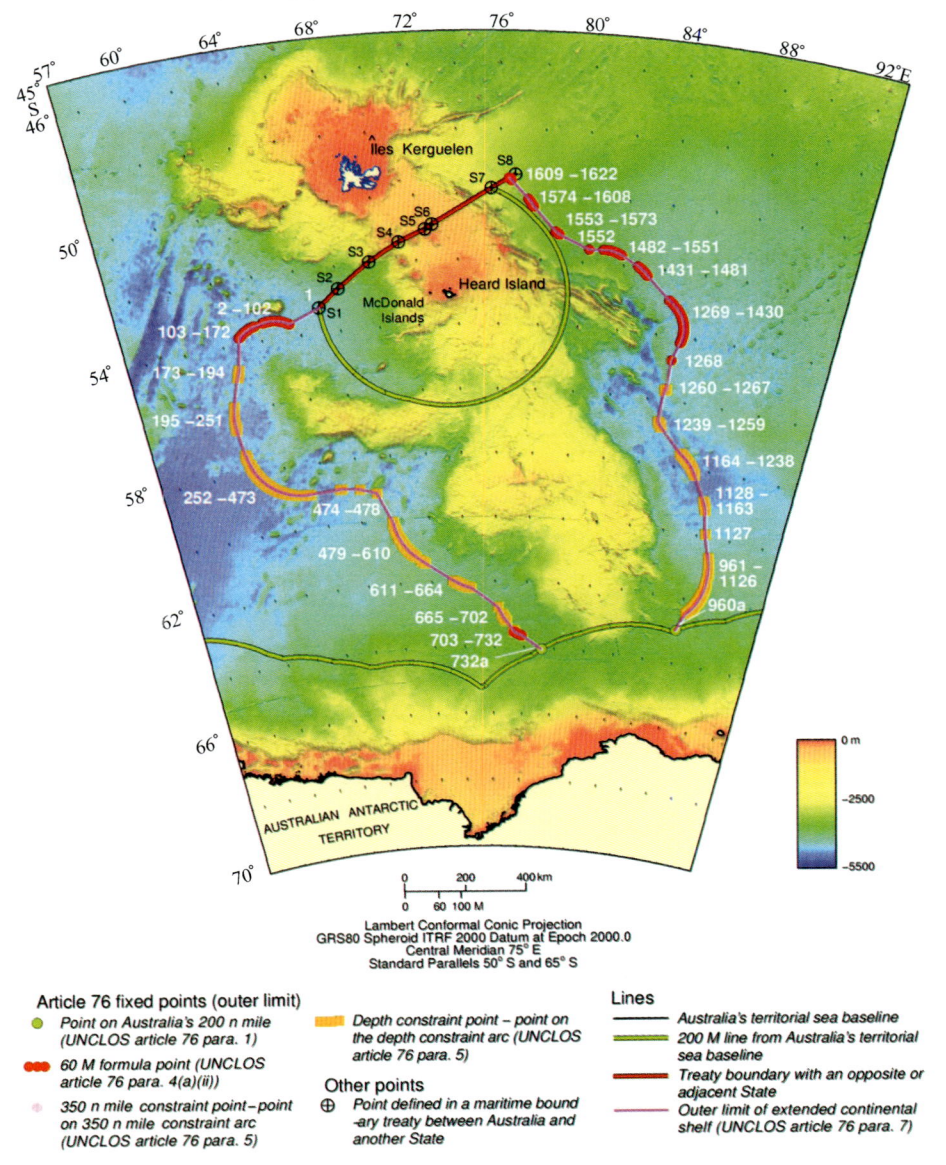

图 2 澳大利亚拟在凯尔盖朗海台地区划定的大陆架外部界限

图中从上至下：红色线为《澳法划界条约》所定的边界线；粉色线为澳大利亚拟延伸大陆架外部界限；绿色线为距澳大利亚领海基线 200 海里线；黑色线为澳大利亚领海基线。

资料来源：澳大利亚外大陆架划界案执行摘要。

色点），属于公式点未超过限制线范围的情况；③ 837 个定点是按照深度制约确定的（图 2 中的橙色点），属于公式点超过限制线范围的情况；④ 两个定点是凯尔盖朗海台地区大陆架外部界限与从澳大利亚南极领地所划基线量起的 200 海里线的交点（点 732a 和点 960a）；⑤ 1 个定点是《澳法划界条约》分界线与距离公式线的交点（点 S8）。每一组定点之间都按顺序用长度不超过 60 海里的直线连接。

1.2 豪勋爵海隆

豪勋爵海隆地区主体是豪勋爵海隆，是一个位于东澳大利亚外的巨大的海底高原。豪勋爵海隆地区由一个广阔的北和西北走向的海底高原、洋脊和狭窄的凹陷区域构成，包括豪勋爵海隆、诺福克洋脊和三王洋脊，从西边的塔斯曼海盆延伸至东边的南斐济海盆。位于南边的豪勋爵海隆在白垩纪晚期到始新世期间大洋性塔斯曼海盆的扩张和非岩浆活动解体过程中与澳大利亚大陆分离。豪勋爵海隆构成豪勋爵岛和其他澳大利亚岛屿以及若干法国岛屿和新西兰陆块的水下延伸（图 3）。

澳大利亚、法国和新西兰都主张对豪勋爵海隆拥有大陆架的权利。澳大利亚的权利基础是依据澳大利亚大陆、豪勋爵岛（新南威尔士州的一部分）、伊丽莎白和米德尔顿礁以及其他岛屿的自然延伸；而法国和新西兰的权利则分别依据新喀里多尼亚和切斯特菲尔德群岛和新西兰本土和离岸岛屿的自然延伸。澳大利亚和法国根据《澳法划界条约》，澳大利亚和新西兰根据 2004 年《澳大利亚政府和新西兰政府确定若干专属经济区界限和大陆架界限的条约》（以下简称《澳新划界条约》）划分了各自的大陆架边界。

澳大利亚拟在豪勋爵海隆地区延伸的 200 海里以外大陆架区域为 265 717 平方千米。延伸大陆架外部界限部分是由与《澳法划界条约》和《澳新划界条约》相关分界线确定的，其余部分由根据《公约》第七十六条确定的 118 个定点的连线构成，其中：① 1 个定点是按照沉积岩厚度公式确定的（点 52），属于公式点未超过限制线范围的情况；② 113 个定点是按照距离公式确定的（图 3 中的红色点），属于公式点未超过限制线范围的情况；③ 1 个定点是按照距离制约确定的（点 117），属于公式点超过限制线范围的情况；④ 1 个定点是《澳新划界条约》分界线与由一条连接距离限制线和深度限制线的长度不超过 60 海里的直线所划定的大陆架外部界限的交点（点 117a）；⑤ 两个定点是延伸大陆架的外部界限与从澳大利亚领海基线量起的 200 海里线的交点（第七十六条第 1 款）（点 1 和点

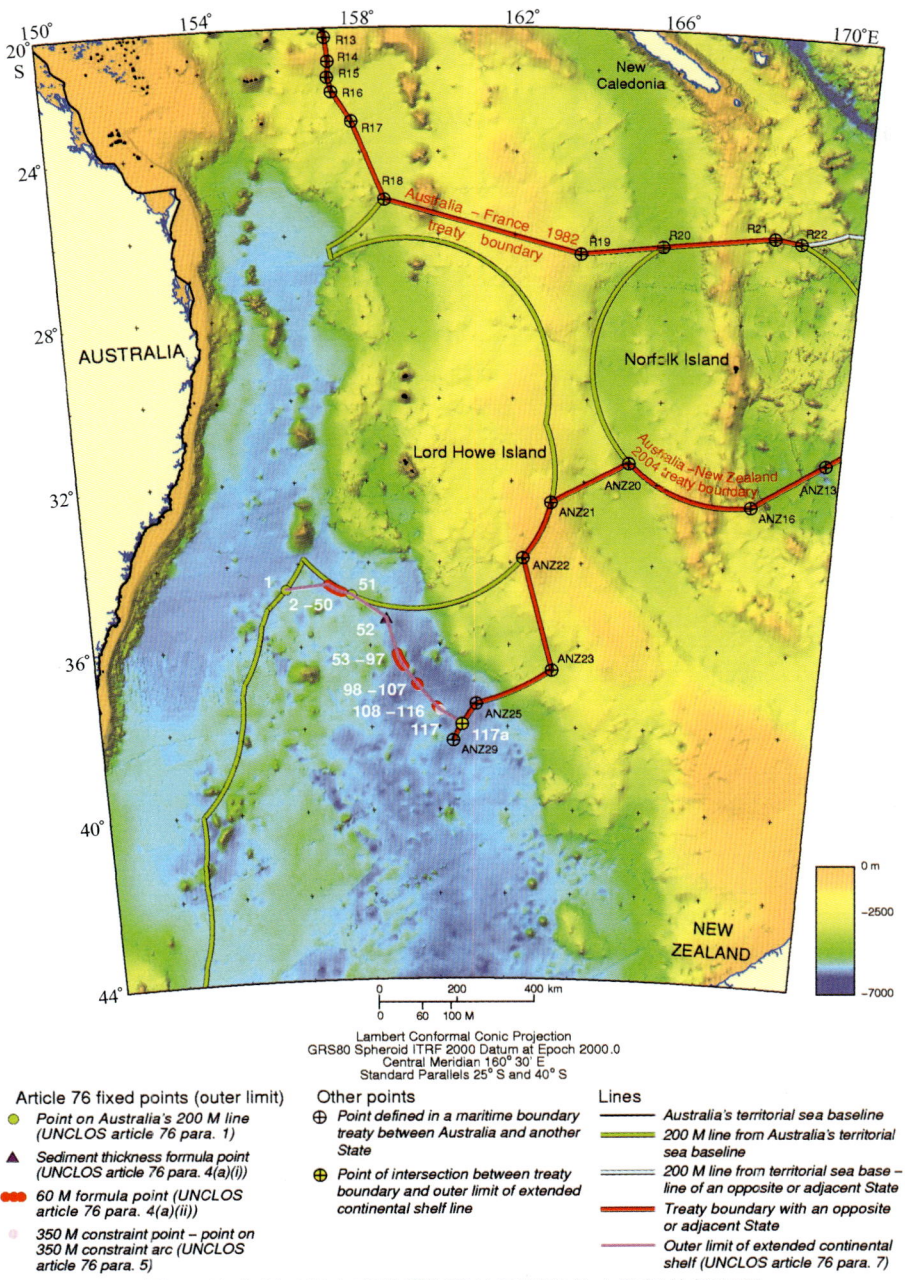

图 3　澳大利亚拟在豪勋爵海隆地区划定的大陆架外部界限

图中从左至右：黑色线为澳大利亚领海基线；绿色线为距澳大利亚领海基线200海里线；粉色线为澳大利亚拟延伸大陆架外部界限；红色线为澳大利亚与相向或相邻国家划界条约线；浅蓝色线为距澳大利亚相向或相邻国家领海基线200海里线。

资料来源：澳大利亚外大陆架划界案执行摘要。

51）。每一组定点之间都按顺序用长度不超过 60 海里的直线连接。

1.3　麦夸里洋脊

麦夸里洋脊地区包括一系列相互关联的、细长狭窄的、沿澳大利亚大陆东南的印度-澳大利亚板块和太平洋板块边界分布的海底高地和邻近的深海槽，构成澳大利亚领土麦夸里岛（澳大利亚塔斯马尼亚州的一部分）陆块的水下延伸（图 4）。澳大利亚和新西兰根据《澳新划界条约》在该区划分了各自的专属经济区边界。

澳大利亚拟在麦夸里洋脊地区延伸的 200 海里以外大陆架区域为 81 719 平方千米。延伸大陆架外部界限的一小部分是由一条与《澳新划界条约》相关分界线确定的，而大部分则由 402 个根据《公约》第七十六条确定的定点的连线构成，其中：① 400 个定点是按照距离公式确定的（图 4 中的红色点），属于公式点未超过限制线范围的情况；② 1 个定点是《澳新划界条约》分界线与由一条连接距离公式点和一个距离麦夸里岛周围的澳大利亚领海基线 200 海里的点、长度不超过 60 海里的直线所划定的大陆架外部界限的交点（点 ANZ53 和点 431a 的连接）；③ 1 个定点是延伸大陆架的外部界限与从麦夸里岛周围的澳大利亚领海基线量起的 200 海里线的交点（第七十六条第 1 款）（点 31）。每一组定点之间都按顺序用长度不超过 60 海里的直线连接。

1.4　三王洋脊

三王洋脊地区是一个由狭窄的凹陷分隔的相互关联的高原和细长的高地区域，有一个与从白垩纪到第三纪扩张、解体和岛弧形成有关的复杂的演化过程。它是一个北和北西走向的广阔的海底高原、洋脊和狭窄的凹陷区域的一部分，从西边的塔斯曼海盆延伸至东边的南斐济海盆，包括豪勋爵海隆、诺福克洋脊和三王洋脊。三王洋脊地区是澳大利亚领土诺福克岛陆块向东的水下延伸（图 5）。

澳大利亚、法国和新西兰分别根据诺福克岛、新喀里多尼亚和新西兰本土和离岸岛屿对三王洋脊地区主张大陆架权利。澳大利亚和新西兰根据《澳新划界条约》划分了各自的专属经济区边界。

澳大利亚拟在三王洋脊地区延伸的 200 海里以外大陆架区域为 48 420 平方千米。延伸大陆架外部界限的大部分是由与《澳新划界条约》相关分界线确定的，一小部分由《公约》第七十六条确定的 3 个定点的连线构成，其中：① 两个定点是按照距离公式确定的（点 347 和点 346），属于公式点未超过限制线范围的

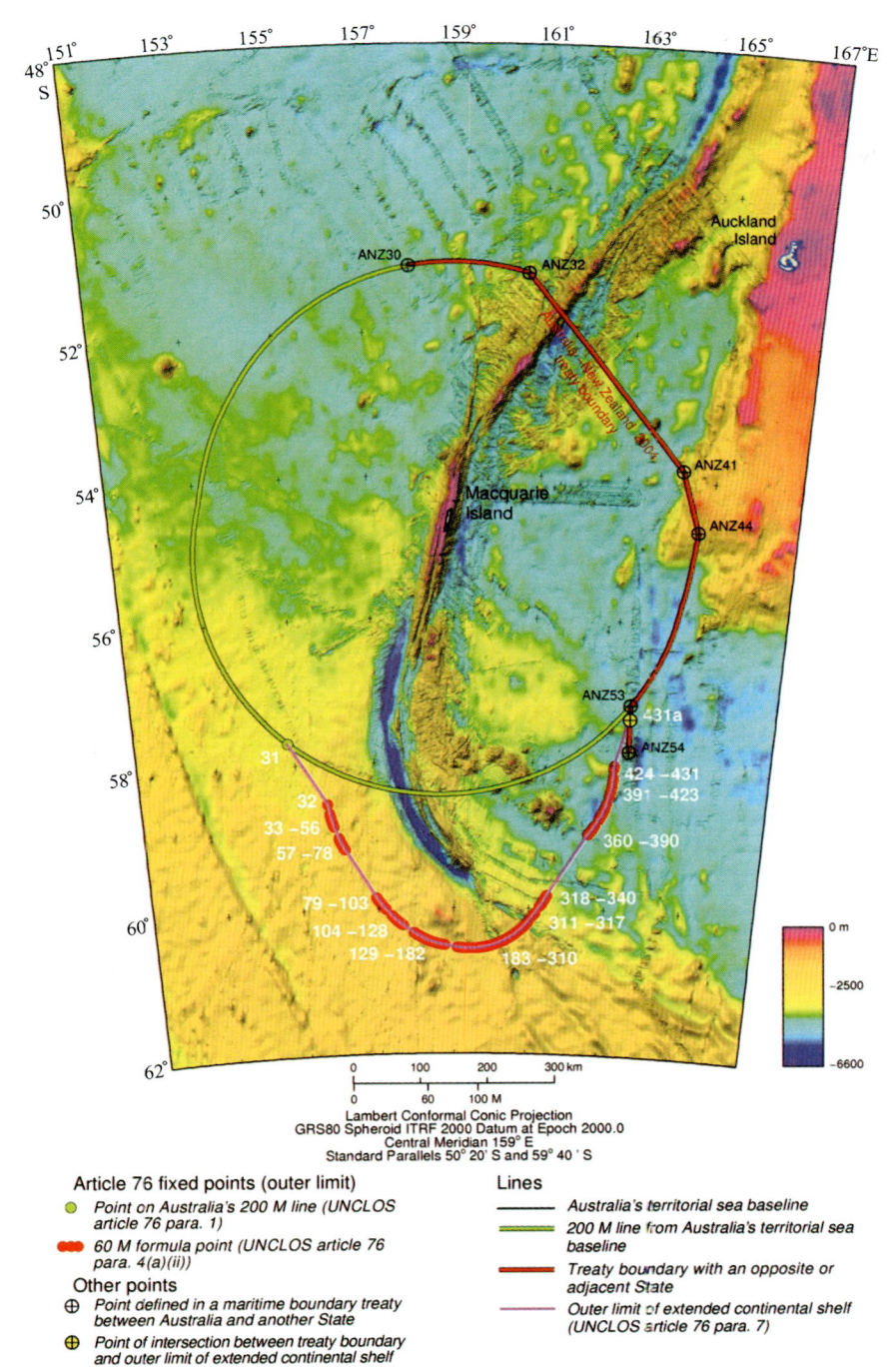

图 4 澳大利亚拟在麦夸里洋脊地区划定的大陆架外部界限

图中从上至下：绿色线为距澳大利亚领海基线 200 海里线；红色线为《澳新划界条约》所定的边界线；黑色线为澳大利亚领海基线；粉色线为澳大利亚拟延伸大陆架外部界限。

资料来源：澳大利亚外大陆架划界案执行摘要。

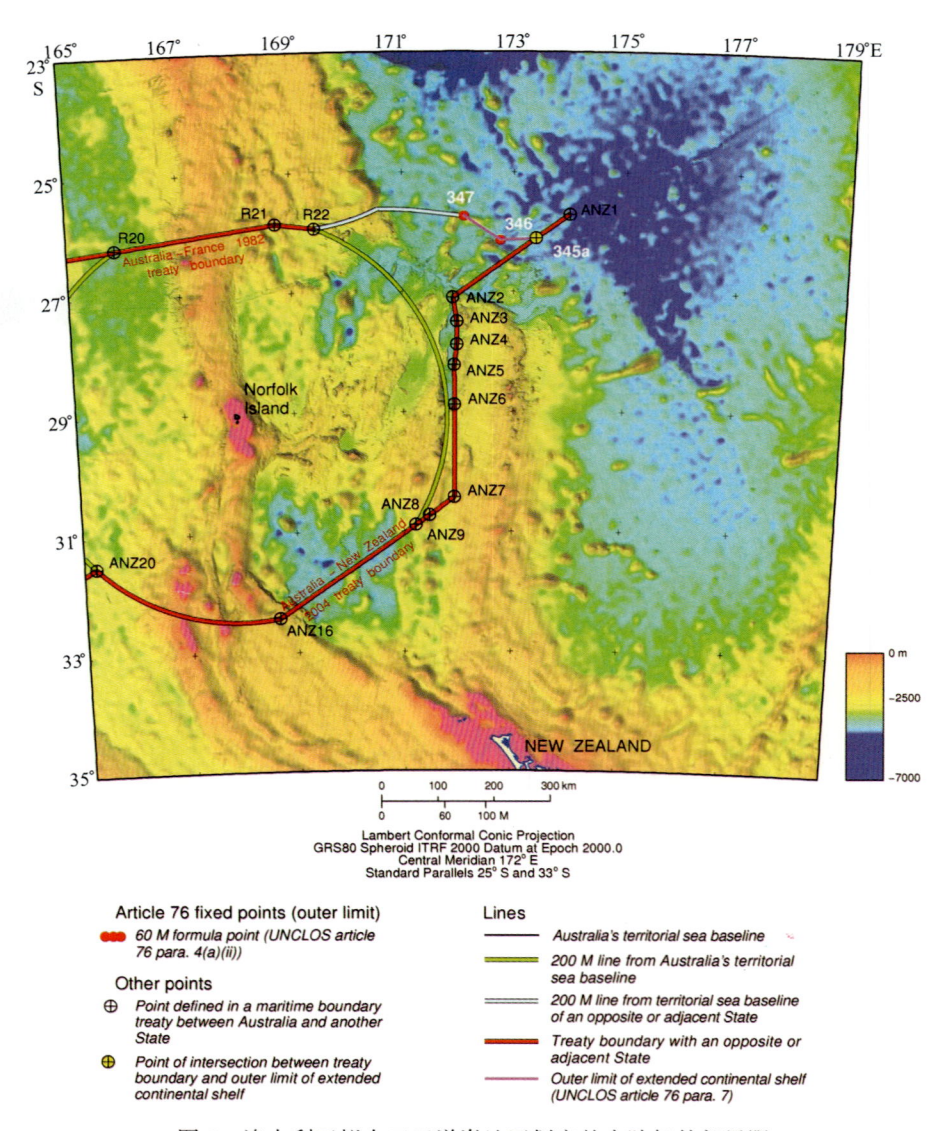

图 5 澳大利亚拟在三王洋脊地区划定的大陆架外部界限

图中从左至右：红色线为澳大利亚与相向或相邻国家划界条约线；绿色线为距澳大利亚领海基线 200 海里线；黑色线为澳大利亚领海基线；浅蓝色线为距澳大利亚相向或相邻国家领海基线 200 海里线；粉色线为澳大利亚拟延伸大陆架外部界限。

资料来源：澳大利亚外大陆架划界案执行摘要。

情况；② 1 个定点是《澳新划界条约》分界线与由一条连接两个距离公式点的长度不超过 60 海里的直线所划定的大陆架外部界限的交点（点 345a）。每一组定点之间都按顺序用长度不超过 60 海里的直线连接。

2 各国反应照会和要点

各国提交照会的时间见表1。

表 1　各国所提交照会的时间

序号	国家	时间	备注
1	美国	2004年12月3日	公开
2	俄罗斯	2004年12月9日	公开
3	日本	2005年1月19日	公开
4	东帝汶	2005年2月11日	公开
5	法国	2005年3月28日	公开
6	美国	2005年3月28日	内部
7	荷兰	2005年3月31日	公开
8	德国	2005年4月5日	公开
9	印度	2005年7月5日	公开
10	印度尼西亚	2009年8月7日	公开

资料来源：联合国海洋事务和海洋法司网站，经作者整理。

2.1　美国[2]

美国声明：忆及《南极条约》和《公约》中规定的原则，及南极条约体系和《公约》在维护南极地区的安全与稳定方面的重要性，忆及《南极条约》第四条，美国不承认任何国家对南极的领土要求，也因此不承认任何国家在南极大陆以外的邻接海底区域内海床和底土的权利。美国赞赏澳大利亚的做法，即澳大利亚要求委员会对涉及南极领土的海床和底土区域部分不采取任何行动。

2.2　俄罗斯[3]

俄罗斯声明：基于1959年《南极条约》第四条的规定，俄罗斯不承认对条约所涉领土的权利主张，也不承认任何国家对南极附近区域的海底（大陆架）及其矿产资源的权利主张。在这方面，俄罗斯注意到并支持澳大利亚的请求，即要求委员会不应对涉及1959年《南极条约》所覆盖的南极地区海床（大陆架）采取行动。

2.3　日本[4]

日本声明：日本确认保持《南极条约》和《公约》之间协调的重要性，从而确保在南极地区各国继续进行和平合作，维持安全和稳定。忆及1959年《南极条约》第四条的规定，日本不承认对条约所涉领土的任何权利主张，也因此不承认任何国家对南极大陆附近的水域和海床、底土等海底区域的权利主张。从这一立场出发，日本强调澳大利亚在其划界案中所提交的涉及大陆架外部界限的信息不应影响到《南极条约》关于各方权利和义务的平衡关系。日本要求委员会对南极大陆附近的海床和底土区域部分不采取任何行动。

2.4　东帝汶[5]

东帝汶对澳划界案有3处异议：①澳大利亚划界案并没有直接提及东帝汶和澳大利亚之间的划界问题。执行摘要中有关阿尔戈地区的地图涉及帝汶海的信息不准确。东帝汶和澳大利亚签署《帝汶海条约》时划定的共同石油开发区（JPDA）界线并不能代表两国之间的分界线（图6）。事实上，东帝汶和澳大利亚在帝汶海并未划界，澳大利亚在图中主张的部分领土尚有争议。澳大利亚划界案妨害了东帝汶的权利。"无论是作为的或是不作为的、直接的或是间接的、支持的或是以其他任何方式的，委员会都应当在审议该划界案时考虑东帝汶的权利。"②印度尼西亚和澳大利亚1997年签署的边界条约中涉及的部分地区是东帝汶的领土，或是东帝汶主张管辖海域。"帝汶沟"并不构成东帝汶的合法边界。"两方之间达成的协议并不能损害第三方的利益"。此外，共同石油开发区之外的地区也并非如地图所显示的置于澳大利亚管辖范围之下。③澳大利亚在帝汶海区域的陆地不可能自然延伸至200海里以外。

因此，东帝汶要求委员会：①确保东帝汶的权利不受澳大利亚划界案的影响；②明确否认澳大利亚在帝汶海的海洋权利超过200海里；③明确肯定，就帝汶海而言，委员会依据澳大利亚地图而认定的东帝汶和澳大利亚的海域界线没有法律效力；④除建议中提及的超过200海里的地区外，明确表示对澳大利亚隐含在划界案及其附图中的其他超过200海里地区的主张既不认可，也不赞同；⑤明确表示不受限于澳大利亚和印度尼西亚1997年《边界条约》，条约涉及的地区不是委员会审议的直接对象，委员会依照该条约所做的建议不会影响到帝汶海的争端问题；⑥明确地图内容不会影响到东帝汶和澳大利亚在帝汶海的海域划界。东帝汶的边界主张不会因委员会的建议从而直接或间接地受到限制。

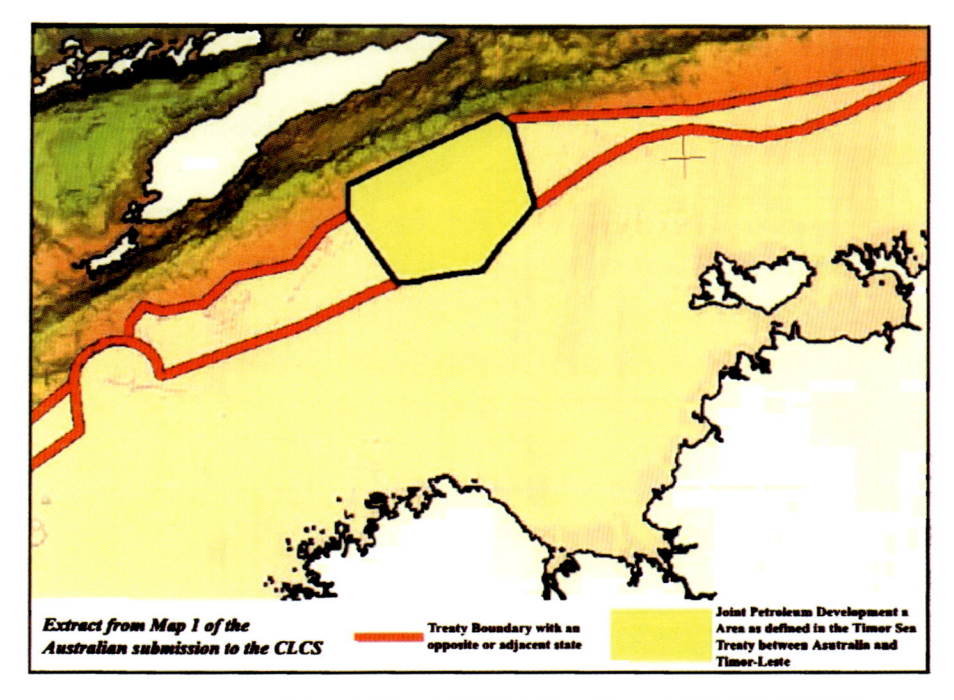

图 6　澳大利亚拟划定的大陆架外部界限全景（图 1）中涉及帝汶海的部分

资料来源：东帝汶照会。

2.5　法国[6]

法国声明：法国关注凯尔盖朗海台和新喀里多尼亚地区的外部界限，并已注意到两国在以上两个地区的延伸大陆架存在潜在的重叠。法国还注意到，澳大利亚在其划界案中强调对延伸大陆架的主张不会妨害两国间之后划定边界的事项。法国不反对委员会就澳大利亚划界案中与法国领土接壤地区做出建议，只要该建议按照《公约》第七十六条第 10 款的规定，不妨害两国间之后划定最终边界的事项。

2.6　荷兰[7]

荷兰声明：荷兰不承认任何国家对南极大陆架享有主权性权利。荷兰要求委员会引用《议事规则》附件一 5（a）的规定来处理澳大利亚划界案中涉及南极大陆架的部分。

2.7 德国[8]

德国声明：德国确信《南极条约》与《公约》之间协调的重要性，从而确保在南极地区的持续和平的合作、安全和稳定。忆及《南极条约》第四条，德国不承认任何国家对南极领土的主张，也不承认基于领土主张能够在南极大陆以外的海床和底土等海底区域建立任何权利。从这一立场出发，德国强调，无论以何种方式处理澳大利亚提交的大陆架外部界限的信息，都不应当影响《南极条约》中的权利和义务平衡关系。同时要求委员会不对南极大陆附近的海床和底土等海底区域采取任何行动。在这方面，德国欣赏澳大利亚的做法，即要求委员会对涉及南极大陆延伸大陆架的部分划界案不采取行动。

2.8 印度[9]

印度声明：印度忆及《南极条约》和《公约》的原则及目标，印度确认在两者之间保持协调、以及在南极地区持续合作、安全和稳定的重要性。当提到《南极条约》第四条时，印度希望能周知其不承认任何国家对南极地区的领土主权的权利主张，也因此不承认任何国家对南极大陆周边的水域、海床和底土等海底区域的权利主张。印度欣赏澳大利亚的做法，即要求委员会对涉及南极大陆延伸大陆架的部分划界案不采取行动。印度因此要求委员会不采取任何行动。

2.9 印度尼西亚[10]

在委员会通过澳大利亚划界案建议之后，印度尼西亚就本划界案提交了一份外交照会，指出在阿尔戈地区的点 ARG-ECS-1 和两国 1997 年条约中的点 A82 重合。然而因该条约尚未获得批准，按照《公约》第七十六条第 10 款的规定，将点 ARG-ECS-1 作为定点的决定没有法律效力。

3 委员会审议过程

澳大利亚划界案的审议贯穿了委员会第 15 届会议至第 21 届会议。委员会在第 15 届会议上即成立小组委员会审议该案，并在第 21 届会议上通过建议。

3.1 成立小组委员会之前的初步审议

在委员会第 15 届会议上,澳大利亚代表团介绍了划界案并发表了相关评论。委员会考虑到澳大利亚及相关国家就南极领土的关切,决定"不审议与所提交修正案在执行摘要中提到的 2 号地区(注:南极领土)有关的部分",并"指示小组委员会也照此办理"。

委员会注意到东帝汶关于帝汶海、法国关于凯尔盖朗海台和三王洋脊地区及美国的照会,决定把问题留给小组委员会审议。委员会在这届会议上成立小组委员会,成员如下:亚历山大·塔戈雷·梅德罗斯·德·阿尔布克尔克(Alexandre Tagore Medeiros de Albuquerque)、哈拉尔·布雷克(Harald Brekke)、因杜拉尔·法古尼(Indurlall Fagoonee)、费尔南多·曼努埃尔·马亚·皮门特尔(Fernando Manuel Maia Pimentel)、玉木贤策(Kensaku Tamaki)、内尔什·库马尔·撒库尔(Naresh Kumar Thakur)和亚奥·乌布埃纳雷·韦勒德基(Yao Ubuènalè Woeledji)。小组委员会随后选举布雷克任主席,阿尔布克尔克和玉木贤策任副主席。由于委员会换届,小组委员会又根据《议事规则》附件三第 10 节第 2 段增加加洛·卡雷拉·乌尔塔多(Galo Carrera Hurtado)为成员。[11]

3.2 小组委员会审议

小组委员会在下列各期会议及闭会期间审查了该划界案:第 15 届、16 届、17 届、18 届、19 届和 20 届。在这些会议期间,小组委员会与澳大利亚代表团举行了 24 次会议并提出了 18 个书面问题,而澳大利亚代表团则向小组委员会提供了 71 份文件和 24 份 PPT 说明。委员会在第 20 届和第 21 届会议上审议了小组委员会的建议。

在第 15 届会议上,小组委员会完成了对澳大利亚划界案的初步检查,并同澳大利亚代表团举行了若干次会议。澳大利亚代表团详细介绍了 9 个分区的数据和资料,书面答复了小组委员会提出的书面问题,并澄清了划界案涉及的各种技术问题。[11]

在第 16 届会议上,小组委员会与澳大利亚代表团举行了 4 次会议,并收到了澳大利亚代表团的补充资料。在本届会议期间,小组委员会又向代表团提出了新的问题,并就代表团的答复进行审议。[12]

在第 17 届会议期间,小组委员会与澳大利亚代表团举行了 4 次会议,代表团向小组委员会提供了更多的补充数据和资料。在此期间,小组委员会已就澳大利亚9个地区中的其中8个提出了初步意见。闭会期间，小组委员会着手审议第9个地区——凯尔盖朗海台地区。[13]

在第18届会议期间，小组委员会与代表团进行了3次会议，并书面提出了对第9个地区的初步审议意见。随后，小组委员会就所有9个地区编写建议草案。[14]

在第19届会议上，小组委员会与澳大利亚代表团举行了两次会议。代表团全面陈述了其意见和一般结论，在这次陈述之后，小组委员会结束了对澳大利亚划界案的审议，拟定了建议草案。2007年3月28日，小组委员会向委员会提交了拟定的建议草案，并由小组委员会主席做陈述介绍。[15]

3.3 委员会通过建议

澳大利亚划界案在委员会层面的审议共经历了3届会议。会议讨论呈现胶着状态，最终委员会决定不采取协商一致，而改用表决的方式通过建议。在委员会审议和通过建议前，澳大利亚代表团在委员会第19届会议全会上作了最后陈述。澳大利亚常驻联合国代表罗伯特·希尔（Robert Hill）作了介绍性发言，代表团团长比尔·坎贝尔（Bill Campbell）作了非科学方面的陈述，马克·阿尔科克（Mark Alcock）则针对与划界案某些地区的有关科学问题作了陈述。

坎贝尔首先提出，澳大利亚代表团认为在审议澳大利亚划界案时应该适用的一些一般原则。尤其是他认为委员会在提出建议时应该仅仅以《公约》第七十六条所载法律原则为依据。接着，坎贝尔按地区逐一概述了澳大利亚提议的外部界限、小组委员会关于这些界限的立场和小组委员会与澳大利亚代表团关于这些问题的互动。他特别强调了海洋边界的划定、连接200海里以外各定点与200海里线（桥线）时使用的标准和第七十六条第6款的解释和适用。关于海洋边界的划定，坎贝尔重申下述观点，即：委员会的建议不妨害任何条约的规定。在这方面，他提到澳大利亚与各邻国缔结的划界条约。坎贝尔还在谈到地质连续性概念时讨论了《公约》第七十六条第6款的解释和适用问题。坎贝尔要求，如果委员会的结论是，科学和技术数据不支持提议的外部界限，那么，澳大利亚希望了解得出这种结论的详细原因。阿尔科克在陈述中重点讨论了某些地区与适用《公约》第七十六条第6款相关的若干地球科学问题，在澳大利亚代表团与小组委员会的互动过程中出现了这些问题。坎贝尔在结束澳大利亚代表团的陈述时要求，如果委员会决定修正小组委员会建议的实质内容，而修正部分又对澳大利亚利益具有不利影响，那么，就应该给予澳大利亚评论改动提议的机会。坎贝尔强调，澳大利亚认为委员会必须及时做出决定。

委员会开始审议小组委员会拟定的建议，并决定在第 20 届会议上审议通过这些建议的问题，以便委员会各成员有更多的时间审查这些建议。[15]

委员会在第 20 届会议上进行换届。西瓦拉玛克里希南·拉詹（Sivaramakrishnan Rajan）和迈克尔·安塞尔姆·马克·罗塞特（Michael Anselme Marc Rosette）填补了审议澳大利亚划界案小组委员会内的两个空缺。在本次会议上，澳大利亚代表团为照顾到委员会的新成员，重复了他们在第 19 届会议上所作的陈述。委员会按地区详细审议了小组委员会编写的提议。鉴于其中一些紧要问题，委员会决定把各项建议的通过事宜推迟到第 21 届会议。[16]

委员会第 21 届会议继续全面审查澳大利亚划界案的建议和未决问题。与会者提出了若干修正案，委员会决定将其中一些修正案纳入建议。委员会在审查建议时继续采取逐个地区做法，在为达成共识用尽一切努力的情况下先采取意向性表决，然后正式表决做出决定。2008 年 4 月 9 日，委员会以 14 票赞成、3 票反对和 1 票弃权的正式表决结果，通过了"大陆架界限委员会关于 2004 年 11 月 15 日澳大利亚大陆架划界案的建议"。依照《公约》附件二第六条第 3 款，建议以书面方式提交给该沿海国和联合国秘书长。[17]

4　委员会对澳大利亚外大陆架划界案的建议[18]

4.1　豪勋爵海隆地区

4.1.1　从属权利检验

豪勋爵海隆位于澳大利亚大陆和新西兰之间，包括几个构造要素：丹皮尔洋脊（Dampier Ridge）、米德尔顿海盆（Middleton Basin）、豪勋爵海盆、豪勋爵海隆、新喀里多尼亚海盆、诺福克洋脊。豪勋爵岛和诺福克岛分别位于豪勋爵海隆和诺福克洋脊上。

豪勋爵海隆是一个复杂地形，构成豪勋爵岛和诺福克岛在水下的延伸。委员会确认，通过适用《公约》第七十六条 4 款的规定，豪勋爵海隆地区大陆坡脚所产生的大陆边外缘超过了澳大利亚的 200 海里界限，澳大利亚在该地区 200 海里界限外享有建立大陆架的法律权利（图 7）。

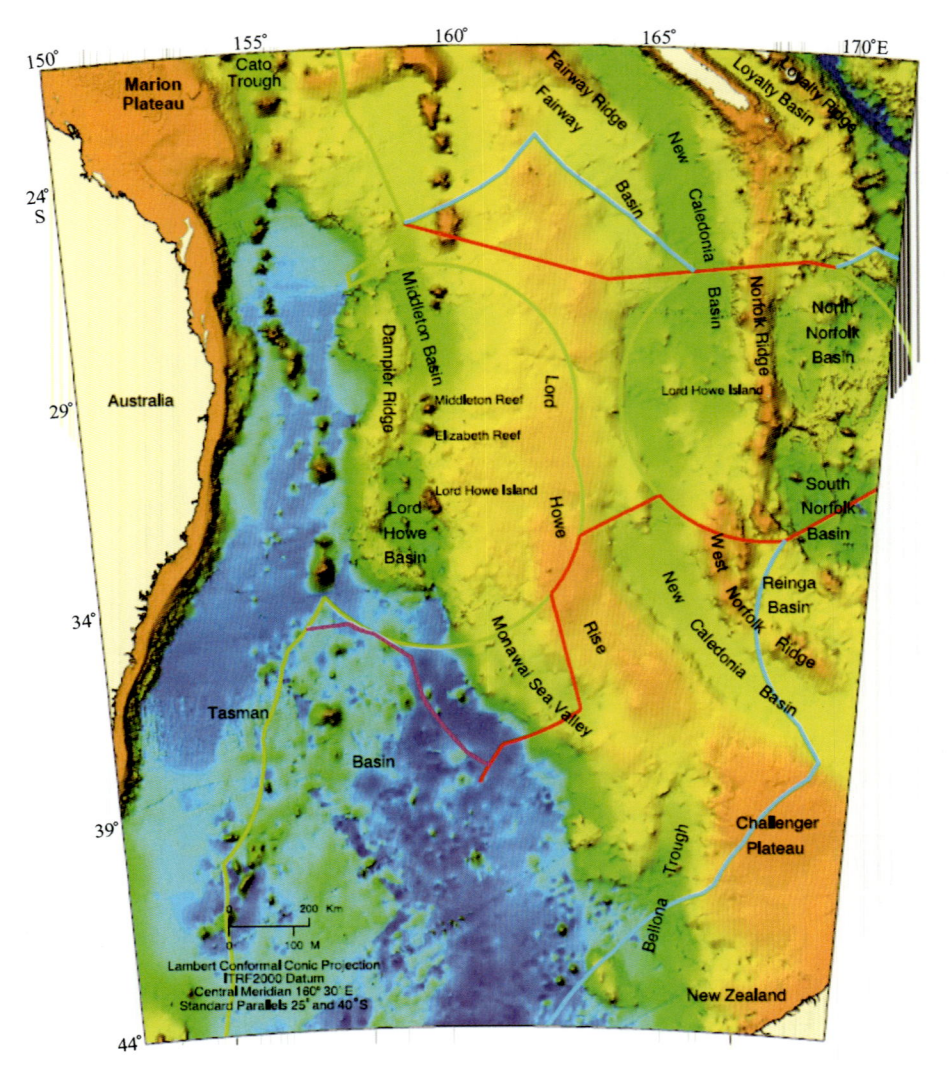

图 7 豪勋爵海隆地区的地理要素

资料来源：委员会对澳大利亚外大陆架划界案的建议摘要。

4.1.2 确定大陆坡脚

委员会认为，在豪勋爵海隆地区，澳大利亚所列的大陆坡脚点符合《公约》第七十六条和《科技准则》第 5 章的标准，这些大陆坡脚点应当构成在豪勋爵海隆地区建立澳大利亚大陆边外缘的基础。

4.1.3 公式线的运用

豪勋爵海隆西南部为沿塔斯曼海盆的大陆边，东北部为沿新喀里多尼亚海盆两侧的大陆边，澳大利亚在这3个地区都确定了大陆坡脚点。

澳大利亚最终划定的大陆边外缘线是一条混合公式线，其中一个定点是基于"爱尔兰公式"，即沉积岩厚度规定的定点，其余定点是基于"海登堡公式"，即大陆坡脚外推60海里弧上的点。定点之间用长度不超过60海里的直线段连接，分别形成3条公式线。委员会同意构建该3条公式线的方法，并建议将其用做确立该地区大陆架外部界限的基础（图8）。

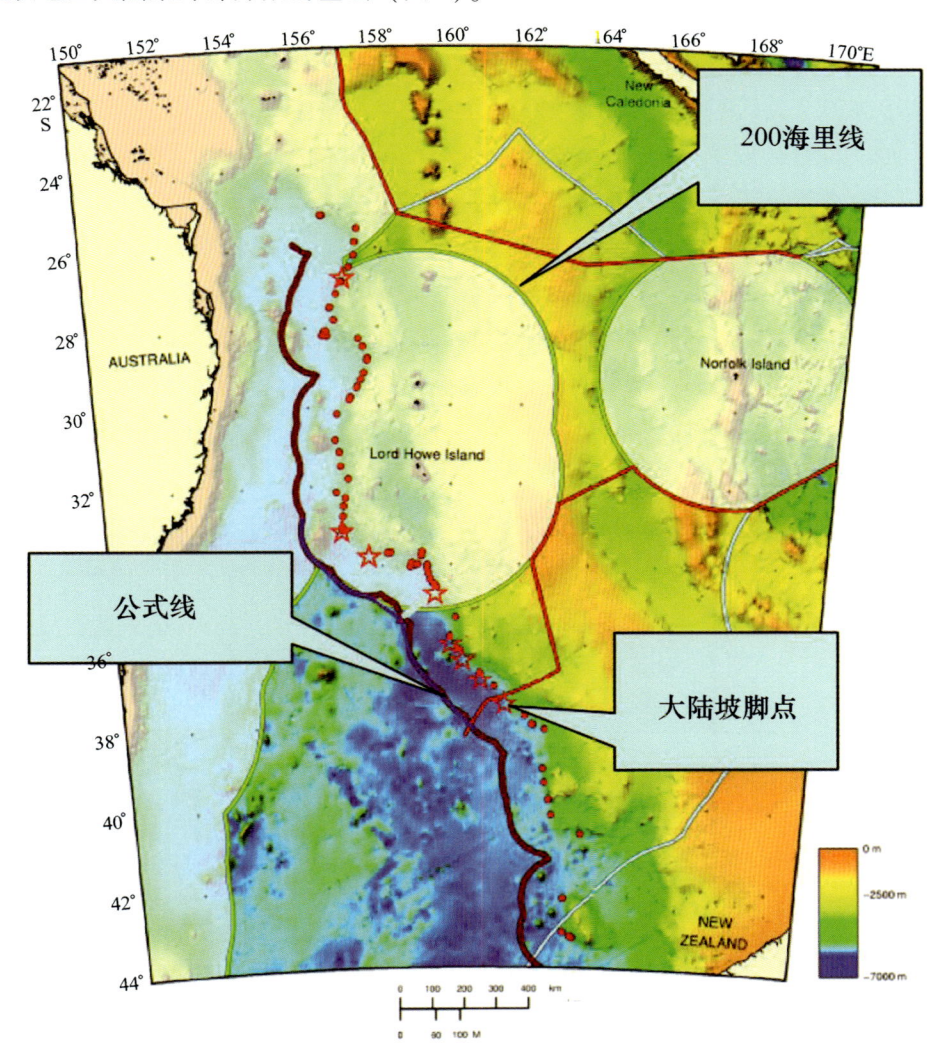

图8 毗邻塔斯曼海盆的大陆坡脚点和公式线

资料来源：委员会对澳大利亚外大陆架划界案的建议摘要。

4.1.4 限制线的运用

在豪勋爵海隆地区，澳大利亚适用了一条同时基于《公约》第七十六条第 5 款所规定的距离和深度限制标准的混合限制线。委员会同意澳大利亚在构建该混合限制线过程中所使用的方法。

4.1.5 最终外部界限及委员会建议

委员会不同意澳大利亚所提交的连接 200 海里外大陆架外部界限点与 200 海里线上的点与 LHR-ECS-1 和 LHR-ECS-51 点的桥线连接方法，因为该方法产生了位于按照《公约》第七十六条第 4 款和第 7 款所确定的大陆边之外的大陆架区域，而且因为点 LHR-ECS-1 位于澳大利亚大陆的 200 海里线上，而后者未被证明与豪勋爵岛的陆块有地形上的连续性。

除此以外，委员会同意确定豪勋爵海隆地区大陆架外部界限过程中所适用的原则，包括确定的定点以及连接这些定点的直线段的构建。委员会确认在新喀里多尼亚海盆，豪勋爵岛和诺福克岛陆块的大陆边彼此完全重叠，而且在北边与法国的条约线、在南边与新西兰的条约线重叠，由此大陆架将覆盖该地区条约线澳大利亚一侧 200 海里外的整个地区。委员会建议澳大利亚由此建立新喀里多尼亚海盆周围大陆架的界限（图 9 和图 10）。

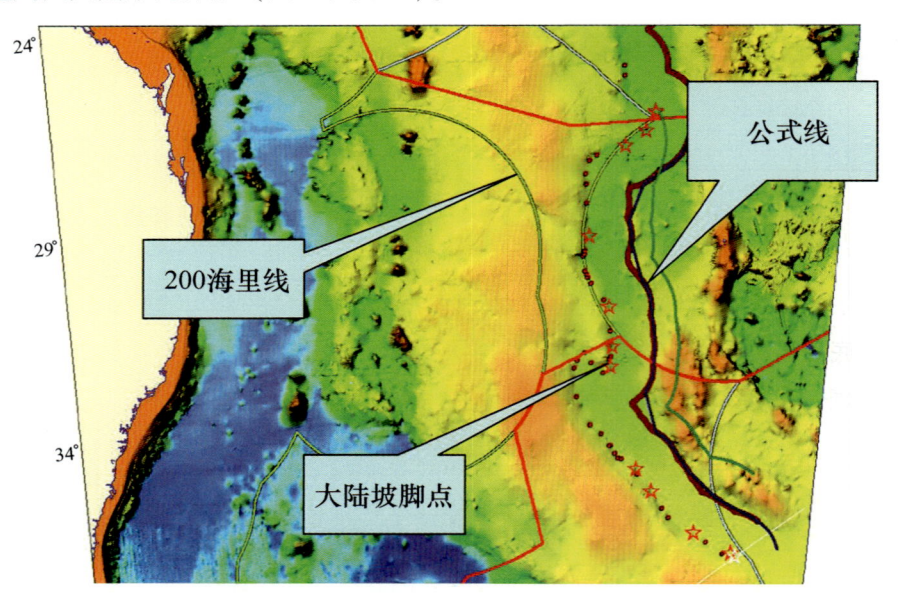

图 9　毗邻豪勋爵海隆的新喀里多尼亚海盆的大陆坡脚点和公式线

资料来源：委员会对澳大利亚外大陆架划界案的建议摘要。

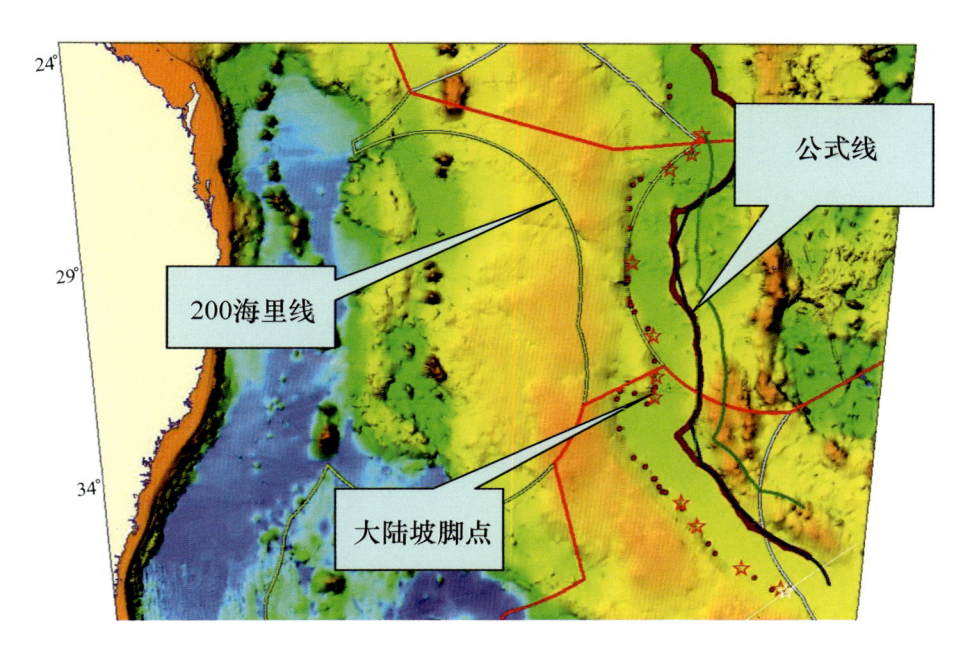

图 10　毗邻福克洋脊体系的新喀里多尼亚海盆的大陆坡脚点和公式线
资料来源：委员会对澳大利亚外大陆架划界案的建议摘要。

4.2　麦夸里洋脊地区

4.2.1　从属权利检验

麦夸里洋脊的构造包括一系列侧面陡峭的、细长狭窄的洋脊和海槽，它们将埃默拉尔德海盆（Emerald Basin）向东和塔斯曼海盆分割，向西和澳大利亚-南极海盆分割。该地区从麦夸里岛向北和向南扩张，是一个长条的地形，构成了大陆在水下的延伸。该洋脊向南的部分相互连接穿过两个鞍部，它们分别高出附近深洋洋底 2 000 米和 700 米。委员会确认，通过适用《公约》第七十六条第 4 款规定，麦夸里洋脊地区大陆坡脚所产生的大陆边外缘超过了澳大利亚的 200 海里界限，澳大利亚在该地区 200 海里界限外享有建立大陆架的法律权利（图 11）。

4.2.2　确定大陆坡脚

委员会认为，在麦夸里洋脊地区，澳大利亚所列的大陆坡脚点符合《公约》第七十六条和《科技准则》第 5 章的标准，这些大陆坡脚点应当构成在麦夸里洋脊地区建立澳大利亚大陆边外缘的基础。

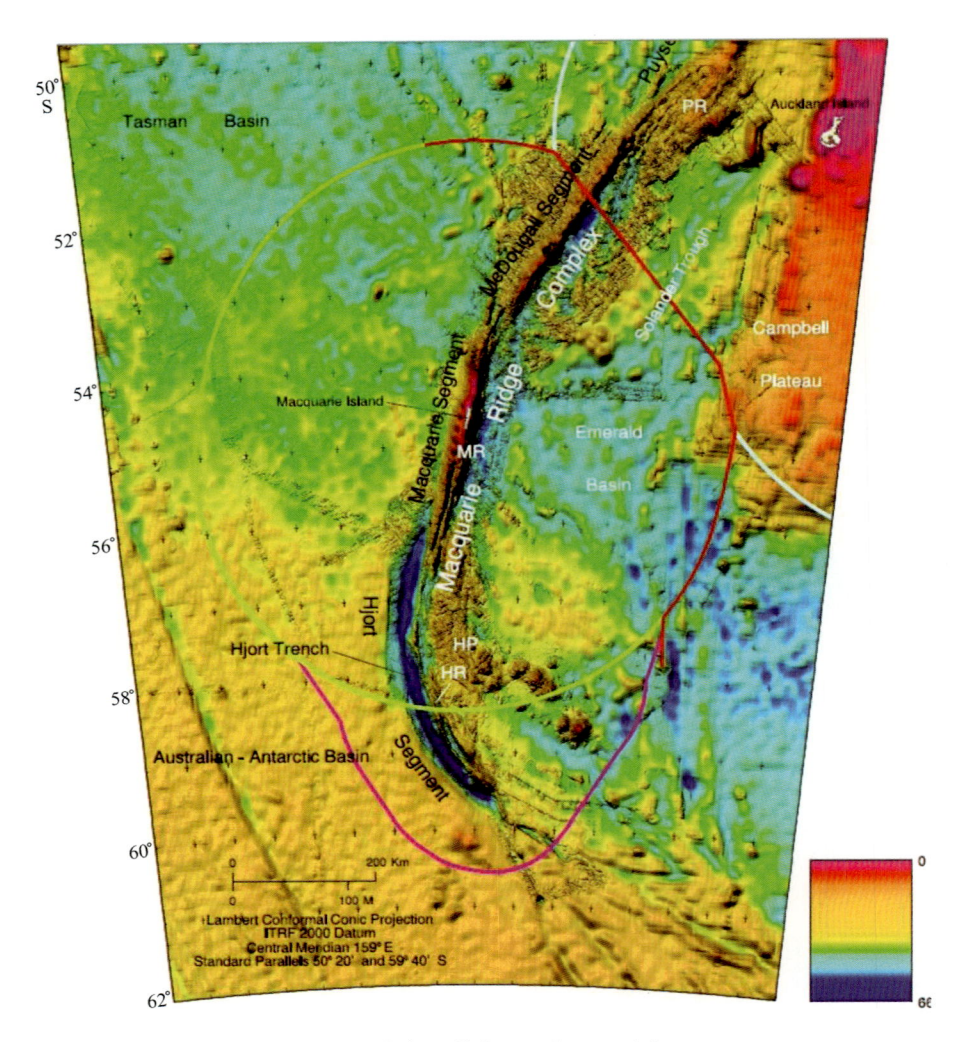

图 11　麦夸里洋脊地区的地理要素

资料来源：委员会对澳大利亚外大陆架划界案的建议摘要。

4.2.3　公式线的运用

在麦夸里洋脊地区，澳大利亚仅适用"海登堡公式"确立定点，并用长度不超过 60 海里的直线段连接构成公式线。委员会同意构建该公式线的方法，并建议将其用做确立该地区大陆架外部界限的基础（图 12）。

4.2.4　限制线的运用

在麦夸里洋脊地区，澳大利亚采用了距离标准限制线，即由从领海基线量起 350 海里的弧所构建。委员会同意澳大利亚在构建该限制线过程中所使用的

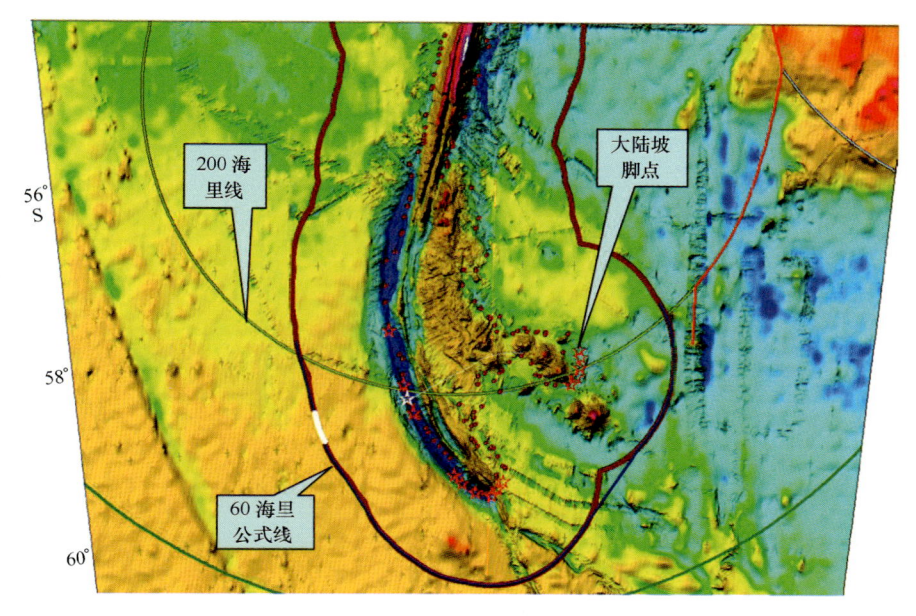

图 12　麦夸里洋脊地区的大陆坡脚点和公式线
资料来源：委员会对澳大利亚外大陆架划界案的建议摘要。

方法。

4.2.5　最终外部界限及委员会建议

委员会不同意澳大利亚所提交的连接 200 海里外大陆架外部界限点与 200 海里界限上的 MAC-ECS-31 和 MAC-ECS-431a 点的桥线连接方法（图 4），因为该方法产生了位于按照《公约》第七十六条第 4 款和第 7 款所确定的《公约》意义上的大陆边之外的大陆架区域。委员会建议用符合大陆边外缘的点和线替代点 MAC-ECS-31 和 MAC-ECS-431a 以及它们各自的连接线。

除此以外，委员会同意建立麦夸里洋脊地区大陆架外部界限过程中所适用的原则，包括确定的定点以及连接这些定点的直线段的构建。委员会建议澳大利亚由此建立在麦夸里洋脊地区大陆架的外部界限。

4.3　三王洋脊地区

4.3.1　从属权利检验

三王洋脊位于诺福克洋脊以东，构成澳大利亚所提交的大陆边的最东部分。委员会确认，通过适用《公约》第七十六条第 4 款的规定，三王洋脊地区的

沿海国 200 海里以外大陆架外部界限划界案大陆架界限委员会建议评注

大陆坡脚所产生的大陆边外缘超过了澳大利亚的 200 海里界限，澳大利亚在该地区 200 海里界限外享有建立大陆架的法律权利（图 13）。

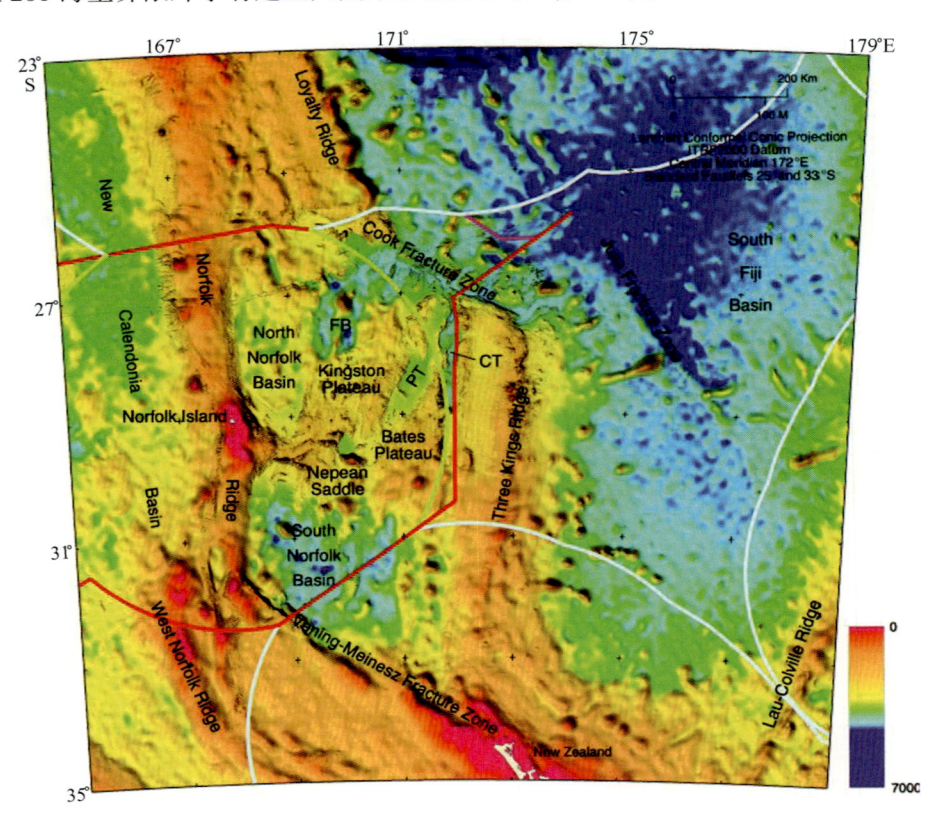

图 13 三王洋脊地区的地理要素

资料来源：委员会对澳大利亚外大陆架划界案的建议摘要。

4.3.2 确定大陆坡脚

委员会确认澳大利亚需要沿三王洋脊向东选定大陆坡脚点，以证明其大陆边的延伸在西侧与《澳新划界条约》分界线完全重合。委员会经审查并确认，其与澳大利亚意见一致的那些大陆坡脚点足以建立三王洋脊以东的大陆边的外缘。由此，委员会认为，诺福克岛的 200 海里线和位于三王洋脊西侧的与新西兰的条约线之间的地区，是澳大利亚大陆边的组成部分。随后委员会认为，澳大利亚所列的大陆坡脚点符合《公约》第七十六条和《科技准则》第 5 章的标准，出于《公约》的目的，这些大陆坡脚点应当构成在三王洋脊地区建立澳大利亚大陆边外缘的基础（图 14）。

22

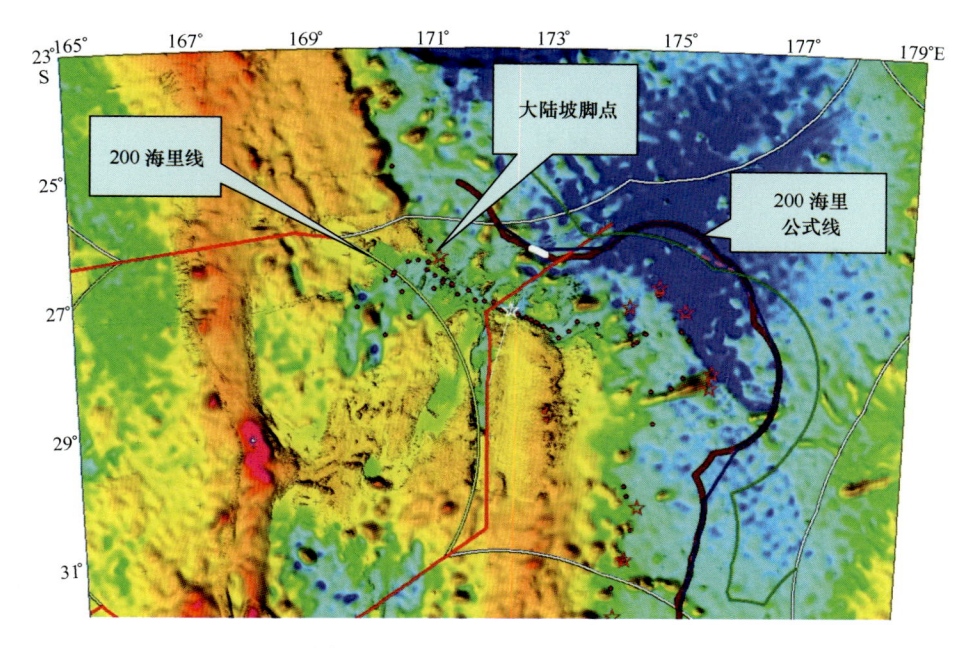

图 14　三王洋脊地区的大陆坡脚点和公式线、限制线等信息

注：公式线呈蓝色，混合限制线呈深绿色，《澳法划界条约》所定的边界线呈红色，澳大利亚和邻国的 200 海里线分别呈浅绿色和白色。

资料来源：委员会对澳大利亚外大陆架划界案的建议摘要。

4.3.3　公式线的运用

在三王洋脊地区，澳大利亚仅适用"海登堡公式"确立定点，并用长度不超过 60 海里的直线段连接构成公式线。委员会同意构建该公式线的方法，并建议将其用做确立该地区大陆架外部界限的基础（图 14）。

4.3.4　限制线的运用

在三王洋脊地区，澳大利亚采用了距离标准限制线。委员会同意澳大利亚在构建该限制线过程中所使用的方法（图 14）。

4.3.5　最终外部界限及委员会建议

委员会在建议中特别提及了 3 个定点：TKR-ECS-347 是公式线与亨特岛和马修岛 200 海里线的交点；TKR-ECS-346 是公式点与定点重合；TKR-ECS-R1-1 是公式线与《澳新划界条约》分界线的交点（图 15）。

委员会同意建立三王洋脊地区大陆架外部界限过程中所适用的原则，包括确定的定点以及连接这些定点的直线段的构建。委员会建议澳大利亚由此建立在三

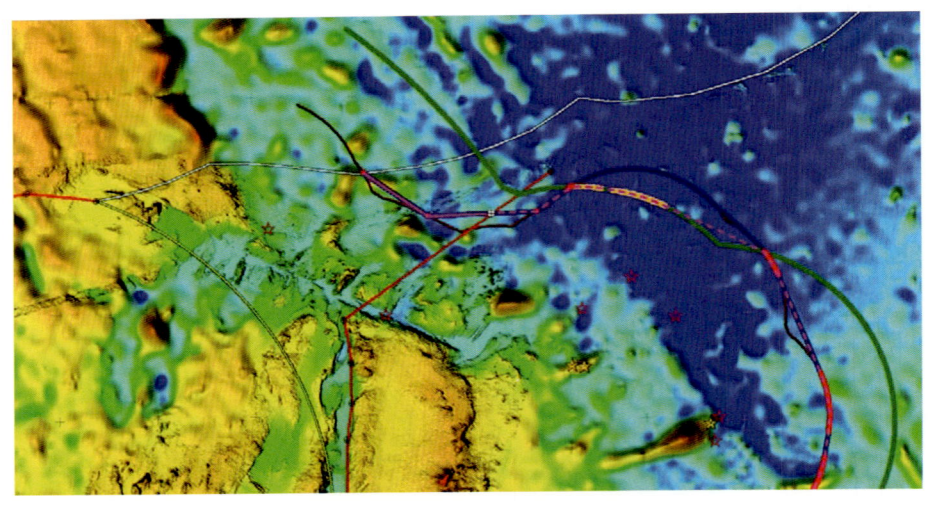

图 15　委员会建议的大陆架外部界限
资料来源：委员会对澳大利亚外大陆架划界案的建议摘要。

王洋脊地区大陆架的外部界限。同时委员会也指出，澳大利亚在该地区最终大陆架外部界限的建立将取决于国家之间的划界。

4.4　凯尔盖朗海台地区

4.4.1　从属权利检验

凯尔盖朗海台所在的地区是一个巨大的、北北西—南南东走向的、复合的海底高地，大约 2 300 千米长，平均宽度为 600 千米，由如下部分组成：北、中、南凯尔盖朗海台，斯基夫暗滩（Skiff Bank）、埃兰暗滩（Elan Bank）和威廉姆斯洋脊（Williams Ridge）。

澳属火山岛赫德岛和麦克唐纳岛位于中凯尔盖朗海台，构成该地区澳大利亚陆块。凯尔盖朗海台的不同部分形成了一个连续的、绵长的地形，构成了该陆块在水下的延伸。委员会确认，通过适用《公约》第七十六条第 4 款的规定，凯尔盖朗海台地区大陆坡脚所产生的大陆边外缘超过了澳大利亚的 200 海里界限，澳大利亚在该地区 200 海里界限外享有建立大陆架的法律权利（图 16）。

4.4.2　确定大陆坡脚

委员会认为，虽然存在一些重要的例外，但一般可以轻易基于地形来识别大陆坡底。在大陆坡脚点的认定上，委员会就一些不同观点与澳大利亚进行了沟

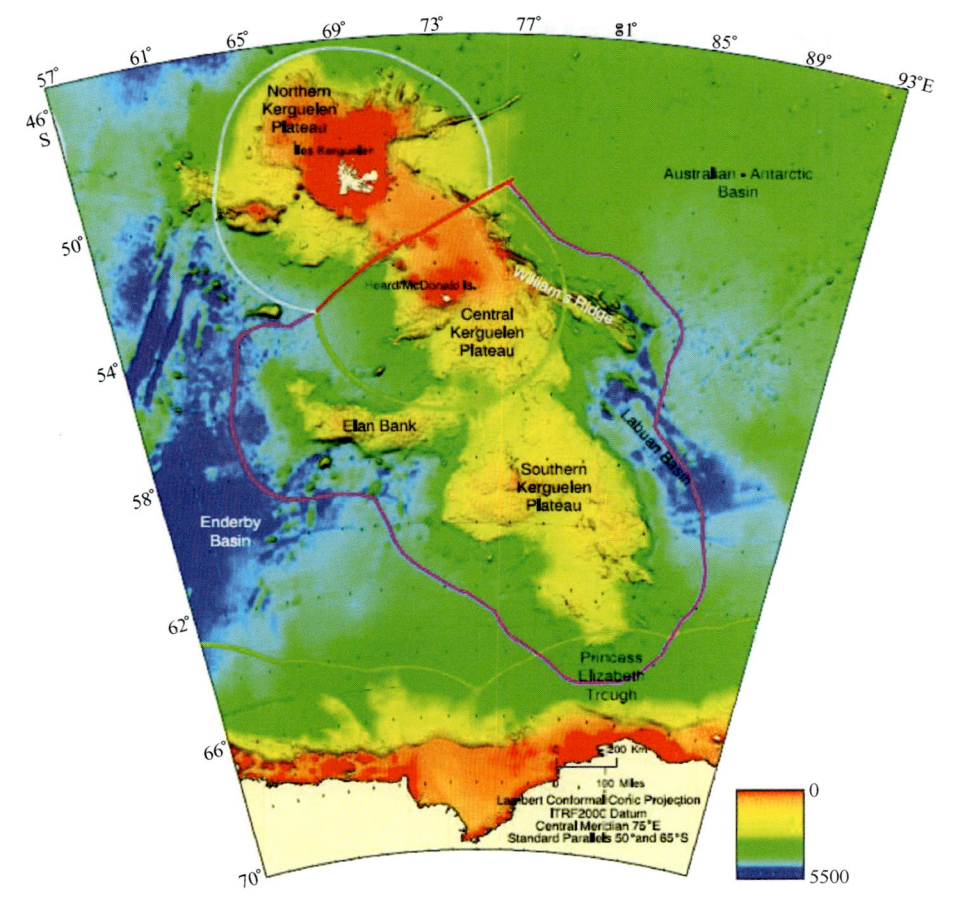

图 16　凯尔盖朗海台地区的地貌要素

资料来源：委员会对澳大利亚外大陆架划界案的建议摘要。

通。随后澳大利亚分别在 2006 年 9 月 11 日和 2007 年 3 月 1 日对所提大陆坡脚点清单进行了修正。

委员会认为，在凯尔盖朗海台地区，澳大利亚所列的大陆坡脚点符合《公约》第七十六条和委员会《科技准则》第 5 章的标准，这些大陆坡脚点应当构成在凯尔盖朗海台地区建立澳大利亚大陆边外缘的基础（图 17）。

4.4.3　公式线的运用

在凯尔盖朗海台地区，澳大利亚最终划定的大陆边外缘线是一条混合公式线，其中 12 个定点基于"爱尔兰公式"，其余定点基于"海登堡公式"，定点之间用长度不超过 60 海里的直线段连接构成公式线。委员会同意构建该公式线的方法，并建议将其用做确立该地区大陆架外部界限的基础（图17）。

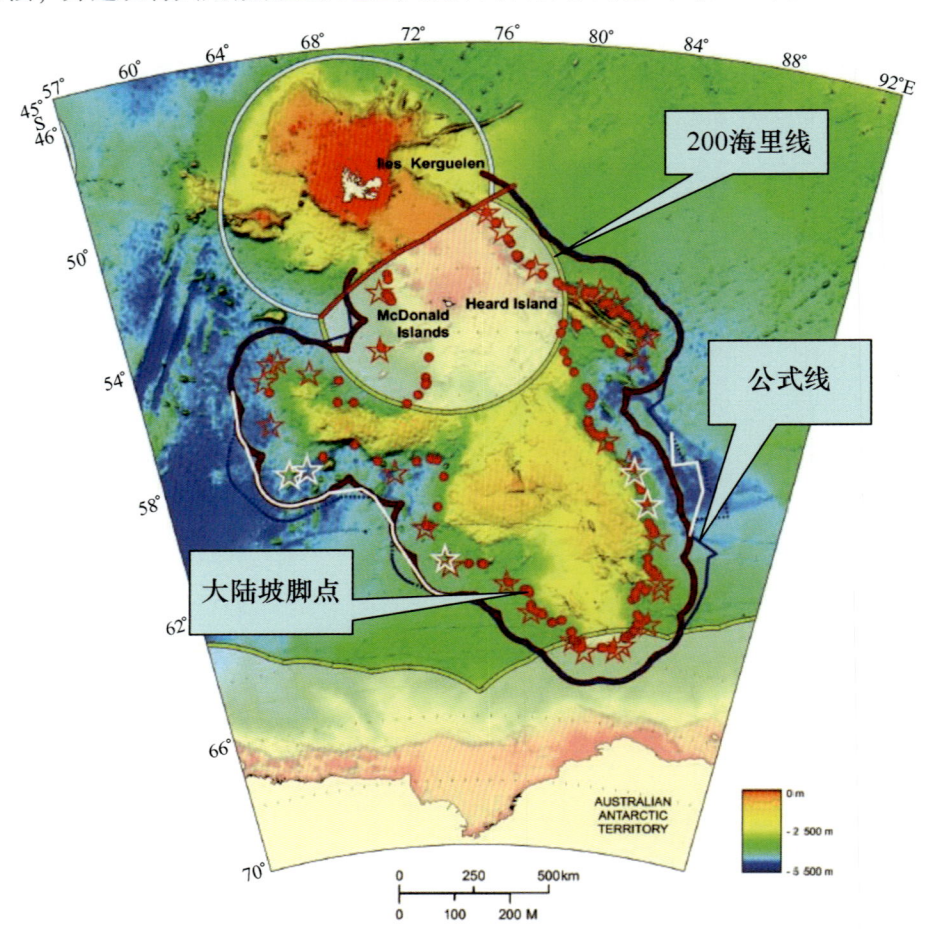

图 17　凯尔盖朗海台地区的大陆坡脚点和公式线

注：白星和白线显示了文件 AUS-CLCS-DOC-46、AUS-CLCS-DOC-56、AUS-CLCS-DOC-57 和 AUS-CLCS-DOC-58 提出的对大陆坡脚点和大陆边外援线的修改。

资料来源：委员会对澳大利亚外大陆架划界案的建议摘要。

4.4.4　限制线的运用

澳大利亚在该地区采用了混合限制线，并认为符合适用距离标准限制的海底高地同样符合适用深度标准限制。委员会首先对该地区的海底高地进行了考察和分类。

赫德岛和麦克唐纳岛位于中凯尔盖朗海台。这两个岛屿由较新的岩浆活动产生，并深嵌在中凯尔盖朗海台较古老的地壳中。中凯尔盖朗海台地壳的主要部分厚达 25 千米，由约 1 亿年前白垩纪晚期的岩浆岩构成。在中凯尔盖朗海台的南部，这些岩浆岩显示出与陆壳混染的化学证据。

南凯尔盖朗海台和中凯尔盖朗海台地形相连。与中凯尔盖朗海台相似，南凯尔盖朗海台的主要部分也是由白垩纪晚期的岩浆岩构成，且岩浆岩显示出与陆壳混染。中凯尔盖朗海台和南凯尔盖朗海台的岩浆岩中的陆壳印记显示含有类似于埃兰暗滩的地壳成分。赫德岛和麦克唐纳岛嵌在中凯尔盖朗海台的白垩纪晚期的岩浆地壳上。因此，中凯尔盖朗海台、南凯尔盖朗海台和埃兰暗滩是赫德岛和麦克唐纳岛大陆边的自然构成部分，可以适用深度标准限制及距离标准限制。

然而，为威廉姆斯洋脊所提交的数据似乎只给出了关于其性质和起源的间接证据。委员会认为，威廉姆斯洋脊的地质起源尚未解决，因此不应当将威廉姆斯洋脊视为可以有资格适用深度标准限制，《公约》第七十六条第 6 款意义上的作为大陆边自然构成部分的海底高地。委员会建议其只能适用距离限制线。

4.4.5　最终外部界限及委员会建议

委员会决定，不能就澳大利亚执行摘要中的点 KER-ECS-732a 和 KER-ECS-960a 提出建议（图 2），因为委员会的建议不能影响与其他条约（《南极条约》）相关的事宜。

委员会不同意澳大利亚所提交的连接 200 海里外大陆架外部界限点 KER-ECS-2 与 200 海里线上的点 KER-ECS-1 的方法（图 2），因为该方法产生了位于按照《公约》第七十六条第 4 款和第 7 款所确定的大陆边之外的大陆架区域。

委员会不同意适用点 KER-ECS-1260 至 KER-ECS-1430 的定点（图 2），因为这些点是基于 2 500 米等深线的深度限制标准适用于威廉姆斯洋脊之上的。委员会建议进一步证明确定这些定点的基础，或者用按照距离标准限制确定的定点替代。

除此以外，委员会同意建立凯尔盖朗海台地区大陆架外部界限过程中所适用的原则，包括确定的定点以及连接这些定点的直线段的构建。委员会进一步建议澳大利亚由此建立在凯尔盖朗海台地区的大陆架的外部界限，同时考虑与法国可能的重叠。

5　对委员会澳大利亚外大陆架划界案建议的评注

5.1　本划界案由委员会表决通过

澳大利亚划界案历经委员会 3 届全会审议仍未能就某些方面达成一致，因此委员会决定以表决的方式通过建议，最终以 14 票赞成、3 票反对和 1 票弃权的正式表决结果，通过了"大陆架界限委员会关于 2004 年 11 月 15 日澳大利亚大陆架划界案的建议"。

这是委员会第一个由表决方式通过的划界案建议，对日后委员会划界案建议的审议通过方式产生了深远的影响。

5.2　与《南极条约》的关系

有学者认为，那些不位于南极地区、却由主权明确的岛屿或地区的自然延伸以至南纬 60°以南的大陆架，如澳大利亚对凯尔盖朗海台地区和麦夸里洋脊的大陆架，对于这一类大陆架，沿海国对其海床和底土的矿产资源和定居种生物资源的勘探开发权利是沿海国所享有的专属权利，但由于进入了《南极条约》的效力范围，就应当限制沿海国的权利，使其符合不创立新主权权利的要求和人类共同利益的原则，反过来如果继续保障了沿海国对其大陆架上位于南极地区的矿产资源的主权权利，新一轮的资源开发所引起的纷争将会打破目前南极条约体系下南极的和平与稳定，所以从这个角度来看，南极地区在《南极条约》有效期内不适用大陆架制度。[19]

从委员会对澳大利亚划界案的审议建议来看，委员会基本同意凯尔盖朗海台地区和麦夸里洋脊地区大陆架延伸至南纬 60°以南，至于凯尔盖朗海台大陆架能否延伸至南极洲 200 海里线，委员会认为其无法就两个交点做出建议，并认为按照《公约》第七十六条做出的建议"不妨害与其他条约有关的事项"。[18] 这从反面说明，委员会已注意到南极地区《公约》和《南极条约》体系在大陆架问题上存在明显的冲突与矛盾，但作为一个由地质学家、地球物理学家和水文学家等组成的科学团队，委员会仅仅给予各国大陆架划界的科学和技术指导，法律制度上的冲突不是其考虑的范畴。[20]

5.3　桥线问题

对沿海国来讲，当按照《公约》第七十六条所确定的定点与其 200 海里线相连时，各国一般会将该段距离设置得接近 60 海里的限制要求，以便包括更大面积的大陆架。这种做法在一些情况下会将未被证明的 200 海里以外大陆架区域包括在沿海国的管辖范围内。关于按照第七十六条第 4 款 a 项所述确定大陆边外缘的公式线与 200 海里线连接的问题，《公约》和委员会的《科技准则》都未作明确规定。[21]

在第 17 届会议上，委员会讨论了"大陆边外缘线连接至 200 海里线的问题"。委员会讨论了在《公约》第七十六条第4款（a）项所述确定大陆边外缘的公式线需要同200海里线连接时可能出现的一个一般性技术问题。与会者指出，《公约》和《科技准则》均未就如何处理此事项的某些方面规定具体方法。讨论着重于此问题的技术方面及其同沿海国按照《公约》第七十六条对200海里以外大陆架的权利的关系。在《关于2006年法国、爱尔兰、西班牙和英国联合划界案（凯尔特海和比斯开湾地区）的建议摘要》中，委员会也提到"……考虑到了委员会关于如何连接200海里线的观点"。[22]

委员会在审议澳大利亚9个地区时，对其中8个地区的桥线连接方法持否定态度，认为按照该方法"产生了位于按照《公约》第七十六条第4款和第7款所确定的大陆边之外的大陆架区域"。[18]而其唯一同意的一个地区（三王洋脊地区）的桥线连接方法，是公式线与200海里线的交点，它是不超过公式线的桥式连接。

5.4 海底高地的性质

澳大利亚划界案有涉及对中凯尔盖朗海台、南凯尔盖朗海台、埃兰暗滩和威廉姆斯洋脊性质的认定。《公约》第七十六条第6款是区分海底高地和海底洋脊的条款规定海底高地可适用350海里距离限制线和2 500米外100海里深度限制线，而海底洋脊只能适用350海里距离限制线。

首先是对中凯尔盖朗海台、南凯尔盖朗海台和埃兰暗滩性质的认定。本地区的陆源——赫德岛和麦克唐纳岛位于中凯尔盖朗海台上，因此，中凯尔盖朗海台是赫德岛和麦克唐纳岛大陆边的自然构成部分，属于海底高地。接着，在判定南凯尔盖朗海台和埃兰暗滩的性质之前，委员会首先需要审议南凯尔盖朗海台和埃兰暗滩与中凯尔盖朗海台的关系。委员会主要从地球化学的证据入手，确认中凯尔盖朗海台、南凯尔盖朗海台和埃兰暗滩都有相似的地壳成分，均与陆壳有混染。委员会因此判断南凯尔盖朗海台和埃兰暗滩与中凯尔盖朗海台一样，也是赫德岛和麦克唐纳岛大陆边的自然构成部分，属于海底高地。

从主席声明中可以看出，对威廉姆斯洋脊性质的认定，委员会内部分歧较大。委员会在最终的建议中认定，"为威廉姆斯洋脊提交的数据似乎只给出了关于其性质和起源的间接证据。委员会认为，威廉姆斯洋脊的地质起源尚未解决。委员会因此质疑威廉姆斯洋脊使用《科技准则》第7.3.1（b）段（即被动大陆边情形下的"海底高地"）[23]的理由。委员会认为不应当将威廉姆斯洋脊视为可以有资格适用深度标准限制的，第七十六条第6款意义上的作为大陆边自然构成

29

部分的"海底高地",而应为"海底洋脊"。

5.5 国家实践与相关评论

2012年5月24日,澳大利亚根据大陆架界限委员会的建议发布了《2012海洋与浸没土地(大陆架界限)公告》(以下简称《公告》),确定了包括赫德岛与麦克唐纳群岛、赫德岛等澳大利亚领土所附属大陆架的外部界限并完成了对上述地区海底资源所拥有的开发权利的宣告。[22,24]

比较澳大利亚《公告》中确定凯尔盖朗海台地区大陆架外部界限的定点时发现,澳大利亚并没有完全采纳委员会建议(图18),其中图示(图19)将凯尔盖朗海台地区大陆架外部界限与从澳大利亚南极领地所划基线量起的200海里线的两个交点(此处更改为点627和点905)相连形成包络线,而列表中(表3)则囊括了包括上述两点在内延伸至南极地区的279个定点,即澳大利亚把要求委员会不审议的南极地区也纳入到凯尔盖朗地区的外大陆架主张范围。

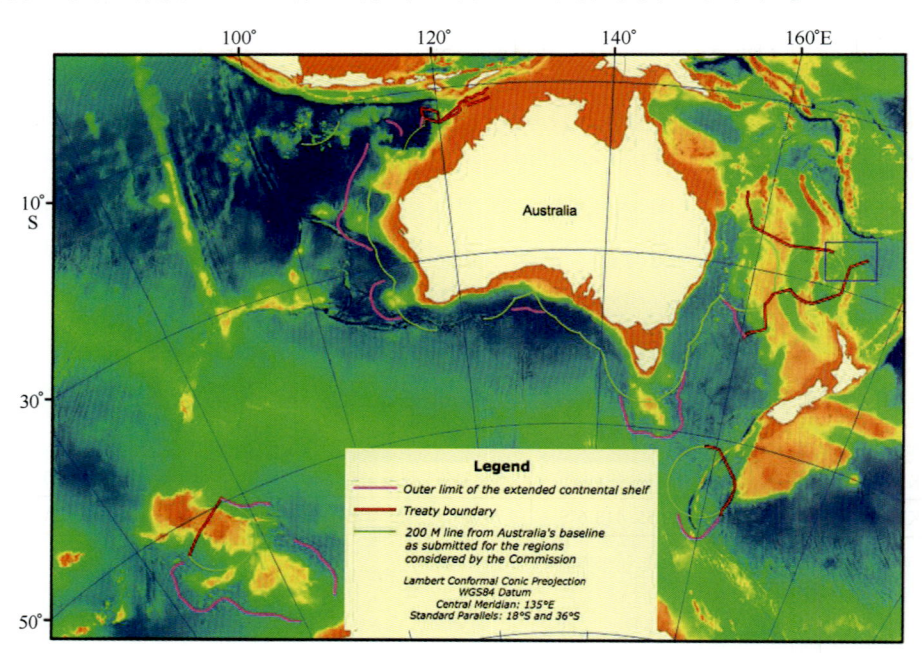

图18 委员会建议的澳大利亚大陆架外部界限

注:蓝色框内的大陆架外部界限有待与邻国的最终划界

资料来源:委员会对澳大利亚外大陆架划界案的建议摘要。

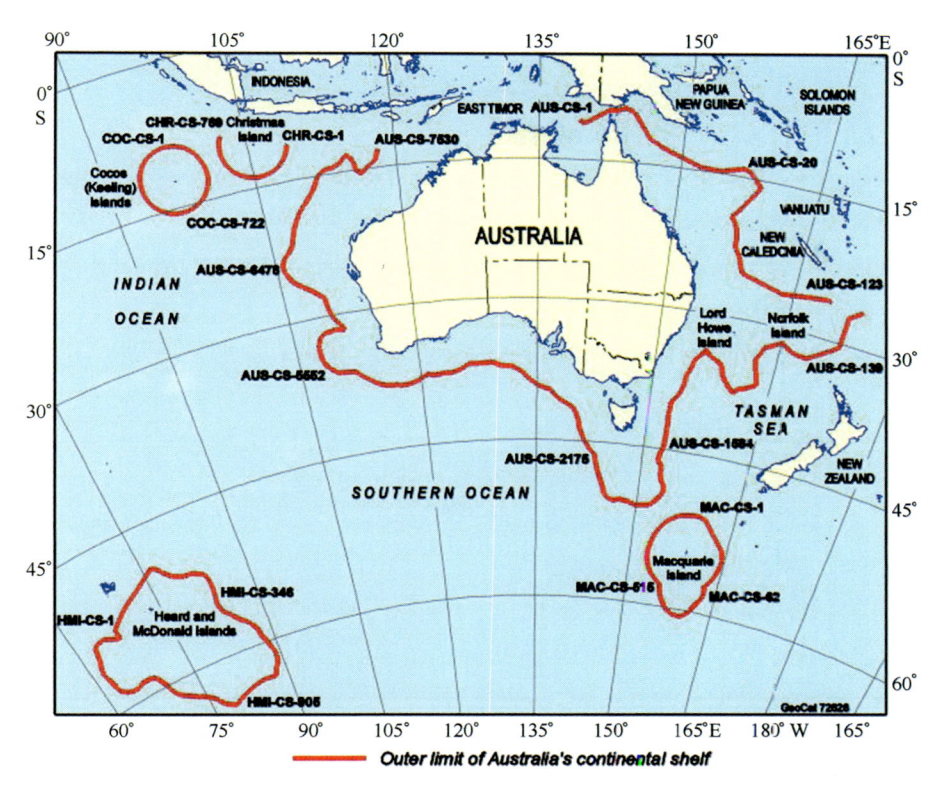

图 19　澳大利亚《公告》中划定的大陆架外部界限

资料来源：澳大利亚《2012 海洋与浸没土地（大陆架界限）公告》。

表 2　澳大利亚执行摘要附件中所示定点 960a 和点 732a 的经纬度坐标

ECS POINT	LATITUTE （degrees，minutes，seconds）	LONGITUDE （degrees，minutes，seconds）	ARTICLE 76 PROVISION INVOKED	DISTANCE TO NEXT POINT（M）
KER-ECS-960a	62°59′33.491 9″S	87°51′53.506 3″E	200 M	36.16782
KER-ECS-732a	64°01′55.418 6″S	79°09′51.962 2″E	200 M	N/A

资料来源：澳大利亚外大陆架划界案执行摘要附件。

表 3　澳大利亚《公告》中所示定点 627 和点 905 的经纬度坐标

Point identifier	Latitude	Longitude	Datum
HMI-CS-627	62°59′33.491 9″S	87°51′53.506 3″E	ITRF2000
HMI-CS-628～HMI-CS-904			
HMI-CS-905	64°01′55.418 6″S	79°09′51.962 2″E	ITRF2000

资料来源：澳大利亚《2012 海洋与浸没土地（大陆架界限）公告》。

参考文献

[1] 澳大利亚外大陆架划界案执行摘要（中文版和英文版）(AUS-DOC-ES).

[2] *Note Verbale* from The United States on the Australia's Extended Continental Shelf Submission (3 December 2004) (POL 10-04).

[3] *Note Verbale* from The Russian Federation on the Australia's Extended Continental Shelf Submission (9 December 2004) (No. 739/n).

[4] *Note Verbale* from Japan on the Australia's Extended Continental Shelf Submission (19 January 2005) (SC/05/039).

[5] *Note Verbale* from The Democratic Republic of Timor-Leste on the Australia's Extended Continental Shelf Submission (11 February 2005) (NV/UN/71/2005).

[6] *Note Verbale* from France on the Australia's Extended Continental Shelf Submission (28 March 2005) (BC/aa No. 163).

[7] *Note Verbale* from The Netherland on the Australia's Extended Continental Shelf Submission (31 March 2005) (No. NYV/2005/690).

[8] *Note Verbale* from Germany on the Australia's Extended Continental Shelf Submission (05 April 2005) (No. 88/2005).

[9] *Note Verbale* from India on the Australia's Extended Continental Shelf Submission (05 July 2005) (NY/PM/443/1/98).

[10] *Note Verbale* from The Republic of Indonesia on the Australia's Extended Continental Shelf Submission (07 August 2009) (No. 074/POLII/0807/09).

[11] 委员会第15届会议主席说明（中文版和英文版）(CLCS/44).

[12] 委员会第16届会议主席说明（中文版和英文版）(CLCS/48).

[13] 委员会第17届会议主席说明（中文版和英文版）(CLCS/50).

[14] 委员会第18届会议主席说明（中文版和英文版）(CLCS/52).

[15] 委员会第19届会议主席说明（中文版和英文版）(CLCS/54).

[16] 委员会第20届会议主席说明（中文版和英文版）(CLCS/56).

[17] 委员会第21届会议主席说明（中文版和英文版）(CLCS/58).

[18] Recommendation of the Commission on the Limits of the Continental Shelf (CLCS) in regard to the Submission made by Australia on 1 November 2004, Adopted by the Commission on 9 April 2008, 53.

[19] 刘惠荣, 刘秀. 南极生物遗传资源利用与保护的国际法研究[M]. 北京：中国政法大学出版社, 2013：105.

[20] 朱瑛, 薛桂芳, 李金蓉. 南极地区大陆架划界引发的法律制度碰撞[J]. 北京：极地

研究，2011（4）：320.

[21] 高健军.200海里以外大陆架外部界限的划定：目前为止的实践综述［J］.北京：中国海洋法学评论，2008（1）：29-30.

[22] Summary of the Recommendations of the Commission on the Limits of the Continental Shelf in regard to the Joint Submission made by France, Iceland, Spain, and the United Kingdom of Great Britain and Northern Iceland in respect of the Area of the Celtic Sea and the Bay of Biscay on 19 May 2006, Adopted by the Commission on the Limits of the Continental Shelf on 24 March 2009.

[23] 委员会.《科技准则》第7.3.1（b）段：就被动大陆边而言，海底扩张使大陆分离之前大陆碎裂的自然过程涉及大陆地壳的减薄、拉张和断裂以及岩浆大量侵入该地壳和穿过该地壳大量喷发。这一过程促进了大陆生长。因此，由这一碎裂过程造成的任何海底高地应被视为大陆边的自然构成部分，这些高地构成陆块延伸的组成部分。

[24] Seas and Submerged Lands (Limits of Continental Shelf) Proclamation 2012 (Proclamation under section 12 of the Seas and Submerged Lands Act 1973), Signed and sealed with the Great Seal of Australia on 24 May 2012.

爱尔兰（普罗库派恩深海平原）外大陆架划界案委员会审议建议评注

爱尔兰在《公约》开放供签署期间即签字加入，并在 1996 年 6 月 21 日批准了《公约》，《公约》于同年 7 月 21 日开始对爱尔兰生效。爱尔兰划界案的准备工作始于 1994 年。数据的处理、分析、解释和编辑一直持续到 2005 年。期间与邻国（法罗群岛/丹麦、冰岛、英国、法国、西班牙和英国）进行了两轮四边磋商。

依据《公约》第七十六条第 8 款及附件二第四条的相关规定，爱尔兰于 2005 年 5 月 25 日向委员会提交了自其领海基线量起 200 海里以外大陆架外部界限划界案。鉴于爱尔兰正与邻国就其划定的大陆架区域的西北和西南部分进行讨论，爱尔兰选择将其划界案分开。该部分划界案涉及的是邻接普罗库派恩深海平原（Porcupine Abyssal Plain）地区（图 1 中的 B 区）。考虑到《公约》第七十六

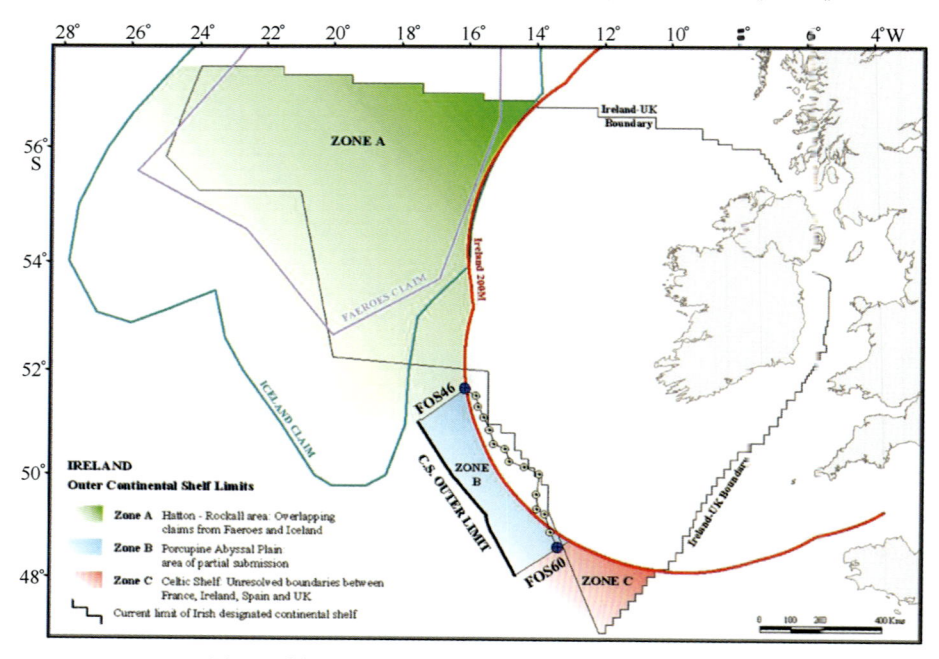

图 1 爱尔兰拟延伸大陆架 A 区、B 区和 C 区位置

资料来源：爱尔兰（普罗库派恩深海平原）外大陆架划界案执行摘要。

条第10款和附件二第九条,根据委员会《议事规则》附件一第3段,为了不影响爱尔兰在其所主张的延伸大陆架其他部分与其邻国间尚未解决的划界问题,关于这些部分的划界案将在以后提出(图1中的A区和C区)。

小组委员会在第18届会议上向委员会提交了划界案建议草案,委员会在第19届会议上以表决的方式通过了经修正的划界案建议。

1 爱尔兰的主张[1]

爱尔兰在执行摘要中就邻接普罗库派恩深海平原地区(B区)的大陆架外部界限做了详细描述。爱尔兰在沿着邻接普罗库派恩洋脊—戈班坡尖(Goban Spur)的大陆边上共选择了15个大陆坡脚点(FOS 46至FOS60)。从这些大陆坡脚点出发,利用大陆坡脚外推60海里公式产生了一条大陆边外缘线。在地震测线PAD95-12和PAD95-13(分别对应大陆坡脚46和50)上显示出有足够的沉积岩厚度可以使用1%沉积岩厚度公式。爱尔兰在该地区的任何一个公式点都没有超出350海里限制线。最终的外部界限由一系列连接卡地纳或海登堡公式点的不超过60海里长的直线段组成(图2)。

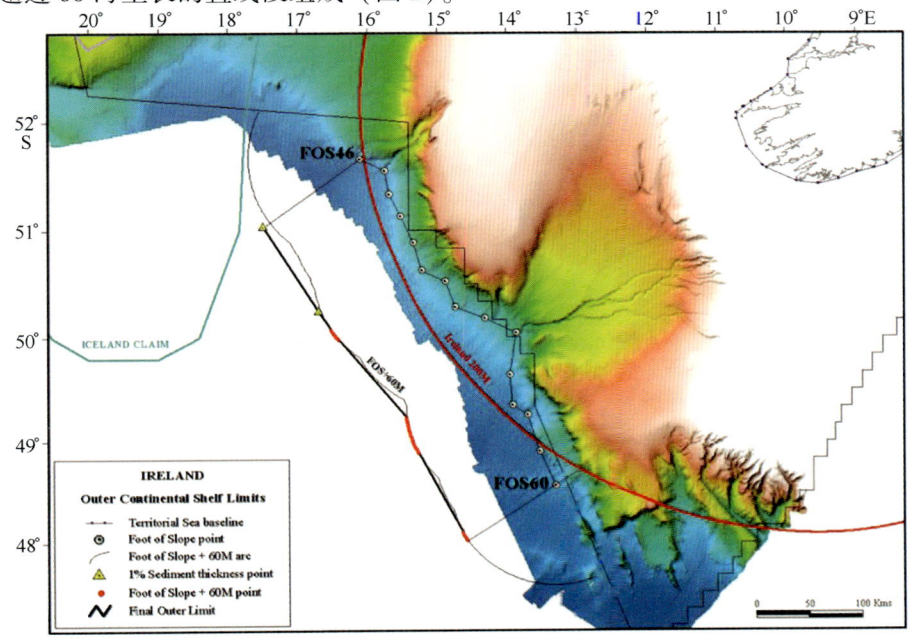

图 2　爱尔兰拟在普罗库派恩深海平原地区划定的大陆架外部界限全景

资料来源:爱尔兰(普罗库派恩深海平原)外大陆架划界案执行摘要。

35

爱尔兰同时说明，本划界案中外部界限的最北和最南之点（终点），以及相对应的大陆坡脚点（FOS46 和 FOS60）的详细资料已经告知丹麦法罗群岛（Faroe Islands）、法国、冰岛、西班牙和英国。委员会对本部分划界案的审议将不影响 A 区或 C 区的划界问题。

爱尔兰提交的大陆坡脚点是在从使用 CARIS LOTS™ 软件的三维测深网格中获取的二维平面图基础上确定的，一共选择了 15 个大陆坡脚点，其中 5 个被用来确定 39 个定点。

表 1　大陆坡脚点的使用情况

大陆坡脚点	是否使用	确定定点
46	使用	2
47~49	未使用	—
50	使用	2
51	使用	2~20
52~56	未使用	—
57	使用	21~32
58~59	未使用	—
60	使用	33~39

资料来源：爱尔兰（普罗库派恩深海平原）外大陆架划界案执行摘要，经作者整理。

爱尔兰提交的外部界限在 CARIS LOTS™ 中生成，结合了沉积岩厚度公式和距离公式。

此后，爱尔兰代表团在审议的过程中调整了其所提议的界限，引入了一个从大陆坡脚第 53 点产生的新定点。小组委员会认为，该调整影响不大，因此不需要予以公布。但小组委员会基于科学和技术理由没有采纳在审议过程中提出的从大陆坡脚第 53 点产生的定点 15。

2　各国反应照会和要点

各国提交照会的时间见表 2。

表 2　各国所提交照会的时间

序号	国家	时间	备注
1	丹麦	2005 年 8 月 19 日	公开
2	冰岛	2005 年 8 月 24 日	公开

资料来源：联合国海洋事务和海洋法司网站，经作者整理。

2.1　丹麦[2]

丹麦声明：根据《公约》及其附件二，委员会《议事规则》，特别是其附件一的规定，委员会的行动不得妨害海岸相向或相邻国家间大陆架界限的划定问题。丹麦注意到爱尔兰所称"该部分划界案不涉及任何争端"，以及"委员会建议将不影响爱尔兰和其他国家之间的划界问题"。然而，丹麦认为，要评估划界案对今后就该地区划界的潜在影响是不可能的。现阶段无法做出这样的评估并不意味着丹麦同意或默许了爱尔兰所提交的划界案。因此，爱尔兰提交的划界案以及委员会做出的建议不能妨害丹麦今后所提的任何划界案，也不能妨害丹麦（法罗群岛）和爱尔兰之间在哈顿·罗尔（Hatton-Rockall）地区的大陆架划界。

2.2　冰岛[3]

冰岛的立场为，爱尔兰所提交的划界案以及委员会做出的任何建议都不能妨害冰岛今后就哈顿·罗尔地区提交的任何划界案，也不能妨害冰岛和爱尔兰在该地区的大陆架划界。

3　委员会审议过程

爱尔兰划界案的审议贯穿了委员会第 16 届会议至第 19 届会议。委员会在第 16 届会议上即成立小组委员会审议该案，并在第 19 届会议上通过了建议。

3.1　成立小组委员会之前的初步审议

在第 16 届会议上，爱尔兰代表团团长、爱尔兰外交部海洋法司司长德克兰·史密斯（Declan Smyth）介绍了爱尔兰的划界案。他阐述了划界案的要点，并告知委员会,委员会成员彼得·F·克罗克（Peter F. Croker）以科学技术专家的身份协助爱尔兰起草划界案。史密斯谈到与邻国提出的海洋权利主张有关的问题,其中包括丹麦和冰岛的立场。这两国的立场载于就爱尔兰划界案给秘书长的来文。委员会随后举行非公开会议讨论了审议划界案的方式。决定根据《公约》附件二第五条以及委员会《议事规则》第四十二条设立一个小组委员会来审议爱尔兰的划界案。

委员会按照相关程序设立了审查爱尔兰划界案的小组委员会,由以下成员组成:希拉勒·穆罕穆德·苏丹·阿扎里（Hilal Mohamed Sultan Al-Azri）、法古尼、诺埃尔·牛顿·圣克拉弗·弗朗西斯（Noel Newton St. Claver Francis）、米海·西尔维乌·格尔曼（Mihai Silviu German）、阿布·巴卡尔·加法尔（Abu Bakar Jaafar）、尤里·鲍里索维奇·卡兹明（Yuri Borisovitch Kazmir）和菲利普·亚历山大·西蒙兹（Philip Alexander Symonds）。小组委员会选举加法尔为主席,卡兹明和弗朗西斯为副主席。小组委员会还要求皮门特尔以水文学专家的身份提供协助。[4]

3.2 小组委员会审议

小组委员会在第 16 届、第 16 届续会、第 17 届和第 18 届会议期间审议了该划界案。在审议期间,小组委员会在第 16 届、第 16 届续会、第 17 届和第 18 届会议期间共举行了 42 次会议。

在第 16 届会议闭会期间及续会期间,小组委员会举行了 10 次会议。此外,小组委员会同爱尔兰代表团进行了 5 次会晤,要求爱尔兰代表团做出一些澄清,并以书面方式提出正式问题。爱尔兰代表团就小组委员会所提的一些问题做出了书面答复,并表示将赶在第 17 届会议之前及时做出更多答复和澄清。[4]

在第 17 届会议期间,小组委员会与爱尔兰代表团举行了 4 次会晤。爱尔兰代表团团长为丽莎·沃尔什（Lisa Walshe）,成员包括两名技术专家以及爱尔兰常驻联合国代表及副代表。针对爱尔兰提交的划界案,小组委员会向代表团提出其初步看法及一般性结论。[5]

在第 18 届会议委员会全会上,加法尔代表小组委员会介绍了小组委员会所起草的建议草案。委员会决定把对建议草案的进一步审议工作推迟到第 19 届会议,让委员会所有成员深入研究划界案和小组委员会所作的分析。[6]

3.3 委员会通过建议

在委员会第 19 届会议期间，由于存在争议，委员会一位成员要求将审查建议工作推迟到第 20 届会议。委员会表示将尽力争取就该事项取得协商一致意见，但后来还是决定就是否通过这些建议进行表决。最后，委员会以 14 票赞成、2 票反对和 2 票弃权的表决结果，通过了"大陆架界限委员会关于 2005 年 5 月 25 日爱尔兰（普罗库派恩深海平原）大陆架划界案的建议"。[7]

4 委员会对爱尔兰外大陆架划界案的建议[8]

4.1 从属权利检验

通过对该部分划界案中的爱尔兰大陆边的地貌分析，显示为一个两段陆坡。普罗库派恩暗滩陆边的陆坡侵蚀产生了一个下陆坡，它由聚结的低谷和被水道和沟渠分割的屑流沉积岩构成。这些沉积岩特征属于陆坡而非陆基。小组委员会提供的来自多波束（经修正的信号）的三维（TIN）测深模型以及爱尔兰提交的其他数据支持这种看法（图 3 至图 6）。

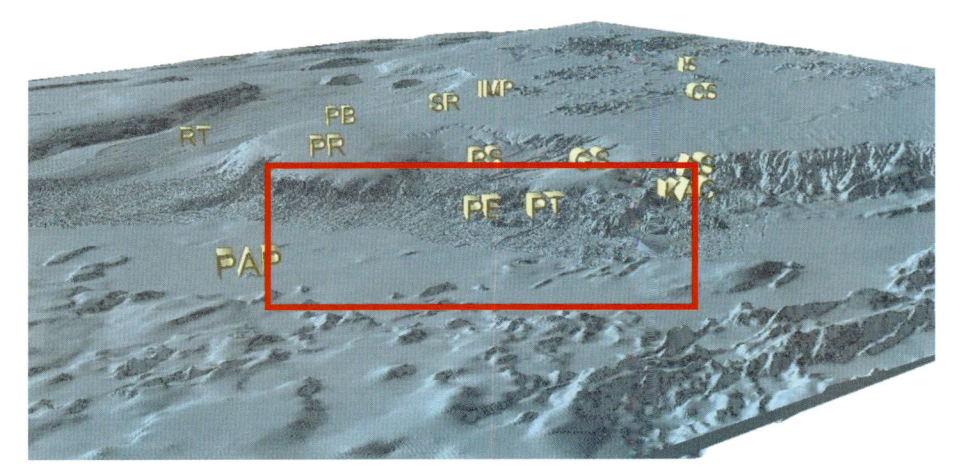

图 3 邻接普罗库派恩深海平原地区的地貌情况

注：AS＝奥斯特尔坡尖；CS＝凯尔特海；GS＝戈班坡尖；IMP＝爱尔兰大陆平台；IS＝爱尔兰海；KAC＝亚瑟王峡谷；PAP＝普罗库派恩深海平原；PB＝普罗库派恩每盆；PE＝王侯断崖；PR＝普罗库派恩洋脊；PS＝普罗库派恩海湾；PT＝王侯梯田；RT＝罗克尔海槽；SR＝南罗克尔。

资料来源：委员会对爱尔兰（普罗库派恩深海平原）外大陆架划界案的建议摘要。

大陆坡脚点 50
大陆坡脚点 51

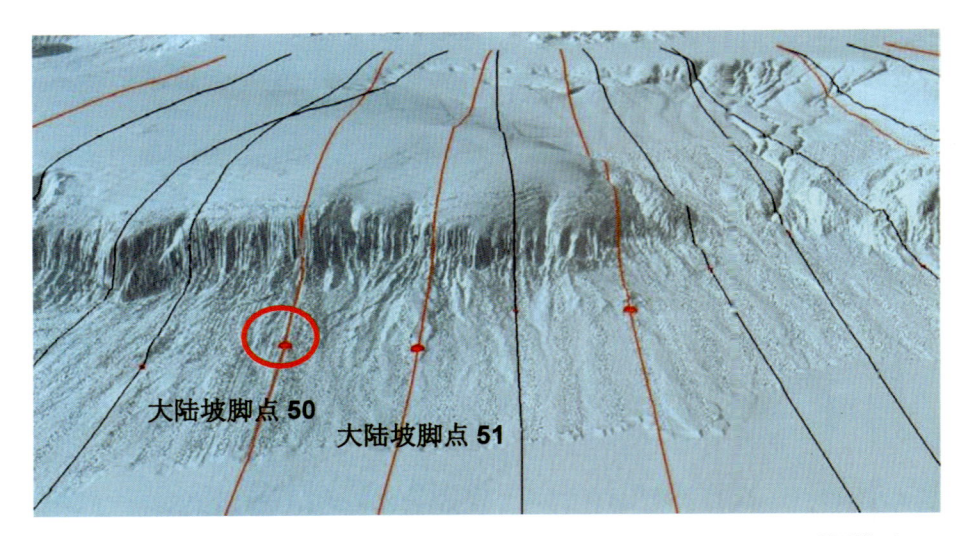

图 4　小组委员会准备的来自多波束（经修正的信号）的三维（TIN）测深模型以及爱尔兰提交的显示普罗库派恩暗滩陆边的地形特征和不同大陆坡脚位置的其他数据

资料来源：委员会对爱尔兰（普罗库派恩深海平原）外大陆架划界案的建议摘要。

大陆坡脚点 57

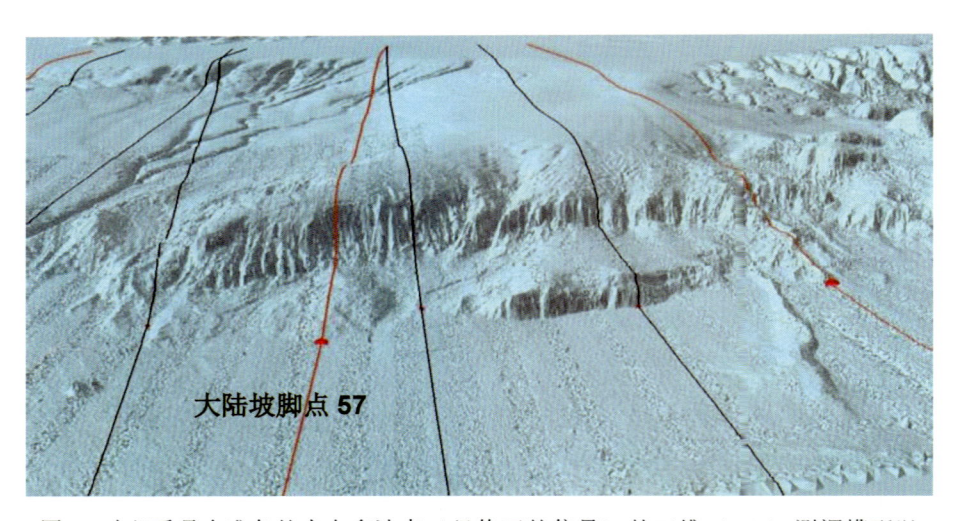

图 5　小组委员会准备的来自多波束（经修正的信号）的三维（TIN）测深模型以及爱尔兰提交的显示戈班坡尖陆边的地形特征和大陆坡脚位置的其他数据

资料来源：委员会对爱尔兰（普罗库派恩深海平原）外大陆架划界案的建议摘要。

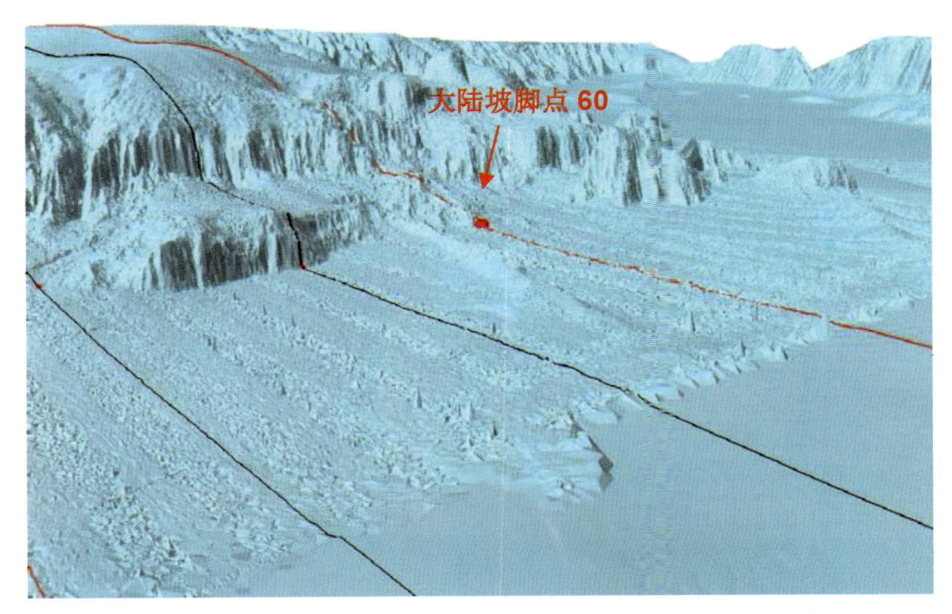

图 6 小组委员会准备的来自多波束（经修正的信号）的三维（TIN）测深模型以及爱尔兰提交的显示戈班坡尖陆边的地形特征和不同大陆坡脚位置的其他数据

资料来源：委员会对爱尔兰（普罗库派恩深海平原）外大陆架划界案的建议摘要。

该部分普罗库派恩暗滩陆边的大陆坡底位于一个复杂的下陆坡外缘，该地区是伴随着暗滩陆边滑坡和侵蚀的块状运输沉积作用而形成，并非位于更靠近陆地的区域坡度变动最大处（图7）。

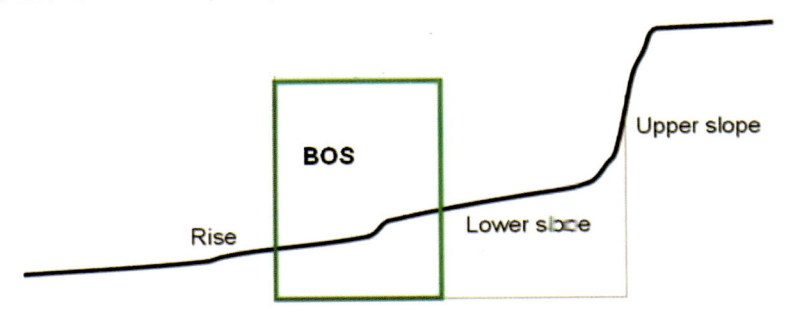

图 7 显示爱尔兰提议的大陆坡底的穿越普罗库派恩暗滩陆边的测深剖面示意图

资料来源：委员会对爱尔兰（普罗库派恩深海平原）外大陆架划界案的建议摘要。

委员会认为该方法符合《科技准则》第5.4.5段和第5.4.6段以及第5.4.12段和第6.3.12段的规定。[9]

爱尔兰一共选择了15个大陆坡脚点，并用其中5个构建了39个公式点。从图1来看，至少有3个大陆坡脚点超过了爱尔兰的200海里线，因此从其延伸的公式点必然超过200海里线，从而满足从属权利检验。委员会确认，通过适用《公约》第七十六条第4款的规定，普罗库派恩深海平原地区大陆坡脚所产生的大陆边外缘超过了爱尔兰的200海里界限。基于此，委员会确认爱尔兰在该地区于200海里界限外建立大陆架的法律权利。

4.2 确定大陆坡脚

4.2.1 委员会接受的大陆坡脚点

基于以下理由，委员会认为爱尔兰提交的大陆坡脚点46、50、51、57和60的位置是可以接受的。

4.2.1.1 大陆坡脚点46

大陆坡脚点46位于被称为罗克尔海槽口的地区，爱尔兰将该地区界定为"两段陆坡"，并基于地球物理数据（地震和位场数据）来界定大陆坡底（委员会《科技准则》第5.4.5段和第5.4.6段对陆坡底所作的地形界定）。该大陆坡底区域似乎跨越了洋-陆过渡区的外缘。

大陆坡脚点46是根据其陆坡底坡度变动最大的标准，使用CARIS LOTS™的道格拉斯-普克算法（Douglas-Peucker Algorithm）确立的，该算法在有关测深剖面图的基础上自动在该位置上产生出唯一一个潜在的大陆坡脚。该地区有一个明显的坡度变动，从平均坡度大约为2°（当地在1°~8°之间变动）的下陆坡到坡度小于0.2°的陆基/深洋洋底（图8）。

图9和图10中的海底三维影像清晰显示了位于有关普罗库派恩暗滩陆边和罗克尔海槽地区的陆坡的两段特征。两幅图均显示了各个大陆坡脚的位置，并用红色圆圈对大陆坡脚点46进行了标记。

委员会认可大陆坡脚点46位于陆坡底，并建议在确定外部界限定点FP2时使用该大陆坡脚点。FP2是使用沉积岩厚度公式确定的。

4.2.1.2 大陆坡脚点50

大陆坡脚点50位于普罗库派恩暗滩地区。大陆坡坡底区域位于"两段陆坡"的外部。该部分是一个复杂的下陆坡外缘。委员会认可这些特征属于陆坡而非陆

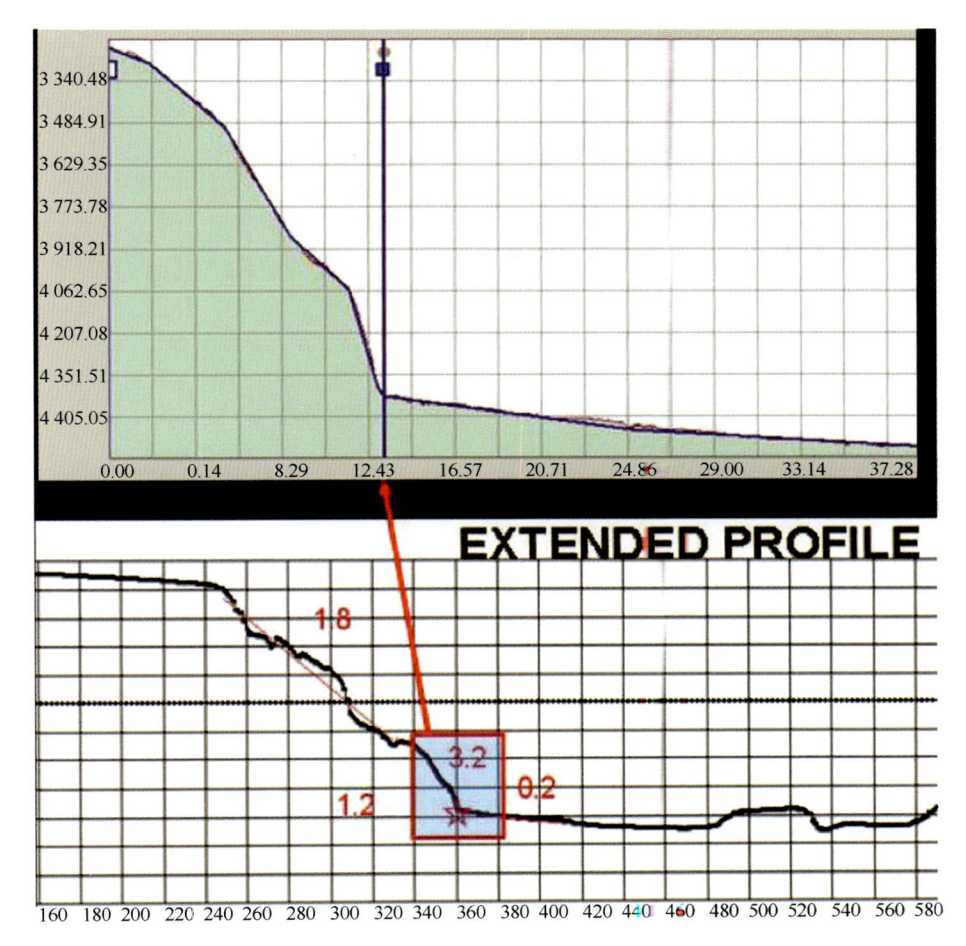

图 8　显示大陆坡脚点 46 穿越爱尔兰罗克尔海槽口的详细和延伸的测深剖面示意图
资料来源：委员会对爱尔兰（普罗库派恩深海平原）外大陆架划界案的建议摘要。

基。该剖面上的区域坡度在上陆坡高达 16°，下陆坡的平均坡度约为 1.8°（当地变化为 1°~6°），而陆基坡度为 0.2°~0.8°（图 11）。

大陆坡脚点 50 是根据其陆坡底坡度变动最大的标准，使用 CARIS LOTS™ 的道格拉斯-普克算法确立的，该算法在该剖面图上自动产生出几个潜在大陆坡脚的位置。准确的大陆坡脚位置是借助补充证据确定的，特别是三维测深影像。

图 12 和图 13 中的海底三维影像显示出该陆坡的两段特征以及伴随着普罗库派恩暗滩陆边滑坡和侵蚀的块状运输沉积作用形成的复杂的下陆坡。委员会确认

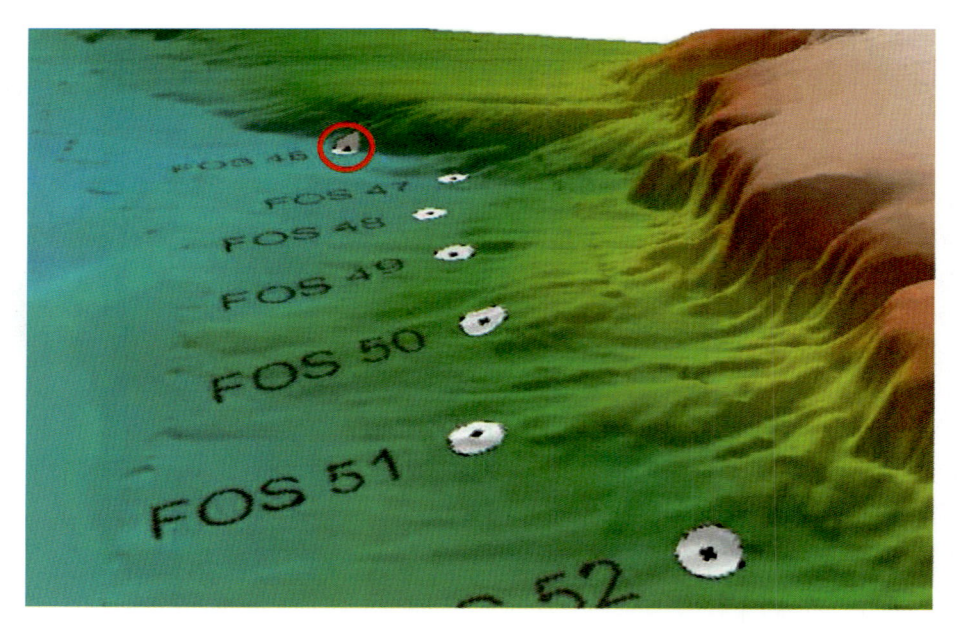

图 9 爱尔兰准备的沿着普罗库派恩暗滩陆边向西北朝向罗克尔海槽的三维影像

注：基于合并了多波束和其他测深数据的测深网格，显示了圆圈所标记的大陆坡脚点 46 的不同大陆坡脚位置。

资料来源：委员会对爱尔兰（普罗库派恩深海平原）外大陆架划界案的建议摘要。

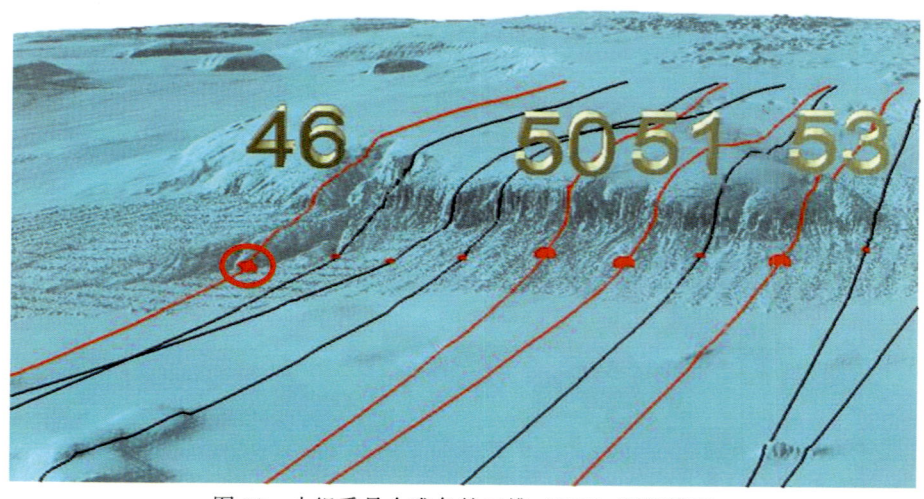

图 10 小组委员会准备的三维（TIN）测深模型

注：基于多波束测深（经修正的信号）和爱尔兰提供的向东北朝向罗克尔海槽和普罗库派恩暗滩的其他数据显示了红色圆圈所标记的大陆坡脚点 46 的不同大陆坡脚位置。

资料来源：委员会对爱尔兰（普罗库派恩深海平原）外大陆架划界案的建议摘要。

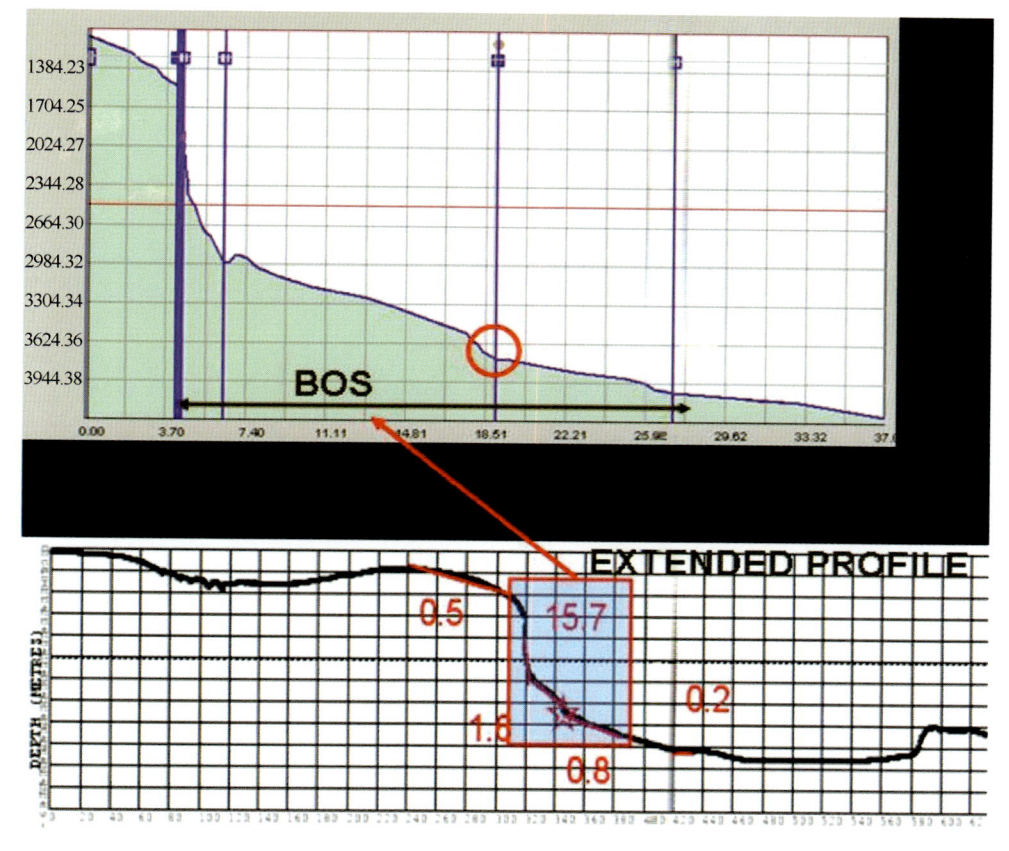

图 11　显示大陆坡脚点 50 位置的穿越普罗库派恩暗滩陆边的详细和延伸的测深剖面示意图
　　　资料来源：委员会对爱尔兰（普罗库派恩深海平原）外大陆架划界案的建议摘要。

这些沉积物为该下陆坡的沉积岩特征。两幅图显示了各个测深剖面的位置，并用红色圆圈对大陆坡脚点 50 进行标记。

委员会认可大陆坡脚点 50 位于大陆坡底，并建议在确定外部界限定点 FP2 时使用该大陆坡脚点。FP2 是使用沉积岩厚度公式确定的。

4.2.1.3　大陆坡脚点 51

大陆坡脚点 51 的位置位于普罗库派恩暗滩的西侧，是基于地形在陆坡-陆基剖面图上，通过使用 CARIS LOTS™，在陆坡和陆基的当地坡度变动区分不明显的地方挑选的（图 14）。

坡度变化最大值为上陆坡和下陆坡的边界，是建立两段陆坡概念的基础。大陆坡底是基于地形，并辅以一些地质和地球物理证据确定的。

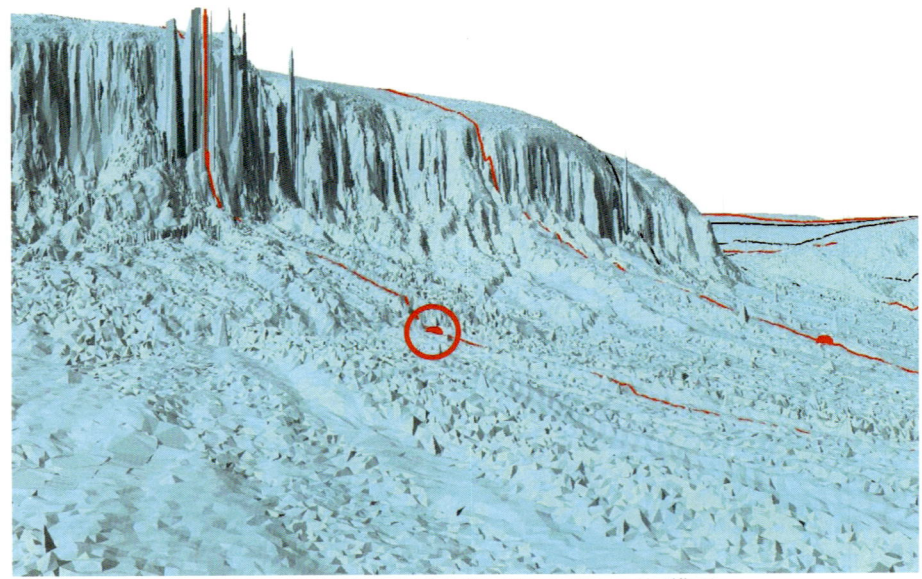

图 12　小组委员会准备的三维（TIN）测深模型

注：基于多波束测深（经修正的信号）和爱尔兰提交的向东朝向的大陆坡脚点 50（红色圆圈标记）的其他数据。

资料来源：委员会对爱尔兰（普罗库派恩深海平原）外大陆架划界案的建议摘要。

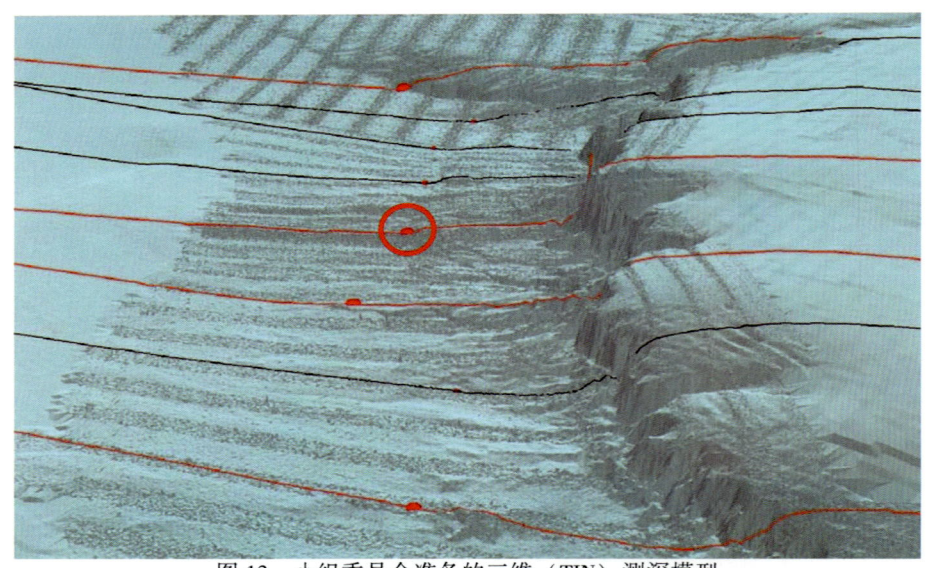

图 13　小组委员会准备的三维（TIN）测深模型

注：基于多波束测深（经修正的信号）和爱尔兰提交的向西北朝向的大陆坡脚点 50（红色圆圈标记）的其他数据。

资料来源：委员会对爱尔兰（普罗库派恩深海平原）外大陆架划界案的建议摘要。

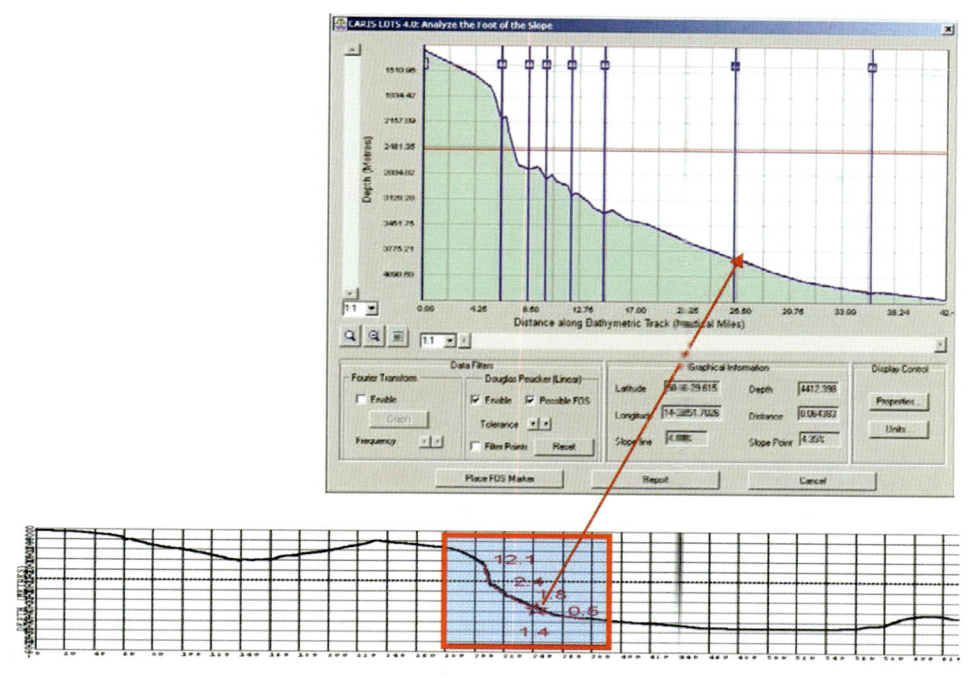

图 14　显示大陆坡脚点 51 位置的穿越普罗库派恩暗滩陆边的详细和延伸的测深剖面示意图
　　　　资料来源：委员会对爱尔兰（普罗库派恩深海平原）外大陆架划界案的建议摘要。

　　图 15 中的三维影像是小组委员会基于多波束测深数据为大陆坡脚点 51 准备的。它清楚地显示出下陆坡是上陆坡的自然延伸，从形态特征上看是整个单一陆坡的自然组成部分，但因滑坡（slope failure）而被极大改变了。图 16 显示的该下陆坡的影像与陆基区域周围的影像截然不同。从这些三维影像中，也同样可以看出所提议的大陆坡脚点 51 位于该下陆坡中。

　　委员会认可大陆坡脚点 51 的位置，并建议在确定外部界限定点 FP2-FP20 时使用该大陆坡脚点。FP2-FP20 是使用距离公式确定的。

4.2.1.4　大陆坡脚点 57

　　大陆坡脚点 57 是基于地形在陆坡-陆基剖面图上，在两段陆坡概念的背景下，在下陆坡底通过使用 CARIS LOTS™ 而挑选的（图 17）。

　　图 18 和图 19 大陆坡脚点 57 地区的三维影像显示了一个由沉降和滑坡而产生的下陆坡特征。

　　低沉积速率的形成是由于缺乏重要的大陆沉积岩来源，导致下陆坡缩减，以及几乎没有发育出任何大陆基。

47

图 15　小组委员会准备的三维（TIN）测深模型

注：基于多波束测深（经修正的信号）和爱尔兰提交的向西北朝向的大陆坡脚点 51（红色圆圈标记）的其他数据。

资料来源：委员会对爱尔兰（普罗库派恩深海平原）外大陆架划界案的建议摘要。

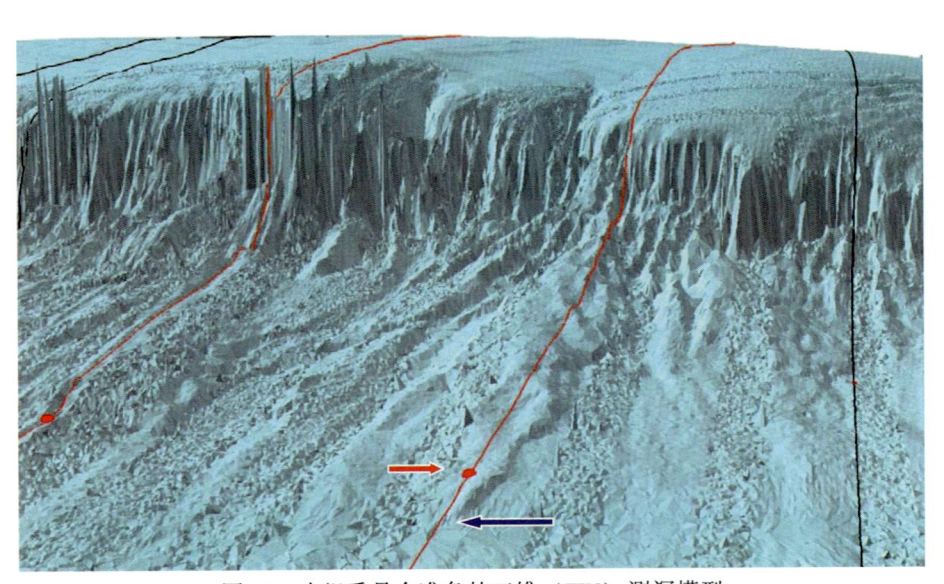

图 16　小组委员会准备的三维（TIN）测深模型

注：基于多波束测深（经修正的信号）和爱尔兰提交的向东北朝向的大陆坡脚点 51（上方红色箭头指向的）的其他数据；下方蓝色箭头显示该大陆坡脚的替代位置。

资料来源：委员会对爱尔兰（普罗库派恩深海平原）外大陆架划界案的建议摘要。

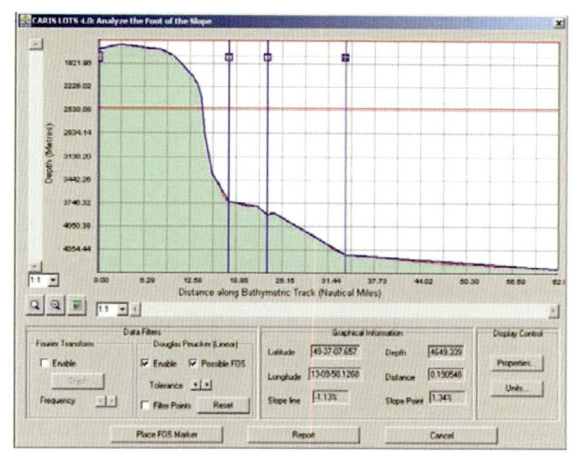

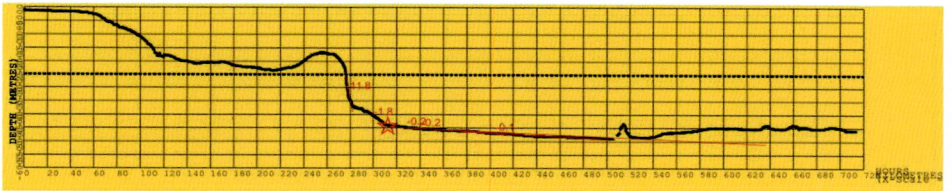

图17　显示大陆坡脚点57位置穿越戈班坡尖的详细和延伸的测深剖面示意图

资料来源：委员会对爱尔兰（普罗库派恩深海平原）外大陆架划界案的建议摘要。

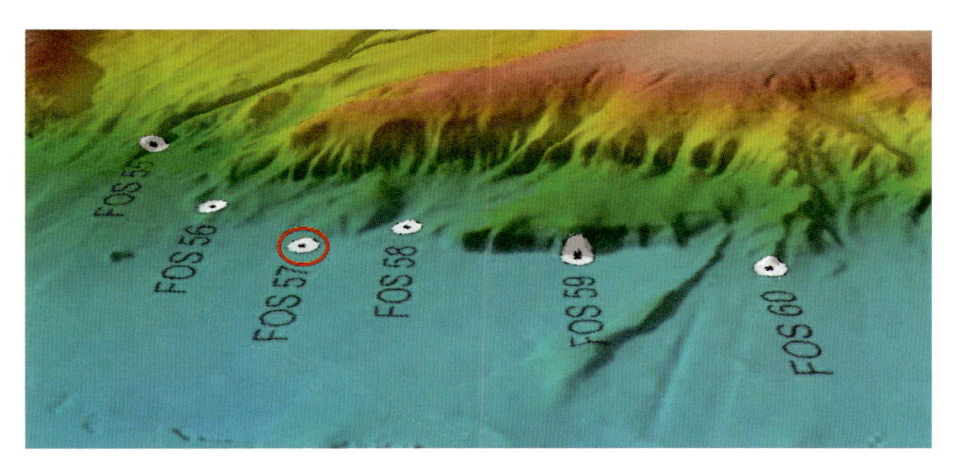

图18　爱尔兰准备向东北朝向戈班坡尖的三维影像

注：基于合并了多波束和其他测深数据的测深网格，显示了红色圆圈所标记的大陆坡脚点57的不同大陆坡脚位置。

资料来源：委员会对爱尔兰（普罗库派恩深海平原）外大陆架划界案的建议摘要。

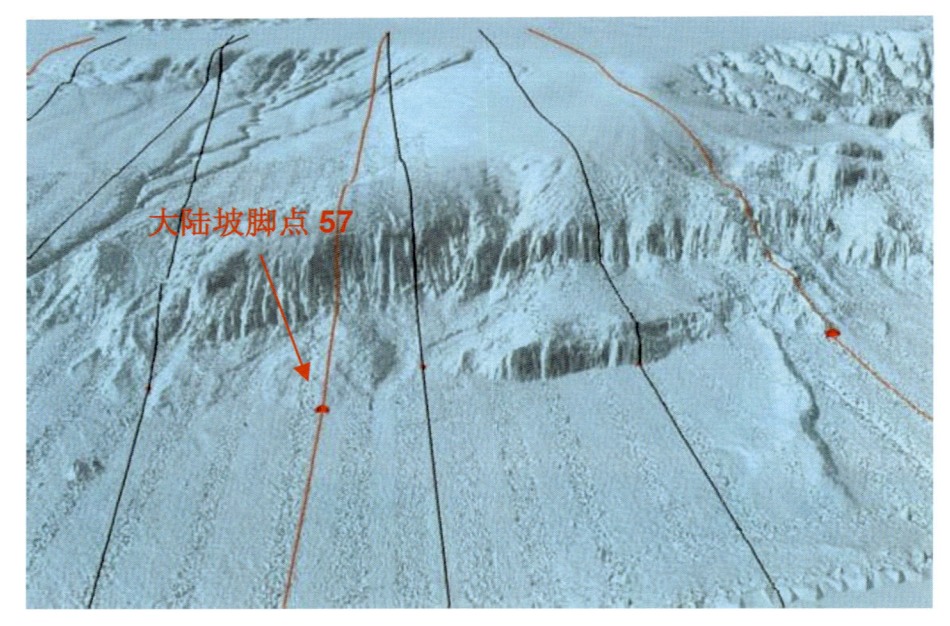

图 19　小组委员会准备的三维（TIN）测深模型

注：基于多波束测深（经修正的信号）和爱尔兰提交的向东朝向戈班坡尖陆边的其他数据，显示了红色箭头所指向的大陆坡脚点 57 的不同大陆坡脚的位置。

资料来源：委员会对爱尔兰（普罗库派恩深海平原）外大陆架划界案的建议摘要。

委员会认可大陆坡脚点 57 的位置，并建议在确定外部界限定点 FP21～FP32 时使用该大陆坡脚点。FP21～FP32 是使用距离公式确定的。

4.2.1.5　大陆坡脚点 60

有充足的地球物理证据证明，大陆坡脚点 60 位于大陆坡底，是基于地形，即发生了坡度变动最大之处进行挑选——陆基的坡度为 0.4°（这位于陆基小于 0.5°的预期范围内），而下陆坡的区域坡度约为 2°（图 20 至图 23）。

委员会认可大陆坡脚点 60 的位置，并建议在确定外部界限定点 FP33～FP39 时使用该大陆坡脚点。FP33～FP39 是使用距离公式确定的。

4.2.2　委员会调整的大陆坡脚点

4.2.2.1　大陆坡脚点 53

委员会审议了爱尔兰代表团调整界限的提议，该调整引入了一个新的定点 FP15，其源于大陆坡脚点 53。委员会基于科学和技术理由没有采纳这一提议。爱尔兰代表团亦接受了这一观点。

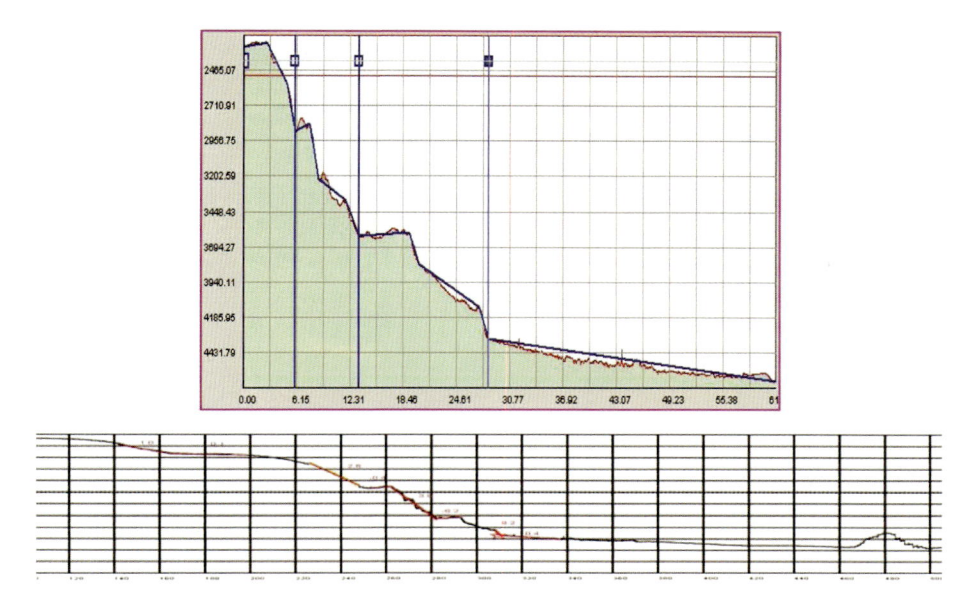

图 20　显示大陆坡脚点 60 位置穿越戈班坡尖的详细和延伸的测深剖面示意图

资料来源：委员会对爱尔兰（普罗库派恩深海平原）外大陆架划界案的建议摘要。

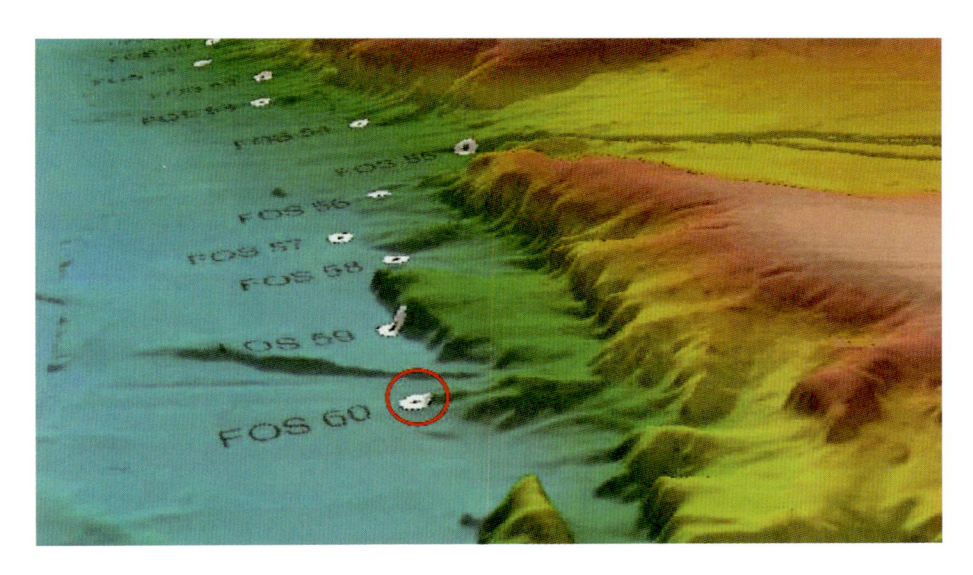

图 21　爱尔兰准备的向西北朝向戈班坡尖的三维影像

注：基于合并了多波束和其他测深数据的测深网格，显示了红色圆圈所标记的大陆坡脚点 60 的不同大陆坡脚位置。

资料来源：委员会对爱尔兰（普罗库派恩深海平原）外大陆架划界案的建议摘要。

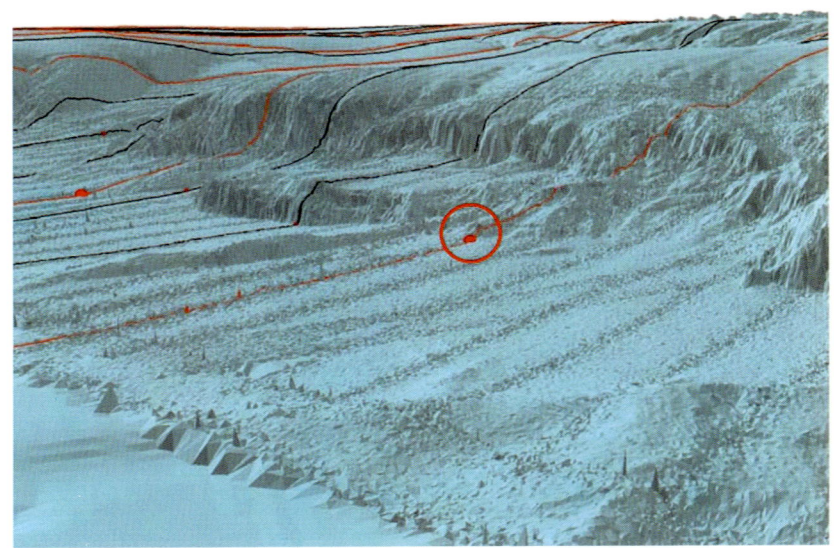

沿海国 200 海里以外大陆架外部界限划界案大陆架界限委员会建议评注

图 22 小组委员会准备的三维（TIN）测深模型

注：基于多波束测深（经修正的信号）和爱尔兰提交的向东北朝向戈班坡尖陆边的其他数据，显示了红色圆圈所标记的大陆坡脚点 60 的不同大陆坡脚的位置。

资料来源：委员会对爱尔兰（普罗库派恩深海平原）外大陆架划界案的建议摘要。

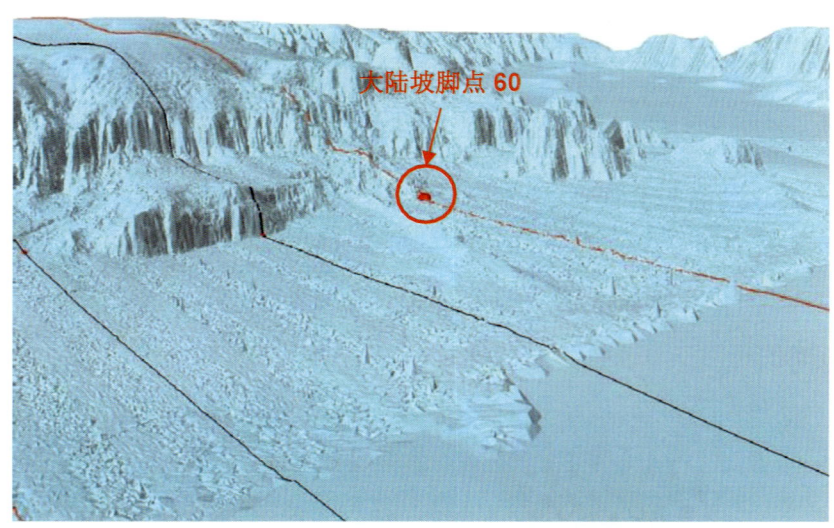

图 23 小组委员会准备的三维（TIN）测深模型

注：基于多波束测深（经修正的信号）和爱尔兰提交的向东南朝向戈班坡尖陆边的其他数据，显示了红色圆圈所标记的大陆坡脚点 60 的不同大陆坡脚的位置。

资料来源：委员会对爱尔兰（普罗库派恩深海平原）外大陆架划界案的建议摘要。

委员会的结论是，基于科学和技术理由，大陆坡脚点 53 的位置是不合理的。图 24 是小组委员会基于多波束测深数据为大陆坡脚点 53 准备的爱尔兰陆边的三维图像。该图像清晰地显示了大陆坡脚点 53 所在的凸起与下陆坡是分离的。该图像还显示，凸起是一个位于陆基区域周边的山状构造。

图 24　小组委员会准备的三维（TIN）测深模型

注：基于多波束测深（经修正的信号）和爱尔兰提交的向北沿着普罗库派恩暗滩陆边的其他数据，显示了左边红色箭头所指向的大陆坡脚点 53 的不同大陆坡脚位置，以及右边蓝色箭头所指向的委员会倾向的更靠近陆地的大陆坡脚位置。

资料来源：委员会对爱尔兰（普罗库派恩深海平原）外大陆架划界案的建议摘要。

委员会认为，倘无相反证据，大陆坡脚点 53 的位置（图 25 红色箭头所标记）应被视为位于陆基上，而实际大陆坡脚点应被重新定位在该凸起向陆地方向坡度变动最大之处，即图 25 蓝色箭头所指向的地区。

委员会首次在分析大陆坡脚时采用了一个通过量化坡度值变化范围的方法来区分大陆坡和大陆基。大陆坡的坡度应大于 1°，大陆基的坡度一般小于 0.5°。自此，这成为一个普遍采用的分析方法。

委员会基于科学和技术理由不采纳源于大陆坡脚点 53 的定点 15。爱尔兰代表团亦接受了这一观点，并将大陆坡脚点 53 从最终外部界限的构建中排除了。

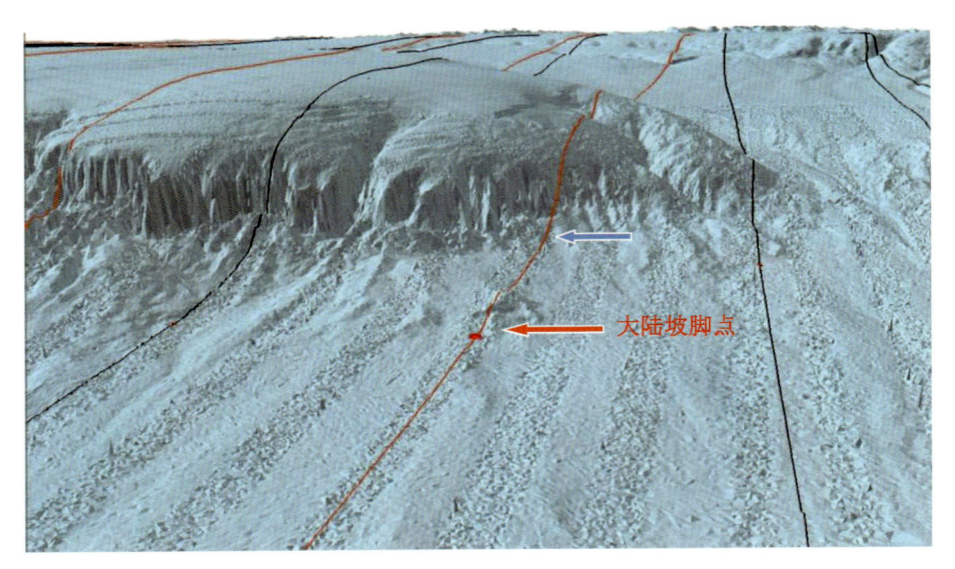

图 25　小组委员会准备的三维（TIN）测深模型

注：基于多波束测深（经修正的信号）和爱尔兰提交的向东沿着普罗库派恩暗滩陆边的其他数据，显示了下方红色箭头所指向的大陆坡脚点 53 的不同大陆坡脚位置，以及上方蓝色箭头所指向的委员会倾向的更靠近陆地的大陆坡脚位置。

资料来源：委员会对爱尔兰（普罗库派恩深海平原）外大陆架划界案的建议摘要。

4.3　公式线的运用

爱尔兰在该划界案中采用了距离公式和沉积岩厚度公式。基于 5 个选定的大陆坡脚点，共产生了 39 个定点：定点 1 来自大陆坡脚第 46 点；定点 2 来自大陆坡脚第 46 点、50 点和 51 点；定点 3-20 来自大陆坡脚第 51 点；定点 21-32 来自大陆坡脚第 57 点；定点 33-39 来自大陆坡脚第 60 点。两个定点（定点 1 和定点 2）是根据卡地纳公式（沉积岩厚度公式）建立的，而 37 个定点是根据海登堡公式（距离公式）建立的。因此，委员会首先需要确认地震信息和沉积岩厚度公式点。

多道反射地震线 PAD95-12 穿越大陆坡脚点 46 和外部界限定点 1，后者是基于大陆坡脚点 46 并使用沉积岩厚度公式计算确定的。同样的，多道反射地震线 PAD95-13 穿越大陆坡脚点 50 和外部界限定点 2，后者是基于大陆坡脚点 50 并使用沉积岩厚度公式计算确定的。测线 PAD95-12 和 PAD95-13 上的地震数据的质量很好，适于在确定沉积岩厚度中使用。

就 PAD95 地震测线而言，从反射时间到深度转换是使用从在每个速度分析位置上利用 Dix 方程的地震叠加速度所获取的层速度完成的。爱尔兰在其时深转换中使用了一种保守的方法，即选择将沉积岩部分的层速度减去 10%来估算沉积岩厚度。将从该地区深海钻探位置上获得的岩心上所测得的声速和自通过深海钻探位置的地震剖面所获得的层速度相比，虽然仍存在此类所固有的问题，但已显示出较高的统一性。委员会接受该可信的叠加速度及爱尔兰从中获取并使用的层速度。

委员会对所提交的速率数据和支持性信息的分析、确认和检验证实了爱尔兰在时深转换过程中所利用的层速度以及其在确定沉积岩厚度中的使用。

委员会同意爱尔兰的结论，即在沉积岩厚度公式点地区有一个沿着陆边的连续的沉积扇，而该沉积岩的连续性存在于沉积岩厚度公式点和有关的大陆坡脚点之间。区域地震和位场数据显示，位于定点 2 的沉积岩厚度公式点和有关的大陆坡脚点 50 之间的地震测线上的海底的一些小的高出基底部分是局部高地，没有打断抵达大陆坡脚地区的连续性。

由此委员会同意，爱尔兰确定沉积岩厚度公式点的方法是可证实的和可接受的。

基于大陆坡脚点 46 的两个沉积岩厚度公式点（定点 1 和定点 2）位于区域的北部，虽然在 200 海里线和 60 海里公式线以外，但与该爱尔兰划界案的外部界限相关。最初这两个点并不符合 1%的标准。随着不断的讨论和澄清，最后爱尔兰代表团对它们的位置做了小的调整，从而使它们符合《公约》第七十六条的规定。

4.4 限制线的运用

350 海里弧的包络线：距离从测算领海基线量起 350 海里的弧的包络线，构成了整个爱尔兰划界案区域的外部限制线。委员会证实和同意该限制线（图 26）。

2 500 米等深线外 100 海里：距离 2 500 米等深线 100 海里的弧的包络线在该整个区域的任何一点上都没有超出 350 海里限制线（图 26）。

4.5 最终外部界限及委员会建议

委员会认为，除了该地区北部的两个点，距离公式线都超出了沉积岩厚度公式线的范围，因此运用距离公式可以直接决定该地区大部分大陆架的外部界限。

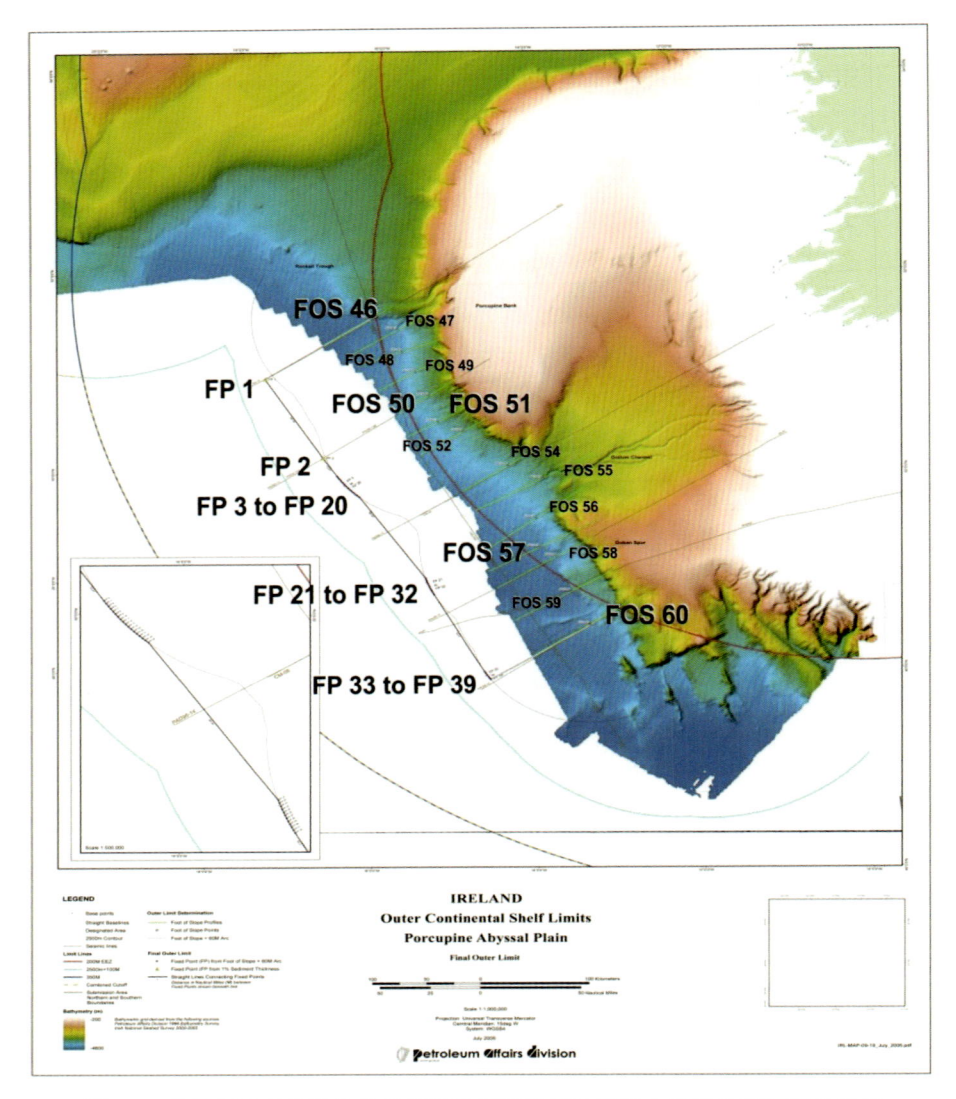

图 26　委员会同意的邻接普罗库派恩深海平原地区的大陆架外部界限的详情
注：委员会建议在此基础上确定该地区大陆架的外部界限。
资料来源：委员会对爱尔兰（普罗库派恩深海平原）外大陆架划界案的建议摘要。

而在北部，两个沉积岩厚度公式点位于 60 海里距离公式线之外，因此运用沉积岩厚度公式可以直接决定该部分的外部界限。

委员会证实和接受爱尔兰确定沉积岩厚度公式点的方法。上述公式线在任何位置上都没有超过 350 海里限制线。

经从属权利检验，委员会确认爱尔兰有权划分其 200 海里外的延伸大陆架的外部界限。委员会接受：①陆坡底的位置以及两段大陆坡的概念；②对大陆坡脚点 46、点 50、点 51、点 57 和点 60 的选择；③产生于大陆坡脚点 46 和点 50 构成的新定点 1 和定点 2（经调整后的沉积岩厚度公式点）。

委员会建议，爱尔兰由此建立其在邻接普罗库派恩深海平原地区的延伸大陆架的外部界限（图 26）。

5 对委员会爱尔兰外大陆架划界案建议的评注

5.1 本划界案由委员会表决通过

在第 19 届会议上，委员会以 14 票赞成、2 票反对和 2 票弃权的表决结果，通过了"大陆架界限委员会关于 2005 年 5 月 25 日爱尔兰（普罗库派恩深海平原）大陆架划界案的建议"。

5.2 委员会调整了大陆坡脚点 53 的位置

在委员会层面审议大陆坡脚点 53 的位置时，有部分委员认为其在陆基上，而不是在坡度变化最大之处。最后，委员会表决不采纳源于大陆坡脚点 53 的 FP15。

爱尔兰代表团接受了这一观点，并将大陆坡脚点 53 从最终外部界限的构建中排除。

5.3 "两段陆坡"概念

在爱尔兰划界案中，委员会接受了"两段陆坡"的概念，可视为是对《公约》第七十六条第 4 款（b）项"大陆坡"概念的解释。依照委员会的建议，如果大陆坡脚点所在的区域是由"上陆坡"的沉积运动形成的，并且与"上陆坡"在地形上连续（排除定点 15 的理由），则可以构成整个陆坡的自然组成部分。

在建议中，委员会确认的大陆坡脚点 46、点 50、点 51、点 57 和点 60 均位于"下陆坡"。委员会用沉积岩和地形的标准确认这些点都位于陆坡底。

在考量沉积岩和地形因素之外，最重要的仍是考量大陆坡脚点的坡度变化，即应当是"下陆坡"的"坡度变化最大"的点。表 3 为委员会认定的 5 个定点的坡度变化范围。

表3 大陆坡脚点所分割的下陆坡和陆基的平均坡度值

大陆坡脚点	下陆坡平均坡度	陆基平均坡度
46	2°（当地在1°~8°之间变动）	<0.2°
50	1.8°（当地在1°~6°之间变动）	0.2°~0.8°
51	≈1.7°	≈0.5°
57	≈1.6°	≈0.2°
60	2°	0.4°（位于陆基小于0.5°的预期范围内）

资料来源：委员会对爱尔兰（普罗库派恩深海平原）外大陆架划界案的建议摘要，经作者整理。

可见，虽然"下陆坡"的概念突破了对陆坡的一般解释，但是委员会仍是守住了"坡度变化最大"标准的底线，下陆坡的坡度均大于0.5°，符合地质学家对陆坡的一般认识。

5.4 国家实践与相关评论

2009年8月12日，爱尔兰依据《公约》第七十六条第9款的规定，以外交照会（NV No. 528/620）的形式向联合国秘书长交存了永久标明普罗库派恩深海平原大陆架外部界限的海图和39个大地基准点（图27）。[9]

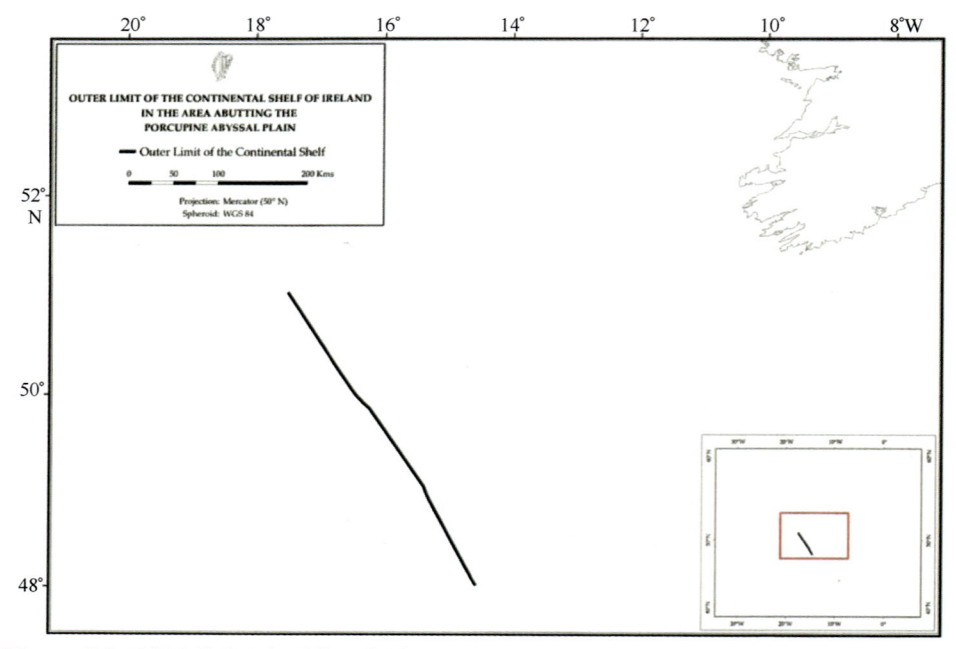

图27 爱尔兰提交的永久标明普罗库派恩深海平原大陆架外部界限的海图，2009年8月19日
资料来源：联合国海洋事务和海洋法司网站。

比较委员会建议的 39 个定点和爱尔兰最终确定的 39 个定点发现，两者的经纬度坐标虽有细微出入，但都是在委员会建议的范围之内，符合《公约》第七十六条的相关规定。

参考文献

[1] 爱尔兰（普罗库派恩深海平原）外大陆架划界案执行摘要（中文版和英文版）（ISBN 0-9542479-1-4）.

[2] *Note Verbale* from Denmark on the Ireland's Extended Continental Shelf Submission（19 August 2005）（55. DAN. 1）.

[3] *Note Verbale* from Iceland on the Ireland's Extended Continental Shelf Submission（24 August 2005）（Ref：UTN05080174/97. B. 512）.

[4] 委员会第 16 届会议主席说明（中文版和英文版）（CLCS/48）.

[5] 委员会第 17 届会议主席说明（中文版和英文版）（CLCS/50）.

[6] 委员会第 18 届会议主席说明（中文版和英文版）（CLCS/52）.

[7] 委员会第 19 届会议主席说明（中文版和英文版）（CLCS/54）.

[8] Summary of the Recommendations of the Commission on the Limits of the Continental Shelf（CLCS）in regard to the Partial Submission made by Ireland on 25 May 2005, Recommendations adopted by the CLCS on 5 April 2007.

[9] 委员会.《科技准则》第 5.4.5 段和第 5.4.6 段规定了判断大陆坡底区域范围的方法，即以地貌和水深证据作为判断的一般规则，大陆坡底为陆坡下部在陆基上部消失，或在没有陆基的深洋洋底上部消失的区域。第 5.4.12 段规定了确定大陆坡脚点的一般规则，即大陆坡底坡度变动最大之点。第 6.3.12 段规定了确定大陆坡脚点的特殊规则，即除地貌方面的考虑外，还应考虑板块构造、沉积历史等地质因素。

[10] Points, defined by co-ordinates of latitude and longitude on World Geodetic System 1984 datum（WGS 1984）, connected by geodesic line, permanently describing the outer limits of the continental shelf of Ireland in the area abutting the Porcupine Abyssal Plain, 19 August 2009, in Law of the Sea Bulletin 71e. 34-35.

新西兰外大陆架划界案委员会审议建议评注

新西兰在《公约》开放供签署之日即签字加入，并在1996年7月19日批准了《公约》，《公约》于同年8月18日开始对新西兰生效。

新西兰批准《公约》后设立了"新西兰大陆架项目"，进行多层面的研究以建立新西兰延伸大陆架的外部界限。依据《公约》第七十六条第8款及附件二第四条的相关规定，新西兰于2006年4月19日向委员会提交了自其领海基线量起200海里以外大陆架外部界限划界案。本划界案分为以下4个地区：①北区（包括三王洋脊、科尔维尔洋脊、北克马德克洋脊和克马德克海沟）；②东区（包括南克马德克洋脊和克马德克海沟、希古朗基海台、查塔姆海隆、邦蒂海槽以及北坎贝尔海台）；③南区（包括坎贝尔海台南部边缘）；④西区（包括南诺福克洋脊体系、新喀里多尼亚海盆、挑战者海台、豪勋爵海隆以及麦夸里洋脊构造）（图1）。

小组委员会在第21届会议上向委员会提交了划界案建议草案，委员会在第22届会议上以表决的方式通过了经修正的划界案建议。

1 新西兰的主张[1]

1.1 北区

北区划界案描述了同一大陆边的两个分区的延伸大陆架的外部界限。

（1）沿克马德克洋脊和科尔维尔洋脊，从新西兰领海基线（以拉乌尔岛为基点）向北200海里，到与从斐济和汤加领海基线量起200海里线的交点。如上所述，该地区有待新西兰和斐济及汤加间的划界，而且根据《公约》第七十六条第10款的规定，该划界案的提出不影响新西兰和两国中的任一国最终界限的划定。

（2）沿三王洋脊，从新西兰领海基线（以北岛和三王岛为基点）向北200海里，到由2004年《新西兰和澳大利亚划界条约》（以下简称《新澳划界条

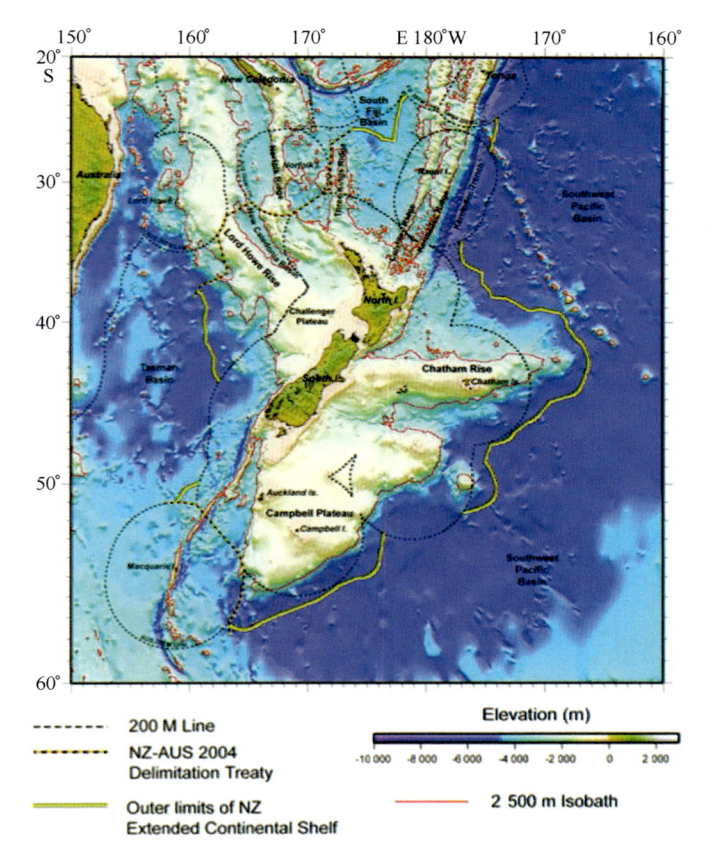

图 1　新西兰拟划定的大陆架外部界限全景

资料来源：新西兰外大陆架划界案执行摘要。

约》）建立的新西兰和澳大利亚之间的海洋边界线。

新西兰以北的大陆架包括一系列洋脊和海盆，它们在地貌学和地质学上是新西兰陆块的自然延伸。该地区的主要地形是克马德克海沟、克马德克洋脊、阿夫尔海槽、科尔维尔洋脊和三王洋脊。该部分划界案所描述的大陆边缘从北岛沿克马德克洋脊和科尔维尔洋脊向北无间断延伸达 2 700 千米，沿三王洋脊向北延伸超过 800 千米。

该地区延伸大陆架的外部界限由 311 个定点组成的 19 段连线构成，其中：① 236 个定点是按照距离公式确定的，属于公式点未超过限制线范围的情况；② 73 个点是按照深度制约确定的，属于公式点超过限制线范围的情况；③ 1 个点是延伸大陆架的外部界限和从领海基线量起 200 海里线的交点；④ 1 个点是延伸大陆架的外部界限和《新澳划界条约》所定的边界线的交点。每一组定点之间都按顺序用不超过 60 海里的直线连接（图 2）。

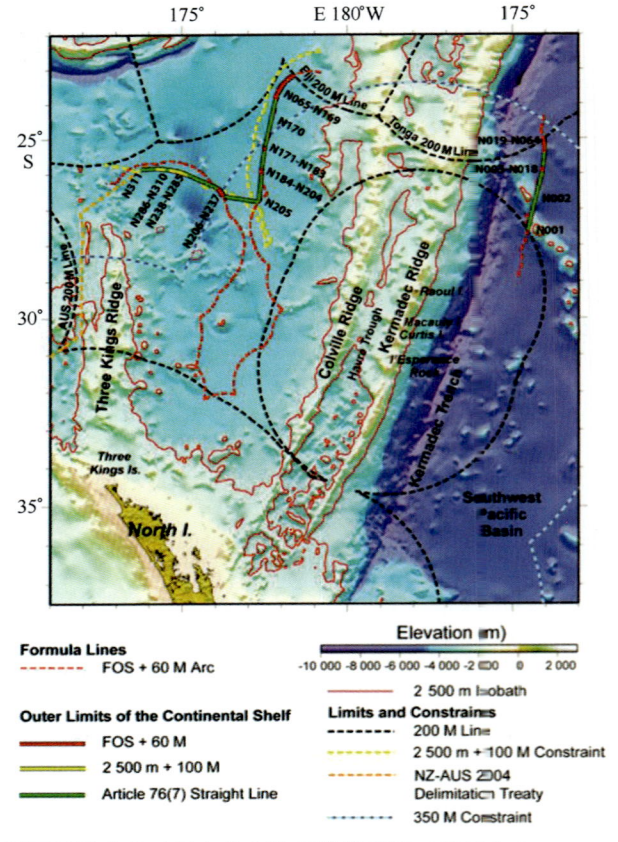

图 2　新西兰拟在北区划定的大陆架外部界限（显示定点 N001–N4311）

注：从左至右红色细线为 2 500 米等深线；黑色虚线为距新西兰领海基线 200 海里线；橙色虚线为《新澳划界条约》所定边界线；红色虚线为大陆坡脚外推 60 海里弧公式线；黄色虚线为 2 500 米等深线外 100 海里的限制线；蓝色虚线为 350 海里限制线；红色+黄色+绿色实线为结合公式线和限制线并由按照《公约》第七十六条第 7 款连接各定点的长度不超过 60 海里的直线连接的最终大陆架外部界限。

资料来源：新西兰外大陆架划界案执行摘要。

1.2　东区

东区划界案描述了邦蒂海槽和博隆斯海山地区，以及克马德克海沟南部、希古朗基海台和查塔姆海隆地区两个分区的延伸大陆架的外部界限，从北部的克马德克洋脊和海沟到南部的坎贝尔海台的东南陆边。该地区的大陆边包括一系列大的海台、洋脊和海盆，它们是新西兰陆块地貌学和地质学上的自然延伸，从南岛向东无间断延伸超过 1 500 千米，向南从克马德克洋脊东侧到坎贝尔海台东南陆边延伸约 2 000 千米。

该地区延伸大陆架的外部界限由 840 个定点组成的 54 段连线构成，其中：① 11 个定点是按照沉积岩厚度公式确定的，是公式点未超过限制线范围的情况；② 779 个定点是按照距离公式确定的，属于公式点未超过限制线范围的情况；③ 两个点是按照距离制约确定的，属于公式点超过限制线范围的情况；④ 47 个点是按照深度制约确定的，属于公式点超过限制线范围的情况；⑤ 两个点是延伸大陆架的外部界限和从领海基线量起 200 海里线的交点。每一组定点之间都按顺序用不超过 60 海里的直线连接（图 3 和图 4）。

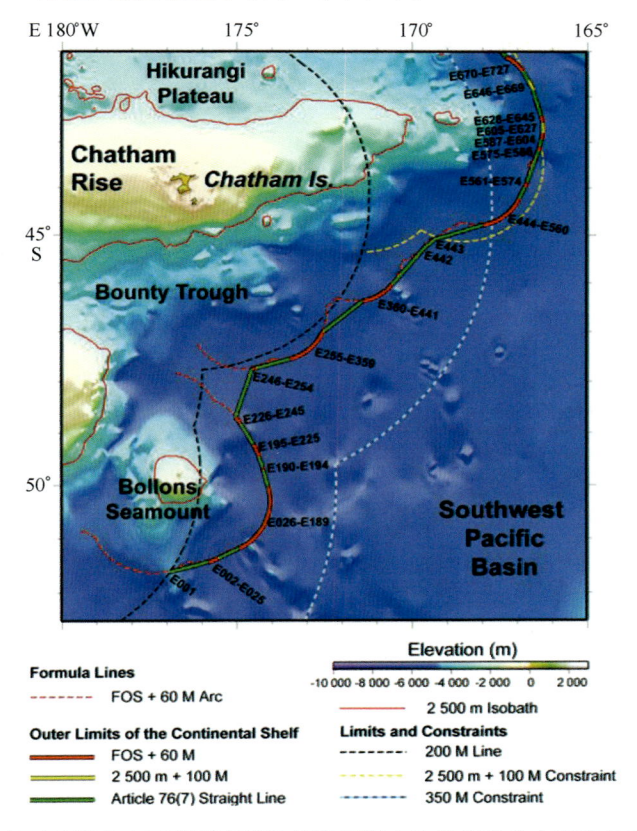

图 3　新西兰拟在东区邦蒂海槽和博隆斯海山地区划定的大陆架外部界限

（显示定点 E001-E727）

注：从左至右红色细线为 2 500 米等深线；黑色虚线为距新西兰领海基线 200 海里线；红色虚线为大陆坡脚外推 60 海里弧公式线；黄色虚线为 2 500 米等深线外 100 海里的限制线；蓝色虚线为 350 海里限制线；红色+黄色+绿色实线为结合距离公式线和深度限制线并由按照《公约》第七十六条第 7 款连接各定点的长度不超过 60 海里的直线连接的最终大陆架外部界限。

资料来源：新西兰外大陆架划界案执行摘要。

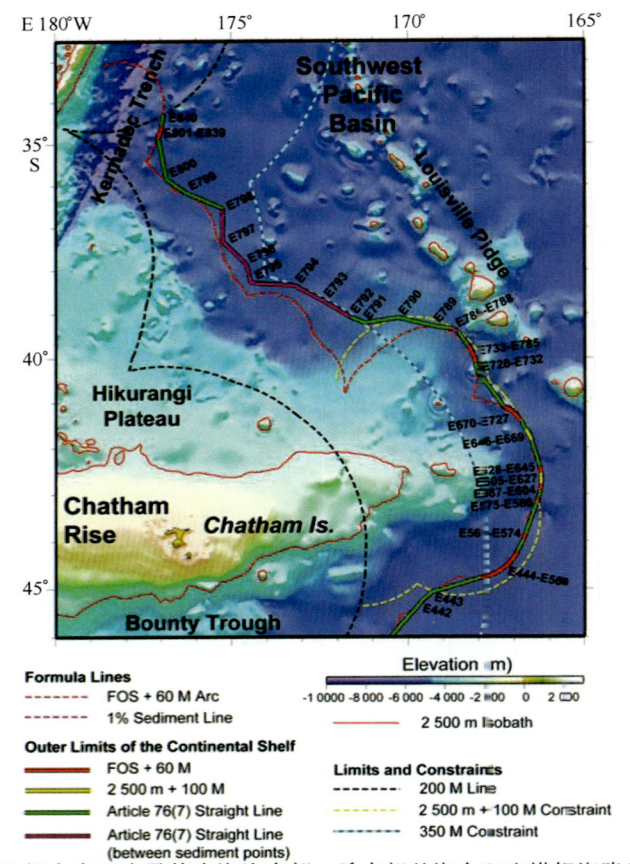

图 4　新西兰拟在东区克马德克海沟南部、希古朗基海台和查塔妞海隆地区划定的

大陆架外部界限（显示定点 E442-E840）

注：从左至右红色细线为 2 500 米等深线；黑色虚线为距新西兰领海基线 200 海里线；红色虚线为大陆坡脚外推 60 海里弧公式线；紫色虚线为距大陆坡脚最短距离 1% 沉积岩厚度线；黄色虚线为 2 500 米等深线外 100 海里的限制线；蓝色虚线为 350 海里限制线；红色+黄色+紫色+绿色实线为结合两类公式线和深度限制线并由按照《公约》第七十六条第 7 款连接各冗积厚度点或各定点的长度不超过 60 海里的直线连接的最终大陆架外部界限。

资料来源：新西兰外大陆架划界案执行摘要。

1.3　南区

南区划界案描述了沿坎贝尔海台南陆边的延伸大陆架的外部界限，从西边《新澳划界条约》所定边界线的交点，到大约东经 177° 与从领海基线量起 200 海里线的交点。

坎贝尔海台是一个没有中断的海底高地，是新西兰南岛陆块地貌学和地质学上的自然延伸。它从新西兰南岛向东延伸 900 千米，向南延伸约 1 000 千米。

该地区延伸大陆架的外部界限由 455 个定点组成的 18 段连线构成，其中：① 453 个定点是按照距离公式确定的，属于公式点未超过限制线范围的情况；② 1 个定点是延伸大陆架的外部界限和从领海基线量起 200 海里线的交点；③ 1 个定点是延伸大陆架的外部界限和《新澳划界条约》所定边界线的交点。每一组定点之间都按顺序用不超过 60 海里的直线连接（图 5）。

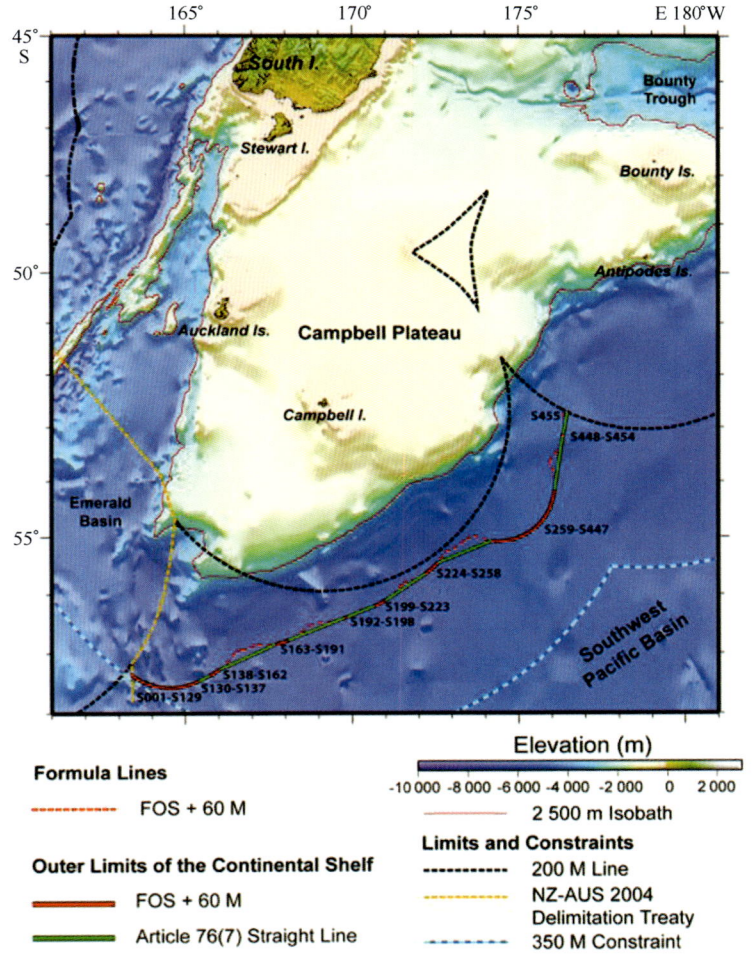

图 5 新西兰拟在南区划定的大陆架外部界限（显示定点 S001—S455）

注：从左至右黑色虚线为距新西兰领海基线 200 海里线；红色细线为 2 500 米等深线；橙色虚线为《新澳划界条约》所定边界线；蓝色虚线为 350 海里限制线；红色虚线为大陆坡脚外推 60 海里弧公式线；红色+绿色实线为结合距离公式线和由按照《公约》第七十六条第 7 款连接各定点的长度不超过 60 海里的直线连接的最终大陆架外部界限。

资料来源：新西兰外大陆架划界案执行摘要。

1.4 西区

西区划界案描述了以下两个地区的延伸大陆架外部界限。

（1）沿挑战者海台西南大陆边、豪勋爵海隆、新喀里多尼亚海盆、诺福克洋脊体系，从大约位于东经172°的200海里线，到2004年《新澳划界条约》所定边界，沿该边界到约东经166°新西兰和澳大利亚200海里线的交点。

（2）沿麦夸里洋脊构造西陆边，越过新西兰和澳大利亚的200海里线。

挑战者海台、豪勋爵海隆、新喀里多尼亚海盆、诺福克洋脊体系共同形成一系列海台、洋脊、浅海槽和海盆，它们是新西兰陆块地貌学和地质学上的自然延伸。它从南岛海岸向西北和北延伸超过2 000千米，从北岛延伸1 500千米。

麦夸里洋脊构造构成新西兰陆块在南岛西南的延伸，延伸距离超过1 600千米。测深、地质和地球物理数据显示，该洋脊体系在地貌学和构造学上与南岛直接相连，并且整体抬升于邻近的深洋洋底之上。

在挑战者海台、豪勋爵海隆、新喀里多尼亚海盆、诺福克洋脊体系地区，延伸大陆架的外部界限由101个定点组成的13段连线构成，其中：① 5个定点是按照沉积岩厚度公式确定的，属于公式点未超过限制线范围的情况；② 87个定点是按照距离公式确定的，属于公式点未超过限制线范围的情况；③ 7个定点是按照深度制约确定的，属于公式点超过限制线范围的情况；④ 1个定点是延伸大陆架的外部界限和从领海基线量起200海里线的交点；⑤ 1个定点是延伸大陆架的外部界限和《新澳划界条约》所定边界线的交点（图6）。

在麦夸里洋脊构造地区，延伸大陆架的外部界限由104个定点组成的4段连线构成，其中：① 102个定点是按照距离公式确定的，属于公式点未超过限制线范围的情况；② 1个定点是延伸大陆架的外部界限和从领海基线量起200海里线的交点；③ 1个定点是延伸大陆架的外部界限和《新澳划界条约》所定边界线的交点。每一组定点之间都按顺序用不超过60海里的直线连接（图7）。

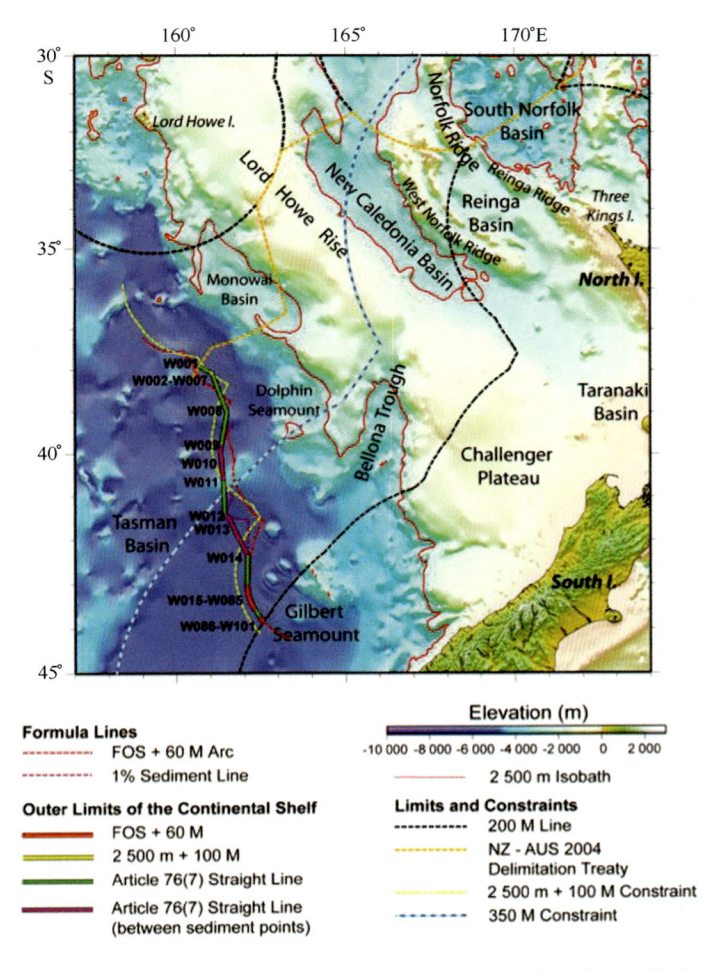

图6　新西兰拟在西区挑战者海台、豪勋爵海隆、新喀里多尼亚海盆、诺福克洋脊体系地区划定的大陆架外部界限（显示定点 W001−W101）

注：从左至右红色细线为 2 500 米等深线；黑色虚线为距新西兰领海基线 200 海里线；蓝色虚线为 350 海里限制线；黄色虚线为 2 500 米等深线外 100 海里的限制线；红色虚线为大陆坡脚外推 60 海里弧公式线；橙色虚线为《新澳划界条约》所定边界线；紫色虚线为距大陆坡脚最短距离 1% 沉积岩厚度线；红色+黄色+紫色+绿色实线为结合距离公式线和深度限制线并由按照《公约》第七十六条第 7 款连接各沉积厚度点或各定点的长度不超过 60 海里的直线连接的最终大陆架外部界限。

资料来源：新西兰外大陆架划界案执行摘要。

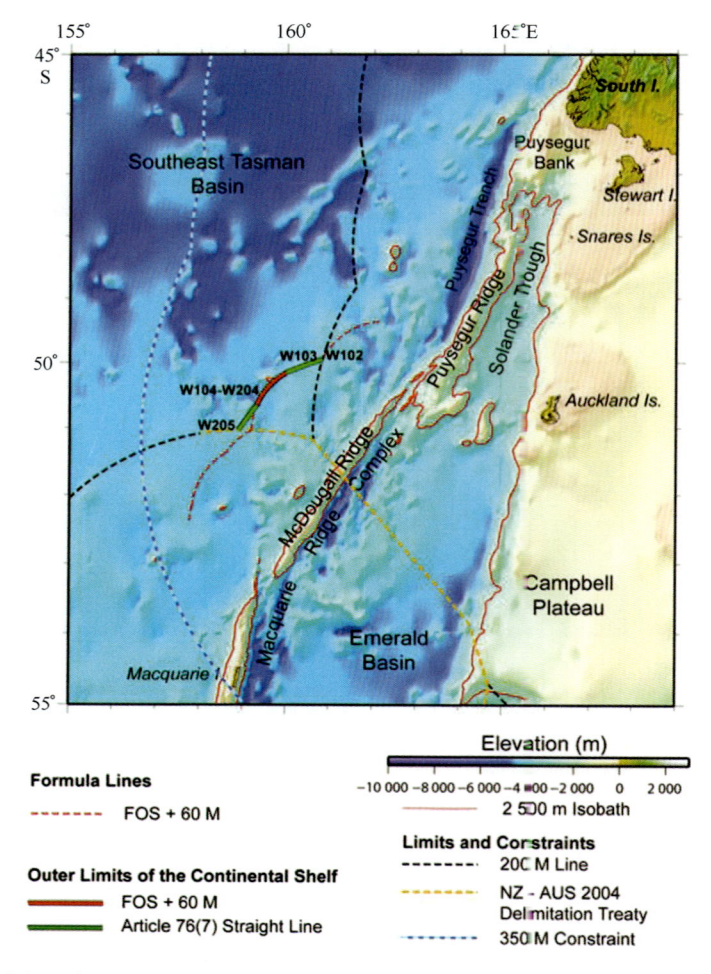

图 7　新西兰拟在西区麦夸里洋脊构造地区划定的大陆架外部界限
（显示定点 W102–W205）

注：从左至右黑色虚线为距新西兰领海基线 200 海里线；蓝色虚线为 350 海里限制线；红色细线为 2 500 米等深线；红色虚线为大陆坡脚外推 60 海里弧公式线；橙色虚线为《新澳划界条约》所定边界线；红色+绿色实线为结合距离公式线和由按照《公约》第七十六条第 7 款连接各定点的长度不超过 60 海里的直线连接的最终大陆架外部界限。

资料来源：新西兰外大陆架划界案执行摘要。

2　各国反应照会和要点

各国所提交照会的时间见表1。

表 1　各国所提交照会的时间

序号	国家	时间	备注
1	斐济	2006 年 6 月 23 日	公开
2	日本	2006 年 6 月 28 日	公开
3	法国	2006 年 7 月 13 日	公开
4	荷兰	2006 年 12 月 19 日	公开
5	汤加	2008 年 4 月 8 日	公开

资料来源：联合国海洋事务和海洋法司网站，经作者整理。

2.1　新西兰相邻国家的照会

新西兰的邻国是澳大利亚、斐济和汤加。

2.1.1　斐济[2]

斐济表示，在克马德克洋脊、阿夫尔海槽和科尔维尔洋脊地区，新西兰和斐济的划界谈判正在进行中，根据《公约》第七十六条第 10 款的规定，该划界案的提出应不影响两国之间的最终划界，也不影响斐济今后就这 3 个地区的外大陆架申请。

2.1.2　汤加[3]

汤加注意到，在新西兰提交给委员会的执行摘要中，包括了部分应在汤加国家管辖范围内的海洋空间，即新西兰划界案中的北区与汤加 200 海里内的专属经济区和大陆架主张重叠。

汤加认为，必须就新西兰划界案做以下澄清，以表明其立场：①依据《公约》第七十四条第 3 款及第八十三条第 3 款的规定，"有关各国应基于谅解和合作的精神，尽一切努力做出实际性的临时安排，并在此过渡期间内，不危害或阻碍最后协议的达成。这种安排应不妨害最后界限的划定"。②依据《公约》第七十六条第 10 款，明确"本条的规定不妨害海岸相向或相邻国家间大陆架界限划定的问题"。

就两国间重叠的海区，汤加和新西兰本着《公约》第七十四条第 1 款和第八十三条第 1 款中相互理解及合作的精神进行了磋商。过去，汤加政府已尽各种努力，将临时安排付诸实际，包括考虑将部分地区以联合划界案的形式提交委员会。然而，因该问题的复杂性，以及新西兰已先一步将划界案提交委员会，使得双方同意准备联合划界案成为不可能。委员会就新西兰北区划界的建议不能以任何形式妨害或危及汤加。

汤加充分意识到新西兰的立场与《公约》第七十六条第 10 款相一致，即无论委员会做出何种建议，及新西兰据此建议划定大陆架外部界限，两国之间的专属经济区和大陆架划界应按照《国际法院规约》第三十八条中规定的国际法渊源之一的国际条约，以达成一个公平的解决方法。

2.2 其他国家的照会

2.2.1 日本[4]

日本确认维持《南极条约》和《公约》之间和谐的重要性，以确保在南极地区的持续和平合作、促进安全和保持稳定。忆及《南极条约》第四条，日本不承认任何国家在南极的领土主权或主张，也因此不承认任何国家对南极大陆附近水域、海床和底土等海底区域的权利或主张。从这个角度，日本强调，新西兰提交委员会的有关南极大陆的信息不应以任何方式影响《南极条约》中权利义务的平衡。

2.2.2 法国[5]

在知悉了新西兰提交的延伸三王洋脊地区大陆架外部界限的请求后，法国认为，两国间的大陆架延伸范围可能存在重叠。法国在此强调，其撤回延伸（新喀里多尼亚东南部）[6]大陆架的请求并不代表两国之间关于该地区界限划定的争议就此尘埃落定。

法国确认其不反对委员会审议新西兰的请求，但根据《公约》第七十六条第 10 款的规定，委员会的建议将不影响新西兰与法国在该地区大陆架划界的最终结论。

2.2.3 荷兰[7]

荷兰希望重申其一贯立场，即不承认对南极领土的任何主张，也不承认南极领土主权能建立南极附近大陆架的权利。毗邻沿海国的大陆架主权权利是已经建立的一个原则，权源是临近陆地领土的主权。创立该原则的目的是为勘探和开发大陆架上的自然资源。因此，荷兰认为，任何国家都不能主张南极附近大陆架的主权权利。

荷兰对新西兰本次所提交的部分划界案并没有包括南极附近大陆架区域的做法表示欣赏。然而荷兰强调，新西兰提交委员会的有关南极大陆架外部界限的信息不应以任何方式影响《南极条约》中权利义务的平衡。

荷兰确认维持《南极条约》和《公约》之间和谐的重要性，以确保在南极地区的持续和平合作、促进安全和保持稳定。

3　委员会审议过程

新西兰划界案的审议贯穿了委员会第 18 届会议至第 22 届会议。在第 18 届会议上委员会即成立小组委员会审议新西兰划界案。委员会在第 22 届会议上通过建议。

3.1　成立小组委员会之前的初步审议

在第 18 届会议上，新西兰外交贸易部法律司司长、国际法律顾问杰拉德·范·博希曼（Gerard van Bohemen）就新西兰划界案作了陈述，并说明大陆架界限委员会现任成员中，没有人帮助过划界案的编写工作。新西兰代表团对委员会成员所提问题作了答复。

委员会在这届会议上成立小组委员会，成员如下：阿尔布克尔克、布雷克、彼得·F·克罗克（Peter F. Croker）、皮门特尔、玉木贤策、撒库尔和韦勒德基。小组委员会随后选举布雷克为主席，德阿尔布克尔克和玉木贤策为副主席。[8]

3.2　小组委员会审议

小组委员会在下列各期会议及闭会期间审查了该划界案：第 18 届、第 19 届、第 20 届和第 21 届。在委员会第 18 届会议期间，小组委员会对划界案及有关数据进行了初步审查。期间，新西兰代表团团长就涉及划界案材料保密的问题致信委员会；另一封涉及审议划界案的时间安排的有关事项。委员会对第二封信起草了复函。[8]

小组委员会于第 18 届会议续会期间举行了会议，并向新西兰转达了关于其东部和南部地区划界案的书面问题和初步审议情况。小组委员会已收到了对其初步审议和问题的全面答复。[9]

在第 19 届会议上小组委员会与新西兰代表团举行的会议上，新西兰针对小组委员会先前提出的问题作了陈述。小组委员会还介绍了它对与西部地区相关的事项和与东部及南部地区相关的悬而未决事项的初步审议情况。[9]

委员会第 20 届会议上，小组委员会继续与新西兰代表团举行会议。新西兰针对小组委员会的初步审议和先前所提问题作了陈述。小组委员会还说明了它对划界案中未决事项的初步审议情况。[10]

在委员会第 21 届会议期间，小组委员会向委员会提交建议草案，并由小组委员会主席做陈述介绍。[11]

3.3　委员会通过建议

在委员会审议和通过建议前，新西兰代表团根据《议事规则》附件三第十条第 3 款的规定，在委员会全会上作了最后陈述。关于海洋划界问题，新西兰代表团团长杰拉德·范博希曼表示，划界案中所指明的北部地区包括仍有待同斐济和汤加划界的大陆架区域。虽然在审查划界案期间在此事项方面没有重大进展，但也没有任何有关国家对委员会审议此划界案提出反对意见。委员会审议的划界案或有关该划界案的任何建议不妨害相关国家的海洋划界工作，也不妨害这些国家今后提交本国划界案的权利。新西兰政府已向斐济政府和汤加政府通报了有关新西兰划界案的最新进展，两国都证实对委员会在上述基础上提出建议不持异议。范博希曼另外提到新西兰有可能需要同法国（新喀里多尼亚）划定大陆架界限，而该划界案也无害于今后两国之间任何可能的划界工作。

新西兰国家水和大气研究学会国家沿海和海洋中心首席科学家兼主任伊恩·赖特（Ian Wright）概述了新西兰划界案的一些要点，并介绍了新西兰大陆边的特征。

随后，委员会决定按照《议事规则》第五十三条，把审议各项建议的工作推迟到第 22 届会议。[11]

在委员会第 22 届会议上，小组委员会成员作了一系列陈述，着重介绍新西兰划界案所涉 4 个地理区域以及须详加分析的某些方面或领域。随后，委员会全面审议了小组委员会起草的建议。与会者提出了若干修正案，委员会决定将其中一些修正案纳入建议文本。委员会在审查建议时采取逐个地区的做法，在为达成共识用尽一切努力的情况下，通过表决做出决定。2008 年 8 月 22 日，委员会以 13 票赞成、3 票反对和 3 票弃权通过了"大陆架界限委员会关于 2006 年 4 月 19 日新西兰大陆架划界案的建议"。[12]

4 委员会对新西兰外大陆架划界案的建议[13]

4.1 东区

4.1.1 从属权利检验

东区包括南克马德克洋脊和克马德克海沟、希古朗基海台、查塔姆海隆、邦蒂海槽以及北坎贝尔海台。

委员会确认，通过适用《公约》第七十六条第4款的规定，东区大陆坡脚所产生的大陆边外缘超过了新西兰的200海里界限，新西兰在该地区200海里界限外享有建立大陆架的法律权利。

4.1.2 确定大陆坡脚

新西兰在东区确定的200海里外公式点的大陆坡脚点是沿着希古朗基海台、查塔姆海隆和北坎贝尔海台地区分布的。大陆坡特征在东区这3个地区之间变化不定。

希古朗基海台是一个向北下降的海台，位于北岛以东和查塔姆海隆以北。大陆坡底位置（即从陆坡向希古朗基海台以北的深洋洋底过渡）十分明显，容易依据地形加以识别。由此，使用其大陆坡脚点包络线很容易划出该海台的大陆边外缘。小组委员会大致同意新西兰所使用的确定大陆坡脚点的方法。

查塔姆海隆的东端是韦塔海山。海山向西有一个鞍部将其与该海隆分开。韦塔海山和该地区其他海山的大陆坡底位置十分明显，亦可很容易地基于地形加以识别。除大陆坡脚点CH-262外，小组委员会大致同意新西兰所使用的确定大陆坡脚点的方法。小组委员会认为，大陆坡脚点CH-262似乎在地形上与邻近海山不相连。

东南查塔姆海台沿着查塔姆海隆的东南侧分布。划界案将该海台界定为一个100~200千米宽、4 000~4 800米深的地区，其将查塔姆海隆主陆坡与深海（即水深大于5 000米）分隔开来。新西兰主张，东南查塔姆海台是大陆坡的一部分，因此该地区的大陆坡脚点应位于该海台向海一侧。东南查塔姆海台整体上很低，有一个300~1 000米沉降的外陆坡。在一系列的交换意见中，小组委员会本想证明，根据所提交的水深和地质科学数据，该地的相关大陆坡脚点被视为代表大陆坡底是合理的。然而基于新西兰所提交的资料及后续信息，小组委员会同意新西兰的意见，即大陆坡脚点CH-80、CH-160、CH-247、CH-251、CH-262和CH_G-3应被去掉，该地的外部界限应基于点CH-72、CH-129、CH-154、

CH-217、CH-248、CH-263、CH-264 和 CH-287。

坎贝尔海台是一个海底高地，从南岛向南延伸约 1 000 千米，向东约 900 千米。邦蒂海沟将其与查塔姆海隆分隔。北坎贝尔海台，包括博伦斯海山的大陆坡底位置十分明显，容易依据地形加以识别。坎贝尔海台和博伦斯海山之间的鞍部大大浅于周围的深海底，从而可将该海山包括在大陆坡脚点包络线内。由此，使用其大陆坡脚点包络线很容易划出该海台。委员会大致同意新西兰所使用的确定大陆坡脚点的方法。

委员会的结论是，在东区，新西兰所列的大陆坡脚点符合《公约》第七十六条和委员会《科技准则》第 5 章的标准，这些大陆坡脚点应当构成新西兰在东区建立大陆边外缘的基础（图 8）。

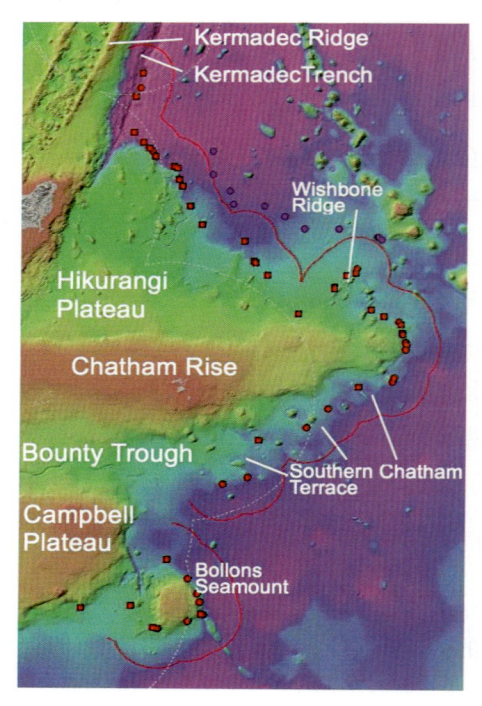

图 8 作为证明新西兰陆块在水下的延伸和在东区确定
大陆坡脚点和相关公式点的概貌

注：白色虚线是从新西兰领海基线量起的 200 海里线，红色圆圈和方框是确定大陆坡脚的关键点和相关点，红线是海登堡弧，而紫色圆圈是卡地纳点。

资料来源：委员会对新西兰外大陆架划界案的建议摘要。

4.1.3 公式线的运用

新西兰确定东区的大陆边外缘基本是按照距离公式线。委员会同意新西兰所使用的确定这些公式点的方法，并建议将它们用做建立该地区大陆架外部界限的基础。

同时，在希古朗基海台东面，新西兰提交了 12 个基于沉积岩厚度公式确定的点。委员会同意新西兰确立这些点的程序，包括所提供的数据、地震解释、深度转换方法以及距离计算（图 8）。

4.1.4 限制线的运用

在东区，新西兰适用了一条混合限制线。

根据文献和划界案中的证据，包括提供的补充资料，委员会同意，威史邦洋脊是大陆边的自然构成部分，可以被归为《公约》第七十六条第 6 款意义上的，可适用深度限制线的海底高地。

委员会认为，新西兰所划的等深线都是大陆坡脚向陆地一侧，符合为《公约》目的所确定的大陆边的整体轮廓。

委员会认可新西兰在构建距离限制线和深度限制线过程中使用的程序和方法。

4.1.5 最终外部界限及委员会建议

新西兰在东区的定点部分是公式点，部分是限制线上的点（在大陆边外缘超过限制线的情况下）。其中两个点（定点 E001 和定点 E886）位于 200 海里线上。

委员会同意新西兰在建立东区大陆架外部界限过程中所适用的原则，包括确定的定点以及连接这些定点的直线段的构建。委员会建议新西兰由此建立在东区的大陆架的外部界限。而且，委员会还建议新西兰将位于查塔姆海隆上 200 海里外的多边形的海床和底土，作为其陆地领土的自然延伸而囊括到其大陆架内（图 9）。

4.2 南区

4.2.1 从属权利检验

新西兰南区包括坎贝尔海台南部边缘，范围从其与新西兰和澳大利亚之间划定的海洋边界西面的交点，到大约东经 177°，与从新西兰领海基线量起 200 海里线的交点。

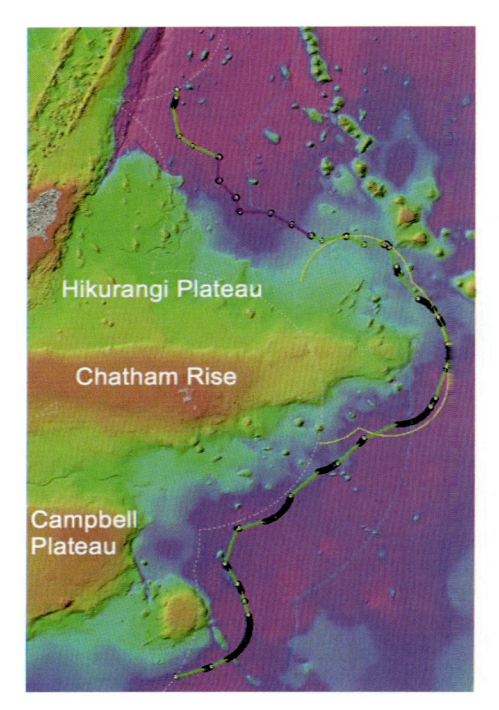

图 9 委员会建议的新西兰东区的大陆架外部界限

注：外部界限的定点为带着黑边的白圆圈，基于海登堡点的大陆架外部界限呈绿色，基于卡地纳点的大陆架外部界限呈紫色，350 海里限制线呈蓝色（用点画的），2 500 米等深线外 100 海里线呈黄色，新西兰 200 海里线呈白色。

资料来源：委员会对新西兰外大陆架划界案的建议简要。

委员会确认，通过适用《公约》第七十六条第 4 款的规定，南区大陆坡脚所产生的大陆边外缘超过了新西兰的 200 海里界限，新西兰在该地区 200 海里界限外享有建立大陆架的法律权利。

4.2.2 确定大陆坡脚

南坎贝尔海台大陆坡底的位置很明显，容易依据地形加以识别。由此，使用大陆坡脚点包络线很容易划出该海台的大陆边外缘。委员会大致同意新西兰确定大陆坡脚点的方法。

委员会的结论是，在南区，新西兰所列的大陆坡脚点符合《公约》第七十六条和《科技准则》第 5 章的标准，这些大陆坡脚点应当构成新西兰在南区建立大陆边外缘的基础（图 10）。

4.2.3 公式线的运用

新西兰确定南区的大陆边外缘是按照距离公式。委员会同意新西兰所使用的确定这些公式点的方法,并建议将它们用做建立该地区大陆架外部界限的基础(图10)。

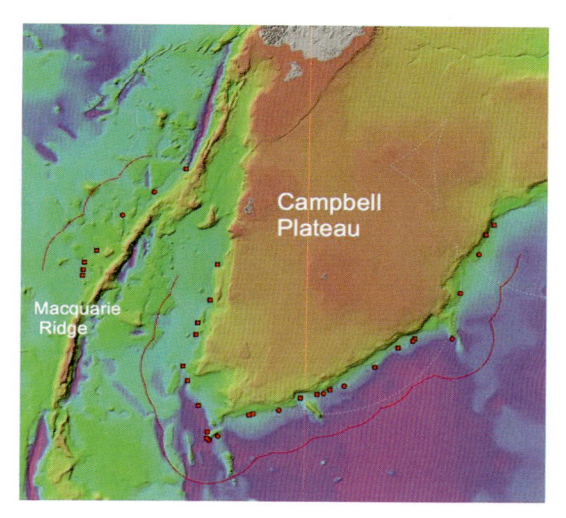

图10 作为证明新西兰陆块在水下的延伸和在南区
确定大陆坡脚点和相关公式点的概貌

注:白色虚线是从新西兰领海基线量起的200海里线,红色圆圈和方框是确定大陆坡脚的关键点和相关点,红线是海登堡弧,而紫色圆圈是卡地纳点。

资料来源:委员会对新西兰外大陆架划界案的建议摘要。

4.2.4 限制线的运用

新西兰在南区只运用了距离限制线,委员会同意适用该限制线的程序和方法。

4.2.5 最终外部界限及委员会建议

新西兰在南区的定点部分是公式点,部分是限制线上的点(在大陆边外缘超过限制线的情况下)。其中,一个点(定点S455)位于200海里线上;一个点(定点S001)位于与澳大利亚之间的条约线上。

委员会同意新西兰在南区建立大陆架外部界限过程中所适用的原则,包括确定的定点以及连接这些定点的直线段的构建。委员会建议新西兰由此建立在南区的大陆架的外部界限(图11)。

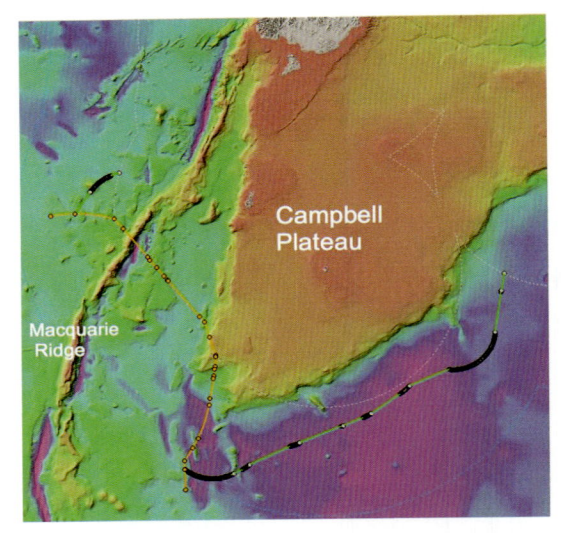

图 11　委员会建议的新西兰南区大陆架外部界限

注：外部界限的定点为带着黑边的白圆圈，大陆架外部界限呈绿色，350 海里限制线呈蓝色（用点画的），2 500 米等深线外 100 海里线呈黄色，《新澳划界条约》所定的边界线呈橙色，新西兰和邻国的 200 海里线呈白色。

资料来源：委员会对新西兰外大陆架划界案的建议摘要。

4.3　西区

4.3.1　从属权利检验

新西兰西区包括南诺福克洋脊体系、新喀里多尼亚海盆、挑战者海台、豪勋爵海隆以及麦夸里洋脊构造。西区有两个主要分区。

（1）沿挑战者海台西南边缘、豪勋爵海隆、新喀里多尼亚海盆和诺福克洋脊体系地区，范围从大约东经 172°的新西兰 200 海里线，到 2004 年《新澳划界条约》建立的边界线，然后沿该边界线到约东经 166°——该线与新西兰和澳大利亚 200 海里线的交点。

（2）沿麦夸里洋脊构造西部边缘，位于新西兰和澳大利亚 200 海里线以外的地区。

委员会确认，通过适用《公约》第七十六条第 4 款的规定，西区大陆坡脚所产生的大陆边外缘超过了新西兰的 200 海里界限，新西兰在该地区 200 海里界限外享有建立大陆架的法律权利。

4.3.2 确定大陆坡脚

在第一个分区，产生 200 海里外公式点的大陆坡脚点位于沿着豪勋爵海隆和挑战者海台的西侧，包括吉尔伯特海山，以及沿着麦夸里洋脊的西北侧。

豪勋爵海隆和挑战者海台形成一个邻接塔斯曼海盆的地形连续的大陆坡。除了吉尔伯特海山，该大陆坡底整体上很清晰，容易依据地形加以识别。由此，使用大陆坡脚点包络线很容易划出吉尔伯特海山以外的豪勋爵海隆和挑战者海台的大陆边外缘。小组委员会认为，沿吉尔伯特海山侧面建立大陆坡底需要有关于地质和地球物理数据的进一步信息，特别是在吉尔伯特鞍部。新西兰随即提供了此类数据和情报。在考虑了该补充数据和情报后，小组委员会接受了沿吉尔伯特海山西侧建立大陆坡底的提议。委员会同意新西兰在该地区所使用的确定大陆坡脚的方法。

在第二个分区，麦夸里洋脊构造是一个转换洋脊体系，从南岛向南延伸。沿麦夸里洋脊构造西侧的大陆坡底整体上很清晰，容易依据地形加以识别。委员会同意新西兰在该地区所使用的确定该大陆坡脚的方法。

委员会的结论是，在西区，新西兰所列的大陆坡脚点符合《公约》第七十六条和《科技准则》第 5 章的标准，这些大陆坡脚点应当构成新西兰在西区建立大陆边外缘的基础（图 12）。

4.3.3 公式线的运用

新西兰确定西区的大陆边外缘基本是按照距离公式。委员会同意新西兰所使用的确定这些公式点的方法，并建议将它们用做建立该地区大陆架外部界限的基础。

同时，在邻接豪勋爵海隆和挑战者海台的西面，新西兰提交了 9 个基于沉积岩厚度公式确定的定点。委员会同意新西兰确立这些点的程序，包括所提供的数据、地震解释、深度转换方法以及距离计算（图 12）。

4.3.4 限制线的运用

在西区，新西兰适用了一条混合限制线。

根据文献和划界案中的证据，委员会同意，挑战者海台和豪勋爵海隆，包括吉尔伯特海山，是新西兰大陆边的自然构成部分，可以被归为《公约》第七十六条第 6 款意义上的，可适用深度限制线的海底高地。

委员会认为，新西兰所划的等深线都是大陆坡脚向陆地一侧，符合为《公约》目的所确定的大陆边的整体轮廓。委员会认可新西兰在构建距离限制线和深

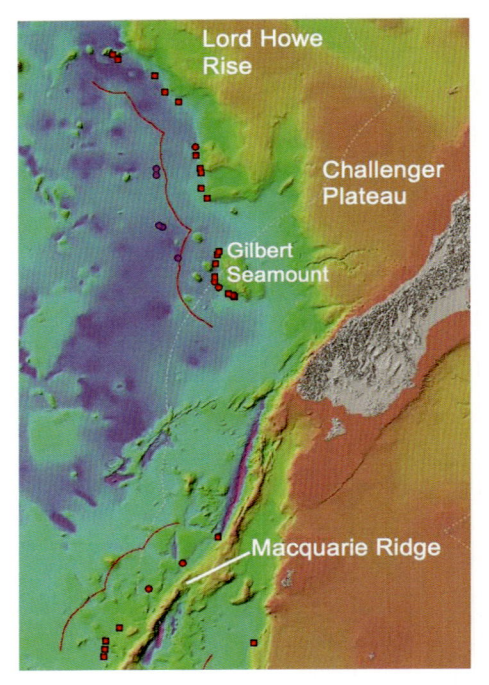

图 12　作为证明新西兰陆块在水下的延伸和在西区
确定大陆坡脚点和相关公式点的概貌

注：白色虚线是从新西兰领海基线量起的 200 海里线，红色圆圈和方框是确定大陆坡脚的关键点和相关点，红线是海登堡弧，而紫色圆圈是卡地纳点。

资料来源：委员会对新西兰外大陆架划界案的建议摘要。

度限制线过程中使用的程序和方法。

4.3.5　最终外部界限及委员会建议

新西兰在西区的定点部分是公式点，部分是限制线上的点（在大陆边外缘超过限制线的情况下）。其中，两个点（定点 W101 和定点 W102）位于新西兰 200 海里线上；两个点（定点 W001 和定点 W190）位于与澳大利亚之间的条约线上。

委员会同意新西兰在西区建立大陆架外部界限过程中所适用的原则，包括确定的定点以及连接这些定点的直线段的构建。委员会建议新西兰由此建立在西区的大陆架外部界限（图 13）。

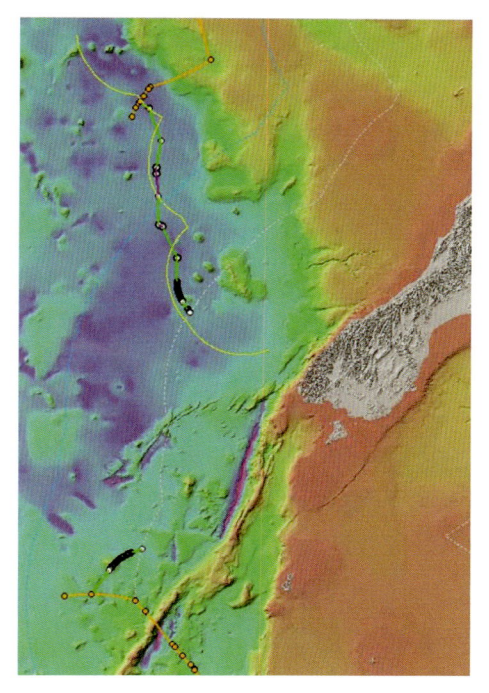

图 13　委员会建议的新西兰西区的大陆架外部界限

注：外部界限的定点为带着黑边的白圆圈，基于海登堡点的大陆架外部界限呈绿色，基于卡地纳点的大陆架外部界限呈紫色，350 海里限制线呈蓝色（用点画的），2 500 米等深线外 100 海里线呈黄色，《新澳划界条约》所定的边界线呈橙色，新西兰的 200 海里线呈白色。

资料来源：委员会对新西兰外大陆架划界案的建议摘要。

4.4　北区

4.4.1　从属权利检验

新西兰北区覆盖新西兰以北的大陆边，从东边的克马德克海沟到西边的三王洋脊。该地区有两个分区，它们是同一大陆边的组成部分。

（1）沿克马德克洋脊和科尔维尔洋脊的延伸，位于从新西兰领海基线（源于拉乌尔岛上的基点）量起 200 海里线以北，到与从斐济和汤加领海基线量起 200 海里线的交点。

（2）沿三王洋脊的延伸，位于约南纬 31°的新西兰 200 海里线——源于北岛和三王岛上的基点以北，到与 2004 年《新澳划界条约》建立的边界线的交点。

委员会确认，通过适用《公约》第七十六条第 4 款的规定，北区的大陆坡脚所产生的大陆边外缘超过了新西兰的 200 海里界限，新西兰在该地区 200 海里外享有建立大陆架外部界限的法律权利。

4.4.2 确定大陆坡脚

确定北区 200 海里外公式点的大陆坡脚点位于克马德克洋脊和科尔维尔洋脊（南斐济海盆东侧）的东侧和西侧，和三王洋脊的东侧。

克马德克洋脊和科尔维尔洋脊构成一组密切结合的洋脊，其中克马德克洋脊向东面朝太平洋，科尔维尔洋脊向西面朝南斐济海盆。克马德克海沟是沿着克马德克洋脊东侧面的大洋潜没区。克马德克洋脊的东大陆坡陡峭，该陆坡的基部，也是潜没海沟的基部，很容易基于地形加以识别。由此，使用大陆坡脚点包络线很容易划出克马德克洋脊的东侧面。委员会同意新西兰所使用的确定大陆坡脚点的方法。

基于地形也大致容易识别出朝向南斐济海盆的大陆坡底的位置，即科尔维尔的陆坡向南斐济海盆的深洋洋底的过渡。

三王洋脊是一个远古岛弧脊，从北岛向北延伸，位于南斐济海盆（向东）和诺福克海盆（向西）之间。三王洋脊的北端是水深更深的凡泰尔海台。大陆坡底的位置是基于地形识别的从陆坡到南斐济海盆深洋洋底的过渡区。委员会认可凡泰尔海台是三王洋脊体系不可分割的组成部分。由此，使用大陆坡脚点包络线很容易划出三王洋脊的东侧面。委员会同意新西兰所使用的确立大陆坡脚点的方法。西侧面位于条约线的澳大利亚一侧，本划界案没有涉及。

委员会的结论是，在北区，新西兰所列的大陆坡脚点符合《公约》第七十六条和《科技准则》第 5 章的标准，这些大陆坡脚点应当构成新西兰在北区建立大陆边外缘的基础（图 14）。

4.4.3 公式线的运用

新西兰确定北区的大陆边外缘是按照距离公式。委员会同意新西兰所使用的确定这些公式点的方法，并建议将它们用做建立该地区大陆架外部界限的基础（图 14）。

4.4.4 限制线的运用

在北区，新西兰适用了一条混合限制线。

根据文献和划界案中的证据，委员会同意，克马德克洋脊和科尔维尔洋脊以

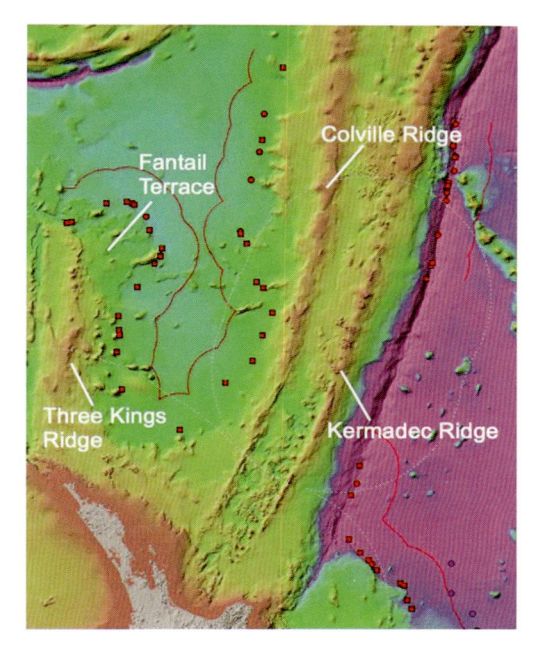

图14 作为证明新西兰陆块在水下的延伸和在北区
确定大陆坡脚点和相关公式点的概貌

注：白色虚线是从新西兰领海基线量起的200海里线，红色圆圈和方框是确定大陆坡脚的关键点和相关点，红线是海登堡弧，而紫色圆圈是卡地纳点。

资料来源：委员会对新西兰外大陆架划界案的建议摘要。

及包括凡泰尔海台的三王洋脊，是新西兰北岛大陆边的自然构成部分，可以被归为《公约》第七十六条第6款意义上的，可适用深度限制线的海底高地。

委员会认为，新西兰所划的等深线都是大陆坡脚向陆地一侧，符合为《公约》目的所确定的大陆边的整体轮廓。委员会认可新西兰在构建距离限制线和深度限制线过程中使用的程序和方法。

4.4.5 最终外部界限及委员会建议

新西兰在北区的定点部分是公式点，部分是限制线上的点（在大陆边外缘超过限制线的情况下）。其中，一个定点（N001）位于新西兰200海里线上；一个定点（N064）位于汤加200海里线上；一个定点（N065）位于斐济200海里线上；一个定点（N284）位于新西兰与澳大利亚的条约线上。

委员会不同意将点 N177 和 N178 以南的南斐济海盆的整个部分作为新西

兰的大陆架部分。委员会建议，南斐济海盆中的大陆架外部界限的划定，应按照《公约》第七十六条第 7 款，由长度不超过 60 海里的直线段连接定点构建。新西兰在该地区大陆架外部界限的最终建立将取决于国家之间的划界。委员会建议，考虑到附件二第九条，新西兰应基于委员会的建议划定大陆边的外缘，按照《公约》第七十六条第 7、8、9、10 款建立在北区的大陆架外部界限（图 15）。

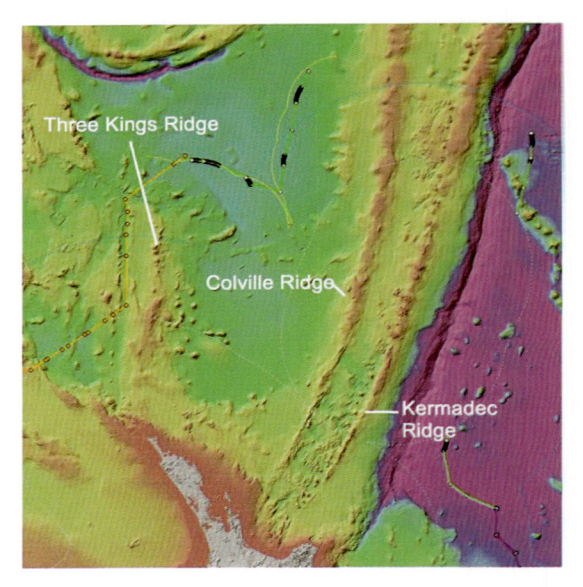

图 15　委员会建议的新西兰北区的大陆架外部界限

注：外部界限的定点为带着黑边的白圆圈，大陆架外部界限呈绿色，350 海里限制线呈蓝色（用点画的），2 500 米等深线外 100 海里线呈黄色，新西兰－澳大利亚划界条约线呈橙色，新西兰和邻国的 200 海里线呈白色。

资料来源：委员会对新西兰外大陆架划界案的建议摘要。

从委员会建议第 148 段的表述以及最后的图示"本摘要第 148 段所提及的南斐济海盆中的国际海底区域"（图 16）可见，"新西兰应基于委员会的建议划定大陆边的外缘"即表明委员会认为新西兰在此超过公式线部分的区域不属于大陆边缘的范围，应视为国际海底区域。

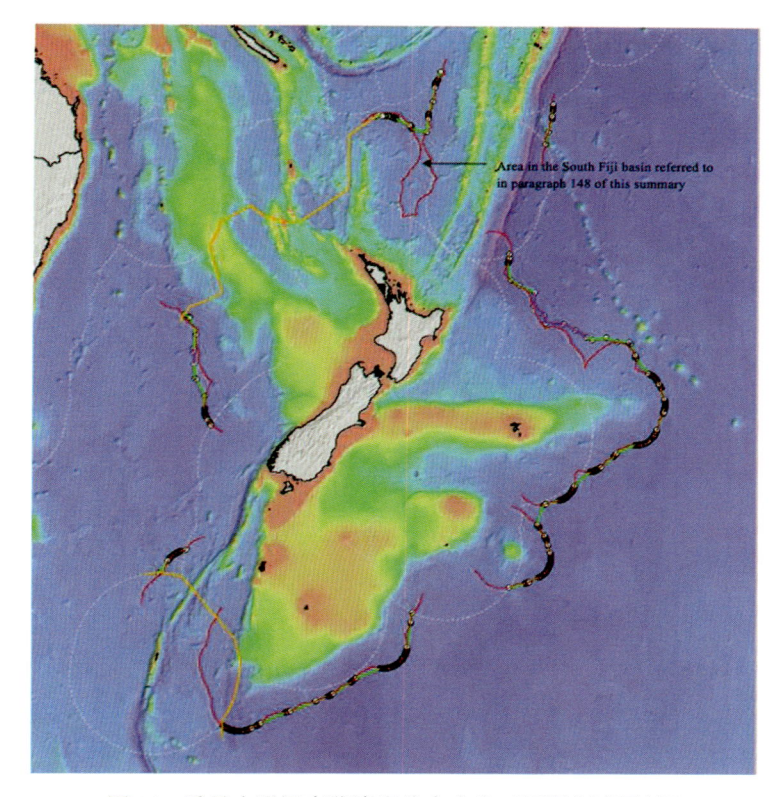

图 16　委员会强调南斐济海盆中央为"国际海底区域"

注：外部界限的定点为带着黑边的白圆圈，基于海登堡点的大陆架外部界限呈绿色，基于卡地纳点的大陆架外部界限呈紫色，大陆坡脚外推 60 海里弧公式线为红色，新西兰和邻国的 200 海里线呈白色，与澳大利亚的条约线呈橙色。

资料来源：委员会对新西兰外大陆架划界案的建议摘要。

5　对委员会新西兰外大陆架划界案建议的评注

5.1　本划界案由委员会表决通过

在第 22 届会议上，委员会以 13 票赞成、3 票反对和 3 票弃权而通过了"大陆架界限委员会关于 2006 年 4 月 19 日新西兰大陆架划界案的建议"。

5.2　桥线问题

在新西兰划界案中，委员会的异议主要是北区南斐济海盆中的大陆架外部界限的划定。从图 17 可以看出，新西兰在处理距离公式线（红色）上的定点 N206 和定点 N205 时，援引了《公约》第七十六条第 7 款的规定，即以不超过 60 海里的直线将两个点搭接。此种桥线连接的处理方式同样出现在澳大利亚划界案中。用此方法，新西兰轻易将整个南斐济海盆纳入其外大陆架范围之内。

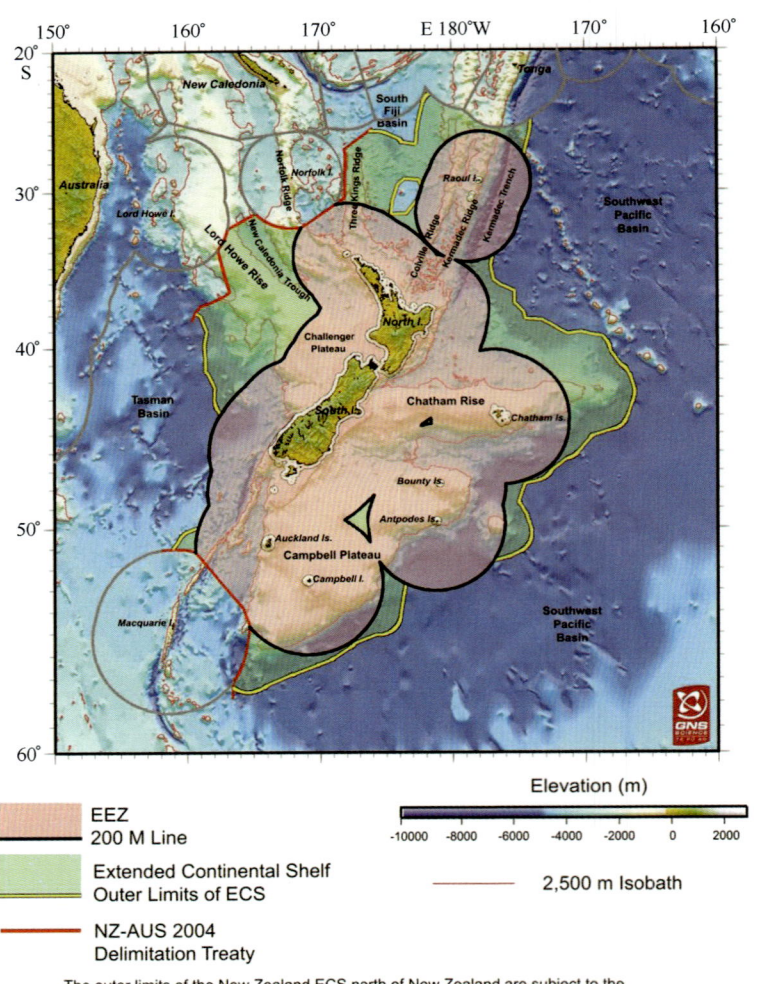

图 17 新西兰地理科学研究院公布的地图

资料来源：沃恩·斯塔波尔，《新西兰的大陆架和海洋管辖权》。

但从图 2 中也可以发现，南斐济海盆中心是在距离公式线范围之外的，即新西兰的此种处理方式违反了《公约》第七十六条第 4 款的规定。因此，委员会建议，新西兰在划定南斐济海盆中的大陆架外部界限时，应"由长度不超过 60 海里的连接用经纬度确定的定点的直线段构建"。超出部分应为国际海底区域。

2013年11月19日，沃恩·斯塔波尔（Vaughan Stagpoole）在新西兰地理科学研究院上发表了《新西兰的大陆架和海洋管辖权》一文。文章介绍了新西兰的领海、专属经济区（包括毗连区）和延伸大陆架的基本情况，其中明确了除与斐济、汤加或者法国的新喀里多尼亚未定界外，目前新西兰的延伸大陆架面积为1 751 699平方千米。[14] X从所附地图看，新西兰已经按照委员会建议修改了大陆架外部界限范围。

5.3　国家实践与相关评论

2008年9月22日，《新西兰先驱报》发布了题为"联合国承认新西兰专属经济区外的海底权利"的新闻。报道称，新西兰总理海伦·克拉克（Helen Clark）声明委员会已确认新西兰对其专属经济区外的约170万平方千米的大陆架拥有权利，这部分大陆架面积相当于新西兰陆地面积的6倍。新西兰为获得该结果耗时两年，并花费4 400万新西兰元（约合3 000万美元）用于建立大陆架边界的调查。报道还表示，委员会的建议"对其他国家也有拘束力"，新西兰此后将与斐济和汤加就北部重叠地区进行划界谈判。[15]

2013年，新西兰颁布《大陆架法修正案》。但该修正案未涉及新西兰大陆架的外部界限，仅表述"为实施某一国际条约，或为遵守国际法之目的，政府可随时通过国会命令，划定大陆架的实际边界"。[16]新西兰1964年《大陆架法》修订情况见表2。[17]

表2　新西兰1964年《大陆架法》修订情况

序号	年份	编号	名称	（修订）内容
1	1964	No. 28	大陆架法	—
2	1964	No. 70	库克群岛修正案	第57（3）节
3	1965	No. 11	领海和渔区法	第11节
4	1966	No. 19	海关法	第311（1）节
5	1972	No. 04	交通运输部法修正案	第6（1）节
6	1974	No. 43	纽埃修正案	第2（2）（c），（d）
7	1975	No. 43	石油修正案	第9节
8	1977	No. 28	领海、毗连区和专属经济区法	第33（1）节
9	1977	No. 33	能源部法	第25节
10	1991	No. 70	皇室矿产法	第121节

沿海国200海里以外大陆架外部界限划界案大陆架界限委员会建议评注

续表

序号	年份	编号	名称	（修订）内容
11	1996	No. 71	大陆架法修正案	—
12	2005	No. 96	大陆架法修正案	—
13	2011	No. 81	刑事诉讼法	第413节
14	2012	No. 72	专属经济区和大陆架（环境影响）法	第171节
15	2013	No. 16	大陆架法修正案	—

资料来源：新西兰政府官网站，经作者整理。

截至目前，新西兰尚未与斐济或汤加签订边界条约，也因此，其大陆架外部界限尚未完全确定。

参考文献

[1] 新西兰外大陆架划界案执行摘要（中文版和英文版）（NZ-ES）.

[2] Note Verbale from the Republic of the Fiji Islands on the New Zealand's Extended Continental Shelf Submission（23 June 2006）（NY 6/10/8/5）.

[3] Note Verbale from the Kingdom of Tonga on the New Zealand's Extended Continental Shelf Submission（8 April 2008）（F. 328/9）.

[4] Note Verbale from Japan on the New Zealand's Extended Continental Shelf Submission（28 June 2006）（SC/06/459）.

[5] Note Verbale from France on the New Zealand's Extended Continental Shelf Submission（13 July 2006）（BC/aa No. 422）.

[6] 在法国于2007年5月22日提交的关于圭亚那和新喀里多尼亚地区的划界案中，因新喀里多尼亚东南部涉及与瓦努阿图存在争议的马修岛和猎人岛，在瓦努阿图援引委员会《议事规则》附件一5（a）提出反对照会后，法国要求委员会不审议新喀里多尼亚东南部的划界要求。

[7] Note Verbale from the Netherlands on the New Zealand's Extended Continental Shelf Submission（19 December 2006）（DJZ-IR 178/2006）.

[8] 委员会第18届会议主席说明（中文版和英文版）（CLCS/52）.

[9] 委员会第19届会议主席说明（中文版和英文版）（CLCS/54）.

[10] 委员会第20届会议主席说明（中文版和英文版）（CLCS/56）.

[11] 委员会第21届会议主席说明（中文版和英文版）（CLCS/58）.

[12] 委员会第22届会议主席说明（中文版和英文版）（CLCS/60）.

[13] Summary of the Recommendation of the Commission on the Limits of the Continental Shelf

（CLCS） in regard to the Submission made by New Zealand 19 April 2006, Adopted by CLCS on 22 August 2008.

[14]　GNS SCIENCE, The New Zealand Continent, https：//www.gns.cri.nz/index.php/Home/Our-Science/Earth-Science/Ocean-Floor-Exploration/The-New-Zealand-Continent, visit in 24/05/2017.

[15]　NZ Herald, UN recognises NZ's seabed rights beyond EEZ, Sep 22, 2008, http：//www.nzherald.co.nz/nz/news/article.cfm? c_id=1&objectid=10533533, visited at Jul 18, 2016.

[16]　Continental Shelf Act 1964, Reprint as at 1 July 2013. http：//www.legislation.govt.nz/act/public/1964/0028/latest/versions.aspx, visited at Jul 18, 2016.

[17]　New Zealand Legislation, List of amendments incorporated in this version, http：//www.legislation.govt.nz/act/public/1964/0028/latest/versions.aspx, visited at Jul 18, 2016.

法国、爱尔兰、西班牙和英国（凯尔特海和比斯开湾地区）外大陆架联合划界案委员会审议建议评注

本划界案由法国、爱尔兰、西班牙和大不列颠及北爱尔兰联合王国（以下简称"四国"）按照《公约》第七十六条第 8 款及附件二第四条的相关规定提交委员会，以支持四国在凯尔特海和比斯开湾地区（Celtic Sea and Bay of Biscay Region）确定的自各国领海基线量起 200 海里以外大陆架外部界限。本划界案是委员会收到的第一个联合划界案。

《公约》于 1996 年 5 月 11 日开始对法国生效，1996 年 7 月 21 日开始对爱尔兰生效，1997 年 2 月 14 日开始对西班牙生效，1997 年 8 月 24 日开始对英国生效。

四国照会声明，"该划界案属于联合划界案，由四国共同提出。对四国来说，该划界案只是各国从测算领海宽度的基线量起 200 海里以外大陆架外部界限的部分划界案，就本联合划界案所述的大陆架区域而言，四国与其他任何国家之间不存在任何争端。"本联合划界案只涉及凯尔特海和比斯开湾地区的大陆架外部界限。它从爱尔兰部分划界案的南部界限延伸至西班牙 200 海里线上的一点。

小组委员会在第 23 届会议上向委员会提交了划界案建议草案，委员会在同届会议上以协商一致的方式通过了经修正的划界案建议。

1 四国的主张[1]

在本联合划界案中，四国采用了两种公式线，即海登堡线（Hedberg）和卡地纳线（Gardiner）。根据海登堡公式（距离大陆坡脚 60 海里），从所有 8 个大陆坡脚点（大陆坡脚点 1 至大陆坡脚点 8）划出了一条界限。四国认为，所提交的地震数据表明具有足够的沉积岩厚度，可以对大陆坡脚点 5 适用沉积岩厚度公式，但是在 8 个大陆坡脚点中只有从大陆坡脚 1、4 和 5 得出的定点实际上有助于确定本联合划界案所述地区的最终外部界限，其中：①定点 1 由基于大陆坡脚点 FOS1 的距离公式产生；定点 2-11 由基于大陆坡脚点 FOS4 的距离公式产生；

定点 12-29 由基于大陆坡脚点 FOS5 的距离公式产生；②定点 30 由基于大陆坡脚点 FOS5 的沉积岩厚度公式产生（图 1）。

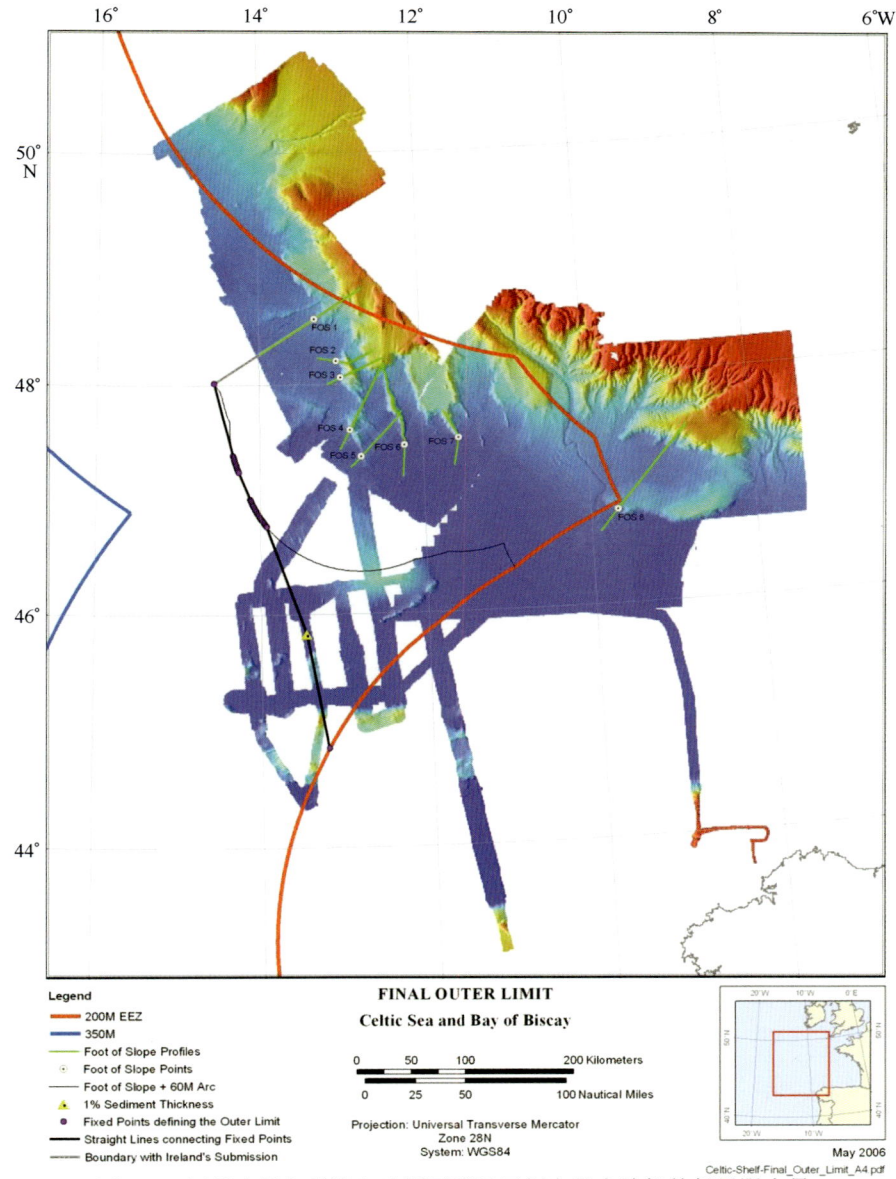

图 1　四国拟在凯尔特海和比斯开湾地区划定的大陆架外部界限全景

注：从左至右蓝色线为距西班牙领海基线 350 海里线；黑色粗线为连接定点的直线；黑色细线为大陆坡脚外推 60 海里弧线；紫色圆点为确定外部界限的定点；黄色三角点为 1% 沉积岩厚度公式点；绿色线为大陆坡脚侧切线；褐色线为与爱尔兰划界案的边界线；白色圆点为大陆坡脚点；红色线为距四国领海基线 200 海里线。

资料来源：四国外大陆架联合划界案执行摘要。

执行摘要认为,"以上定点都位于大陆边外缘,未超过限制线范围,且每一组定点之间都按顺序用不超过 60 海里的直线连接"(注:该观点未被委员会所认可)(图 1)。

2　各国反应照会和要点

本划界案并无其他国家提交照会。

3　委员会审议过程

四国联合划界案的审议贯穿了委员会第 18 届会议至第 23 届会议。在第 18 届会议上委员会即成立小组委员会审议划界案。委员会在第 23 届会议审议小组委员会提交的建议草案并通过建议。

3.1　成立小组委员会之前的初步审议

在第 18 届会议上,四国代表团在陈述中指出划界案的 4 个沿海国与其他国家之间无争端。没有其他任何国家就秘书长公布的这一划界案提出过普通照会。在陈述后委员会举行非公开会议,讨论了审议此划界案的方式。委员会决定,按照《公约》附件二第五条和委员会议事规则第四十二条的规定,将设立一个小组委员会来审议四国联合划界案。

委员会设立的小组委员会成员如下:劳伦斯·福拉吉米·阿沃西卡 (Lawrence Folajimi Awosika)、诺埃尔·牛顿·圣克拉弗·弗朗西斯(Noel Newton St. Claver Francis)、米海·西尔维乌·格尔曼(Mihai Silviu German)、阿布·巴卡尔·加法尔(Abu Bakar Jaafar)、尤里·鲍里索维奇·卡兹明(Yuri Borisovitch Kazmin)、吕文正和菲利普·亚历山大·西蒙兹(Philip Alexander Symonds)。小组委员会选举加法尔为主席,弗朗西斯先生和西蒙兹先生为副主席。[2]

3.2　小组委员会审议

小组委员会在第 19 届、第 20 届、第 21 届、第 22 届各期会议及闭会期间审查了该划界案;委员会在第 23 届会议上审议了小组委员会的建议。

鉴于这是委员会收到的第一份联合划界案,因此在第 20 届会议上小组委员会首先讨论了同联合划界案有关的一般性原则事项,并决定提请全体会议注意并讨论这些事项。按照委员会《议事规则》附件一，委员会审议了这些事项，并认定，两个或更多的国家在存在海岸相向或相邻国家间的争端或其他未解决的陆地或海洋争端的情况下选择提出联合划界案的方式，属于程序性质，因此，并不改变《公约》第七十六条赋予它们权利的实质内容。委员会建议，联合划界案中提出的大陆架外部界限所导致的大陆架总面积不能大于各国在单独提出划界案时提出的大陆架外部界限形成的大陆架个别面积之和。换言之，在任何联合划界案中，每一沿海国必须就大陆坡脚、所用的公式、限制因素和各自的外部界限，自行确定一套标准。小组委员会在把该原则性事项提交委员会讨论时，是以概括性的措辞加以说明的。因此，委员会做出了将此适用于所有联合划界案的原则性决定。鉴于该决定的通用性，委员会责成编辑委员会将其收入《议事规则》附件一。[3]

小组委员会在审议了相关数据和资料后，于2008年9月3日向四国代表团陈述了其看法和一般性结论，尤其是关于经修订外部界限的看法和结论。[4] 2009年3月20日，在第23届会议委员会全会上，小组委员会向委员会提交了划界案的建议草案。[5]

3.3 委员会通过建议

在第23届会议上，四国代表团协调人道格拉斯·威尔逊（Doug Wilson）作了最后陈述，阐述了四国本来可能分别提出相互重叠的划界案，但四国认为更为恰当的是提交联合划界案，因为一旦委员会提出建议，四国在彼此划界之前就能确定各国在该海域的大陆架外部界限。威尔逊还提及小组委员会与四国交换意见的情况，尤其是合并350海里限制线的落实情况。

四国与小组委员会举行会晤，确认在联合划界案中使用合并限制线的原则；小组委员会在向委员会提出建议之前，请四国从以下两个备选方案中选择一个：考虑小组委员会的意见修订外部界限，或保持四国原来的意见（后者委员会将不批准该划界案）。威尔逊说，经过适当考虑小组委员会的意见，为了及时完成对联合划界案的审查，四国决定接受第一个方案。四国随后向小组委员会介绍了修正的外部界限，小组委员会接受了该外部界限。

2009年3月24日，委员会协商一致通过了"大陆架界限委员会关于2006年5月19日法国、爱尔兰、西班牙和大不列颠及北爱尔兰联合王国（凯尔特海和比斯开湾地区）大陆架联合划界案的建议"。[5]

4　委员会对四国外大陆架联合划界案的建议[6]

4.1　从属权利检验

凯尔特海和比斯开湾地区从爱尔兰部分戈班边缘的潘德拉贡坡尖（Pendragon Spur）东南向东南方向延伸到凯尔特海南部，阿莫利卡（Armorican）北部和阿莫利卡边缘南部及比斯开湾最东部，随后在西班牙加利西亚边缘向西延伸。图 2 显示了凯尔特海和比斯开湾多样化的地形特征。

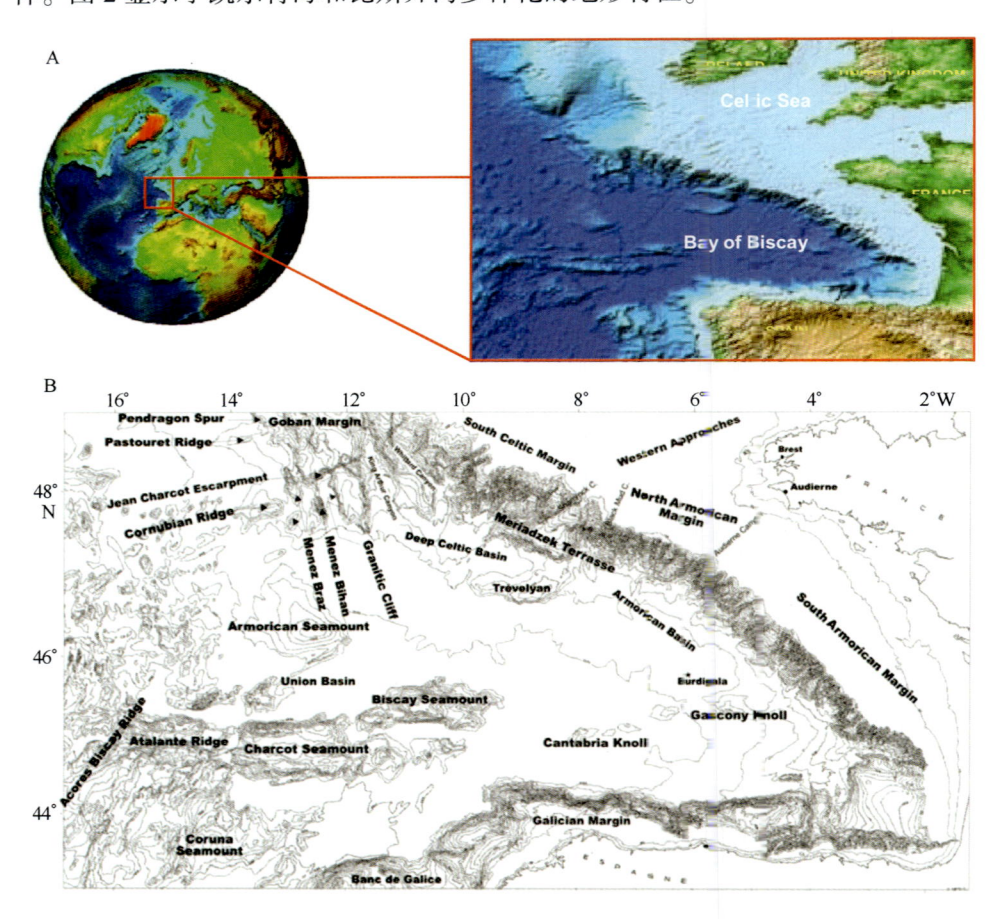

图 2　大西洋东北部联合划界案区域示意图
A. 凯尔特海和比斯开湾位置图；B. 主要地貌特征
资料来源：委员会对四国外大陆架联合划界案的建议摘要。

法国、爱尔兰、西班牙和英国（凯尔特海和比斯开湾地区）外大陆架联合划界案委员会审议建议评注

根据四沿海国代表团提供的数据，小组委员会认为"四沿海国具有确定他们各自从领海基线超过 200 海里大陆架的权利。"相应地，大陆边外部边缘，在凯尔特海和比斯开湾确定大陆坡脚，按照第七十六条第 4 款规定，延伸爱尔兰、英国、法国和西班牙顺时针方向超过 200 海里界限。基于此，委员会认可在此区域四沿海国具有法律权利确定他们各自超过 200 海里大陆架外部界限（图 3）。

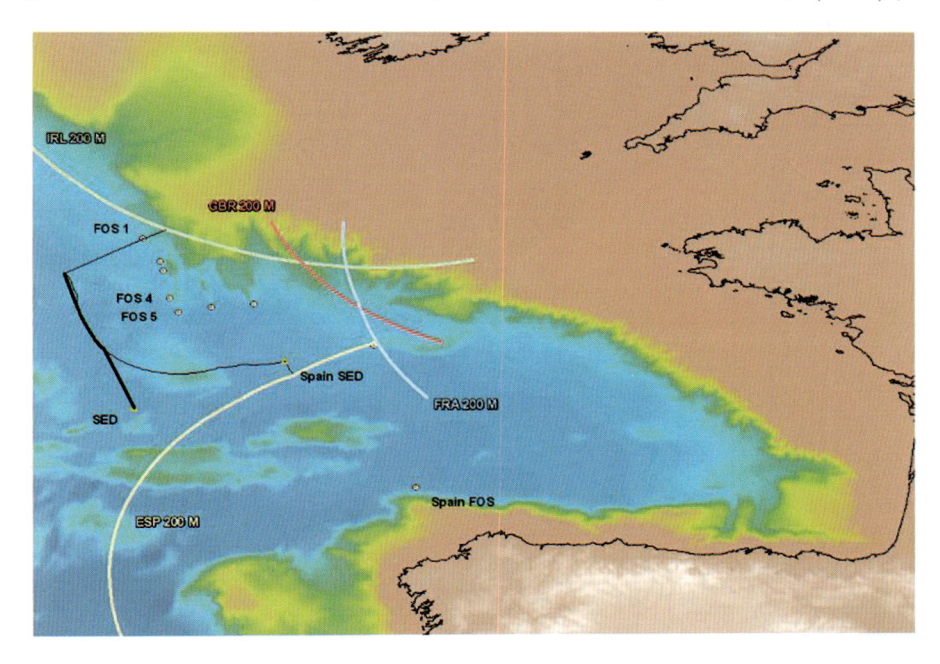

图 3　显示超过爱尔兰 200 海里（浅绿）、英国 200 海里（粉色）和
法国 200 海里（浅蓝）的大陆架权利基础

注：从测算领海宽度的基线量起 200 海里权利基础，标明 60 海里公式线（细黑线）和沉积岩厚度公式点标注 SED（三角形），西班牙领海基线超过 200 海里（ESP200 海里，白色）通过沉积岩厚度公式点标注 Spain SED（三角形），同时，该图也显示了大陆架外部边缘和大陆坡脚点（小圆圈标注关键大陆坡脚点）。

资料来源：委员会对四国外大陆架联合划界案的建议摘要。

4.2　确定大陆坡脚

大陆坡脚根据《公约》第七十六条第 4 款（b）建立。在联合划界案中，在戈班坡尖（Goban Spur）边缘西部和凯尔特大陆边缘南部总共确定 8 个大陆坡脚点（FOS1-FOS8），其中仅 3 个大陆坡脚点（FOS1、FOS4 和 FOS5）用于建立大陆边外缘和确定大陆架外部界限。

沿海国 200 海里以外大陆架外部界限划界案大陆架界限委员会建议评注

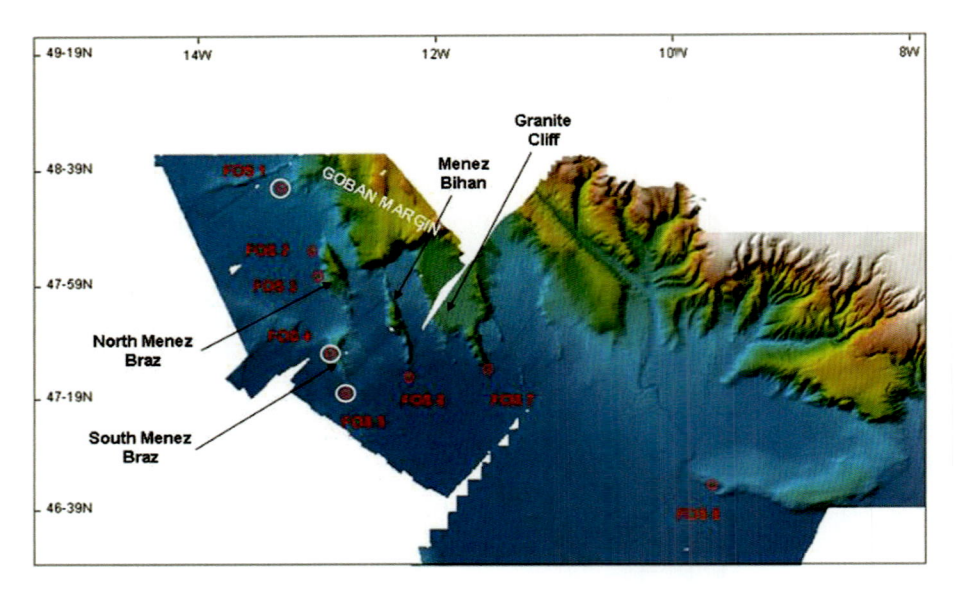

图 4　大陆坡脚点位置：FOS1-FOS8

注：关键大陆坡脚点由白色圈突出。

资料来源：委员会对四国外大陆架联合划界案的建议摘要。

根据关键大陆坡脚点（FOS1、FOS4、FOS5）的位置，该地区大陆边相关部分是戈班边缘（图2）。在此地区，大陆坡具有复杂的形态且其外部包含一系列向东南延伸的趋势，变窄，拉长凸起和倾斜的块体（图4）。此地区大陆坡底位置整体上轮廓分明且位置毗邻与拉长裂谷相关的高地。联合划界案 FOS1 与爱尔兰部分划界案 FOS60 一致。委员会在其就"关于2005年5月25日爱尔兰部分划界案就其在普罗库派恩深海平原地区大陆架超过200海里外部界限的建议"中同意此大陆坡脚点位置。

FOS4 和 FOS5（注：该点同时为爱尔兰划界案确立的大陆坡脚点）位于梅内布拉（Menez Braz）南部西侧复杂的梅内布拉坡尖上。委员会注意到联合划界案主体部分 1.7.4 段的声明，即"FOS4（与包括大陆坡脚点 FOS1-3 和 FOS6-8 在内）的确定是基于大陆坡底坡度变化最大点"，但是 FOS5 的确定是基于相反证据，因为 FOS5 的位置并不处于此区域坡度变化最大之处"。根据《科技准则》6.1.10 段，四国在此使用了地质和地球物理证据。

小组委员会的一个重要考虑是希望对大陆坡脚基部位置形成一致的看法，并且将此方法用于确定具有相同特征的大陆坡脚点。小组委员会认为 FOS4 和 FOS5 均应依照《科技准则》5.4.12 段来确定，并且要求使用《科技准则》6.1.10 段概述的地质和地球物理证据。

小组委员会通过使用相同的地质和地球物理证据及根据 5.4.12 段或 5.4.6 段一致的方法，同意大陆坡脚点 FOS4 和 FOS5 位置（表 1）。

表 1　大陆坡脚点及其坐标

Point	Name	Latitude	Longitude
FOS1	Pendragon Terrace	48°33′58.297 75″N	13°18′12.281 59″W
FOS2	North Menez Braz 1	48°12′5.420 26″N	13°02′22.111 06″W
FOS3	North Menez Braz 2	48°03′26.715 67″N	12°59′13.241 17″W
FOS4	Sorth Menez Braz 1	47°36′6.612 58″N	12°53′10.442 17″W
FOS5	Sorth Menez Braz 2	47°21′58.510 61″N	12°45′23.389 19″W
FOS6	Menez Bihan	47°27′30.986 12″N	12°13′34.930 94″W
FOS7	Granite Cliff	47°30′28.491 64″N	11°33′46.314 20″W
FOS8	Trevelyan Escarpment	46°48′50.635 55″N	9°40′6.260 54″W

资料来源：委员会对四国外大陆架联合划界案的建议摘要。

4.3　公式线的运用

4.3.1　应用 60 海里距离公式

在该地区，建立大陆边外缘的公式线是以大陆坡脚点 FOS1、FOS4、FOS5 外 60 海里公式建立的定点确定的，并且符合《公约》第七十六条第 4 款（a）项（ii）目规定。根据《公约》第七十六条第 7 款，连接定点的弧线不超过 60 海里。委员会同意联合划界案建立的这些定点和直线。

4.3.2　应用沉积岩厚度公式

在该地区，四国根据《公约》第七十六条第 4 款（a）项（i）目规定提交了一个基于 FOS5 的沉积岩厚度公式的定点，该点（FP30）是地震线 BRUB-13 建立的。基于 2005 年 Breogham 调查的。

4.4　限制线的运用

在凯尔特海和比斯开湾地区，四国运用了 350 海里限制线及 200 海里限制线合成联合限制线。

4.5 最终外部界限及委员会建议

委员会同意四国基于 FOS5 建立沉积岩厚度公式点的过程，包括地震解释、深度转换方法和距离计算，但不同意 FP30 的位置，认为其虽位于西班牙 350 海里限制内，但位于其他所有国家 350 海里限制外。

委员会认为，与 FP30 有关的 350 海里限制线应量自爱尔兰领海基线而 FP30 位于爱尔兰 350 海里之外。小组委员会因此要求 FP30 应退回到爱尔兰的 350 海里线上。四国代表团在 2008 年 6 月 17 日提供的定点中，遵循此方法对定点进行修正。

此地区大陆架外部界限，由四国在其 2006 年 5 月 19 日联合划界案中提交的执行摘要附件及 2008 年 6 月 17 日修正的定点确定。FP1 与包含于"大陆架界限委员会关于 2005 年 5 月 25 日爱尔兰在普罗库派恩海底平原毗邻区就其大陆架超过 200 海里外部界限部分划界案的建议"中的 FP39 一致。新的 FP18 位于西班牙 200 海里线上，是在听取委员会对以最短距离线方式桥接西班牙 200 海里线建议的基础上建立的。

委员会建议，确定此地区大陆架外部界限应当依照《公约》第七十六条第 7 款，由不超过 60 海里的直线连接各定点。

5 对委员会四国外大陆架联合划界案建议的评注

5.1 本划界案由委员会一致通过

在对原划界案作了重大修改后，委员会以协商一致的方式通过了"大陆架界限委员会关于 2006 年 5 月 19 日法国、爱尔兰、西班牙和大不列颠及北爱尔兰联合王国（凯尔特海和比斯开湾地区）大陆架联合划界案的建议"。

5.2 委员会接收并审议的第一个联合划界案

划界案所附照会指出，"该划界案具有联合的性质，是由 4 个沿海国集体协作准备的单一项目。对每个沿海国而言，该联合划界案都代表一个部分划界案，即只就四沿海国共同所有的、从测算他们各自的领海宽度基线量起 200 海里以外的大陆架外部界限中的一部分的划界案"。

沿海四国原本可能分别提出相互重叠的划界案，但四国认为更为恰当的是利用提交联合划界案的可能性，因为一旦委员会提出建议，沿海四国在彼此划界之前就能确定各国在该海域的大陆架外部界限。

四国联合划界案是委员会收到的第一份联合划界案。在第 20 届会议上，委员会认定，按照《议事规则》附件一，"两个或更多的国家在存在海岸相向或相邻国家间的争端或其他未解决的陆地或海洋争端的情况下选择提出联合划界案的问题，属于程序性质，因此，并不改变《公约》第七十六条赋予它们权利的实质内容。"委员会随后将此决定纳入《议事规则》附件一第四条，规定"两个或更多的国家经协议，可共同或分别向委员会提出划界案"。

此外，委员会认为联合划界案中提出的大陆架外部界限所导致的大陆架总面积不能大于各国在各自单独提出划界案时主张的大陆架外部界限形成的外大陆架面积之和。换言之，在任何联合划界案中，每一沿海国必须就大陆坡脚、所用的公式、限制因素和各自的外部界限，自行确定一套标准。

委员会做出了将该规则适用于所有联合划界案的原则性决定，责成编辑委员会将其收入《议事规则》附件一，为之后的联合划界案提出了规范性的规定。杜绝了沿海国试图通过联合划界案的形式扩大外大陆架权利主张的行为。

5.3 "最后一段"的桥线规则

在四国联合划界案中，委员会首次就"桥线"问题表明立场。

2006 年 3 月，在第 17 届会议上，针对澳大利亚划界案暴露出的"桥线"问题，委员会首次提及"大陆边外缘线连接至 200 海里线的问题"。虽然注意到"《公约》和《科技准则》均未就如何处理此事项的某些方面规定具体方法"，但委员会并未在该届会议上提出切实可行的解决方案。

2006 年 5 月 19 日，法国、爱尔兰、西班牙、大不列颠和北爱尔兰联合王国向大陆架界限委员会提交联合划界案。该联合划界案同样涉及"桥线"问题（FP18 的位置）。

2007 年 3 月，在第 19 届会议上，审议澳大利亚划界案的小组委员会将建议草案提交委员会层面审议。在委员会审议和通过建议前，澳大利亚代表团团长坎贝尔在陈述中特别强调了"连接 200 海里以外各定点与 200 海里线（桥线）时使用的标准"问题。委员会决定在第 20 届会议上审议澳大利亚划界案反映出来的问题。

2007 年 3 月 14 日，同样在第 19 届会议上，审议四国联合划界案的小组委员会就"审查该划界案后得出的意见和一般结论"向四国代表团做了全面陈述，并在审查代表团提交的补充资料后拟定了建议草案。四国联合划界案中最大的分歧点是定点 18 的位置，因此，此处代表团提交的"补充资料"应与 FP18 的位置修改有关。

2007 年 8 月，委员会召开第 20 届会议。委员会在审议澳大利亚小组委员会提交的建议草案时，决定"鉴于目前正在审议的某些紧要问题，委员会决定把各项建议的通过事宜推迟到第 21 届会议"。澳大利亚划界案最突出的一个问题就是"桥线"的连接方法，因此可以推断此处主席声明中所指的"紧要问题"即为同时期同样出现在四国联合划界案中的"桥线"问题。

而同样在本届会议审议四国联合划界案时，委员会作出了将小组委员会就联合划界案的原则性事项"适用于所有联合划界案的原则性决定"，并"责成编辑委员会将其收入《议事规则》附件一"。可见，委员会在此处已就定点 18 的位置做了妥善处理，也即就"桥线"问题有了指导性意见。四国在 2008 年 6 月 17 日提交了经修订外部界限的联合划界案。

委员会在 2008 年 4 月第 21 届会议上表决通过了澳大利亚划界案的建议。从已公布的建议摘要看，委员会总结了确定"最后一段"的两种方法，一种是"交线法"，即以根据《公约》第七十六条第 4 款和第 7 款建立的公式线与从领海基线量起的 200 海里线相交；另一种是"垂线法"，即以委员会认可的最后一个定点至 200 海里线的最短距离构建。以这两种方法构建的"最后一段"的距离均不得超过 60 海里。[7]

5.4 "垂线法"的实践运用

在四国联合划界案中出现了 3 种构建"最后一段"的方法。

第一种是四国主张的连接方式。图 1 的黄色三角点是爱尔兰沉积岩厚度公式点。四国划界案的原做法是将该点用 60 海里直线桥接到西班牙 200 海里线上。委员会没有认可该点的位置，作者分析原因如下：①该点为爱尔兰的公式点，虽然在西班牙 350 海里距离限制线内，但已超过爱尔兰 350 海里距离限制线，也超过爱尔兰 2 500 米外推 100 海里深度限制线。委员会若接受该点的位置便违反了联合划界案的原则，因此方法超出了爱尔兰单独所能主张的外大陆架范围；②四国以一点为圆心，60 海里为半径，向海一侧延长并连接至西班牙 200 海里线的方法与澳大利亚做法相似，以该方法构建的"最后一段"超过了爱尔兰公式线的范围。

第二种方法是从西班牙公式点垂线连至西班牙 200 海里线。图 5 的点 ESP SED 是西班牙的沉积岩厚度公式点。该方法是以爱尔兰大陆坡脚点外推 60 海里距离公式线与西班牙沉积岩厚度公式点相连，再用西班牙的沉积岩厚度公式点以垂线桥接西班牙的 200 海里线。这是最规范的桥线连接方法，但是与四国预期的主张面积相差甚远。

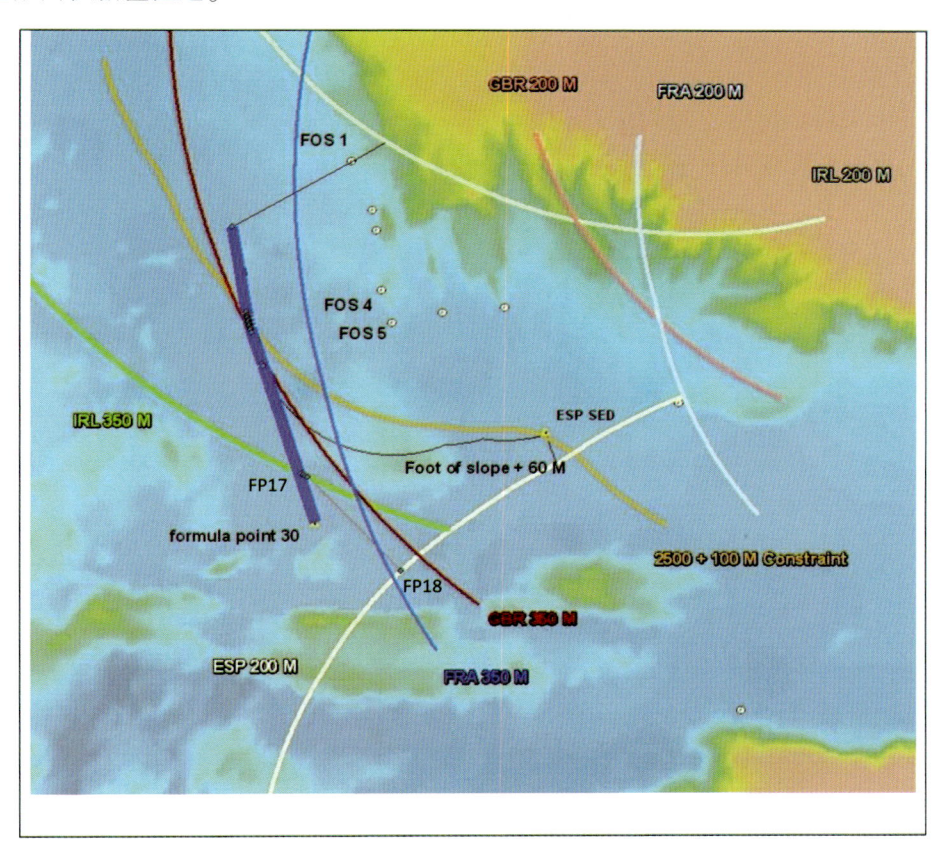

图 5 　显示爱尔兰、英国和法国大陆边外缘

注：同时也显示了关键大陆坡脚点的位置（关键大陆坡脚点 FOS1、FOS4 和 FOS5）、沉积岩厚度公式点（FP30）、距离这些沿海国领海基线相关的 200 海里限制、适用的 350 海里限制线；大陆架外部界限由细褐色线标注，委员会认可的定点由 FP30 退回至与爱尔兰 350 海里线的交点；黑色线标注的是连接西班牙沉积岩厚度公式点（ESP SED）的公式线。

资料来源：委员会对四国外大陆架联合划界案的建议摘要（FP17 和 FP18 的位置为作者标注）。

第三种方法是从爱尔兰公式点垂线连至西班牙 200 海里线。图 5FP17 是位于爱尔兰 350 海里线上的其中一个爱尔兰沉积岩厚度公式点。委员会最终认可的大陆架外部界限的最后一段是用爱尔兰公式线和限制线的交点以垂线桥接西班牙的 200 海里线。这种桥线连接方法符合"垂线法"的要求，同时结合了联合划界案的特点。

参考文献

[1] 四国（凯尔特海和比斯开湾地区）外大陆架联合划界案执行摘要（中文版和英文版）.（国际标准书号：法国 ISBN 2-84433-157-2；爱尔兰 ISBN 0-9542479-6-5；西班牙 ISBN 84-7840-633-6；英国 ISBN 84-7840-633-6）.

[2] 委员会第 18 届会议主席说明（中文版和英文版）（CLCS/52）.

[3] 委员会第 20 届会议主席说明（中文版和英文版）（CLCS/56）.

[4] 委员会第 22 届会议主席说明（中文版和英文版）（CLCS/60）.

[5] 委员会第 23 届会议主席说明（中文版和英文版）（CLCS/62）.

[6] Summary of the Recommendations of the Commission on the Limits of the Continental Shelf in regard to the Joint Submission made by France, Ireland, Spain, and the United Kingdom of Great Britain and Northern Ireland in respect of the Area of the Celtic Sea and the Bay of Biscay on 19 May 2006, Adopted by the Commission on the Limits of the Continental Shelf on 24 March 2009.

[7] Recommendation of the Commission on the Limits of the Continental Shelf (CLCS) in regard to the Submission made by Australia on 1 November 2004, Adopted by the Commission on 9 April 2008: 26.

挪威（北冰洋、巴伦支海和挪威海地区）外大陆架划界案委员会审议建议评注

挪威在《公约》开放供签署之日即签字加入，并在 1996 年 6 月 24 日批准了《公约》，《公约》于 1996 年 7 月 24 日开始对挪威生效。

依据《公约》第七十六条第 8 款及附件二第四条的相关规定，挪威于 2006 年 11 月 27 日向委员会提交了自其领海基线量起 200 海里以外大陆架外部界限划界案。

依据划界案所载的数据和资料，本案确立东北大西洋和北冰洋的 3 个不同海域内从基线量起 200 海里以外的大陆架外部界限。3 个海域分别为巴伦支海圈洞地区，北冰洋的西南森海盆地区，挪威海和格林兰海香蕉洞地区。目前的划界案仅处理这 3 个地区的大陆架外部界限，后续可能还会就其他海域提出划界案（图 1）。

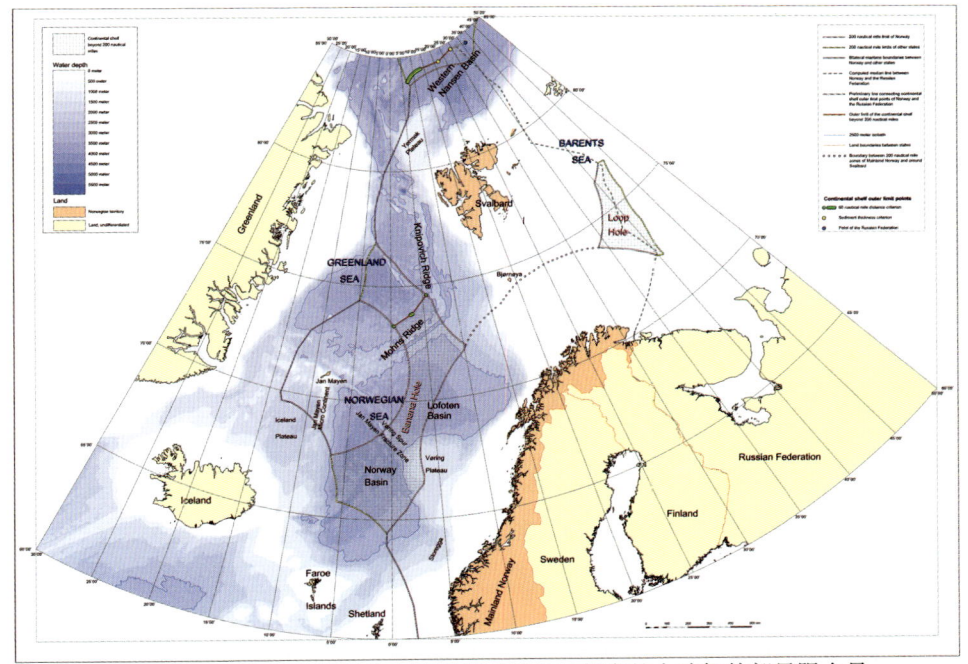

图 1 挪威拟在北冰洋巴伦支海和挪威海地区划定的大陆架外部界限全景

资料来源：挪威（北冰洋、巴伦支海和挪威海地区）外大陆架划界案执行摘要。

沿海国 200 海里以外大陆架外部界限划界案大陆架界限委员会建议评注

小组委员会在第 23 届会议上向委员会提交了划界案建议草案，委员会在同届会议上以协商一致的方式通过了经修正的划界案建议。

1 挪威的主张[1]

1.1 关于大陆边的一般说明

从地质学和地貌学的角度而言，东北大西洋大陆边和北冰洋欧亚海盆大陆边同属一个延续的大陆边，即欧亚大陆边。此大陆边包括把陆地同东北大西洋和北冰洋深海平原分开的陆架和陆坡区，沿大陆边分布着欧洲各沿海国（包括葡萄牙、西班牙、法国、爱尔兰、英国、丹麦、挪威和俄罗斯）的海岸。其中几个国家的领土包括远离本土、位于陆架区的岛屿，如英国设得兰群岛（Shetlands）、挪威斯瓦尔巴群岛（Svalbard）、法兰士约瑟夫地群岛（Franz Josef Land）、俄罗斯新地岛和北地群岛（Novaya Zemlya and Severnaya Zemlya）。位于本划界案所述 3 个地区内、附属于挪威的大陆边部分均位于冰岛—法罗洋脊以北。如图 2 所示，从地质学角度而言，这些地区的大陆边分为两部分。最大的是欧亚大陆边的一部分，它由毗邻挪威本土和斯瓦尔巴群岛的大陆边组成。南从北海起，经挪威海和格陵兰海，北至北冰洋欧亚海盆。从形态和地质学角度而言这些地貌始终都是连续的。

另一部分为环绕东北大西洋中部的扬马延岛（the island of Jan Mayen）的大陆边。扬马延岛属于特殊情形，因为从地质学角度而言，它自成一个微型大陆。随着时间的推移，这一微型大陆已因海底扩张而同美洲大陆和欧亚大陆分离。它具有大陆的一切形态特征要素，由基于大陆地壳的新生陆块构成。其大陆边由陆架、陆坡和陆基组成。在北部和东部，这些要素很明显，容易识别。然而，从形态角度而言，扬马延微型大陆在西部和南部同冰岛海台和冰岛—法罗洋脊相接。

挪威表示，其与俄罗斯之间的海域，包括位于巴伦支海的圈洞和位于北冰洋西南森海盆的 200 海里以外的大陆架区域，是双边划界磋商的对象。所谓的"圈洞"是指位于巴伦支海中央，距离挪威和俄罗斯基线超过 200 海里的区域。

挪威已于 2002 年 3 月 20 日就 2001 年俄罗斯划界案向联合国秘书长提交照会。在照会中，挪威表示，根据委员会《议事规则》附件一第五条（a）款，其同意委员会审议俄罗斯关于"圈洞"的划界案并做出建议 但该建议应不妨害挪威和俄罗斯之间的双边大陆架划界。在西南森海盆的东部，挪威和俄罗斯同样拟缔结一个海洋边界协定。

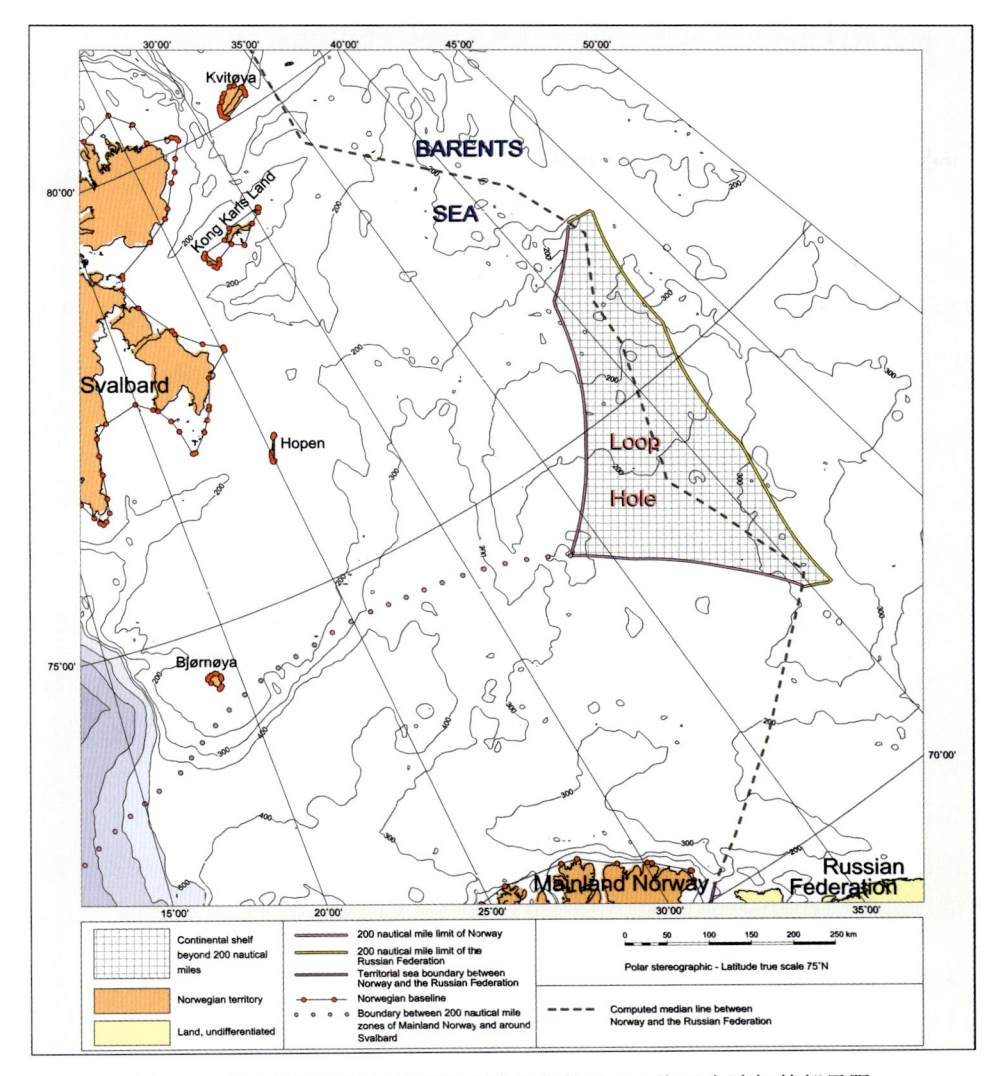

图 2　巴伦支海圈洞地区从领海基线量起超过 200 海里大陆架外部界限

资料来源：挪威（北冰洋、巴伦支海和挪威海地区）外大陆架划界案执行摘要。

挪威同时说明，俄罗斯已通知挪威其不反对委员会审议划界案涉及的这些地区并做出建议，但建议应不妨害两国今后的划界。

1.2　巴伦支海圈洞

圈洞（Loop Hole）位于巴伦支海浅水区域（图 2），其整体位于大陆坡脚和 2 500 米等深线向陆一侧。挪威认为，按照《公约》第七十六条第 3~5 款的规定，该区域可被视为有待于与俄罗斯划界的大陆架的一部分（图3）。

1.3　西南森海盆

南森海盆北临北冰洋唯一活跃的扩张洋脊——哈克尔洋脊（Gakkel Ridge）。海盆南翼由挪威大陆坡的一部分（包括斯瓦尔巴群岛）和俄罗斯联邦大陆坡的一部分（包括法兰士·约瑟夫地群岛）组成。这一大陆边是在第三纪初期海底开始扩张之前大陆发生断裂和分离而形成的。按照《公约》第七十六条第3款，它构成挪威陆块没入水中的延伸部分。

该地区200海里以外大陆架外部界限是由按照《公约》第七十六条所确定的94个定点界定的，其中：①两个定点是按照沉积岩厚度公式确定的，属于公式点未超过限制线范围的情况；②92个定点是按照距离公式确定的，属于公式点未超过限制线范围的情况。每一组定点之间都按顺序用不超过60海里的直线连接（图3）。

在西南森海盆东部，挪威的大陆架外部界限同俄罗斯大陆架外部界限相接。

按照挪威同俄罗斯达成的协定，将以长度不超过60海里的直线，把挪威大陆架外部界限最东端公式定点同有待在委员会有关建议基础上确定的俄罗斯大陆架外部界限最西端公式定点相连。挪威和俄罗斯已商定，委员会有关上述两定点的建议将不妨害两国间大陆架的双边划界工作。

在西南森海盆西部，挪威大陆架外部界限最西侧定点是按照距挪威提交的大陆坡脚最西端点60海里与格陵兰岛200海里线确定的（图3）。

1.4　挪威海和格陵兰海的香蕉洞地区

挪威大陆边延伸至挪威海盆、罗弗敦海盆和格陵兰海，东起挪威本土和斯瓦尔巴群岛陆块，西面从扬马延陆块延伸。东部大陆边的内侧主要是不超过400米深的浅架区，其外侧则呈现复合大陆坡（包含重要的海台和洋脊）的特征。这些大陆边是在古新世晚期至始新世初期、大陆断裂和分裂及其后海底扩张形成的。香蕉洞南部和中部的大陆架包括从周围的海岸量起200海里以外的整个地区。在北面，大陆架的外部界限是按照《公约》第七十六条第4~7款、以连接定点的直线确定。

香蕉洞分两个区确立200海里以外的大陆架外部界限。

1.4.1　罗弗敦海盆和格陵兰海

罗弗敦海盆南接沃灵海台的大陆坡和挪威海浅架的大陆坡，东临巴伦支海浅

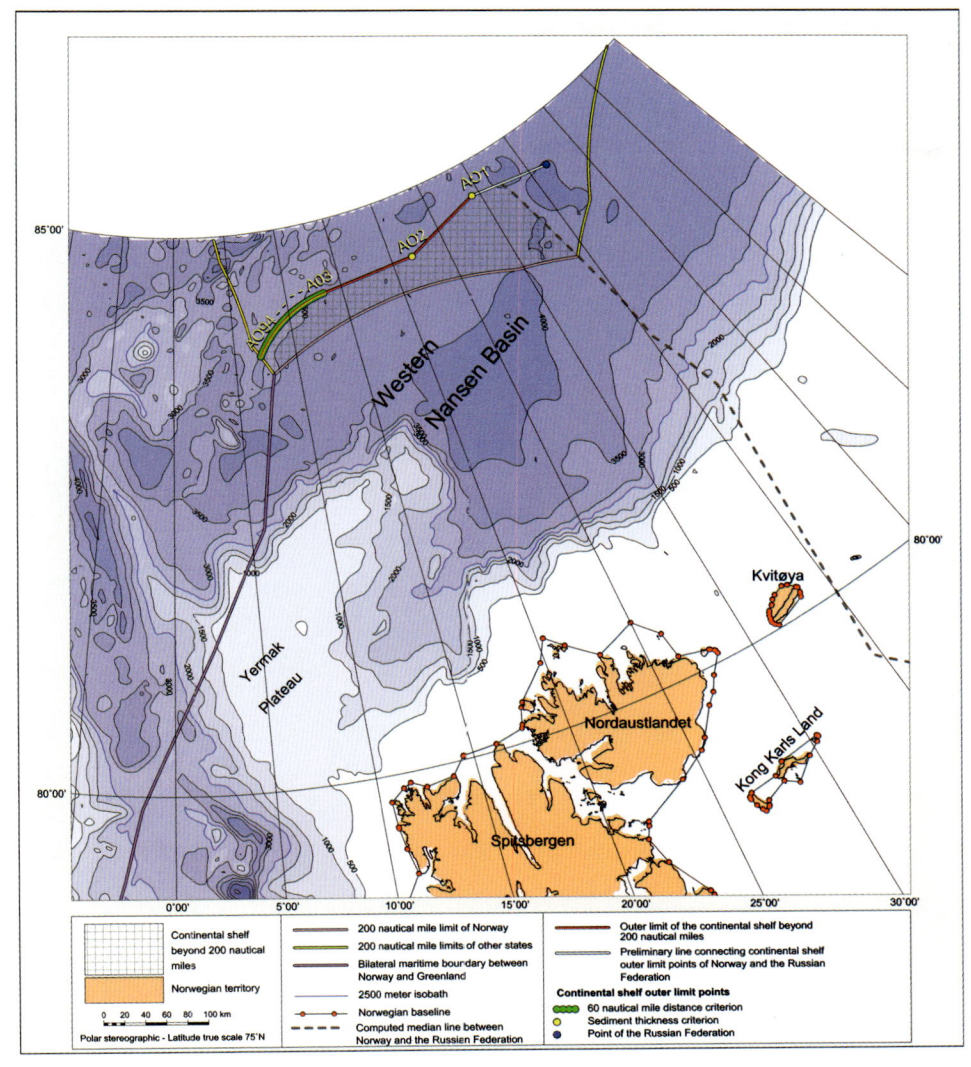

图 3　西南森海盆从领海基线量起超过 200 海里大陆架外部界限

资料来源：挪威（北冰洋、巴伦支海和挪威海地区）外大陆架划界案执行摘要。

架的大陆坡，北连莫恩洋脊，西南面同扬马延断裂带相连（图 4）。从挪威本土延至罗弗敦海盆的大陆边外缘，部分同扬马延岛 200 海里界限重叠，部分没入莫恩洋脊以北的格陵兰海。

本地区 200 海里以外的大陆架外部界限是按照距离公式确定的。其中一点是外部界限同扬马延岛 200 海里线的交点；另一点是外部界限同斯瓦尔巴群岛 200 海里线的交点。按照《公约》第七十六条第 7 款的规定，14 个定点是以长度各

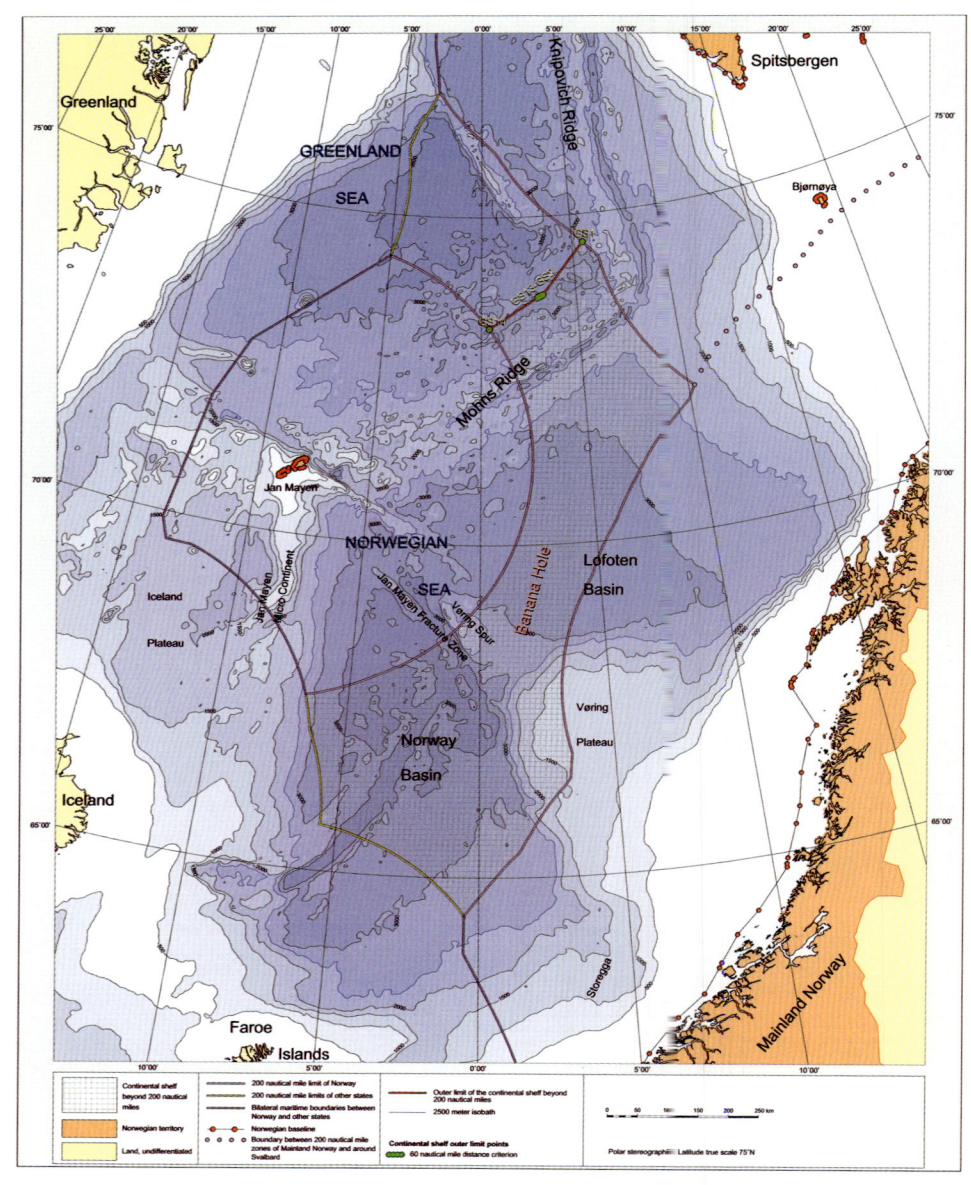

图 4　挪威在香蕉洞地区从领海基线量起超过 200 海里大陆架外部界限

资料来源：挪威（北冰洋、巴伦支海和挪威海地区）外大陆架划界案执行摘要。

不超过 60 海里的直线连接的。图 4 显示了这些定点的连接线。

1.4.2　挪威海盆

挪威海盆东接斯图雷加（Storegga）陆坡和沃灵海台，北接沃灵坡尖和扬马延断裂带,西连扬马延微型大陆大陆坡和冰岛海台,南连法罗群岛大陆坡。挪威海盆内的挪威大陆边外缘是以下列方式确定的:①沉积岩厚度公式;②距离公式;③按照《公约》第七十六条第 7 款划定的直线。

适用《公约》这些规定后,由扬马延岛向东南方向延伸、由挪威本土向西延伸的大陆边与冰岛和法罗群岛(丹麦)200 海里界限以外的地区重叠。在挪威海盆中的大陆架即为该重叠区(图 4)。

在挪威于 2006 年 11 月 27 日提交划界案之前,有关的各个政府开会讨论如何处理从法罗群岛、挪威大陆、冰岛、扬马延、格陵兰和斯瓦尔巴群岛的基线量起 200 海里外海域中的潜在重叠大陆架主张问题,该海域被称为"香蕉洞"。2006 年 9 月 20 日,丹麦外交部长,连同法罗政府总理、冰岛外交部长和挪威外交部长签署了《会议纪要》,规定了将来在"香蕉洞"南部确定划界线的程序。该议定的程序不妨害委员会的工作。

根据该《会议纪要》,各国向委员会提交有关"香蕉洞"南部的资料和大陆架外部界限审议时,将请求委员会审议这些划界案并在此基础上做出建议。而且,当一国向委员会提交划界案时,其他国家将按照委员会的《议事规则》通知联合国秘书长,它们不反对委员会审议这些划界案并据此做出建议。这些建议不妨害这些国家以后提交证明资料,也不妨害这些国家之间的双边大陆架划界问题。最后的边界将通过双边协定确定。这些协定将在委员会审议了这 3 个国家提交的划界案并做出其建议后缔结。

2 各国反应照会和要点

各国所提交照会的时间见表 1。

表 1 各国所提交照会的时间

序号	国家	时间	备注
1	丹麦	2007 年 1 月 24 日	公开
2	冰岛	2007 年 1 月 29 日	公开
3	俄罗斯	2007 年 2 月 21 日	公开
4	西班牙	2007 年 3 月 3 日	公开
5	挪威	2007 年 3 月 28 日	公开

资料来源:联合国海洋事务和海洋法司网站,经作者整理。

2.1 丹麦[2]

2007年1月24日，丹麦常驻联合国代表团照会联合国秘书长，关于挪威向委员会提交的大陆架外部界限划界案，丹麦认为：丹麦和挪威都是1982年《联合国海洋法公约》缔约国，《公约》附件二，特别是委员会《议事规则》附件一，提出委员会的行动不妨害海岸相邻或相向国家之间的边界划定问题。

根据2006年9月20日由丹麦外交部长与法罗政府首相，挪威外交部长以及冰岛外交部长就香蕉洞南部大陆架界限签署的《会议纪要》，涉及挪威划界案执行摘要6.1部分，丹麦政府同法罗政府确认他们不反对挪威请求委员会审议其划界案中的香蕉洞南部地区并在此基础上做出建议，但该建议应不妨害丹麦或法罗群岛之后提交的划界案或丹麦或者法罗群岛与挪威之间大陆架界限的划定。

丹麦政府与格陵兰地方自治政府确认他们不反对委员会就该部分划界案的审议及做出的建议。该审议和建议将不会妨害丹麦和冰岛之后提交的划界案或丹麦和冰岛与挪威之间大陆架界限的划定。

2.2 冰岛[3]

2007年1月29日冰岛常驻联合国代表团照会联合国秘书长，表达其对挪威划界案的观点，即不反对委员会审议挪威提交的就其在香蕉洞南部地区大陆架外部界限的划界案以及在此基础上做出的建议，但该建议应不妨害冰岛在之后提交的划界案及冰岛和挪威之间大陆架的划定。

2006年9月20日，冰岛外交部长，丹麦外交部长与法罗政府首相、挪威外交部长在纽约签署《会议纪要》，确定法罗群岛、冰岛、挪威在东北大西洋香蕉洞南部地区的大陆架均超过200海里界限。根据《会议纪要》，当一个国家向委员会提交关于香蕉洞南部地区大陆架外部界限划界案时，其他国家将通知联合国秘书长，依照委员会《议事规则》，他们不反对委员会审议该划界案以及在此基础上做出的建议，但应不妨害这些国家在之后提交划界案或者双边划定大陆架问题。根据《公约》，包括其附件二，特别是委员会《议事规则》附件一，委员会的行动也不能损害海岸相邻或相向国家之间的划界问题。

2.3 俄罗斯[4]

2007年2月21日俄罗斯联邦常驻联合国代表团向联合国秘书长提交其2006年11月21日，关于挪威向委员会提交的大陆架外部界限的照会。俄罗斯就挪威划界案表达如下观点。

俄罗斯联邦和挪威之间大陆架界限至今仍未确定且仍在继续商讨之中。在巴伦支海未解决分界问题根据《议事规则》附件一第五条（a）款被当做"海上争端"。挪威和俄罗斯声明重叠地区构成争端区域。相应地，委员会任何行动应该依照 UNCLOS 附件二第九条，不妨害挪威和俄罗斯之间大陆架界划定问题。

委员会在审查俄罗斯联邦划界案期间已经考虑到该问题，其向俄罗斯建议当其与挪威向委员会提交的带表格和分界线坐标的海上边界生效时，该边界可以代表俄罗斯在巴伦支海大陆架超过 200 海里外部界限。

该照会中的内容将不会损害俄罗斯对斯匹次卑尔根岛和其大陆架的主张。委员会关于挪威划界案的建议将不会损害 1920 年《斯匹次卑尔根群岛条约》规定，以及相应地，毗连斯匹次卑尔根岛海上区域的规定。

2.4　西班牙[5]

西班牙常驻联合国代表团关于挪威大陆架外部界限划界案照会联合国秘书长，并向挪威发出外交照会表达其对斯瓦尔巴群岛海洋区域的立场。照会声明"关于《斯匹次卑尔根群岛条约》规定，西班牙保留其关于开发大陆架，包含延伸地区资源的权利"。

3　委员会审议过程

挪威划界案的审议贯穿了委员会第 19 届会议至第 23 届会议。在第 19 届会议上委员会即成立小组委员会审议挪威划界案。委员会在第 23 届会议上通过了建议。

3.1　成立小组委员会之前的初步审议

在第 19 届会议上，挪威外交部法律事务司司长罗尔夫·埃纳尔·法伊夫（Rolf Einar Fife）于 2007 年 4 月 2 日向委员会介绍了挪威划界案，并说明委员会成员哈拉尔·布雷克对该划界案提供了科学技术咨询。

法伊夫介绍，挪威在准备工作中与邻国——俄罗斯联邦、丹麦及法罗群岛和格陵兰、冰岛——同行机构保持密切联系。他们的合作包括分享数据、联合开展获得数据的项目和处理及分析数据。此外，还通过与国际科学研究机构合作，特别是通过与德国、俄罗斯、瑞典和美国的科学研究机构合作获得数据和信息。

关于与该划界案相关的争端，法伊夫表示，与邻国的大陆架双边划界仍存在一些尚未解决的问题，必须根据委员会《议事规则》第四十六条和附件一的规定审议这些问题；涉及的国家包括丹麦（法罗群岛和格陵兰）、冰岛和俄罗斯联邦。

法伊夫对其他国家针对挪威划界案执行摘要提出的普通照会发表了评论。他指出，俄罗斯联邦政府在 2007 年 2 月 2 日给联合国秘书长的普通照会中明确表示，该国政府不反对委员会审议存在争端的地区并提出建议，条件是，其审议和建议不妨害今后的任何划界活动。他还说，预计冰岛和丹麦/法罗群岛将提出关于挪威划界案涵盖的 200 海里以外大陆架一个地区——所谓香蕉洞——南部的资料，这两个国家和挪威在这个地区的大陆架主张将有重叠。丹麦政府同法罗群岛政府在 2007 年 1 月 24 日给联合国秘书长的普通照会中确认，他们不反对挪威要求委员会审议与香蕉洞南部有关的文件并在此基础上提出建议。此外，冰岛在 2007 年 1 月 29 日的普通照会中通知联合国秘书长，冰岛不反对委员会审议挪威提交的关于香蕉洞的文件并在此基础上提出建议。

委员会接着设立了一个小组委员会以审查挪威所提划界案。小组委员会由下列成员组成：阿沃西卡、克罗克、弗朗西斯、格尔曼、加法尔、朴永安（Yong-Ahn Park）和西蒙兹。小组委员会选举西蒙兹为主席，阿沃西卡和朴永安为副主席。[6]

3.2 小组委员会审议

小组委员会在下列各期会议及闭会期间审查了该划界案：第 20 届至第 23 届。小组委员会与挪威代表团举行了 15 次会议，向其提交 14 个书面问题，6 个初步意见。在小组委员会和委员会审查划界案期间，挪威代表团提交了 34 个文件，25 个演示文稿以及 31 个 CD/DVD。委员会在第 23 届会议上审议了小组委员会的建议。

在第 20 届会议上，挪威对第 19 届会议期间小组委员会所提一些问题予以答复，[7]包括有关莫恩-克尼波维奇洋脊（Mohns Knipovich Ridge）的性质。[11]

在第 21 届会议上，小组委员会同挪威代表团举行了 4 次会晤，并提出若干问题；代表团就其中许多问题部分或全面地作了答复。[8]

在第 22 届会议上，挪威代表团于 2008 年 7 月对小组委员会在第 22 届会议期间就其关于挪威划界案某些方面的初步意见所做的陈述做出详细答复。小组委员会与挪威代表团举行了 3 次会议，向挪威代表团提出了"关于巴伦支海的圈洞、北冰洋西南森海盆以及挪威和格陵兰海香蕉洞某些问题审议的初步结论"。[9]

在第 23 届会议期间，小组委员会重点讨论了划界案的建议草案。2009 年 3

月 13 日，小组委员会向委员会提交了草案。[10]

3.3 委员会通过建议

委员会在第 23 届会议上审议了小组委员会提交的草案，并于 2009 年 3 月 27 日以协商一致的方式通过了经修正的"大陆架界限委员会关于 2006 年 11 月 27 日挪威（北冰洋、巴伦支海和挪威海地区）大陆架划界案的建议"。[10]

4 委员会对挪威外大陆架划界案的建议[11]

4.1 巴伦支海的圈洞地区

4.1.1 从属权利检验

圈洞位于挪威大陆和俄罗斯以北的大型浅水陆架区。其北部和西部毗邻法兰士约瑟夫地群岛和斯瓦尔巴群岛，以及挪威海和格陵兰海的深水区，东部毗邻新地岛和喀拉海。

圈洞超过 200 海里的海床及其底土位于巴伦支海中心的浅水陆架上，是挪威和俄罗斯陆块的水下延伸。挪威主张圈洞完全位于此区域大陆坡脚向陆方向。委员会确认，通过适用《公约》第七十六条第 4 款的规定，圈洞地区大陆坡脚所产生的大陆边外缘超过了挪威的 200 海里界限，挪威在该地区 200 海里界限外享有建立大陆架的法律权利（图 2）。

4.1.2 确定大陆坡脚

圈洞地区的水深为 200~300 米。在北部，圈洞完全位于挪威和俄罗斯在北冰洋的任一大陆坡脚的向陆方向，在西部，则完全位于挪威大陆和斯瓦尔巴群岛在挪威海和格林兰海的任一大陆坡脚的向陆方向（图 5）。

经审议，委员会认为该地区的大陆坡脚均位于圈洞之外。委员会同意挪威的主张，并建议不需要提供进一步的科学与技术文件来判断该地区的大陆坡脚的位置。

4.1.3 公式线的运用

圈洞地区完全位于挪威大陆和斯瓦尔巴群岛大陆边外缘之内，因此不需使用公式线。

4.1.4 限制线的运用

委员会同意，圈洞地区超过 200 海里线的大陆边位于大陆坡脚和 2 500 米等

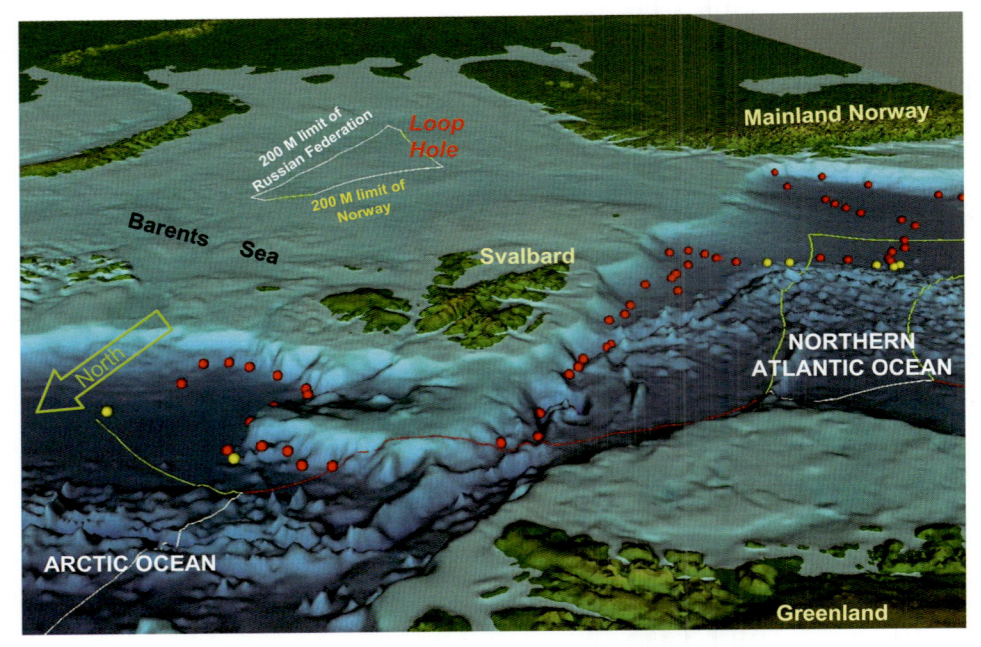

图 5　从东北方向观测东北大西洋和北极地区海底形态 3D 视图，
显示与巴伦支海圈洞相关的大陆边周围大陆坡脚的外郭包络线

资料来源：委员会对挪威（北冰洋、巴伦支海和挪威海地区）外大陆架划界案的建议摘要。

深线之内，因此明显不超过深度限制线的范围。

4.1.5　最终外部界限及委员会建议

经委员会认可，超过挪威和俄罗斯领海基线 200 海里的整个圈洞地区的海床及其底土是这些沿海国大陆架的一部分。沿海国在该地区不需要划定定点。委员会确认挪威提交的有关圈洞地区的外大陆架信息符合《公约》的相关要求。挪威和俄罗斯仅需要在圈洞地区就各自的大陆架范围进行双边划界。委员会建议挪威根据《公约》第八十四条的规定，一旦与俄罗斯在巴伦支海中心的海上边界协议生效，需向联合国秘书长提交图表或者地理坐标清单，以显示最后确定的 200 海里以外大陆架的分界线。

4.2　西南森海盆地区

4.2.1　从属权利检验

西南森海盆地区是由北冰洋欧亚海盆（Eurasian Basin）的一部分、当前仍在活动扩张的加科尔洋脊（Gakkel Ridge），以及位于洋脊东南方向的南森海盆组成。挪威在该地区的大陆边由大陆的拉张和断裂作用以及随后通过沿着加科尔洋脊的海底扩张打开欧亚海盆而形成。大陆边包括叶尔马海台（Yermak Plateau）和一些冰川成因的海底扇。其中最突出的是法兰士-维多利亚冲积扇（Franz-Victoria Fan），其曾经由来自法兰士-维多利亚海槽的沉积岩堆积形成。海槽由东南部地区进入巴伦支海陆架的冰川侵蚀而成（图6）。

委员会确认，通过适用《公约》第七十六条第4款的规定，西南森海盆地区大陆坡脚所产生的大陆边外缘超过了挪威的200海里界限，挪威在该地区200海里界限外享有建立大陆架的法律权利（图6）。

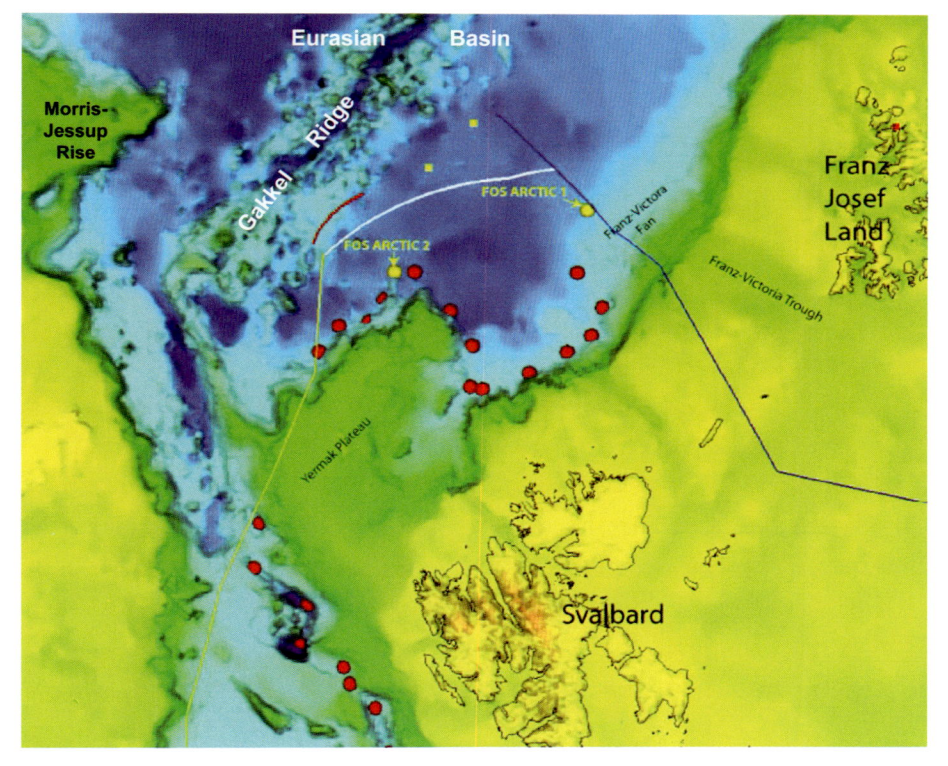

图6 显示挪威在西南森海盆地区确定其大陆架超过200海里界限权利基础

注：显示大陆坡脚点位置（红色和黄色球体，其中黄色表示关键大陆坡脚点）和《公约》第七十六条公式点（小红色球体表示基于距离公式、黄色球体表示基于沉积岩厚度公式）与格陵兰（丹麦）正式的沿海边界（黄色线）；计算与俄罗斯联邦之间的中值线（蓝色线）；挪威200海里界限（白色线）。

资料来源：委员会对挪威（北冰洋、巴伦支海和挪威海地区）外大陆架划界案的建议摘要。

4.2.2 确定大陆坡脚

在西南森海盆地区，仅有两个关键大陆坡脚点能够产生公式点。这些大陆坡脚点位于与法兰士-维多利亚冲积扇相连的大陆边，以及叶尔马海台的北端（图6和图7）。

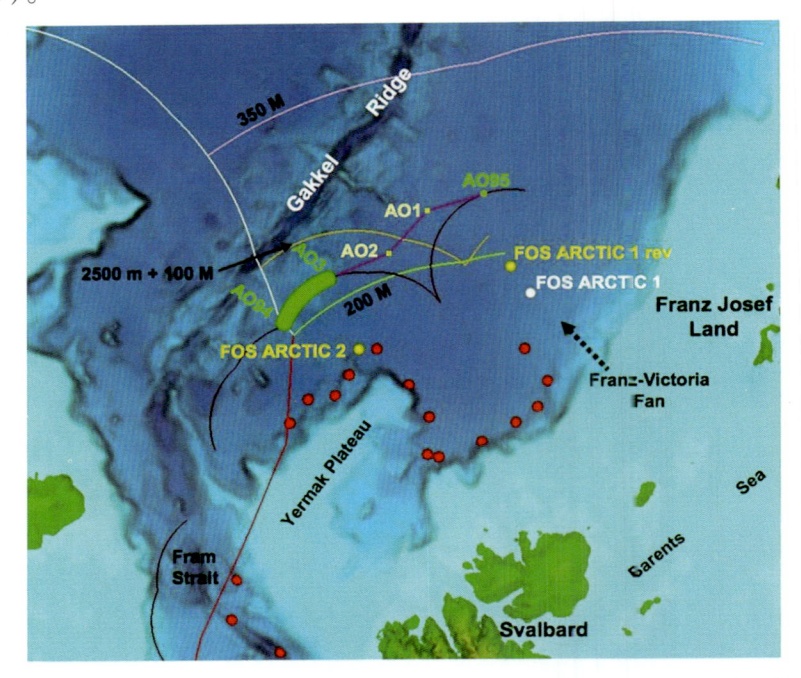

图7 北冰洋西-南森海盆地区显示挪威在斯瓦尔巴群岛没入水下部分延伸

注：显示大陆坡脚点位置（红色和黄色球体，黄色是关键大陆坡脚点）ARCTIC FOS 1 位置在划界案最初提交（白色球体）；《公约》第七十六条公式点（绿色球是基于距离公式，小的黄色球体是基于沉积岩厚度公式）和距离大陆坡脚点 60 海里弧线（黑棕色）；350 海里距离（品红）和深度限制线（橙色）限制下；距离挪威领海基线 200 海里线（绿色）；连接定点不超过 60 海里直线和建立的挪威大陆边外缘（紫色线）。公式点 AO95 位于从修正的大陆坡脚点 CRCTIC FOS1 外 60 海里弧线上。

资料来源：委员会对挪威（北冰洋、巴伦支海和挪威海地区）外大陆架划界案的建议摘要。

毗邻南森海盆的位于斯瓦尔巴群岛和法兰士约瑟夫地群岛之间的大陆边主要是法兰士-维多利亚冲积扇（图6），这是该地区众多重要的冰海沉积扇之一，包括挪威海的熊岛冲积扇（Bjørnøya Fan）。在冰期期间，来自陆地、巴伦支海和喀拉海浅海陆架的大量的沉积楔进入周围的深海盆，形成了大陆边的形态。法兰士-维多利亚冲积扇由冰川侵蚀沉积岩堆积形成，该沉积岩通过法兰士-维多利亚海槽运输进入大陆坡，法兰士-维多利亚海槽遭受侵蚀进入巴伦支海西北浅水陆架。

由于大量的沉积物供给，在法兰士-维多利亚冲积扇附近的大陆坡坡度相对较低。从上陆坡至坡底的坡度变化恒定，进入南森海盆的深洋洋底。因此，在该地区，大陆坡底的位置无法轻易地仅依据地形加以识别。小组委员一个重要的考虑是打算对关于挪威划界案有关冰海沉积扇相关的大陆坡底一般位置形成一个一致认识，特别是在熊岛冲积扇。最初，小组委员向挪威表达其观点，即没有充分的地质和地球物理数据来支撑挪威确定大陆坡脚点 ARVTIC 1，由于缺乏这样的支撑，小组委员会建议挪威在向陆处寻找可能的大陆坡脚点。在经过一系列交流后，挪威表示，已有新的高分辨率海底图像分析数据（Parasound）用于修正大陆坡脚点 ARVTIC 1。小组委员会同意挪威用于确定与法兰士-维多利亚冲积扇相关的大陆坡底的一般方法。同意的关键因素是新提交的 Parasound 与熊岛冲积扇大陆坡底位置一致，以及沉积扇的碎屑流裙底坡度变化点的位置（经 Parasound 可以看出，所有大陆坡在水深超过 4 000 米处断开）。

叶尔马海台和与其共轭的莫里斯·杰赛普隆起（Morris Jessup Rise）具有大陆边的特征，该特征在断裂作用和破碎期间形成，伴随加科尔洋脊海底扩张系统向西南方向延伸，并打开了位于格陵兰和斯瓦尔巴群岛之间的弗兰海峡（Fram Strait）。叶尔马海台的大陆边相对陡峭、不规则及复杂，其大陆坡底通常容易基于地形加以识别。因此，海台西北和北部的大陆边容易通过大陆坡脚包络线划定，委员会同意挪威建立该大陆坡脚的方式。挪威对其提供的数据和使用的方法之间的一些不一致之处进行了说明。小组委员会同意挪威最初提交的大陆坡脚点 ARCTIC 2 的位置。

委员会认为，在西南森海盆地区，挪威所列的大陆坡脚点符合《公约》第七十六条和《科技准则》第 5 章的标准，这些大陆坡脚点应当构成在西南森海盆地区建立挪威大陆边外缘的基础。

4.2.3　公式线的运用

在西南森海盆地区，挪威部分使用了距离公式。经所提供的补充资料，挪威在修订的大陆坡脚点 ARCTIC 1 的基础上确定了新的距离公式点 AO95（图 7）。该公式点位于挪威和俄罗斯中间线的东部。委员会同意挪威建立这些距离公式点的方式。

挪威同时提交了两个分别基于地震线 NPD – POLAR – 2001 – 151 和 AWI – 20010100–B 的沉积岩厚度公式点 AO1 和 AO2。因大陆坡脚点 ARCTIC 1 位置的修正，挪威调整 AO1 至向海方向的位置。委员会同意挪威建立沉积岩厚度公式点的方法，包括所提供的数据、地震解释、深度转换方法以及距离计算。

4.2.4 限制线的运用

在西南森海盆地区，挪威仅适用距离制约。该地区一部分领海基线与斯瓦尔巴群岛有关。委员会同意挪威使用的建立该限制线的步骤和方法（图7）。

4.2.5 最终外部界限及委员会建议

公式点 AO94 位于格陵兰岛 200 海里线上。挪威主张将东端的公式点 AO1 以长度不超过 60 海里的直线连接到公式点 AO95（图3）。委员会注意到挪威关于新公式点 AO95 的声明："当俄罗斯正式将该点提存联合国秘书长时，尽管有该划界案，挪威仍然保留使用俄罗斯大陆架外部界限最西南的公式点作为其最东部连接点的权利"。

委员会同意建立西南森海盆地区大陆架外部界限过程中所适用的原则，包括确定的定点以及连接至定点 AO1 的直线段的构建。委员会建议挪威自定点 AO94 至定点 AO1 建立西南森海盆地区的大陆架外部界限（图8）。定点 AO1 东部的最终大陆架外部界限的确定可能取决于国家之间的划界。

4.3 挪威海和格陵兰海的香蕉洞地区

4.3.1 从属权利检验

挪威在挪威海和格林兰海的大陆边由两个部分构成——东部的挪威本土和斯瓦尔巴群岛，以及西部的扬马延岛。划界案中挪威将扬马延岛、挪威本土和斯瓦尔巴群岛大陆边作为挪威大陆边两个完全分离的单元，各自单独用于确定香蕉洞地区超过 200 海里大陆架。

香蕉洞位于挪威海和格林兰海地区，其由挪威本土和斯瓦尔巴群岛、法罗兰群岛、冰岛、扬马延岛和格林兰 200 海里限制线包围。

香蕉洞地区包含一些构造和形态复杂的特征：莫恩洋脊（Mohns Ridge）——活动海底扩张带，熊岛冲积扇（Bjornoya-Fan）——一个大型的冰海沉积扇，罗弗敦海盆（Lofoten Basin）、沃灵坡尖（Vøring Spur）、沃灵海台和扬马延断裂带、挪威海盆和埃吉尔洋脊（Ægir Ridge）——活动海底扩张系统；与扬马延微型大陆-冰岛海台构成复合高地。

委员会确认，通过适用《公约》第七十六条第 4 款的规定，香蕉洞地区大陆坡脚所产生的大陆边外缘超过了挪威的 200 海里界限，挪威在该地区 200 海里界限外享有建立大陆架的法律权利（图9）。

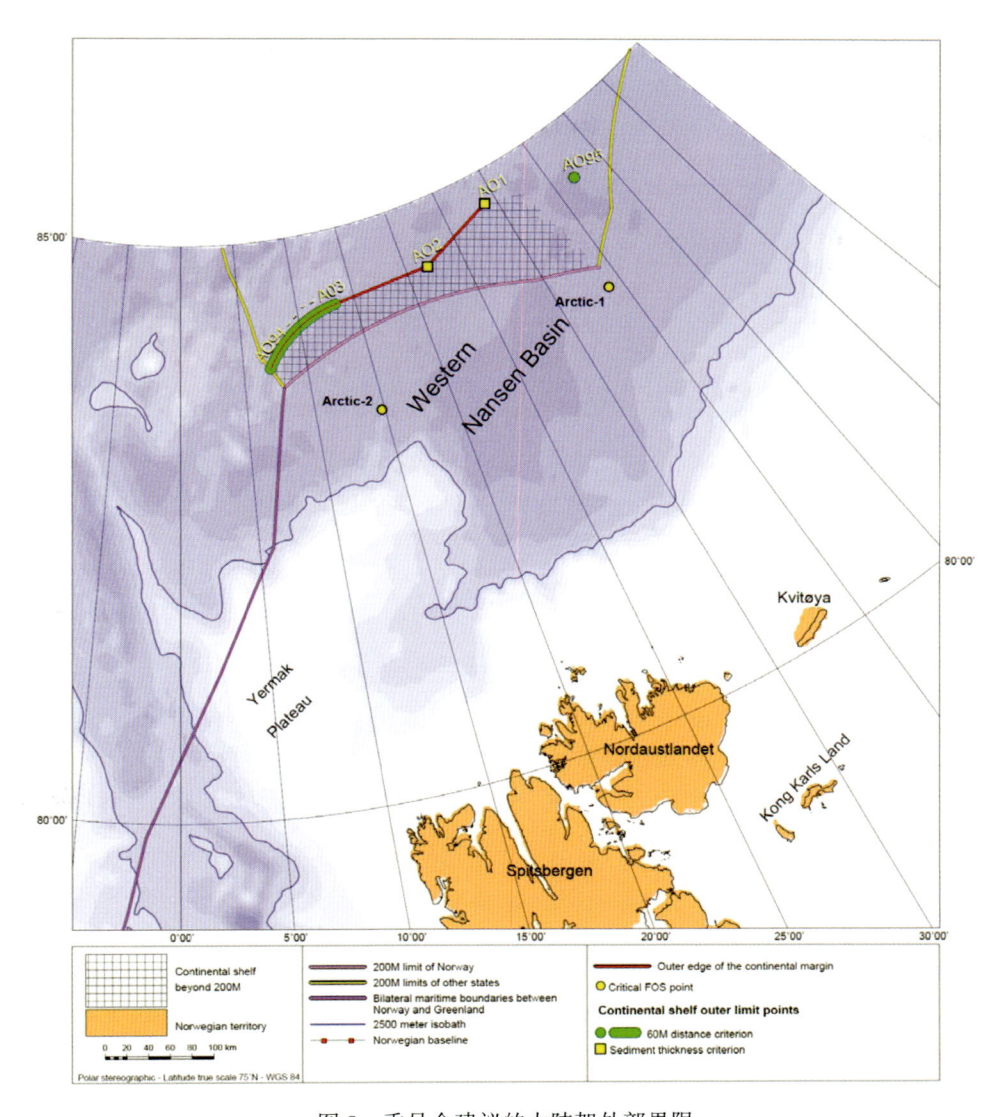

图 8　委员会建议的大陆架外部界限

资料来源：委员会对挪威（北冰洋、巴伦支海和挪威海地区）外大陆架划界案的建议摘要。

4.3.2　确定大陆坡脚

13个关键大陆坡脚点产生的公式点超过挪威在香蕉洞地区200海里。其中10个与挪威大陆和斯瓦尔巴群岛大陆边相关，3个与扬马延大陆边相关。

在挪威大陆和斯瓦尔巴群岛大陆边，最初提交的关键大陆坡脚处于多种背景下：位于与熊岛冲积扇末端部分相关的莫恩洋脊中央裂谷内，并且处在罗弗敦海盆

119

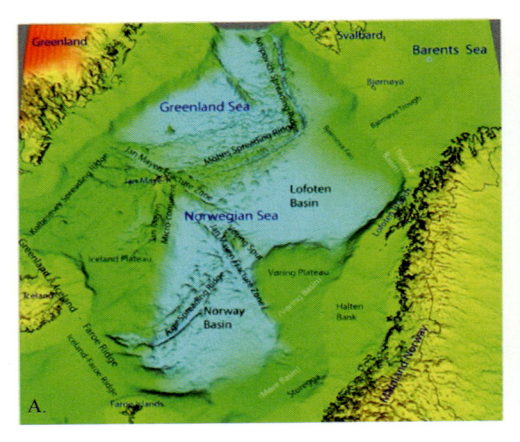

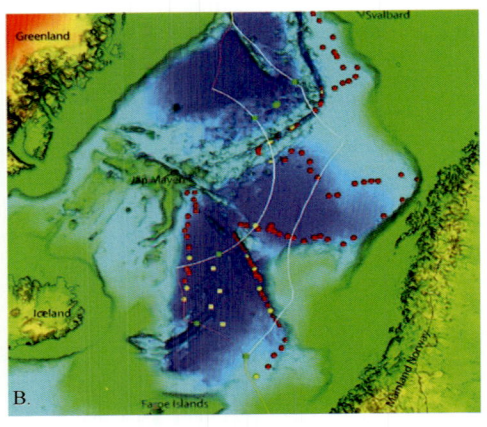

图9 香蕉洞地区图显示：A. 主体形态特征；B. 包含于挪威最初划界案之中
挪威确定大陆架超过200海里外部界限权利基础

注：显示大陆坡脚点位置（红色和黄色球体，黄色是关键大陆坡脚点）和《公约》第七十六条公式点（绿色正方形是基于距离公式；黄色正方形是基于沉积岩厚底公式）距离挪威领海基线200海里线（白色线）；与其他国家正式的海上边界（黄色）；计算其他国家200海里界限（品红线）。

资料来源：委员会对挪威（北冰洋、巴伦支海和挪威海地区）外大陆架划界案的建议摘要。

洋脊东南侧；位于毗连罗弗敦海盆的沃灵坡尖北部边缘；位于与扬马延断裂带相关的沃灵坡尖和海台西南部边缘；位于毗连挪威海盆的斯图雷加大陆边内。在扬马延大陆边，最初提交的关键大陆坡脚点沿扬马延微型大陆和冰岛海台东侧分布（图9）。

香蕉洞北部受莫恩-克尼波维奇洋脊系统控制，该洋脊是一个活跃的海底扩张系统。熊岛冲积扇是世界上最大的冰海沉积扇系统之一。挪威将莫恩洋脊处的关键大陆坡脚点FOS1、FOS2和FOS3置于莫恩洋脊中央裂谷内，罗弗敦海盆北部的关键大陆坡脚点FOS1置于洋脊东南侧。关于大陆坡底的位置，挪威认为相关的熊岛冲积扇陆坡沉积岩覆盖莫恩-克尼波维奇洋脊东侧，即两个洋脊相接处，莫恩洋脊中央裂谷东南侧在地形上与熊岛冲积扇大陆坡相连。用此方法，仅以地形为基础，挪威认为莫恩洋脊中心及东南侧形成《公约》第七十六条第6款意义上的海底洋脊，其大陆坡底位于洋脊侧翼西北部边缘，在中央裂谷内。洋脊南部没有海隆，挪威因此将大陆坡底置于熊岛冲积扇大陆坡并入罗弗敦海盆深洋底处。在洋脊北部，挪威将一个大陆边的局部拐点（regional inflection point）解释为海隆，以此将熊岛冲积扇和斯图尔峡湾冲积扇（Storfjorden Fan）的大陆坡与莫恩-克尼波维奇洋脊分隔。

小组委员会认为，海底坡度的局部拐点显示，将熊岛冲积扇与莫恩-克尼波维奇洋脊系统分离的是一个不属于大陆坡的连续平坦且坡度非常低的海底。用此方法，莫恩-克尼波维奇洋脊系统，包括其中央裂谷，被认为是深洋洋底的一部分和/或地形和地质学上的隆起。小组委员会告知挪威，基于所提供的数据和材料，其不同意沿着洋脊系统中央裂谷建立大陆坡脚。小组委员会建议挪威在向陆方向寻找与海底坡度的局部拐点有关的合适的大陆坡底。

经过一系列交流后，挪威在莫恩-克尼波维奇洋脊中心及东南侧向陆方向调整了大陆坡底的位置，并提交了5个新的大陆坡脚点 BF6、BF7、BF8、BF11 和 BF12（图11和图12）替代最初提交的莫恩洋脊处的关键大陆坡脚点 FOS1、FOS2 和 FOS3 和罗弗敦海盆北部的关键大陆坡脚点 FOS1。这些新的大陆坡脚点位于形成熊岛冲积扇大陆坡脚的具有诸多叶脉状特征的向海边界处的局部拐点上（图10）。这些叶脉状特征极有可能是冰川碎屑流，构成目前已知的许多冰海沉积扇的大陆坡。以上是形成确定中央裂谷和冰海沉积扇周围大陆坡底一致方法的初衷，挪威在西南森海盆地区的法兰士-维多利亚冲积扇亦适用了相同的方法。小组委员会同意挪威用于确定与熊岛冲积扇相关的大陆坡底的一般方法，特别是基于地形和水深证据，以及挪威补充的其他地质和地球物理数据建立新关键大陆坡脚点 BF6、BF7、BF8、BF11 和 BF12 的位置的方法（图11和图12）。

挪威在香蕉洞南部的大陆边的两个前沿为沃灵坡尖和沃灵海台，东部为东扬马延断裂带（East Jan Mayen Fracture Zone），西部为扬马延微型大陆-冰岛海台复合高地。沃灵坡尖是沃灵海台向西北延伸的水深高地，北部是东扬马延断裂带，且处于埃吉尔洋脊的北端（图9A）。沃灵坡尖北部大陆边的坡度相对较低，但总体上基于地形，参照平坦的罗弗敦海盆海底可以容易地识别大陆坡底。因此，沃灵坡尖北部大陆边容易通过大陆坡脚包络线确定，小组委员会同意挪威建立的大陆坡脚的位置，特别是同意罗弗敦海盆南部大陆坡脚点 FOS1 的位置（LBS1，图11）。

沃灵坡尖和沃灵海台的西南大陆边地形受东扬马延断裂带控制（图9A）。在此地区，基于地形，参照平坦的挪威海盆深洋洋底可以很容易地识别大陆坡底。因此，沃灵坡尖和沃灵海台的西南大陆边容易通过大陆坡脚包络线确定。小组委员会同意挪威在此地区建立的大陆坡脚包络线，特别是同意沃灵坡尖南部的关键大陆坡脚点 FOS23（VS23）和沃灵海台南部的关键大陆坡脚点 FOS19（VP19）、FOS 13（VP13）和 FOS 9（VP9）（图11和图12）。

毗邻挪威海盆的斯图雷加大陆边，受巨大的斯图雷加滑坡系统和默勒（Møre）边缘高地（Marginal High）控制。尽管大陆坡坡度相对较低，基于地形，通过陆坡转向陆基处的拐点可以很容易地识别大陆坡底。因此，斯图雷加大陆边

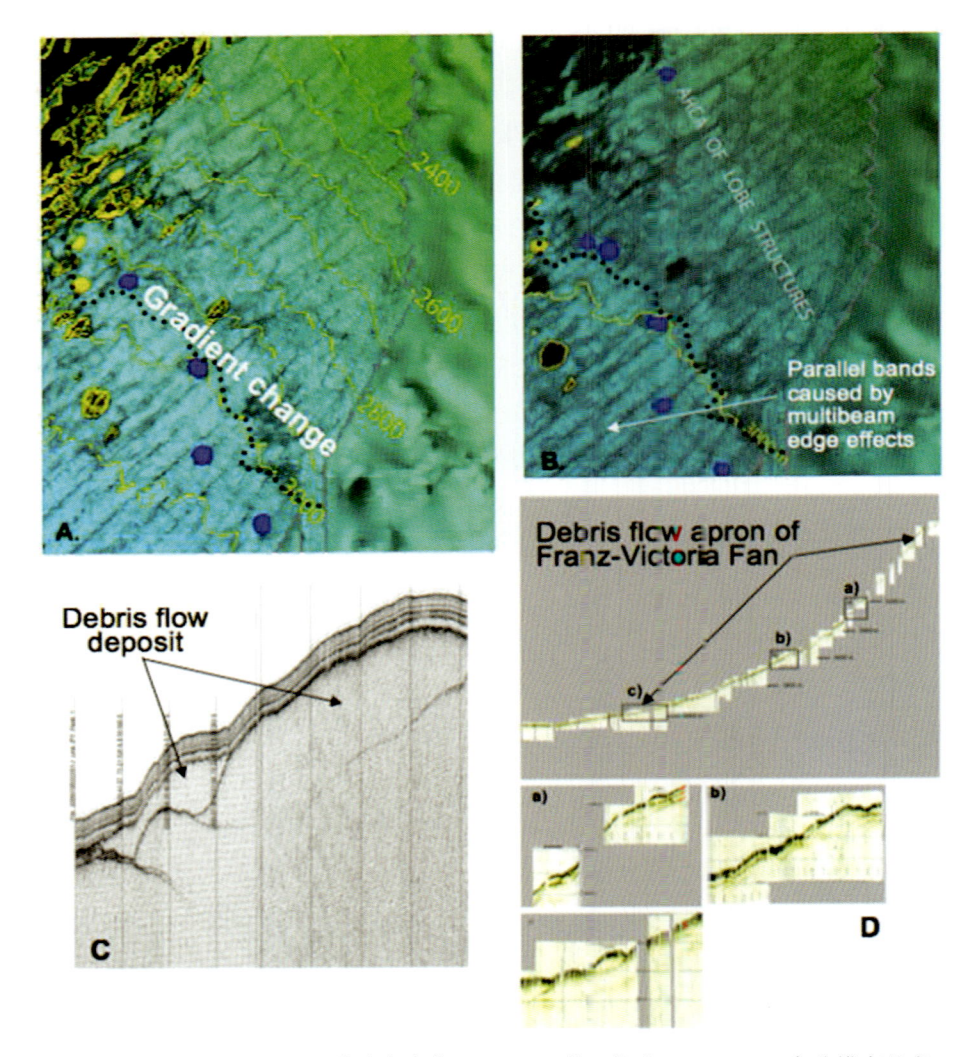

图10 合成图显示：A. 区域坡度变化，B. Lobes 位于海底 C. TOPAS 高分辨率基底分析器数据表明冰碛碎片漂流形成的分布和特征，和位于熊岛冲击扇坡脚下，相似特征图位于 Parasound 高分辨率基底分析数据

资料来源：委员会对挪威（北冰洋、巴伦支海和挪威海地区）外大陆架划界案的建议摘要。

容易通过大陆坡脚包络线确定。小组委员会同意挪威在此地区建立的大陆坡脚包络线，特别是北海西北部关键大陆坡脚点 FOS1 的位置。

扬马延微型大陆（JMMC）是一个复杂且复合的结构型高地，构成挪威海盆的西部大陆边和冰岛海台东部的大部分地区，并向南至冰岛法罗洋脊。JMMC 是一个宽度超过 100 千米，长度可能超过 600 千米的狭长地形，自扬马延火山岛向

122

挪威（北冰洋、巴伦支海和挪威海地区）外大陆架划界案委员会审议建议评注

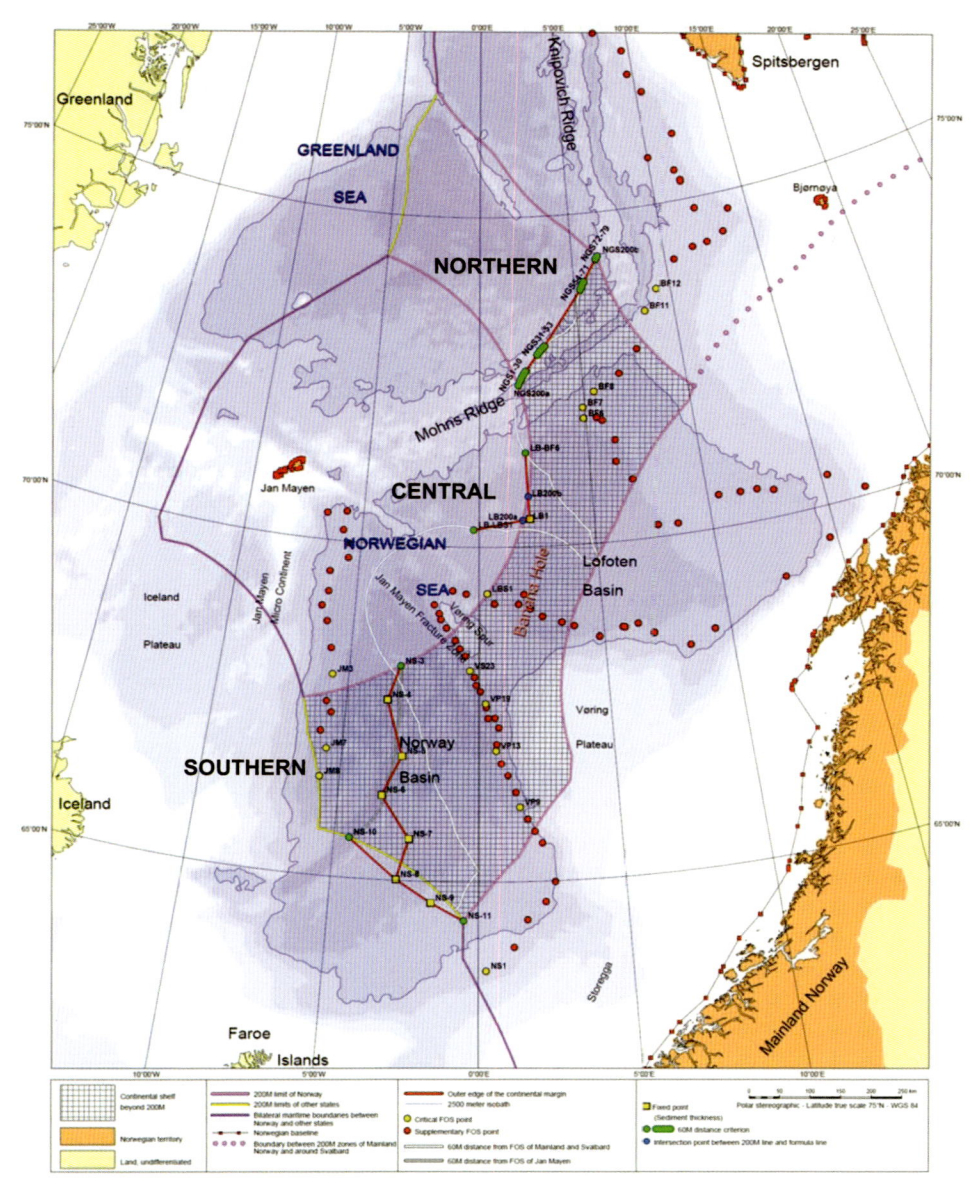

图 11　显示在香蕉洞地区，从挪威领海基线量起—超过 200 海里大陆边外缘

注：显示关键和补充的位于挪威本土、斯瓦尔巴群岛和扬马延大陆边上的大陆坡脚点，包含在香蕉洞北部新的大陆坡脚点（标为 BF）。

资料来源：委员会对挪威（北冰洋、巴伦支海和挪威海地区）外大陆架划界案的建议摘要。

南延伸。在北部，其复合地形包括扬马延洋脊，该洋脊水深自北部 300 米增至南部 1 000 米，西部在扬马延海盆增至 2 000 米，南部在扬马延海槽增至 2 000 米。

123

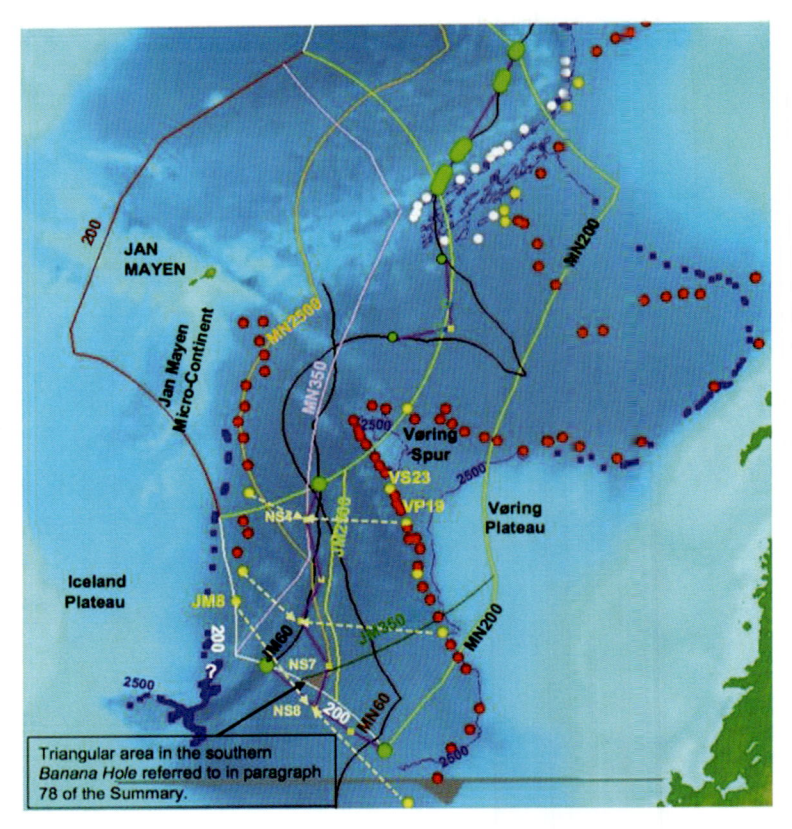

图12 香蕉洞南部和中央细节——显示各种有助于确定挪威大陆架的点和线

注：显示挪威200海里界限和其他国家；2 500米等深线各点；关于挪威本土（MN60、MN350、MN2500）和扬马延（JM60、JM350和JM2500）大陆边60海里公式弧线，距离和等深限制线。对有助于确定定点NS4、NS7和NS8的大陆坡脚点。同时，也显示香蕉洞北部修正的大陆坡脚点（从最初划界案白色点）到新的大陆坡脚点（黄色点）。

资料来源：委员会对挪威（北冰洋、巴伦支海和挪威海地区）外大陆架划界案的建议摘要。

再向南，洋脊变成一个宽阔的低地势隆起，并最终在西部与冰岛海台合并形成扬马延微型大陆-冰岛海台复合高地。该复合高地仅有东部大陆边对确定挪威海200海里以外大陆架外部界限有影响。挪威海盆西北部的大陆坡边界由复合高地的东部大陆坡形成。在该地区，大陆坡相对陡峭，基于地形较容易识别大陆坡底。因此，复合高地东部大陆边容易通过其大陆坡脚包络线确定。小组委员会同意挪威建立的大陆坡脚包络线，特别是建立3个关键大陆坡脚点（扬马延岛东南处的FOS8和FOS7，以及扬马延岛东部的FOS3）位置的方式。

委员会认为，在香蕉洞地区，挪威所列的大陆坡脚点符合《公约》第七十六条和《科技准则》第 5 章的标准，这些大陆坡脚点应当构成在香蕉洞地区建立挪威大陆边外缘的基础。

4.3.3 公式线的运用

香蕉洞地区的大陆边外缘分为三段：西莫恩洋脊的北部、罗弗敦海盆的中心，以及挪威海盆的南部（图 11）。

4.3.3.1 距离公式的应用

挪威在挪威大陆、斯瓦尔巴群岛和扬马延岛的大陆边适用距离公式。

划定 3 段大陆边外缘的距离公式点均基于挪威大陆和斯瓦尔巴群岛的大陆坡脚点。公式点分别为：北部的 NGS200a、NGS1-79 和 NGS200b，中心的 LB-LBS1 和 LB-BF6，以及南部的 NS3 和 NS11。仅香蕉洞南部大陆边外缘的距离公式点 NS3 和 NS10 是基于扬马延岛的大陆坡脚点（图 11）。

委员会同意挪威在香蕉洞地区建立上述距离公式点的方法。

4.3.3.2 沉积岩厚度公式的应用

在香蕉洞地区，挪威提交的其中 7 个沉积岩厚度公式点来源于挪威大陆的 5 个大陆坡脚点。公式点 LB1、NS4、NS5、NS6、NS7、NS8 和 NS9 分别建立在地震线 LOS-99-10、LOS-00-05、LOS-00-08A、LOS-00-08、LOS-00-04、LOS-00-13A 和 LOS-00-13A 上。

挪威提交的其中 5 个沉积岩厚度公式点来源于扬马延岛的 3 个大陆坡脚点。公式点 NS4、NS5、NS6、NS7 和 NS8 分别建立在地震线 LOS-00-05、LOS-00-08A、LOS-00-08、LOS-00-04 和 LOS-00-13A 上，并与挪威大陆的其中 5 个公式点一致（图 11）。

委员会同意挪威在挪威大陆、斯瓦尔巴群岛和扬马延岛建立上述沉积岩厚度公式点的方法，包括所提供的数据、地震解释、深度转换方法以及距离计算。

在香蕉洞的北部和中心，大陆边外缘从挪威大陆向西延伸，从斯瓦尔巴群岛向西南延伸。这两部分大陆边外缘与斯瓦尔巴群岛 200 海里线相交，并与扬马延岛 200 海里线相交并重叠。

在香蕉洞的南部，大陆边外缘从挪威大陆向西延伸，从扬马延岛向东南延伸。这两部分大陆边相互之间以及与冰岛和法罗群岛 200 海里线相交并重叠。挪威提交了 9 个交点，其中 6 个为沉积岩厚度公式点（NS4 至 NS9），3 个为距离公式点（NS3、NS10 和 NS11）。除认为 NS9、NS10 和 NS11 这 3 个公式点对建立大陆边外缘没有必要外，委员会同意挪威建立的上述其他公式点。

4.3.4 限制线的运用

在香蕉洞地区大陆架外部界限，挪威同时援引距离制约和深度制约规则。在香蕉洞北部和中心仅涉及距离制约，南部同时涉及距离制约和深度制约（图11和图12）。委员会认为，深度制约的应用涉及检验香蕉洞南部相关海底高地是否可能被认为是大陆边自然构成部分的问题。

在香蕉洞南部，公式点NS4虽位于扬马延岛的距离限制线内，但已超过挪威大陆的距离限制线。为考虑同时涉及两部分陆地领土的有效定点，NS4必须位于挪威大陆的深度限制线内。

连接公式点NS7和NS8的直线为外部界限连接至法罗群岛200海里线的最后一段，其交点与NS8均在挪威大陆的距离限制线内，且超出扬马延岛的距离限制线。为考虑同时涉及两部分陆地领土的有效定点，该交点必须位于扬马延岛的深度限制线内。

委员会认为，就上述公式点NS4和交点的深度制约的应用涉及检验香蕉洞相关海底高地是否可能被认为是大陆边自然构成部分的问题。

4.3.4.1 距离限制线的建立

挪威提交的距离限制线由距离挪威大陆、斯瓦尔巴群岛和扬马延岛领海基线350海里上的弧线建立（图11和图12）。委员会同意挪威建立该限制线所适用的程序和方法。

4.3.4.2 深度限制线的建立

就挪威大陆而言，建立深度制约的2 500米等深线位于沃灵坡尖，沃灵海台和斯图雷加大陆边上。鉴于上述等深线均位于大陆坡脚向陆方向，可以用以构建大陆边的基本地形，因此，依照委员会《科技准则》第4章第4.4.1段和第4.4.2段，上述等深线可作为构建深度制约的基础。委员会建议按照挪威提交的深度限制线制约挪威大陆的大陆边缘（图11和图12）。

就扬马延岛而言，建立深度制约的2 500米等深线位于扬马延微型大陆–冰岛海台复合高地东侧。基于所提交的数据和材料，委员会无法证实扬马延岛东南处的大陆坡脚点FOS8以南的等深线位于大陆坡脚向陆方向用以构建大陆边的基本地形（图11和图12）。因此委员会建议，这些等深线不能作为构建扬马延岛最南端地区大陆架外部界限的基础。

4.3.4.3 对海底高地的审议及分类

基于沃灵海台南部的关键大陆坡脚点FOS19的公式点NS4超过挪威大陆的

距离限制线。沃灵海台是一个巨大的、水深 1 300~1 500 米的海底高地，下覆与岩浆岩活动有关的异常厚度的陆壳。基于挪威提供的证据及补充资料，委员会认可沃灵海台是《公约》第七十六条第 6 款意义上的作为挪威大陆大陆边自然构成部分的海底高地，因此可以适用深度制约。

沃灵坡尖是沃灵海台向西北延伸的高地，北至东扬马延断裂带。委员会认可，基于大陆坡脚包络线和地形，沃灵坡尖是挪威大陆的水下延伸。虽然知之甚少，然而挪威提供的信息及补充资料显示，沃灵坡尖上覆厚的岩浆岩，并有不同于沃灵海台的演化和地质特征。委员会认为，沃灵坡尖不能被视为是《公约》第七十六条第 6 款意义上的作为挪威大陆大陆边自然构成部分的海底高地，但因位于大陆坡脚包络线之内，因而是挪威大陆边的一部分。因此，委员会亦认可与沃灵坡尖相关的 2 500 米等深线位于大陆坡脚包络线内的部分可作为构建深度制约的基础。

前述公式点 NS8 与最后一段的交点均超出扬马延岛的距离限制线。委员会认可，基于大陆坡脚包络线和地形，扬马延微型大陆-冰岛海台复合高地是扬马延火山岛的水下延伸。NS8 是与复合高地东南大陆边相关的扬马延东南处大陆坡脚点 FOS8 的延伸。基于地震反射和折射数据、潜在的磁场解释和板块运动模型，该复合高地一直被认为是下覆岩浆岩性质的陆壳，然而，该陆壳确切的横向和南向范围界定不清。扬马延陆块中较为年轻的火山岩被嵌入复合高地较为古老的地壳之内，随着地质发展而成为整体，并促进复合高地的地壳生长。基于挪威提供的地形地质证据、补充材料及文献，委员会同意复合高地是《公约》第七十六条第 6 款意义上的作为扬马延大陆边自然构成部分的海底高地，可适用深度限制线。

4.3.4.4 距离和深度制约的综合应用

在香蕉洞地区，挪威适用了一条基于距离和深度标准构建的混合制约线。除公式点 NS7 和 NS8 之间的区域外，委员会大致同意适用该混合制约线的方法。在该区域，有一小块作为扬马延陆块水下延伸的三角形区域位于距离限制线之外，且无法通过适用有效的深度制约成为挪威大陆架的一部分，应作为国际海底区域。该三角形区域的边界为：公式点 NS7 和 NS8 之间的直线，法罗群岛 200 海里线和扬马延距离限制线。

4.3.5 最终外部界限及委员会建议

挪威在香蕉洞南部和东部的大陆架主张超过 200 海里直至法罗群岛和冰岛的 200 海里线。委员会同意以所列定点建立香蕉洞地区的大陆边外缘。委员会建议，香蕉洞地区的大陆架外部界限应按照第七十六条第 7 款，由长度不超过 60

沿海国 200 海里以外大陆架外部界限划界案大陆架界限委员会建议评注

海里的直线段连接定点构建（图 13）。该地区大陆架外部界限的最终划定将取决于国家之间的划界。委员会建议，考虑到附件二第九条 挪威应着手根据以下情况划定香蕉洞地区的大陆架外部界限：① 香蕉洞地区的大陆边外缘；② 委员会就公式点 NS7 以南外部界限的建议；③《公约》第七十六条第 7~10 款的规定。

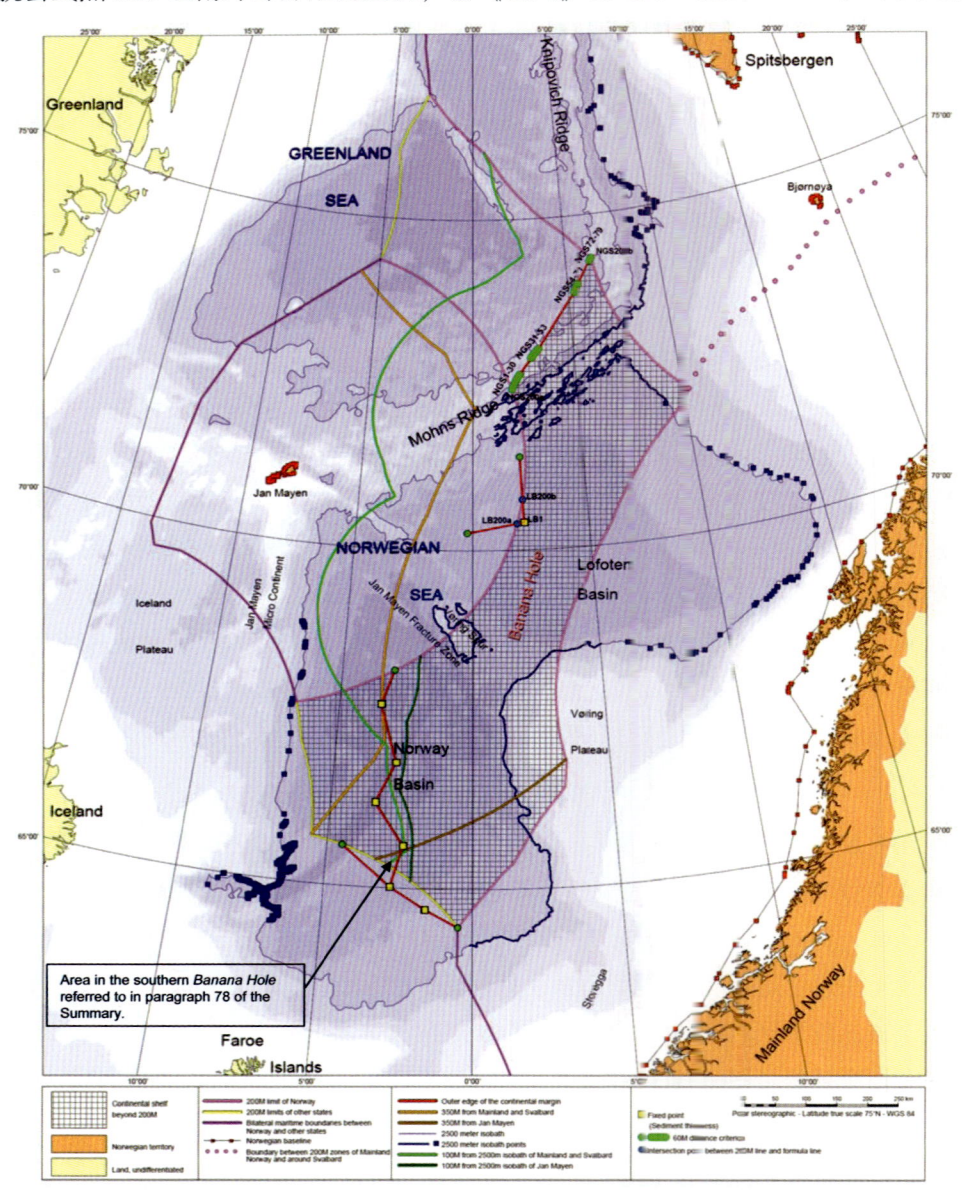

图 13 显示挪威在香蕉洞地区从领海基线量起大陆架超过 200 海里外部界限
资料来源：委员会对挪威（北冰洋、巴伦支海和挪威海地区）外大陆架划界案的建议摘要。

5 对委员会挪威外大陆架划界案建议的评注

5.1 本划界案由委员会一致通过

2009 年 3 月 27 日，委员会以协商一致方式通过了经修正的"大陆架界线委员会关于 2006 年 11 月 27 日挪威（北冰洋、巴伦支海和挪威海地区）大陆架划界案的建议"。

5.2 划界地区的争端安排

本划界案的圈洞地区和香蕉洞地区均存在划界争端，但就两者的处理方式却截然不同。

在圈洞地区，委员会认为挪威和俄罗斯之间双方分界仍然需要确定沿海国大陆架在圈洞地区的延伸。委员会建议"挪威继续进行圈洞地区大陆架超过 200 海里的定界，但应得到俄罗斯联邦的同意，确认两沿海国共同享有确定各自陆地领土在巴伦支海自然延伸超过 200 海里海床及其底土的权利"。即日后该地区的争端解决方式需要通过双边协议安排。

而在香蕉洞地区，争端相关国家已就此争端达成一项《会议纪要》，一国向委员会提交涉及该地区的大陆架划界文件时，其他国家应不予反对。同时，委员会建议不妨害相关国家今后在该地区的大陆架划界问题。换句话说，日后该地区的争端解决方式或需通过多边协议安排。这为地区的划界争端解决提供了一种新的方式。

5.3 确定大陆坡脚点的证据

在本划界案中，冲积扇区大陆坡脚点的确定首次应用了高分辨浅剖资料来作为证据，而不是采用《科技准则》建议的方法。其有别于《科技准则》一般规则的做法为日后的大陆架划界案造成了一定的混乱。

参考文献

[1] 挪威（北冰洋、巴伦支海和挪威海地区）外大陆架划界案执行摘要（中文版和英文版）（ISBN 82-7257-658-9）.

[2] *Note Verbale* from Denmark on the Norway's Extended Continental Shelf Submission（24

January 2007）（Ref. no. 119. N. 8）.

［3］ *Note Verbale* from Iceland on the Norway's Extended Continental Shelf Submission （29 January 2007）（Ref.：FNY07010008/97. B. 512）.

［4］ *Note Verbale* from the Russian Federation on the Norway's Extended Continental Shelf Submission （21 February 2007）（No. 82/n）.

［5］ *Note Verbale* from Spain on the Norway's Extended Continental Shelf Submission （3 March 2007）（184 JR/ot）.

［6］ 委员会第19届会议主席说明（中文版和英文版）（CLCS/54）.

［7］ 委员会第20届会议主席说明（中文版和英文版）（CLCS/56）.

［8］ 委员会第21届会议主席说明（中文版和英文版）（CLCS/58）.

［9］ 委员会第22届会议主席说明（中文版和英文版）（CLCS/60）.

［10］ 委员会第23届会议主席说明（中文版和英文版）（CLCS/62）.

［11］ Summary of the Recommendations of the Commission on the Limits of the Continental Shelf in regard to the Submission made by Norway in respect of Areas in the Arctic Ocean, the Barents Sea and the Norwegian Sea on 27 November 2006, Adopted by the Commission on 27 March 2009 with amendments.

法国（圭亚那和新喀里多尼亚地区）外大陆架划界案委员会审议建议评注

法国在《公约》开放供签署期间即签字加入，并在1996年4月11日批准了《公约》，《公约》于同年5月11日开始对法国生效。

依据《公约》第七十六条第8款及附件二第四条的相关规定，法国于2007年5月22日向委员会提交了自其领海基线量起200海里以外大陆架外部界限划界案。本划界案分为两个独立的区域：法属圭亚那地区和新喀里多尼亚地区。

小组委员会在第24届会议上向委员会提交了划界案建议草案，委员会在同届会议上以协商一致的方式通过了划界案建议。

1 法国的主张[1]

1.1 法属圭亚那地区

法属圭亚那从领海基线量起200海里以外的大陆架延伸至大西洋大陆边缘的基部，位于德梅拉拉海台（Demerara Plateau）和亚马孙深海扇之间（图1）大陆架西部毗连苏里南，东南部毗连巴西。

法国在该地区使用了沉积岩厚度公式，因为根据所提供的地震数据显示，有足够的沉积厚度允许适用该公式确定大陆边外缘。由此，法国确立了8个定点，连同位于与巴西边界线上的第9个定点构成法属圭亚那的大陆架外部界限（图2）。定点9位于定点8与巴西划界案中最西端定点之间的连线与巴西-圭亚那海洋边界线的交点上。

1.2 新喀里多尼亚地区

新喀里多尼亚地区从领海基线起超过200海里大陆架延伸有两个分区：一个位于其东南部；另一个位于其西南部（图3）。

图 1　法国拟在法属圭亚那地区划定的大陆架外部界限全景

资料来源：法国（圭亚那和新喀里多尼亚地区）外大陆架界案执行摘要。

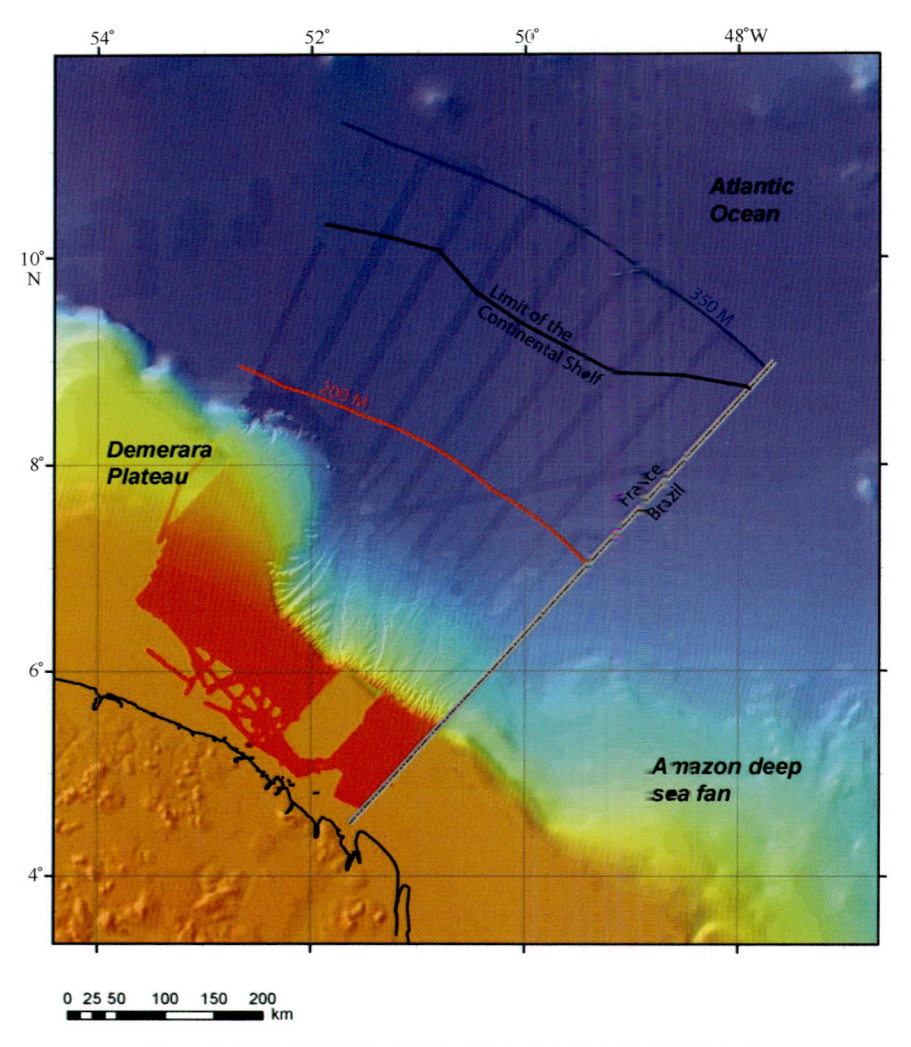

1.2.1　东南部

在新喀里多尼亚东南方向的延伸大陆架位于洛亚蒂（Loyatly）洋脊终止于邻近库克断裂带（Cook Francture Zone）。该地区包含洛亚蒂洋脊的东部边缘并且其连接南斐济海盆。在西部大陆架延伸受澳大利亚专属经济区限制。在 200 海里以外区域，法国、澳大利亚和新西兰的大陆架存在潜在的重叠区域。

该地区的外部界限由 191 个定点构成。其中 190 个定点基于海登堡公式，

法国（圭亚那和新喀里多尼亚地区）外大陆架划界案委员会审议建议评注

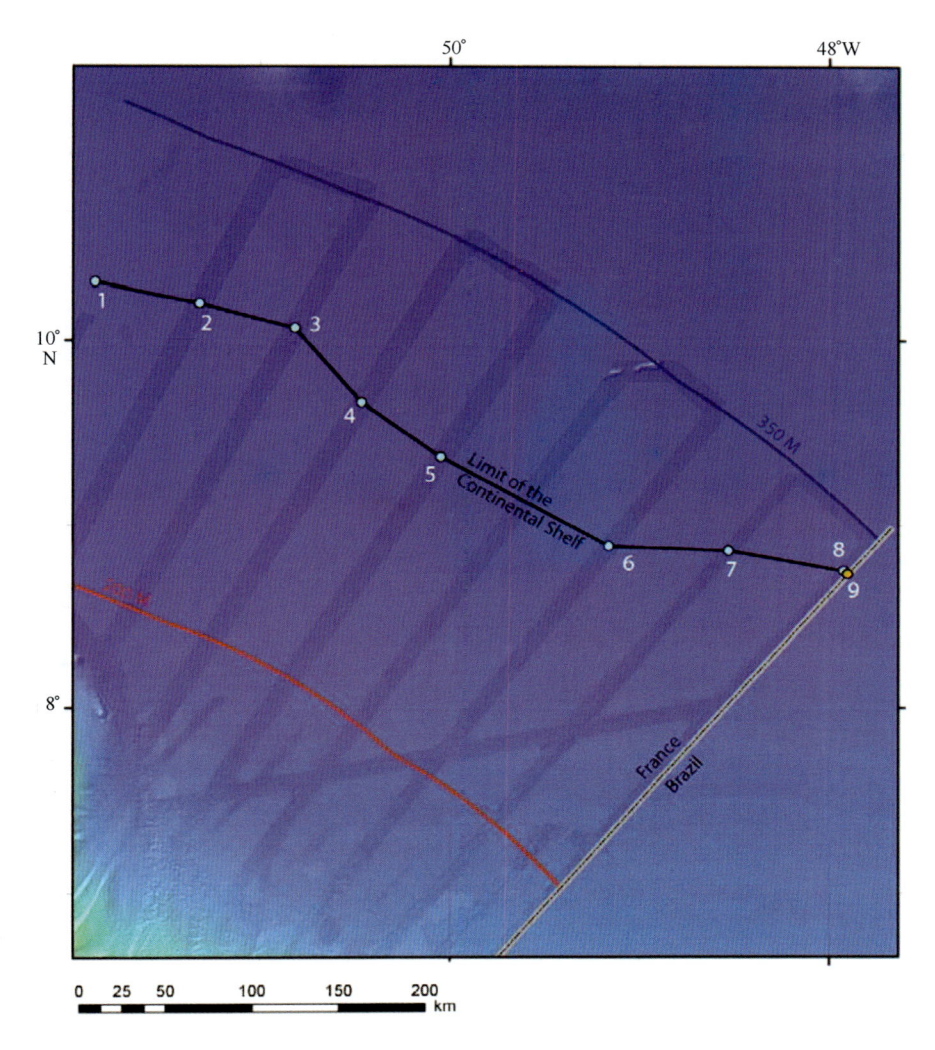

图 2　法国拟在法属圭亚那地区划定的大陆架外部界限的细节

资料来源：法国（圭亚那和新喀里多尼亚地区）外大陆架划界案执行摘要。

1 个定点位于从法国的领海基线量起的 200 海里线上（图 4）。

1.2.2　西南部

划界案超过 200 海里大陆架在新喀里多尼亚西南部地区的延伸位于豪勋爵海隆（Lord Howe Rise）；大陆架的延伸受法国和澳大利亚 1982 年 1 月 4 日海域划界协定的限制。法国认为，该自然延伸至边界线的整个超过 200 海里的部分都构成该地区的大陆边。

133

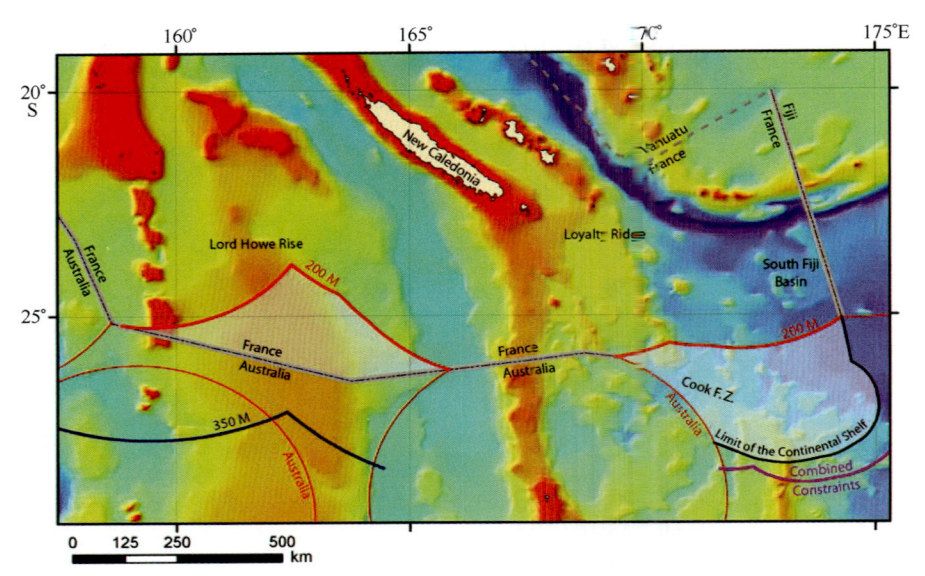

图 3　法国拟在新喀里多尼亚地区划定的大陆架外部界限全景
资料来源：法国（圭亚那和新喀里多尼亚地区）外大陆架划界案执行摘要。

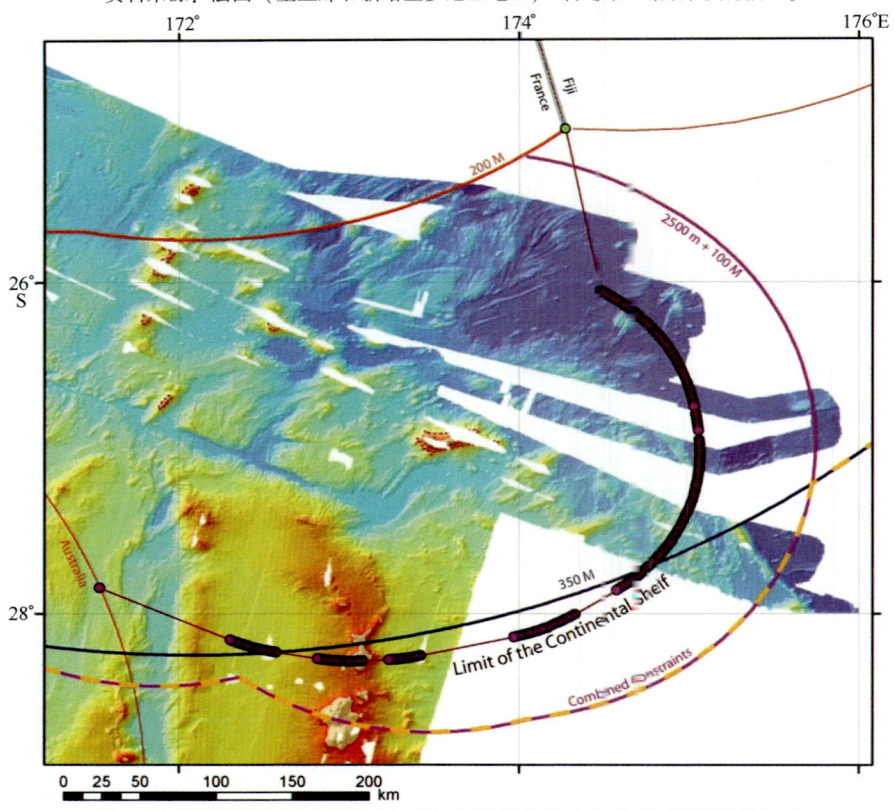

图 4　新西兰拟在新喀里多尼亚东南部划定的大陆架外部界限的细节
资料来源：法国（圭亚那和新喀里多尼亚地区）外大陆架划界案执行摘要。

2　各国反应照会和要点

各国所提交照会的时间见表1。

表1　各国所提交照会的时间

序号	国家	时间	备注
1	瓦努阿图	2007年7月11日	公开
2	新西兰	2007年8月15日	公开
3	苏里南	2007年8月17日	公开

资料来源：联合国海洋事务和海洋法司网站，经作者整理。

2.1　瓦努阿图[2]

瓦努阿图表示，其与法国在马修岛（Mathew Island）和猎人岛（Hunter Island）的主权问题上存在争议。法国提交的覆盖新喀里多尼亚东南部的划界案严重影响了瓦努阿图对这两个南方岛屿行使法律和传统的主权领土权利。

瓦努阿图是《公约》的成员国，按照《公约》第五十五条至第七十五条的规定主张专属经济区并据以在国内法中执行。其中，这两个岛屿被视为其主权领土的一部分。瓦努阿图国会据此确认，按照其《海洋区域法》第138章第5节第2条，马修岛和猎人岛构成本国群岛的一部分：测算领海宽度的基线应为群岛基线，以及马修岛和猎人岛海岸的低潮线。

瓦努阿图向委员会强调这是有关瓦努阿图主权最重要的问题，建议将瓦努阿图总理的信件传阅于委员会其他成员。瓦努阿图在纽约的代表团将同时向联合国秘书长提交该问题的复印件。

2.2　新西兰[3]

新西兰常驻联合国代表团提到根据委员会对法国划界案的审议结果，新西兰与法国在三王洋脊地区可能会有一个潜在的未解决的海洋边界。代表团提到法国政府在划界案中的声明与《公约》第七十六条第10款一致，在这一地区，法国划界案已经做出不影响任何最后新西兰与法国之间的边界；基于此，代表团声明新西兰不反对委员会审议该案以及就法国划界案做出建议。

2.3　苏里南[4]

苏里南在照会中提及，苏里南和法国是相邻国家，二者在对德梅拉拉海台和亚马孙深海扇之间区域均具有大陆架权利。苏里南和法国之间关于该地区大陆架界限的谈判仍然在进行中。

苏里南提出，对于法国划界案的立场以及委员会建议应不妨害苏里南和法国之间大陆架的划界。

3　委员会审议过程

法国划界案的审议贯穿了委员会第20届会议至第24届会议。在第20届会议上，委员会即成立小组委员会审议法国划界案。委员会在第24届会议上通过建议。

3.1　成立小组委员会之前的初步审议

在第20届会议上，法国海洋事务总秘书处临时主管埃利·雅赫马希（Elie Jarmache）就法国的划界案（代表海外省法属圭亚那和新喀里多尼亚领地）作了陈述，并说明委员会没有任何成员以对划界案提供科技咨询的方式向法国提供过援助。雅赫马希针对与划界案有关的争端指出，就法属圭亚那地区内的大陆架而言，法国与其他任何国家之间不存在争端。就新喀里多尼亚大陆架的东南部分而言，法国同澳大利亚、新西兰交换过普通照会。在各自的来文中，澳大利亚和新西兰都表示它们在该地区的划界案可认为是无碍于它们间划定大陆架问题。不过，在瓦努阿图就马修岛和亨特岛提出异议后，法国要求委员会不要审议其中有关新喀里多尼亚东南部的大陆架。雅赫马希强调，不应当把法国的这一请求理解为承认瓦努阿图的立场。他还表示，就新喀里多尼亚大陆架的西南部分而言，不存在任何争端，因此，委员会可以着手审查划界案中有关该地区的内容。

委员会在这届会议上成立了小组委员会，其成员如下：奥斯瓦尔多·佩德罗·阿斯蒂斯（Osvaldo Pedro Astiz）、布雷克、卡雷拉、伊曼纽尔·卡尔恩吉（Emmanuel Kalnqui）、吕文正、奥杜洛（Oduro）和朴永安。小组委员会任命卡雷拉为主席、布雷克为副主席。[5]

3.2 小组委员会审议

小组委员会在下列各期会议及闭会期间审查了该划界案：第 20 届至第 23 届。在这些会议期间，小组委员会与法国代表团举行了 7 次会议，委员会在第 23 届会议上审议了小组委员会的建议。

在第 23 届会议期间，小组委员会与法国代表团举行了会议。小组委员会同意就划界案中与新喀里多尼亚海域有关的部分最后确定建议草案。小组委员会还一致认为，划界案中有关法属圭亚那海域的部分，需要进一步分析。2009 年 3 月 19 日，小组委员会与法国代表团举行会议，将其结论通知了法国代表团，并表示如果提交国同意这些结论，小组委员会愿意编写和提交建议草案。法国代表团要求召开一次后续会议。会上，法国代表团要求小组委员会进一步阐述其分析，推迟编写建议。提交国和小组委员会同意在闭会期间，以及随后在第 24 届会议上，交换看法和更多资料。[6]

在第 24 届会议期间，小组委员会与法国代表团举行了 3 次会议。法国代表团向小组委员会介绍了应小组委员会要求提供的补充资料。2009 年 8 月 20 日，小组委员会将其结论告知代表团，法国代表团同意小组委员会的结论。8 月 28 日，法国代表团向小组委员会提供了对原划界案的有关修正。9 月 2 日，小组委员会向委员会提交了划界案的建议草案。[7]

3.3 委员会通过建议

在第 24 届会议委员会全会上，雅赫马希代表海外省法属圭亚那和新喀里多尼亚领地做了最后陈述，表示法国接受小组委员会的工作结果。委员会接着举行了非公开会议审议小组委员会提交的建议草案。2009 年 9 月 2 日，委员会以协商一致的方式通过了"大陆架界线委员会关于 2007 年 5 月 22 日法国（圭亚那和新喀里多尼亚地区）大陆架划界案的建议"。[7]

4 委员会对法国外大陆架划界案的建议[8]

4.1 法属圭亚那地区

4.1.1 从属权利检验

法属圭亚那位于南美洲东北部。处于大西洋沿岸的巴西和苏里南之间，海洋区域跨度从西北部德梅拉拉海底高原到东南部亚马孙深海扇三角洲。

法国声明法属圭亚那陆块依据地形和地球物理准则延伸至大西洋大陆边缘。应用《公约》第七十六条第 4 款，从大陆坡脚，延伸到法属圭亚那 200 海里界限以外。基于此，委员会承认法国在该地区建立大陆架超过 200 海里界限的权利。

4.1.2 确定大陆坡脚

德梅拉拉-圭亚那海底高原陡坡和被动大陆边缘南部朝向亚马孙深海扇区域是法国在其寻找大陆坡底位置的地方。

最初划界案包含 11 个大陆坡脚点，然而法国代表团告知小组委员会，2008 年 12 月 2 日的文件表明，在划界案中的大陆坡脚点 10 和点 11 经进一步的考虑被取消。

进一步分析表明在 11 个大陆坡脚点中，只有 5 个成为关键大陆坡脚点用于确定大陆架外部界限，在这 5 个关键大陆坡脚点中，4 个位于德梅拉拉-圭亚那高原大陆坡底。

这 4 个点由地形上坡度变化最大点确定。只有一个关键大陆坡脚点位于东部边缘部分。这个点是由沉积和地球物理证据确定的。

小组委员会认定位于德梅拉拉-圭亚那高原大陆坡底 4 个关键大陆坡脚点是根据《公约》第七十六条第 4 款（b）项和《科技准则》确定的。

小组委员会请求提供额外的信息阐明划界案中剩余关键大陆坡脚点。

法国代表团反过来要求小组委员会提供额外的信息，有助于代表团准备这些信息。小组委员会准备并交付代表团一个日期为 2009 年 7 月 16 日的文件并附上"关于确定大陆坡脚点的初步考虑"。

基于地形和水深证据，以及法国提供的其他地质和地球物理数据，小组委员认为应用于确定大陆坡脚点 1～8 的数据和方法充分且适用于《公约》第七十六条的要求。小组委员会同时考虑到最初划界案，法国提交的额外信息以及和法国代表团之间的互动，决定将位于扇区的大陆坡脚点向陆方向作适当的移动，确定大陆坡脚的修正位置坐标为北纬 6°50′32.95″，西经 50°45′27.36″。

委员会认为 5 个关键大陆坡脚点满足《公约》第七十六条和《科技准则》第 5 章的条件。委员会建议这 5 个关键大陆坡脚点应该构成建立法国圭亚那地区大陆边外缘的基础（图 5）。

4.1.3 公式线的运用

4.1.3.1 应用 60 海里距离公式

法国在圭亚那地区未使用距离公式，因该公式线位于沉积岩厚度公式线向陆方向。

4.1.3.2 应用沉积岩厚度公式

法国圭亚那地区，法国提交了 7 个根据《公约》第七十六条规定的基于沉积岩厚度定点，这些点源于 5 个关键大陆坡脚点。法国建立这些沉积岩厚度公式点是基于 7 条地震测线。

委员会同意所列的法国圭亚那大陆边从 5 个关键大陆坡脚点确定 7 个沉积岩厚度公式点应用的方法。

在法国圭亚那地区，超过 200 海里的大陆边外缘是基于 7 个 1%沉积岩厚度公式点和 6 段连线。委员会建议这 7 个点和 6 条连线应该被用作确定该地区大陆架外部界限的基础（图 5）。

4.1.4 限制线的运用

大陆架外部界限不能延伸超过《公约》第七十六条第 5 款的规定。

对于法国圭亚那地区大陆架外部界限，法国援引 350 海里限制线。委员会同意法国建立该限制线的方法。

4.1.5 最终外部界限及委员会建议

委员会同意所确定的建立法国圭亚那地区大陆边外缘的定点；同时委员会建议在法国圭亚那地区大陆边外缘的确定应该依照《公约》第七十六条第 7 款规定用长度不超过 60 海里的直线连接定点，确定经纬度坐标。

并且，委员会同意确定法国圭亚那地区大陆架外部界限应用的规则，包含所确定的定点。委员会建议法国加快建立从定点 1 到定点 7 的大陆架外部界限（图 5）。

4.2 新喀里多尼亚地区

4.2.1 从属权利检验

新喀里多尼亚地区主要包括新喀里多尼亚岛、切斯特菲尔德群岛、贝洛纳群礁大陆块。库克断裂带、诺福克洋脊（Norfolk Ridge）和豪勋爵海隆由新喀里多尼亚海盆分隔，其下为不稳定性质的地壳。切斯特菲尔德岛

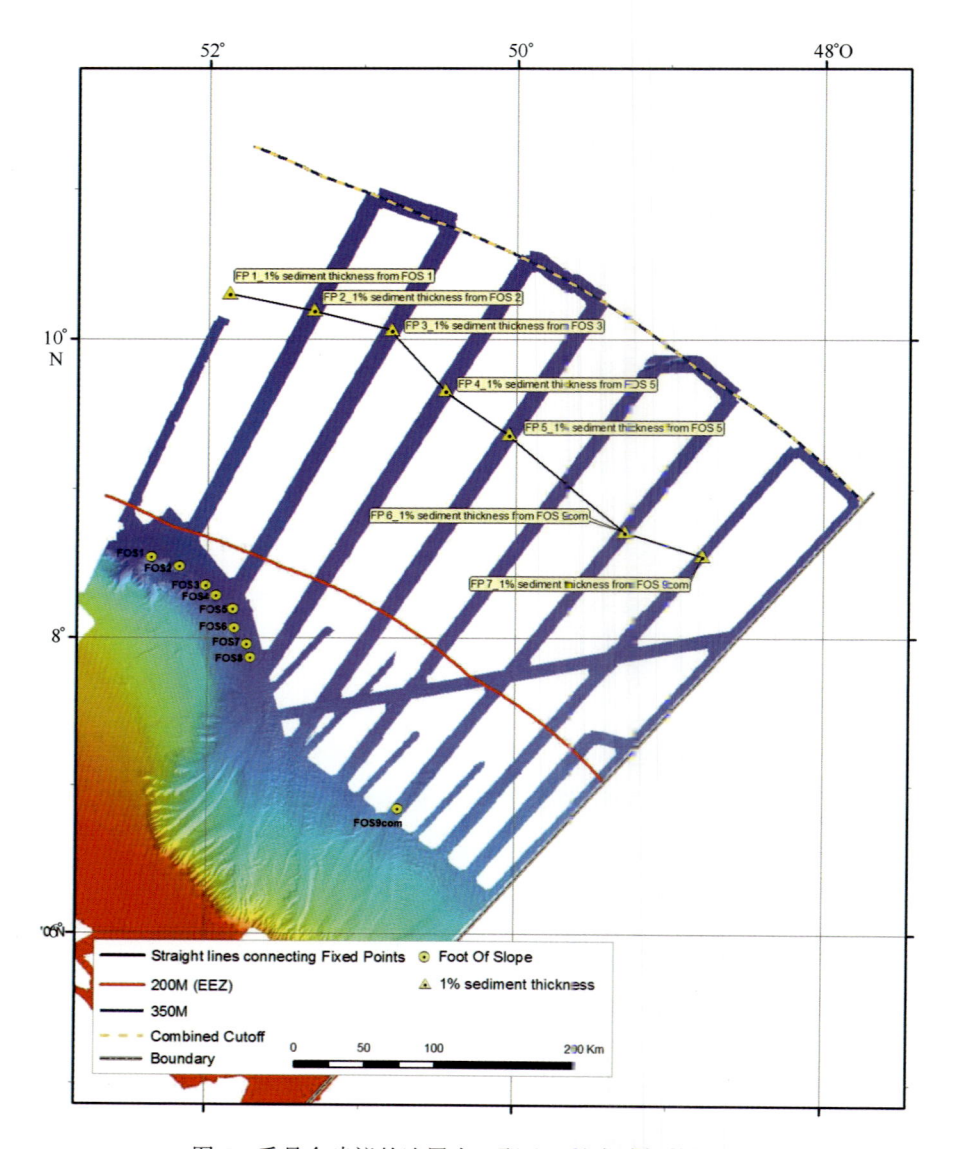

图 5　委员会建议的法属圭亚那地区的大陆架外部界限

注：黄色圆圈为大陆坡脚点，黄色三角形为1%沉积岩厚度公式点，外部界限为连接定点 FP1–FP7 的直线，连接各定点之间的直线段长度不超过 60 海里。

资料来源：委员会对法国（圭亚那和新喀里多尼亚地区）外大陆架划界案的建议摘要。

（Chesterfieldis Island）和贝洛纳群礁（Bellona Reefs）位于贝洛纳海台（Bellona Plateau）与球道岭（Fairway Ridge）组成豪勋爵海隆北部延伸，同时位于陆壳裂谷之上（图6）。

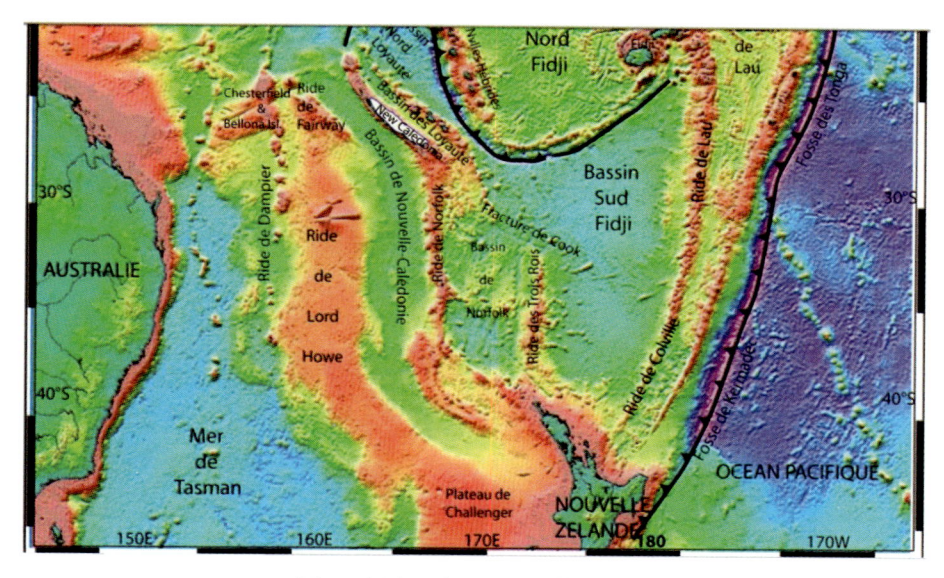

图 6 新喀里多尼亚地区构造元素

资料来源：委员会对法国（圭亚那和新喀里多尼亚地区）外大陆架划界案的建议摘要。

划界案东南部地区与洛亚蒂洋脊和斐济海盆南部之间的大陆坡相关联。因瓦努阿图的反对，委员会决定不审议该地区。划界案的西南部地区包含豪勋爵海隆向北部延伸部分，超过 200 海里的大陆架区域位于豪勋爵海隆的北部，球道岭的南部（图 7）。

在原始划界案中，法国认为在斐济海盆南部和塔斯曼海之间的海隆区域组成了新喀里多尼亚大陆块没入水下部分。

小组委员会认为法国豪勋爵海隆应被认为整体与东部洋脊不相连。豪勋爵海隆应组成新喀里多尼亚邻近的附属领土的没入水下部分。

法国认为从地壳以及地形特征来看，该地区位于贝洛纳岛（Bellona Island）陆块水下延伸部分之上。

新喀里多尼亚大陆边外缘，从西部大陆坡脚点和豪勋爵海隆东侧，应用《公约》第七十六条第 4 款，延伸超过 200 海里界限。基于此，委员会承认法国在该地区建立大陆架超过 200 海里界限的权利。

4.2.2 确定大陆坡脚

根据其最初划界案的观点："全部区域位于东面的斐济海盆南部和西面的塔斯曼海，构成新喀里多尼亚岛大陆块没入水下部分"，在西部地区法国最初提交

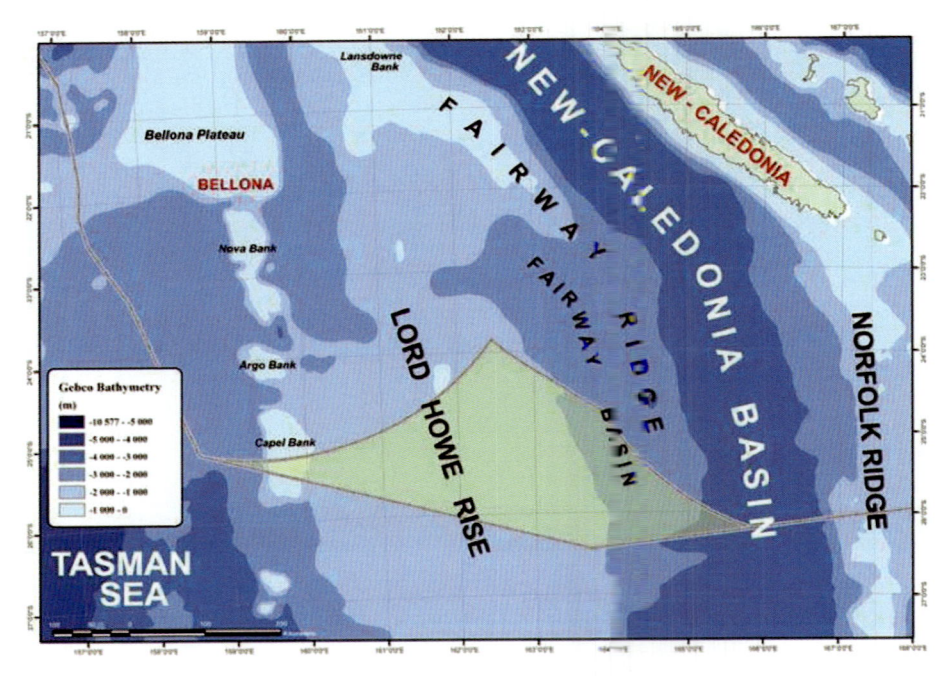

图 7　划界案西南部地区的外大陆架位于新喀里多尼亚 200 海里线以北、法国和澳大利亚条约线以南

资料来源：委员会对法国（圭亚那和新喀里多尼亚地区）外大陆架划界案的建议摘要。

两个关键大陆坡脚点：一个位于斐济海盆南部；一个位于塔斯曼海（图 8）。

依据上述提及的观点，为了确定该地区的西部大陆边，小组委员会要求位于斐济海盆的大陆坡脚点应该由位于豪勋爵海隆东侧面的大陆坡脚点补充。

在 2008 年 12 月 2 日的交流中，法国提交了一个补充关键大陆坡脚点，东部大陆坡脚点位于豪勋爵海隆东侧面大陆坡底。西侧最初提交的大陆坡脚点稍微修正后作为西部大陆坡脚点。这些大陆坡脚点位于拉丁新喀里多尼亚 200 海里线和《澳法划界条约》线之间。

豪勋爵海隆大陆坡底位置，从大陆坡到豪勋爵海隆深海底和新喀里多尼亚海盆转换带，基于地形特征非常明显并且容易识别。相应地，大陆坡脚就容易确定。小组委员会同意法国建立西部大陆坡脚点和东部大陆坡脚点的方法。

委员会认为西部大陆坡脚点和东部大陆坡脚点满足《公约》第七十六条和《科技准则》第 5 章的要求。委员会建议这些大陆坡脚点应该作为建立法国大陆边外缘的基础。

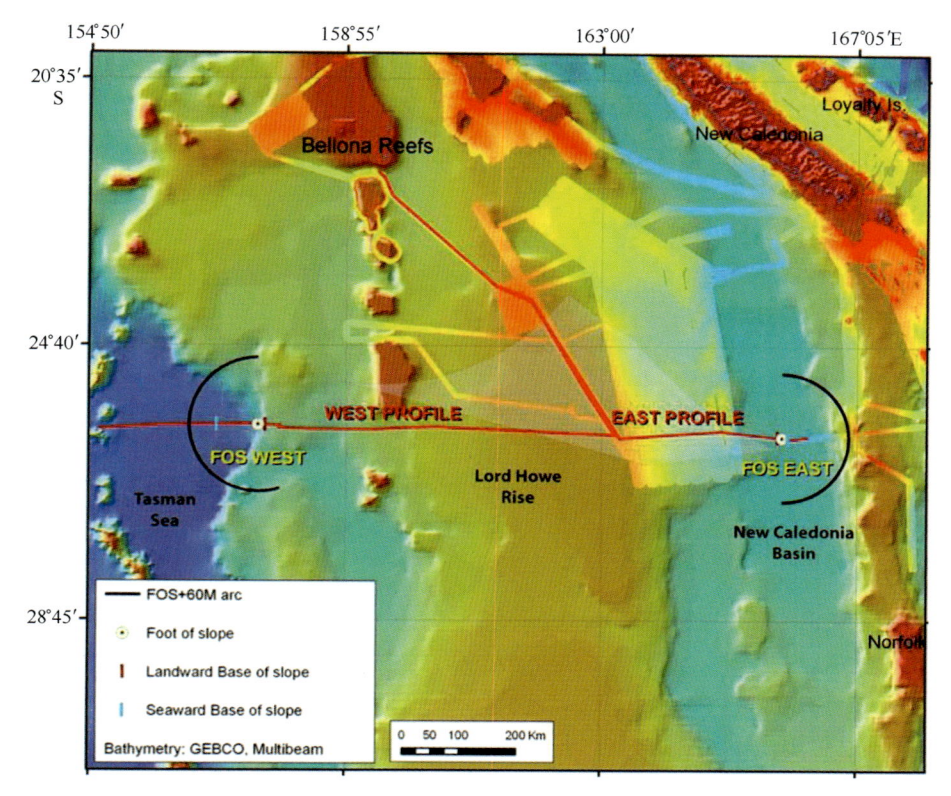

图 8　由法国提供的有关新喀里多尼亚西南部地区自然延伸和大陆坡脚的信息

注：图中显示其所主张的区域完全位于豪勋爵海隆大陆坡脚的向陆一侧。

资料来源：委员会对法国（圭亚那和新喀里多尼亚地区）外大陆架划界案的建议摘要。

4.2.3　公式线的运用

法国在此地区适用了 60 海里距离公式。以西部和东部两个大陆坡脚点为基础，按照《公约》第七十六条第 4 款（a）项（ii）目中的大陆坡脚外推 60 海里公式规则，法国以此确定的定点位于法国 200 海里界限和法国与澳大利亚海上条约边界包络线的区域界限之外，因此，委员会同意这一包围的区域是法国西部地区大陆边。

基于大陆坡脚点和距离公式线，委员会建议该地区由法国 200 海里界限和法国与澳大利亚海上条约边界包络线被考虑作为法国在西部地区的大陆边。

4.2.4　限制线的运用

就新喀里多尼亚西区的大陆架外部界限而言，法国最初仅援引从新喀里多尼亚陆地领土的基点量起350海里距离限制，然而小组委员会建议限制线只能从与该区的自然延伸有关的基点量起，比如与切斯特菲尔德岛和贝洛纳群礁有关的基点。因此，这将适用到距离和深度混合限制。法国同意在该地区遵循此方法。

4.2.4.1 建立距离限制线

法国提交的距离限制线由距离贝洛纳群礁和切斯特菲尔德岛领海基线350海里的弧线建立（图9）；委员会同意法国建立该限制线的步骤和方法。

4.2.4.2 深度限制线

委员会认为，深度限制线的应用包含检验豪勋爵海隆和其北部延伸是否可以被认为是大陆边的自然构成部分。

地质上，新喀里多尼亚是一个复杂的包含大陆、岛弧和大洋的区域。因为有深海钻探资料、地层取样数据、地震反射研究以及重力模型等充分证据，委员会同意豪勋爵海隆及其北部延伸是大陆起源。豪勋爵海隆和其他相关的大陆块曾经都是澳大利亚大陆的组成部分，然后可能由于海底扩张而分离。基于这些证据，委员会认为豪勋爵海隆是《公约》第七十六条第6款以及《科技准则》7.3.1.b段意义上的作为法国大陆边自然构成部分的海底高地。

基于等深线剖面图，2 500米深度点位于大陆坡脚向陆方向（图9）。因此认为2 500米等深线形成大陆边的一般外形。委员会建议法国大陆边深度限制线可按照法国提交的数据建立（图9）。

4.2.4.3 联合应用距离和深度限制线

在西部地区，法国限制线由基于《公约》第七十六条第5款的距离和深度联合限制线建立，委员会同意建立该联合限制线的方法。

4.2.5 最终外部界限及委员会建议

委员会同意2007年5月22日法国划界案新喀里多尼亚地区西南部地区超过200海里的大陆架由法国新喀里多尼亚200海里线和法国与澳大利亚海上协定边界线所包围的区域构成，并建议法国由此划定本地区的大陆架外部界限（注：图9由黄色和白色线段围成的封闭区域）。

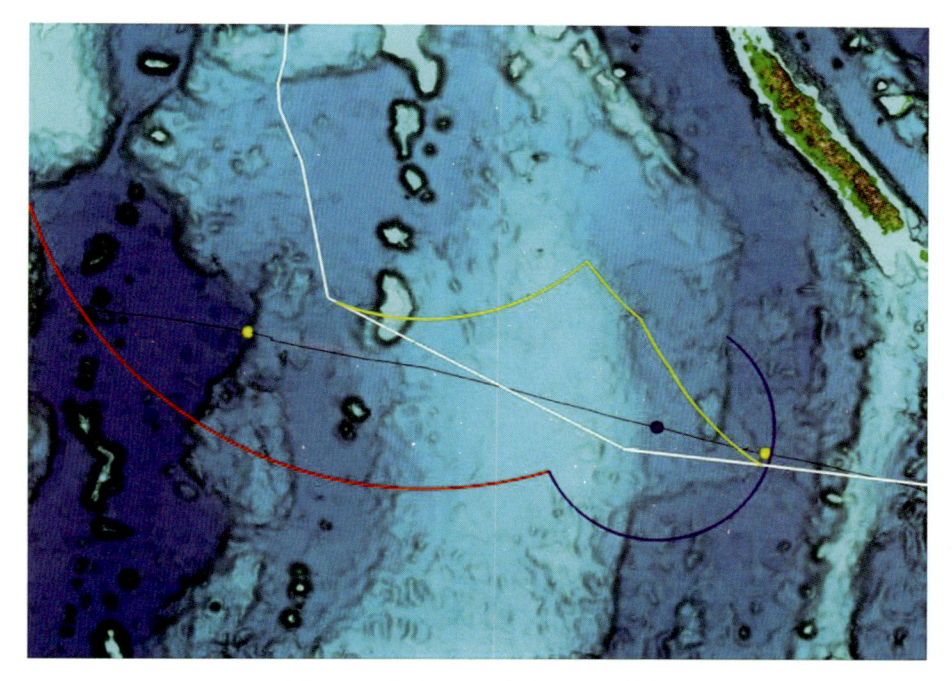

图 9　显示西部地区大陆边和限制线

注：等深剖面图由黑色线显示，两个大陆坡脚点（FOS West 和 FOS East）用黄色球体表示，相关的 2 500 米深度点由深蓝色球体表示。新喀拉多尼亚 200 海里限制线用黄色线标出，法国和澳大利亚协定线用白色线标注。联合限制线包含距离切斯特菲尔德岛和贝洛纳岛 350 海里线（红色）和距离 2 500 米等深线 100 海里（深蓝色）。

资料来源：委员会对法国（圭亚那和新喀里多尼亚地区）外大陆架划界案的建议摘要。

5　对委员会法国外大陆架划界案建议的评注

5.1　本划界案由委员会一致通过

2009 年 9 月 2 日，委员会以协商一致方式通过了"大陆架界线委员会关于 2007 年 5 月 22 日法国（圭亚那和新喀里多尼亚地区）大陆架划界案的建议"。

5.2　去掉与巴西相关的定点 9

在圭亚那地区，法国提交的最后一个定点 9 与巴西提交的最西端的外大陆架定点有关，为法国的定点 8 与巴西最西端定点之间的连线与巴西–圭亚那海洋边界线的交点（图 2）。巴西划界案已于 2007 年 4 月 2 日由委员会完成审议并通过建议。与圭亚那相关的是划界案的亚马孙沉积扇区（Amazonas Fan Region）。巴西在边界线西北方向的法国地震测线 GUYAS 59 上设置了一个额外的沉积岩厚度公式点（STP0），用以构建巴西大陆架外部界限与力界线之间的交点。[9]

然而委员会对该地区大陆坡底位置持异议，并要求调整由此确定的沉积岩厚度公式点，其中扇区西北部的点需要向陆一侧移动约 40 海里。[9]因此，出现在法国执行摘要中的定点 9 在委员会建议中被去除了。

5.3 新喀里多尼亚东南部

在 2007 年 7 月 18 日，法国在信件中告知小组委员会"法国已经悉知瓦努阿图的外交照会及请求小组委员会不要审议法国划界案东南部地区"，建议委员会仅考虑新克里多尼亚海盆和塔斯曼海之间的西南部区。因此，虽然法国在执行摘要中提到了新喀里多尼亚东南部，但在瓦努阿图外交照会后，法国政府便要求撤回对东南部分的划界案。因此，委员会没有审议这部分。[10]

5.4 瓦努阿图的维权努力

委员会《议事规则》附件一第五条（a）款规定，如果已存在陆上或海上争端，委员会不应审理和认可争端任一当事国提出的划界案。在本划界案中，瓦努阿图是一个小岛国，由于正确运用了委员会制定的有关"游戏规则"，及时向委员会发出有效的反应照会，声明新喀里多尼亚东南部涉及瓦努阿图和法国的领土主权争端，要求委员会对此不加以审议，堪称正确利用《议事规则》维护弱小沿海国家权益的典范。反之，有些发展中国家由于不正确地运用"规则"，没有直接引用《议事规则》附件一第五条（a）款，其反应照会未被委员会接受。例如在巴基斯坦划界案中，阿曼于 2009 年 8 月 7 日提交了一份反对照会声明"保留国家权利"，认为在其完成并提交本国的外大陆架主张前，巴基斯坦的划界案不应当被审议。[11]然而，委员会仍坚持组织小组委员会审议巴基斯坦划界案。在 2014 年 10 月 10 日提交的照会中，阿曼只能要求委员会的建议不妨害阿曼未来提交的外大陆架划界案。[12]因此，沿海国必须充分认识到程序规则的重要性并加以准确适用，只有如此才不至于使自身的反应陷入被动和无奈。

参考文献

[1] Executive Summary of the French Guiana and New Caledonia Extended Continental Shelf Sub-

mission (ISBN 82-7257-658-9).

[2] *Note Verbale* from Vanuatu on the French Guiana and New Caledonia Extended Continental Shelf Submission (11 July 2007).

[3] *Note Verbale* from New Zealand on the French Guiana and New Caledonia Extended Continental Shelf Submission (15 August 2007) (Note: 08/07/11).

[4] *Note Verbale* from Suriname on the French Guiana and New Caledonia Extended Continental Shelf Submission (17 August 2007) (No. 138107).

[5] 委员会第 20 届会议主席说明（中文版和英文版）（CLCS/56）.

[6] 委员会第 23 届会议主席说明（中文版和英文版）（CLCS/62）.

[7] 委员会第 24 届会议主席说明（中文版和英文版）（CLCS/64）.

[8] Summary of Recommendations of the Commission on the Limits of the Continental Shelf in regard to the Submission made by France in respect of French Guiana and New Caledonia Regions on 22 May 2007, Adopted by the Commission on 2 September 2009.

[9] Executive Summary of the Brazil's Extended Continental Shelf Submission.

[10] *Note Verbale* from France on the French Guiana and New Caledonia Extended Continentel Shelf Submission (18 July 2007) (No. 547/SGMER).

[11] *Note Verbale* from Oman on the Pakistan's Extended Continental Shelf Submission (07 August 2009) (5223/25220/2211/686).

[12] *Note Verbale* from Oman on the Pakistan's Extended Continental Shelf Submission (10 November 2014) (5223/25220/2212/290).

巴巴多斯外大陆架划界案
委员会审议建议评注

巴巴多斯在《公约》开放供签署之日即签字加入，并在 1993 年 10 月 12 日批准了《公约》，《公约》于 1994 年 11 月 16 日开始对其生效。

按照《公约》第七十六条第 8 款及附件二第 4 条的相关规定，巴巴多斯于 2008 年 5 月 8 日向委员会提交了自其领海基线量起 200 海里以外大陆架外部界限划界案（以下简称 2008 年划界案）。2011 年 7 月 25 日，巴巴多斯向委员会提交了经修正后的划界案（以下简称 2011 年修正划界案）。

小组委员会在第 29 届会议上向委员会提交了经修正后的划界案建议草案，委员会在同届会议上以协商一致的方式通过了该划界案建议。

1 巴巴多斯的主张

1.1 2008 年划界案中的主张[1]

在 2008 年 5 月 8 日首次提交的划界案执行摘要中，巴巴多斯将外大陆架分为两个部分，分别是南部（在本案中称为"南部地区"）和北部（在本案中称为"北部地区"）。其确定大陆坡脚点的方法是按照《公约》第七十六条第 4 款 (b) 项，即"在没有相反证明的情形下，大陆坡脚定为大陆坡底坡度变动最大之点"。巴巴多斯选用的是"沉积岩厚度公式线"。

巴巴多斯在南部地区确定了 6 个定点，在北部地区确定了 9 个定点（图 1）。

巴巴多斯指出，其在南部地区与圭亚那和苏里南在外大陆架的潜在权利重叠区域，在北部地区与法国存在外大陆架的潜在权利重叠区域。但以上三国都已经同意不反对委员会审议该划界案。2006 年 4 月，按照《公约》附件七组成的仲裁庭已裁决划定了巴巴多斯与特立尼达和多巴哥之间的海洋权利区域。巴巴多斯认为，按照《公约》第七十六条第 10 款和附件二第二条的规定，本划界案以及委员会对划界案所作的建议不妨害国家之间大陆架划界问题。

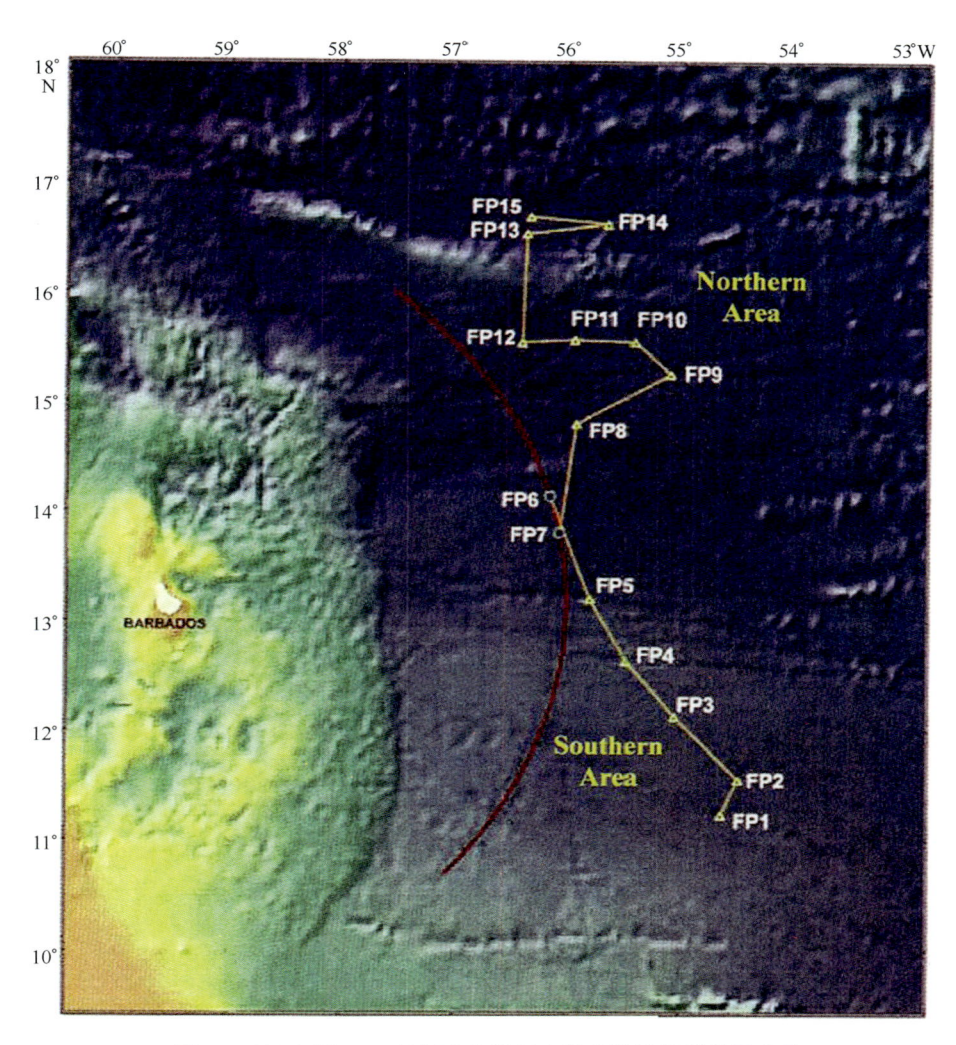

图 1　巴巴多斯 2008 年提交的拟划定的大陆架外部界限全景

注：红线为巴巴多斯距领海基线 200 海里线；黄线为大陆架外部界限。

资料来源：巴巴多斯 2008 年外大陆架划界案执行摘要。

1.2　2011 年修正划界案中的主张[2]

在 2008 年划界案的建议中，委员会没有认可卡迪纳点 12（GP12）的位置（图 5）。自 2010 年 4 月 15 日收到委员会建议后，巴巴多斯即要求委员会就划界案中 GP12 问题做出澄清。

在巴巴多斯与委员会互换来信后，委员会在 2011 年 4 月 21 日的回信中建议，巴巴多斯欲解决该问题的最恰当的方式是提交一份经修订的划界案，并将焦点限于其 2011 年 2 月 14 日照会中所提及的具体问题。

巴巴多斯因此修订了划界案。2011 年修正划界案主要是对委员会没有认可的部分进行修订（图 2 和表 1）。

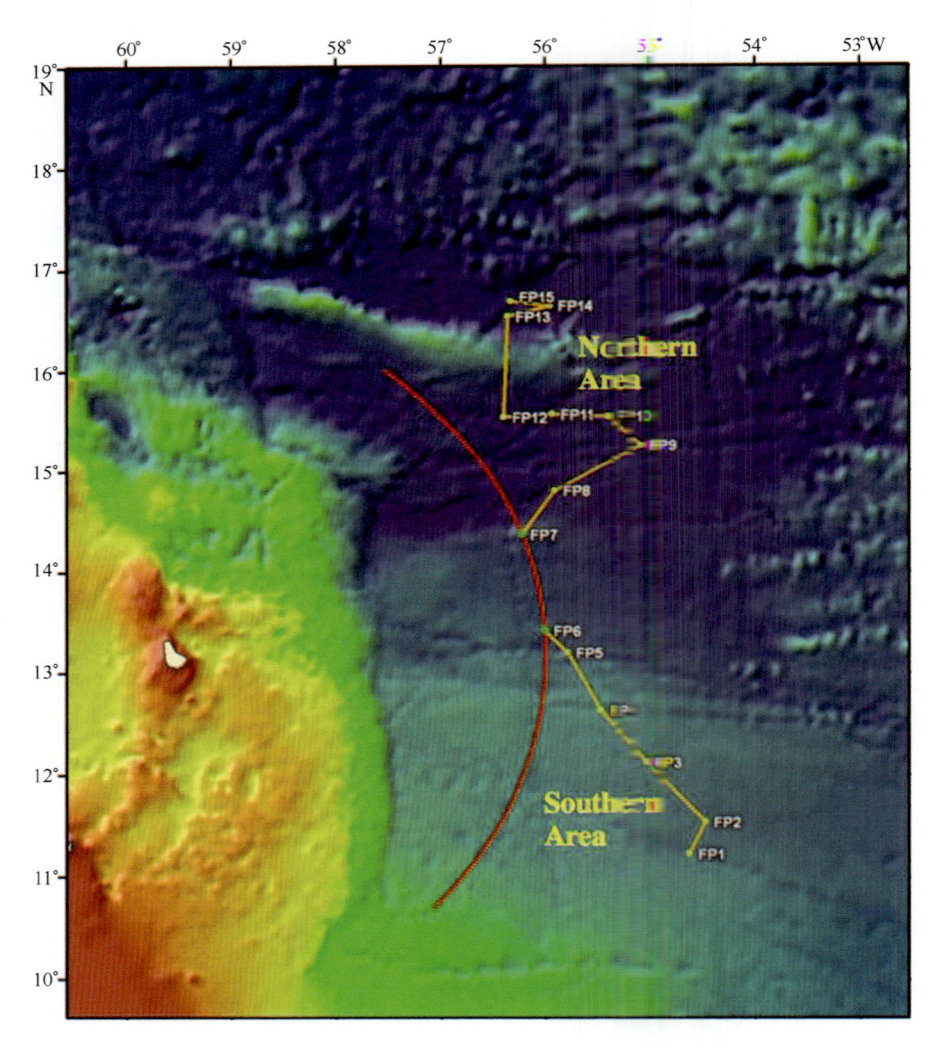

图 2 巴巴多斯 2011 年提交的修改后拟划定的大陆架外部界限全景
资料来源：巴巴多斯 2008 年外大陆架划界案执行摘要。

表 1　经修改的定点 5、定点 6、定点 7 和定点 14 的位置

点序号	北纬	西经	点源	与下一个外部界限点的距离/海里	外部界限区域
定点 5（FP5）	13.203 930 02°	55.797 820 0°	1%线	18.230	南区
定点 6（FP6）	13.424 368 69°	56.013 308 8°	200 海里	N/A	南区
定点 7（FP7）	14.376 529 04°	56.232 327 7°	200 海里	31.476	北区
定点 13（FP13）	16.541 522 02°	56.369 253 0°	1%线	24.281	北区
定点 14（FP14）	16.647 394 40°	55.962 405 6°	1%线	21.747	北区

资料来源：巴巴多斯 2011 年外大陆架划界案执行摘要。

对比两份执行摘要可以发现，巴巴多斯主要修改了一处，即改变定点 14 的位置，由北纬 16.630 853 03°、西经 55.655 725 0°改为北纬 16.647 394 40°、西经 55.962 405 6°，更靠近大陆。定点 13 与定点 14 的距离由 41.460 海里变为 24.281 海里，定点 14 与定点 15 的距离由 39.419 海里变为 21.747 海里。

2　各国反应照会和要点

各国所提交的照会时间见表 2。

表 2　各国所提交照会的时间

序号	国家	时间	备注
1	苏里南	2008 年 8 月 7 日	公开
2	特立尼达和多巴哥	2008 年 8 月 11 日	公开
3	委内瑞拉	2008 年 9 月 17 日	公开
4	巴巴多斯	2010 年 2 月 8 日	内部
4	巴巴多斯	2011 年 7 月 13 日	内部
5	巴巴多斯	2011 年 2 月 14 日	内部

资料来源：联合国海洋事务和海洋法司网站，经作者整理。

2.1　苏里南[3]

在 2008 年 8 月 6 日苏里南外交部的照会中，苏里南告知联合国秘书长："苏里南政府的立场是，巴巴多斯划界案以及委员会的任何建议均不妨害今后苏里南

就大西洋地区大陆架所提的任何划界案以及苏里南和其他国在巴巴多斯执行摘要中被称为'南区'的大陆架划界"。委员会关于巴巴多斯的建议仅处理巴巴多斯在该地区的大陆架外部界限，不应妨害国家间的任何双边划界问题。

2.2 特立尼达和多巴哥[4]

在2008年8月11日特立尼达和多巴哥常驻联合国代表团的照会中，特立尼达和多巴哥告知联合国秘书长："特立尼达和多巴哥希望委员会注意的是，200海里外大陆架将有一些与某些邻国的潜在权利重叠区域，包括巴巴多斯。在不妨害这一立场的前提下，特立尼达和多巴哥将不反对巴巴多斯划界案。然而，特立尼达和多巴哥不反对巴巴多斯划界案是与保留其自身划界案的全部权利不可分割的。

特立尼达和多巴哥的立场是，同为《公约》缔约国，特立尼达和多巴哥与巴巴多斯必须让《公约》得以实施。委员会将决定有关国是否满足《公约》第七十六条所规定的将其大陆架管辖权延伸到200海里以外的条件。而且，促进委员会在确立国家管辖权的终点以及国际管辖权的起点方面的工作十分重要。"

关于上述特立尼达和多巴哥的照会，委员会重申，委员会关于巴巴多斯的建议仅处理巴巴多斯的大陆架外部界限，不应妨害任何国家间的双边划界问题。

2.3 委内瑞拉[5]

在2008年9月9日委内瑞拉外交部给联合国秘书长的照会中指出："虽然委内瑞拉不是《公约》的缔约国，但根据习惯法，（委内瑞拉）对巴巴多斯划界案执行摘要中称为'南区'中的大陆架享有权利"，而"按照《公约》（巴巴多斯是缔约国）和大陆架界限委员会的《议事规则》，委员会的行动不应妨害委内瑞拉和其邻国在大西洋的划界事宜"。而且，"委内瑞拉政府保留其根据国际法所享有的一切权利，包括今后针对巴巴多斯的划界案提出反对和评论的权利"。

2008年8月26日巴巴多斯向委员会介绍了划界案，而委内瑞拉的上述照会是在此后收到的。巴巴多斯指出："委内瑞拉并未反对委员会审议巴巴多斯的划界案。"

关于上述委内瑞拉的照会，委员会重申，委员会关于巴巴多斯的建议仅处理巴巴多斯的大陆架外部界限，不应妨害任何国家间的双边划界问题。

关于2011年修正划界案，委员会没有收到任何其他国家的照会。

3　委员会审议过程

巴巴多斯划界案贯穿了委员会第 22 届会议至第 29 届会议。委员会在第 23 届会议上成立小组委员会，在第 26 届会议上，委员会通过小组委员会所做的建议。2010 年 7 月 13 日和 2011 年 2 月 14 日，巴巴多斯两次致函委员会要求澄清建议。在第 26 届会议和第 27 届会议上，委员会对此分别作了答复。2011 年 7 月 25 日巴巴多斯向委员会提交了经修订的划界案。委员会随后在第 28 届会议和第 29 届会议上继续审议该修正划界案并通过最终建议。

3.1　成立小组委员会之前的初步审议

在第 22 届会议上，兼任巴巴多斯环境问题特使、巴巴多斯大陆架项目管理小组组长和代表团团长的伦纳德·努尔斯（Leonard Nurse）及巴巴多斯国家石油有限公司高级经理默文·戈登（Mervyn Gordon）向委员会作了陈述，并说明没有一名委员会成员向巴巴多斯提供帮助。巴巴多斯代表团成员中还包括巴巴多斯常驻联合国代表克里斯托弗·哈克特（Christopher Hackett）及一些科学、法律和技术顾问。针对与本划界案有关的各种争议，努尔斯指出巴巴多斯政府同法国、苏里南和圭亚那政府进行了协商。他告知委员会，参加协商的各国商定不反对委员会审议其各自的划界案，但大陆架外部界限的设立不应影响其划界。2008 年 8 月 6 日苏里南给联合国秘书长的普通照会中，努尔斯指出照会显示该国不反对委员会审议巴巴多斯的划界案。戈登随后详细解释了本划界案的科学和技术层面的问题。[6]

在第 23 届会议上，委员会设立小组委员会，成员如下：阿尔布克尔克、阿斯蒂斯、克罗克、吕文正、奥杜罗、拉詹（澳大利亚划界案中已提及）和罗塞特。小组委员会开会选出拉詹为主席，奥杜罗和克罗克为副主席。[*]

3.2　小组委员会审议

小组委员会在第 23 届、第 24 届和第 25 届会议期间审查了该划界案。委员会在第 25 届会议上审议了小组委员会的建议草案。

在第 23 届会议上，小组委员会编写了一系列问题，提交给巴巴多斯代表团。续会期间，小组委员会继续审议划界案，包括巴巴多斯在闭会期间提供的补充资料。小组委员会还向巴巴多斯提供了有关南部和北部地区某些问题的初步意见。[7]

在第 24 届会议期间，小组委员会与巴巴多斯代表团举行了 3 次会议，并收到经修订的界定巴巴多斯大陆架的定点表以及供其审议的新材料。小组委员会在审议了这一资料后，向该国代表团转达了 3 个新问题，并决定在闭会期间继续审议划界案。为此，小组委员会同意在第 24 届会议续会期间开会，打算届时向该国代表团全面介绍小组委员会审议划界案过程中产生的观点和一般性结论。随后，小组委员会决定撰写建议草案，提交委员会第 25 届会议全体会议。[8]

在第 25 届会议期间，小组委员会与该国代表团举行了两次会议。小组委员会将其对划界案的观点和一般性结论告知该国代表团。2010 年 4 月 6 日，小组委员会以协商一致的方式通过了划界案的建议草案，并于 4 月 8 日向委员会提交了该份草案。[9]

3.3 委员会通过建议

2010 年 4 月 8 日，委员会应巴巴多斯请求，依照委员会《议事规则》附件三第十五条第 1 款第 2 项的规定，与该国代表团举行会议。努尔斯在介绍巴巴多斯划界案时表示，除坡脚的位置和一个固定点外，巴巴多斯赞同小组委员会的观点和一般性结论。

委员会然后继续举行非公开会议审议小组委员会提交的草案。4 月 15 日，委员会在审议了小组委员会提出的建议草案和该国代表团所作的陈述之后，以协商一致的方式通过了经修正的"大陆架界限委员会关于 2008 年 5 月 8 日巴巴多斯大陆架划界案的建议"。[9]

3.4 巴巴多斯要求委员会澄清建议的内容

2010 年 7 月 13 日，巴巴多斯政府致函委员会主席，谈及"大陆架界限委员会关于 2008 年 5 月 8 日巴巴多斯提交的划界案的建议"。巴巴多斯随该信附上一份文件，其中载有关于一个固定点（GP12，注）的精确位置的某种资料，使其可以根据建议确定其大陆架的外部界限。委员会第 26 届会议审议了巴巴多斯的来信。委员会决定通知巴巴多斯，它无法重新审议（reconsider）该划界案和 2010 年 4 月 15 日通过的建议，但仍然可以（remained open）应请求就建议的实质内容做出澄清。同时，委员会还讨论了审议潜在的经修订的划界案的顺序，决定如今后向委员会提交任何这类划界案，将优先予以审议而不受排队的限制。[10]

2011 年 2 月 14 日，巴巴多斯再次致函委员会，对委员会的立场表示欢迎，同时要求澄清一个固定点的精确位置，使其可以根据建议确定其大陆架的外部界限。

154

委员会第 27 届会议审议巴巴多斯的来信并认定，巴巴多斯要求澄清的问题涉及对巴巴多斯在信中所提交的坡脚点进行新的分析。因此，委员会于 4 月 21 日致函巴巴多斯，其应就信中所提问题影响的大陆架外部界限部分提出修订划界案。[11]

3.5　委员会审议经修订的划界案

2011 年 7 月 25 日，巴巴多斯向委员会提交了经修订的划界案。委员会第 28 届会议提及，根据《议事规则》第五十一条第 1 款，对修订划界案的审议须在自秘书长公布执行摘要之日起 3 个月期限届满后方可开始进行。另根据《议事规则》第四十二条第 2 款，委员会决定由原小组委员会继续审议该修订划界案。[12]

3.6　小组委员会审议经修订的划界案

在第 29 届会议上，小组委员会协商一致通过了修订划界案的建议草案，并于同日将其转递给委员会。2012 年 4 月 9 日，小组委员会主席向委员会介绍了草案。[13]

3.7　委员会就修订的划界案通过建议

2012 年 4 月 10 日，由努尔斯率领的巴巴多斯代表团根据委员会《议事规则》附件三第十五条第 1 款第 2 项的规定向委员会作了陈述。巴巴多斯尤其指出，它同意小组委员会关于经修订的划界案的结论。4 月 13 日，委员会审议了建议草案和巴巴多斯代表团所作陈述之后，协商一致通过了"大陆架界限委员会关于 2011 年 7 月 25 日巴巴多斯大陆架划界案（修订）的建议"。[13]

4　委员会对巴巴多斯外大陆架划界案的建议[14]

4.1　从属权利检验

巴巴多斯岛位于巴巴多斯增生楔（Barbados Accretionary Prism，BAP）构造之上。该构造是由大西洋板块的大洋岩石圈俯冲到加勒比板块下方时，因陆缘增生作用所形成的。提布隆海隆（Tiburon Rise）的很大一部分与该增生楔相连，并且实际上与其结合在一起。该海隆是一个北西西—南东东走向的隆起的海底地形，高出深洋洋底 1 500 米。提布隆海隆以北是巴拉库达洋脊（Barracuda Ridge），一个高出深洋洋底 1 900 米的长形高地。巴拉库达洋脊同样大致是西北偏西—东南偏东的走向。然而，巴拉库达洋脊不是巴巴多斯大陆边的组成部分，深洋洋底将其与主要的陆块分割开来。

委员会认为，从地形的角度看，在巴巴多斯水下延伸海床地形，即"增生前沿"（accretionary front）和"提布隆海隆"，可以被视为巴巴多斯陆块的自然延伸。

委员会确认，通过适用第七十六条第 4 款 a 项（i）目的规定，从巴巴多斯大陆坡脚所产生的大陆边外缘超过了巴巴多斯的 200 海里界限，巴巴多斯在该地区 200 海里界限外享有建立大陆架的法律权利。

4.2 确定大陆坡脚

巴巴多斯增生楔的外缘前沿和提布隆海隆是巴巴多斯进行分析以寻找大陆坡底和大陆坡脚点的地形。

在 2008 年划界案的建议中，小组委员会虽然同意其中的大陆坡脚点 1 至点 11 的最终位置，但却不同意其中使用的确定关键大陆坡脚点的方法。小组委员会认为，这些大陆坡脚点能够基于一般规则（坡度的最大变化）来确定。同时，小组委员会不同意巴巴多斯关于在向海方向的位置 10B 重新确定大陆坡脚点 10 的位置的提议。

4.3 公式线的运用

4.3.1 2008 年划界案

在 2008 年划界案中，巴巴多斯按照沉积岩厚度的规定，以关键大陆坡脚点 10 为基础，在巴拉库达洋脊北部划定了 3 个卡地纳公式点 GP11、GP12 和 GP13。这些卡地纳公式点的位置是根据 Wavefield Inseis 2003 多道地震线 DM 127 所确定的速度函数线性外推方法，分别计算的 6 道 ANTIPLAC 地震测线 13、36、38、111 和 281 炮点的沉积岩厚度得来的。考虑到以此外推了相当大的距离，小组委员会要求巴巴多斯提供补充数据来支持这种外推法。

代表团随后补充提交了确证速度模型的地球物理数据。小组委员会核查了这些补充资料，认为这些新的数据很好地支持了运用速度模型的外推法，并同意以此确定 GP11、GP12 和 GP13 3 个卡地纳公式点的沉积岩厚度。

随后，小组委员会利用靠近洋脊区域的 sonobuoy I 所得的速度-深度剖面图计算 3 个卡地纳公式点的沉积岩厚度，观察到只有 GP11 和 GP13 两个点符合 1% 沉积岩厚度标准。因此，小组委员会要求代表团重新确定点 GP12 的位置。

在 2010 年 2 月 8 日的外交照会中，巴巴多斯代表团提请小组委员会注意利用 sonobuoy I 所得的速度-深度值的错误。代表团因此认为,利用 sonobuoy I 的结果来确定沉积岩厚度公式点是不合适的,应当替以巴拉库达海沟北侧的 sonobuoy C 为外推速度模型提供补充证据。

鉴于使用 sonobuoy I 来确定巴拉库达北部地区的沉积岩厚度公式点的方式已无效,小组委员会以 sonobuoy C 提供的结果,以大陆坡脚点 10 向外计算沉积岩厚度公式点。小组委员会注意到,GP12 仍不符合 1%沉积岩厚度标准。小组委员会还发现,在向陆一侧 ANTIPLAC line 281 上的 CDP 4150 附近重新确定的 GP12 符合沉积岩厚度标准。小组委员会在 2010 年 3 月 31 日的照会中向代表团转达了这个意见。

作为回应,在 2010 年 4 月 1 日的信函中,代表团通知小组委员会,其不同意小组委员会关于重新确定 GP12 位置的建议。

最后,小组委员会同意巴巴多斯在确定沉积岩厚度公式点中所采用的方法,以及巴巴多斯提供的 GP12 和 GP13 的位置。除 GP12 之外,委员会建议将其余 12 个点用做建立该地区大陆架外部界限的基础。

4.3.2　2011 年修正划界案

在 2011 年修正划界案中,巴巴多斯在 ANTIPLAC line 281 上的 CDP 4207 处修订了 GP12 的位置(图 3)。小组委员会在第 29 届会议上详细审议了经修订的 GP12 的位置。同时,小组委员会利用已公开的 sonobuoy C 的速度-深度剖面图计算 GP12 的沉积岩厚度。小组委员会认可修订的 GP12 满足沉积岩厚度标准。

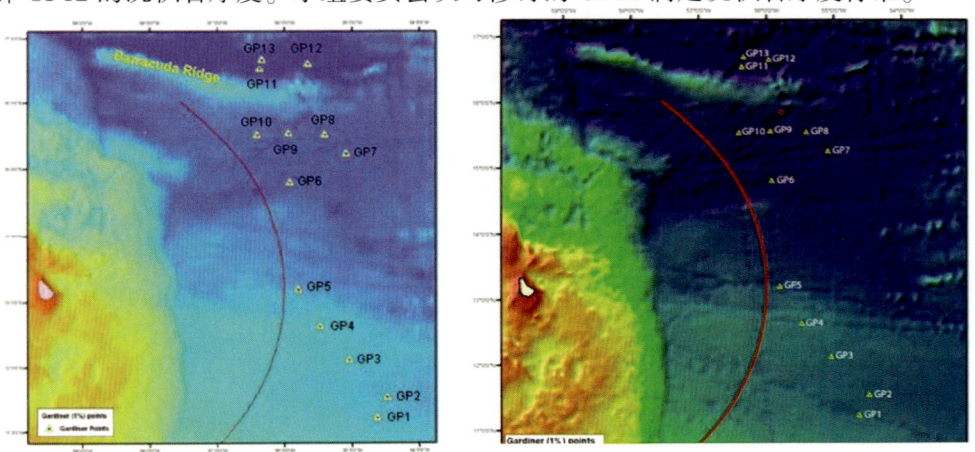

图 3　左图为巴巴多斯 2008 年划界案中沉积岩厚度公式点 GP1–GP13 的位置;右图为巴巴多斯 2011 年修正划界案中修改的沉积岩厚度公式点 GP1–GP13 的位置,唯一修改的是点 GP12

资料来源:委员会对巴巴多斯 2011 年外大陆架划界案的建议摘要。

委员会建议将修订的 GP12 作为划定该地区大陆架外部界限的基础。

4.4 限制线的运用

巴巴多斯只应用了 350 海里距离限制线。小组委员会同意由此构建的限制线的程序和方法，并认可经修订的 GP12 满足限制标准（图 4）。

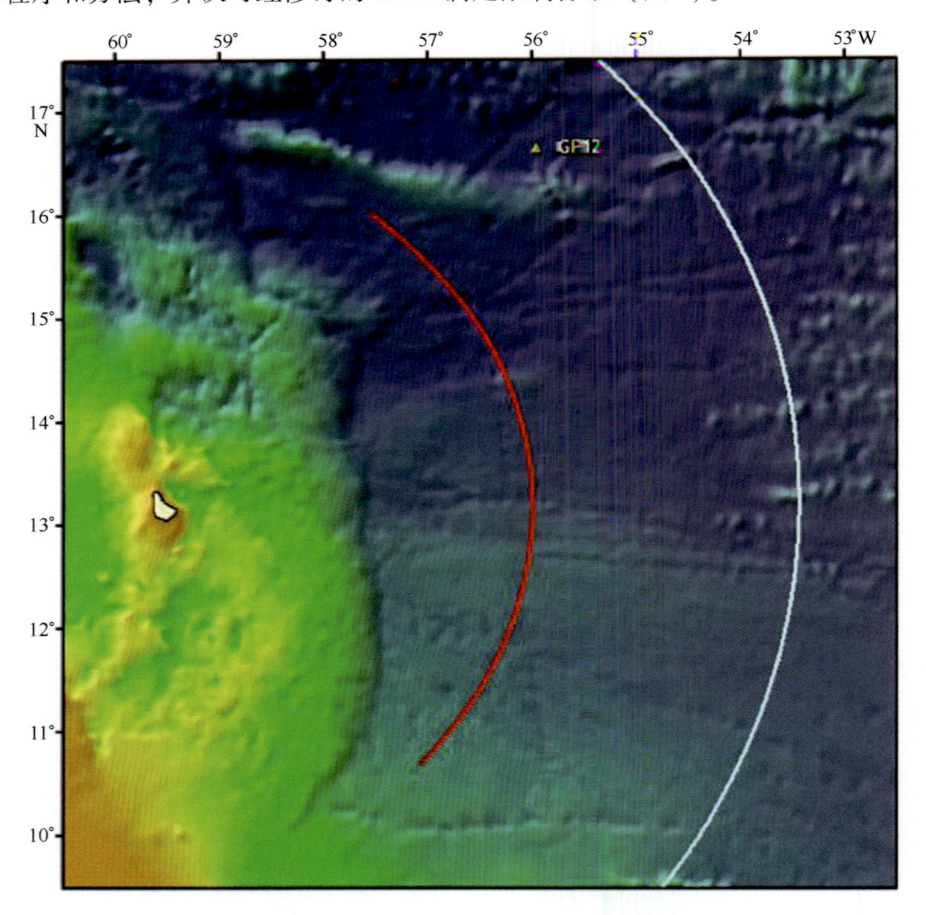

图 4　350 海里距离限制线（亮蓝色）、200 海里范围线（红色）以及经修改的 GP12 位置
资料来源：委员会对巴巴多斯 2011 年外大陆架划界案的建议摘要。

4.5 最终外部界限及委员会建议

在 2011 年修正划界案中，巴巴多斯提交的大陆架外部界限由不超过 60 海里的直线连接 15 个定点构成。

小组委员会注意到，委员会在 2008 年划界案的建议中有 75 个定点，其中 FP6 和 FP67 是分别将 FP5 和 FP68 与 200 海里相连接的定点。自 FP7～FP66 之间的定点在 200 海里线上。

在 2011 年修正划界案中，巴巴多斯取消了 200 海里线上的定点 FP7～FP66，并因此重新命名定点 FP67～FP75 为 FP7～FP15。小组委员会认可表 3 中这些定点之间的联系。

表 3　2008 年划界案和 2011 年修正划界案定点之间的联系

Fixed Point ID in Recommendations adopted on 15 April 2010	Fixed Point ID in revised Submission of 25 July 2011
FP1	FP1
FP2	FP2
FP3	FP3
FP4	FP4
FP5	FP5
FP6	FP6
FP67	FP7
FP68	FP8
FP69	FP9
FP70	FP10
FP71	FP11
FP72	FP12
FP73	FP13
FP74*	FP14
FP75	FP15

＊：FP74 与 GP12 相关，在 2008 年划界案中未获小组委员会认可。

资料来源：委员会对巴巴多斯 2011 年外大陆架划界案的建议摘要。

在审议修正的划界案时，小组委员会注意到其所测量的定点 13 至定点 14，以及定点 14 至定点 15 的距离与巴巴多斯修正后的执行摘要中的数据略有差异。小组委员会要求巴巴多斯代表团重新检查该距离并加以确认。对此问题，巴巴多斯代表团在 2012 年 1 月 31 日的回信中已加以修订。

委员会同意巴巴多斯所提交的经修订的基于 GP12 的定点 14 的位置，及在之前的建议中已同意划定的定点 1 至定点 13 和定点 15 的位置，并同意自定点 1 至定点 15 建立巴巴多斯的大陆架外部界限。

委员会建议，巴巴多斯大陆架外部界限应按照《公约》第七十六条第 7 款，由长度不超过 60 海里的直线段连接定点构建。巴巴多斯大陆架外部界限的最终划定将取决于国家之间的划界。委员会建议，考虑到附件二第九条，巴巴多斯应基于第七十六条第 7~10 款的规定着手划定大陆架外部界限（图 5）。

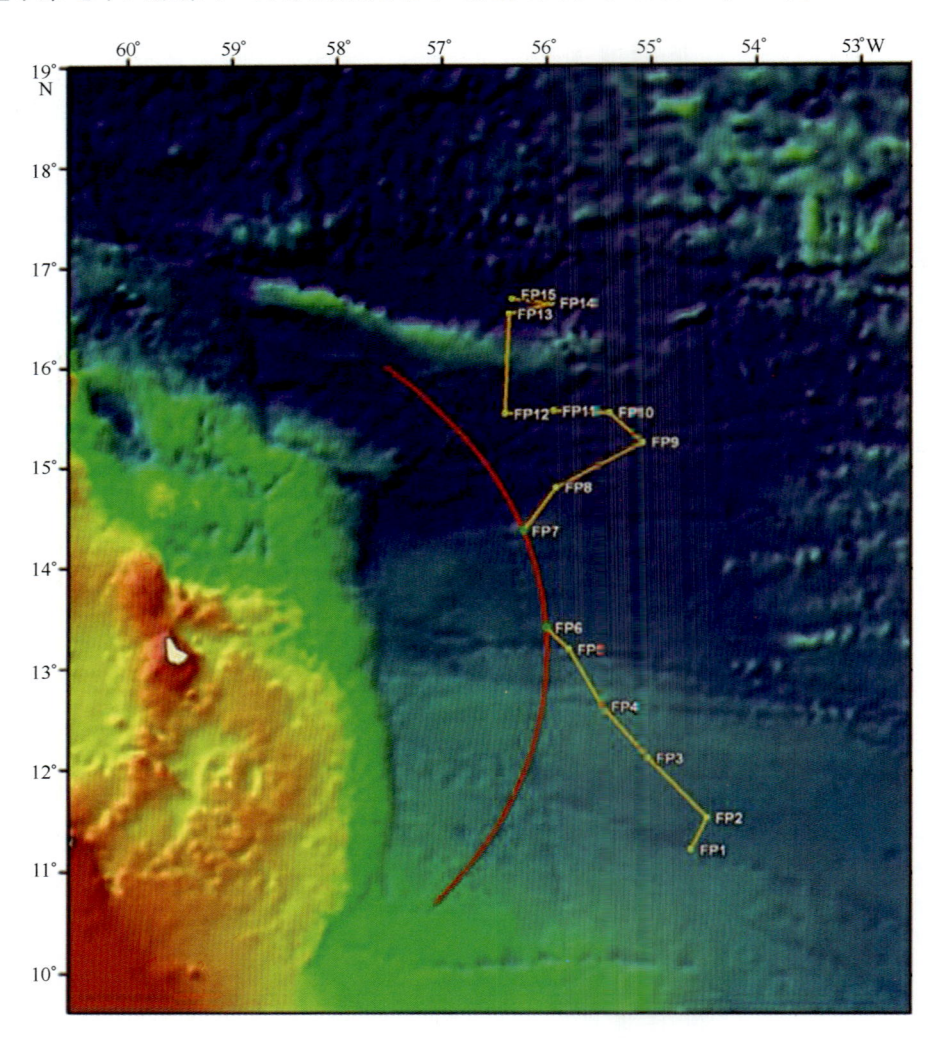

图 5　委员会建议的巴巴多斯的大陆架外部界限

资料来源：委员会对巴巴多斯 2011 年外大陆架划界案的建议摘要。

5 对委员会巴巴多斯外大陆架划界案建议的评注

5.1 本划界案由委员会一致通过

无论是 2008 年划界案还是 2011 年修正划界案，委员会均以协商一致的方式，分别通过了"大陆架界限委员会关于 2008 年 5 月 8 日巴巴多斯大陆架划界案的建议"，及"大陆架界限委员会关于 2011 年 7 月 25 日巴巴多斯大陆架划界案（修订）的建议"。

5.2 本划界案是第一个修正划界案

作为第一个沿海国不同意委员会建议而根据《公约》附件二规定提出的修正划界案先例，巴巴多斯划界案对日后的修正划界案实践具有重要的指导意义。

5.3 以相反证明方式确定大陆坡脚

小组委员会认为，巴巴多斯的大陆坡脚点能够基于一般规则，即选定坡度变动最大之点的方法来确定，因此不必援引相反证明。小组委员会的建议符合《公约》及委员会《科技准则》的相关规定。

《公约》第七十六条第 4 款（b）项规定，在没有相反证明的情形下，大陆坡脚应定为大陆坡底坡度变动最大之点。委员会《科技准则》详化了《公约》的规定，将选定坡度变动最大之点以查明大陆坡脚位置的方法作为一般规则，将除此以外的任何其他变动视为例外情况，包括就不适用一般规则提出的相反证明，而沿海国必须提出充分的理由。[15] 简而言之，若大陆坡脚点能够很容易地基于一般规则确定，则不适用相反证明的例外规定。

5.4 桥线问题

在如何将定点 5 和定点 8 与 200 海里线相交确定定点 6 和定点 7 的位置的问题上，巴巴多斯和委员会有不同的意见。在 2008 年划界案中，巴巴多斯提交的定点 5 和定点 8 之间的距离超过 60 海里，无法直接相连。巴巴多斯采用的方法是分别延伸定点 5 和定点 8 各划出 60 海里线相交于 200 海里线（图 1）。

然而，该部分的大陆边外缘并未超过 200 海里，无法满足从属权利检验，因此巴巴多斯在这部分区域并不享有超过 200 海里的大陆架权利。巴巴多斯的桥线

沿海国 200 海里以外大陆架外部界限划界案大陆架界限委员会建议评注

连接方法所产生的定点超过了 200 海里线范围，违反了《公约》的规定。从公布的图示（图 5）来看，作者推断委员会建议修改这部分的桥线连接方法为：在 200 海里线内选择一个公式点，连接该公式点与定点 5 和定点 8，与 200 海里线相交形成的两个交点作为定点 6 和定点 7（图 6）。委员会以此方法确保巴巴多斯的大陆架外部界限不超过公式线的范围。

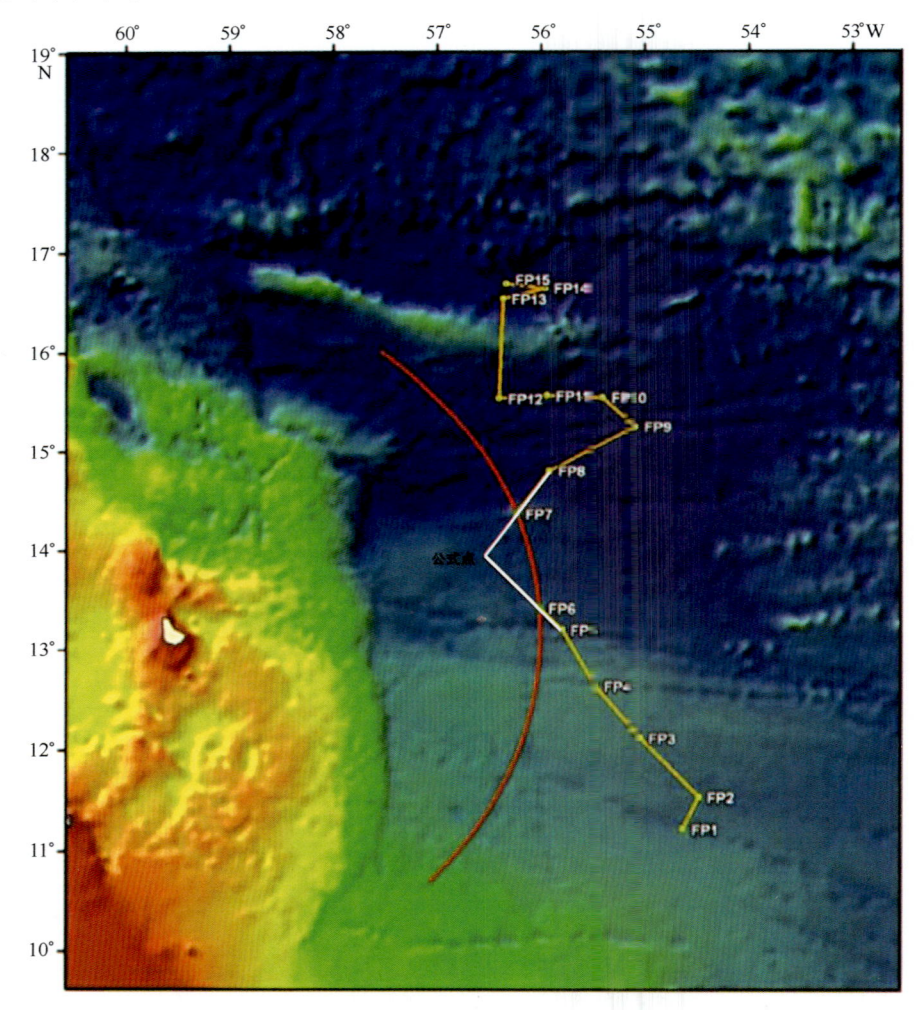

图 6　作者推断的委员会建议巴巴多斯划定大陆架外部界限的方法

注：白色线为延伸定点 8 至定点 7，定点 5 至定点 6 的交线。

资料来源：委员会对巴巴多斯 2011 年外大陆架划界案的建议摘要（白色线和"公式点"为作者所加）。

巴巴多斯认可并采用了委员会的方法。经修改后，定点 5 延伸 18.230 海里

162

与 200 海里线相交形成定点 6，定点 8 延伸 31.476 海里与 200 海里线相交形成定点 7。

参考文献

［1］ Executive Summary of the Barbados' Extended Continental Shelf Submission（2008）．

［2］ Revised Executive Summary of the Barbados' Extended Continental Shelf Submission（2012）．

［3］ *Note Verbale* from Suriname on the Barbados' Extended Continental Shelf Submission（07 August 2008）（No：156/08，Ref. no. RL/67）．

［4］ *Note Verbale* from Trinidad and Tobago on the Barbados' Extended Continental Shelf Submission（11 August 2008）（No. 173）．

［5］ *Note Verbale* from Venezuela on the Barbados' Extended Continental Shelf Submission（17 September 2008）（Ref. No. 0615）．

［6］ 委员会第 22 届会议主席说明（中文版和英文版）（CLCS/60）．

［7］ 委员会第 23 届会议主席说明（中文版和英文版）（CLCS/62）．

［8］ 委员会第 24 届会议主席说明（中文版和英文版）（CLCS/64）．

［9］ 委员会第 25 届会议主席说明（中文版和英文版）（CLCS/66）．

［10］ 委员会第 26 届会议主席说明（中文版和英文版）（CLCS/68）．

［11］ 委员会第 27 届会议主席说明（中文版和英文版）（CLCS/70）．

［12］ 委员会第 28 届会议主席说明（中文版和英文版）（CLCS/72）．

［13］ 委员会第 29 届会议主席说明（中文版和英文版）（CLCS/74）．

［14］ Summary of Recommendations of the Commission on the Limits of the Continental Shelf in regard to the Submission made by Barbados on 8 May 2008，Adopted by the Commission after amendment on 15 April 2010；Recommendations of the Commission on the Limits of the Continental Shelf in regard to the Revised Submission made by Barbados on 25 July 2011，Adopted by the Commission on 13 April 2012 with amendments.

［15］ 委员会．《科技准则》第 5.4.12 段：如果大陆坡坡底坡度变动多次，作为一般规则，委员会认为，选定坡度变动最大之点是查明大陆坡脚位置的方法。选择大陆坡坡底坡度的其他局部变化，即变动最大以外的任何其他变动，委员会将作为例外情况处理。为适用这种例外情况，必须提出理由，包括下一章所述的就不适用一般规则提出的相反证明。

英国（阿森松岛）外大陆架划界案委员会审议建议评注

英国在《公约》开放供签署期间即签字加入，并在 1997 年 7 月 25 日批准了《公约》，《公约》于同年 8 月 24 日开始对英国（包含圣赫勒拿及其附属地区）生效。

依据《公约》第七十六条第 8 款及附件二第四条的相关规定，英国于 2008 年 5 月 9 日向委员会提交了自阿森松岛领海基线量起 200 海里以外大陆架外部界限划界案。本划界案为部分划界案，除 2006 年 5 月 19 日同法国、爱尔兰和西班牙提交的联合划界案外，英国打算适时提交其他部分的划界案。

英国在递交本划界案的照会中指出：英国将不会把属于南极的大陆架包含在内，随后的划界案会对此做出安排。同时英国将会在 2009 年 5 月最后期限之前向委员会提交其他部分的划界案。

小组委员会在第 25 届会议上向委员会提交了划界案建议草案，委员会在同届会议上以协商一致的方式通过了经修正的划界案建议。

1 英国的主张[1]

阿森松岛是英国海外领地圣赫勒拿的附属岛屿，立于其东南方向 750 海里。英国具有占有该岛屿并进行经济活动的长期的历史证据。按照《公约》第一二一条的规定，阿森松岛是能够产生专属经济区和大陆架权利的岛屿。划界案中用于确定外部界限的规定包括《公约》第七十六条第 4 款（a）项（2）目，第 4 款（b）项、第 6 款和第 7 款。英国告知委员会，根据委员会《议事规则》附件一第二条第 2 款（a）项，此部分划界案涉及大陆架地区不存在与其他国家之间的任何争端。

阿森松岛大陆架外部界限可以描述为两个部分——东部和西部。在两个地区，均按照距离公式确定大陆边外缘。在东部地区已确定 10 个大陆坡脚点（FOS1E~FOS10E），其中 8 个用于确定外部界限（FOS1E、FOS3E~FOS7E 和 FOS9E~FOS10E）。在西部地区确定了 11 个大陆坡脚点（FOS1W~FOS11W），全部大陆坡脚点超过领海基线 350 海里。因此在这个地区中，外部界限由《公约》第七十六条第 6 款提供的距离基线 350 海里弧线确定（图 1 灰白色地区）。

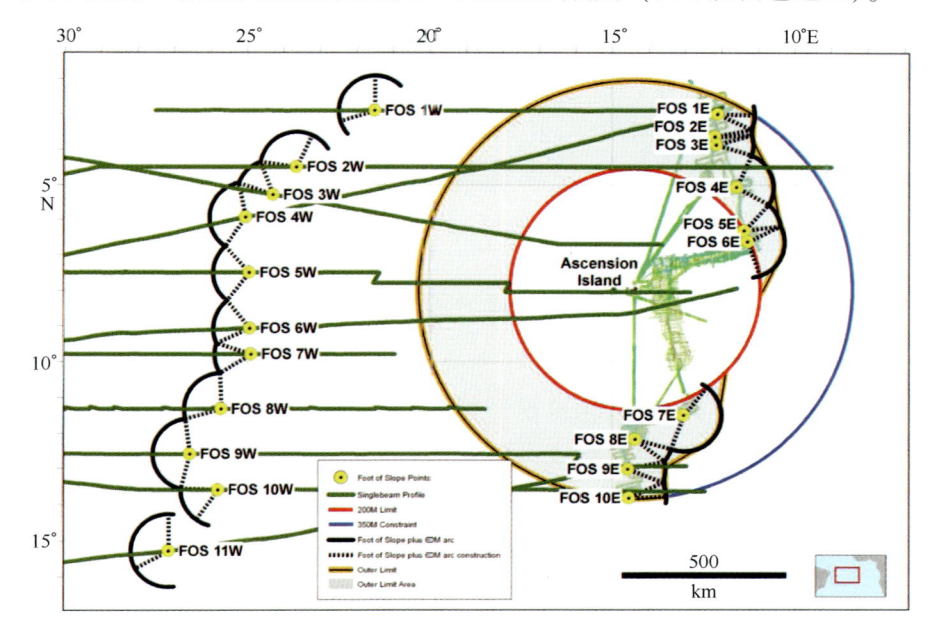

图 1　英国拟在阿森松岛划定的大陆架外部界限

注：从左至右绿色线为单波束测线；黑色实线为大陆坡脚外推 60 海里弧线；黄色圆圈（中心黑点）为大陆坡脚点；橙色线为英国拟划定的大陆架外部界限；蓝色线为 350 海里限制线；③ 红色线为距阿森松岛领海基线 200 海里线；灰白色地区为英国拟延伸的外大陆架区域。

资料来源：英国（阿森松岛）外大陆架划界案执行摘要。

2　各国反应照会和要点

各国所提交照会的时间见表 1。

表 1　各国所提交照会的时间

序号	国家	时间	备注
1	荷兰	2009 年 8 月 28 日	公开
2	日本	2009 年 11 月 19 日	公开

资料来源：联合国海洋事务和海洋法司网站，经作者整理。

2.1 荷兰[2]

荷兰提及其就新西兰划界案所提出的照会（注：本书第 73 页），表示同样的观点适用于其他国家（注：包括英国）涉及南极大陆架区域的划界案。此份照会与之后荷兰就法国（安的列斯群岛和凯尔盖朗群岛地区）划界案所提照会相同。

2.2 日本[3]

日本外交照会指出：日本确认保持《南极条约》和《公约》之间的和谐具有重要作用，应确保南极地区持续和平协作，安全与稳定。忆及《南极条约》第四条的规定，日本不承认对南极领土主权的任何权利主张，也因此不承认任何国家对南极大陆附近的海床和底土等海底区域的权利主张。

从这一立场出发，日本强调英国和法国划界案中所提交的涉及大陆架外部界限的信息不应影响到《南极条约》关于各方权利和义务的平衡关系。

3 委员会审议过程

英国划界案的审议贯穿了委员会第 22 届会议至第 25 届会议。在第 23 届会议上，委员会成立小组委员会审议英国划界案。委员会在第 25 届会议上通过建议。

3.1 成立小组委员会之前的初步审议

在第 22 届会议上，英国外交和联邦事务部助理法律顾问兼代表团团长道格拉斯·威尔逊（Douglas Wilson）以及英国南安普敦国家海洋学中心海洋法小组组长林赛·帕森（Lindsay Parson）等就英国划界案做了陈述。威尔逊指出，阿森松岛由于拥有在该岛上工作和生活的人员从事经济活动的长期和持续的历史，符合《公约》第一二一条关于专属经济区和大陆架的规定。英国提交的是一个部分划界案，并打算在适当时候提交其他部分划界案。威尔逊表示本部分划界案所涉及大陆架地区不存在与其他国家之间任何争端。英国没有得到委员会任何成员关于划界的科学和技术建议，划界案是由南安普敦国家海洋学中心、英国水道测量厅及外交和联邦事务部海洋法司共同起草的。[4]

在第 23 届会议上，委员会成立小组委员会，成员如下：阿沃西卡、布雷克、弗朗西斯·L·查尔斯（Francis L. Charles）、查尔斯（Charles）、加法尔、卡兹明（Kazmin）、西蒙兹和玉木贤策。小组委员会选举阿沃西卡为主席，布雷克和加法尔为副主席。[5]

3.2 小组委员会审议

小组委员会在第 24 届、第 24 届会议续会和第 25 届会议期间审查了该划界案。委员会在第 25 届会议上审议了小组委员会的建议。

在第 24 届会议上，小组委员会与英国代表团举行了 3 次会议。在第 24 届会议续会上，小组委员会审查了英国在闭会期间提交的补充资料，并与代表团举行了 3 次会议，就某些问题向代表团作了说明。并商定委员会第 25 届会议期间小组委员会将向英国代表团提出小组委员会的最后观点和建议摘要。[6]

小组委员会在第 25 届会议期间以协商一致的方式通过了划界案的建议草案，并于 2010 年 4 月 1 日向委员会提交了草案。[7]

3.3 委员会通过建议

2010 年 4 月 12 日，英国代表团依照委员会《议事规则》附件三第十五条第 1 款在委员会全会上作最后陈述。代表团团长外交和联邦事务部助理法律顾问凯瑟琳·谢帕德（Katherine Shepherd）和帕森代表联合王国作陈述，谢帕德在陈述中表示，在涉及关于《公约》解释的根本性问题时，必须要考虑到缔约国的权利。她然后阐述了英国对《公约》第七十六条中关于根据陆块和洋脊的联系规定延伸大陆边的解释。

委员会在审议小组委员会提出的建议草案以及英国代表团于 4 月 12 日所作的陈述之后，于 2010 年 4 月 15 日以协商一致方式通过经修正的"大陆架界限委员会关于 2008 年 5 月 9 日英国（阿森松岛）大陆架划界案的建议"。[7]

4 委员会对英国外大陆架划界案的建议[8]

4.1 从属权利检验

阿森松岛是大西洋洋中脊（MAR）中央裂谷向西约 90 千米处的火山型海山，位于阿森松断裂带（Ascension Fracture Zones）和佛得角断裂带（Bode Verde Fracture Zones）之间的大西洋洋底。其火山机体由热点、局部地幔异常或其他机

沿海国 200 海里以外大陆架外部界限划界案大陆架界限委员会建议评注

制相关的岩石圈岩浆喷发事件形成，在由海底扩张形成的洋中脊中央裂谷的洋壳岩石圈上，具有 700 万年的历史。有证据表明形成阿森松岛的火山运动始于扩张中心。在阿森松岛地区，大西洋洋底离开中央裂谷，以 0.1°~0.2° 的坡度向西至巴西深海平原（Brazilian Abyssal Plain），向东至几内亚海山链（Guinea Seamount Chain）（图 3）。该坡度变化与海底扩张形成的大洋岩石圈冷却下沉有关。在大西洋的这一侧，"海底深度－年龄"关系大体上与冷却模型预测的结果相一致。

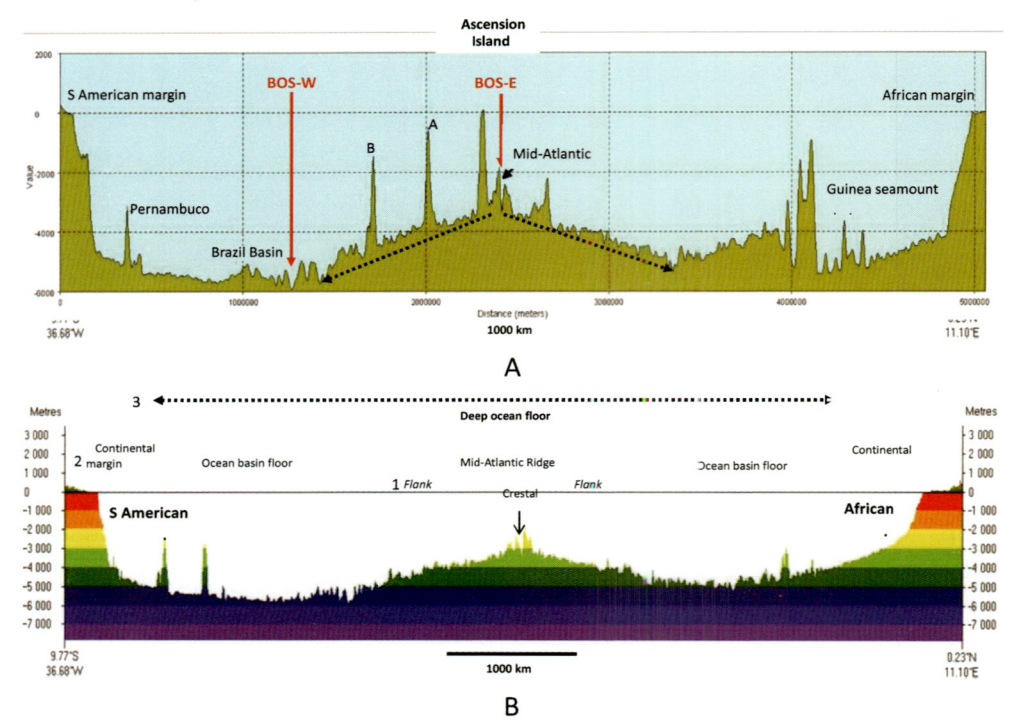

图 2　穿过大西洋中央的测深剖面

A. 穿过大西洋中央的测深剖面显示阿森松岛相对于大洋盆地边缘和大西洋中脊的位置；B. 穿过大西洋洋中脊中部的测深剖面。

资料来源：委员会对英国（阿森松岛）外大陆架划界案的建议摘要。

过去 10 年来对阿森松岛及其周围海底进行了一系列的地质、地球物理和地球化学研究，为岛屿构造历史的演化提供了理论模型。在此模型中，火山作用最开始接近扩张中心，微弱、断续的地幔柱或少量地幔不均匀熔融以及随后的火山堆积形成了现在的阿森松岛。

4.1.1 适用于阿森松岛的陆地领土的自然延伸和陆块的水下延伸

在小组委员会审议英国提交的数据和其他资料期间，代表团和小组委员会就《公约》第七十六条的"自然延伸"和"水下延伸"概念产生了意见分歧。

委员会注意到，"英国一贯坚持认为第七十六条规定首先考虑的是沿海国陆地领土自然延伸的范围，根据第七十六条第1款的规定，该范围至大陆边外缘。只有这样才有可能确定在哪个地区必须适用第七十六条第4款中的公式。英国认为，作为陆块的固有财产，自然延伸不能以适用第4款中的公式予以界定。当且仅当对所有可用的地质科学数据进行整体评估后，才能确定陆地领土的水下部分是否有自然延伸。"

具体来说，英国对其观点概括如下：

（1）英国"并不认为在确立第七十六条所指的陆地领土的'自然延伸'中要求特定的'地形'或一组地形特征，以与其他数据分开考虑。除地形外，还可以通过分析包括地质和地球物理等在内的一系列数据来开发和建立有关自然延伸、大陆坡脚位置和大陆坡底的技术论据。"

（2）英国同时指出，"委员会在《科技准则》第7.2.8段特别提及一类陆块（包括阿森松岛和世界大洋中的其他一些岛屿的例子）——在一些洋脊（包括仍在活动扩张的脊）上可能有岛屿。在这种情况下，很难认定这些洋脊的相关部分属于深洋洋底。因此，从岛屿陆块延伸出来的这类洋脊，即使之后穿过深洋洋底，也能够被包括在所涉岛屿国的大陆边之内，可以被视为是第七十六条意义上的'海底洋脊'或'海底高地'，而不是深洋洋底的一部分。"

（3）英国进一步指出，"无论陆块的构成或地形，或者周围海底的性质如何，陆地领土的自然延伸是一个基本的首要考虑因素，然后将第七十六条第4款适用于此自然延伸以划定大陆边外缘——当然这种制约是允许的。"

小组委员会基于《公约》和《科技准则》的原则以及考量，在其回复文件中列出了其关于自然延伸、水下延伸和划定大陆边外缘的意见：

（1）"陆地领土的自然延伸"是基于大陆边的物理性质延伸至其"外部边缘"（第七十六条第1款），即"陆块的水下延伸……"（第七十六条第3款）；

（2）第七十六条第3款意义上的大陆边外缘是通过适用第七十六条第4款，从大陆坡脚测算而建立的；

（3）按照第七十六条第4款（上）项（同时可见《科技准则》第5.4.5段和第6.2.3段），为此目的确定的大陆坡脚总是与一个可识别的大陆坡底相联系；

（4）地壳中性原则适用于：就沿海国陆地地壳的性质而言，第七十六条是中性的；

（5）岛屿制度（第一二一条）规定，《公约》设想的一岛屿海域是"按照本公约适用于其他陆地领土的规定加以确定的"，这意味着为划定大陆架外部界限的目的，所有岛屿国家拥有第七十六条第3款意义上的大陆边缘。

小组委员会在回复文件中进一步阐述了上述原则和考量，如下述：

（1）从物理上来讲，以及根据第七十六条第3款，大陆边缘"由陆架、陆坡和陆基的海床和底土构成"，在这之外的是"深洋洋底及其洋脊"；上述是水下地形的4个分类。根据《公约》第七十六条第3款，这些地形被用于确定各类沿海国陆地的大陆边缘。因此，第七十六条第4款提及的"大陆坡脚"是指《公约》意义上的大陆边陆坡特征区（the continental slope province of the continental margin）。

（2）上述结论的结果是，为《公约》的目的，沿海国任何类型的陆地（无论地壳类型、大小等）都有大陆边缘，可以根据《公约》第七十六条第4款划定。深洋洋底位于大陆边缘的向海一侧，包括海盆、深海平原、深海丘、洋中脊、断裂带和海山等深洋海底特征。

（3）大陆坡脚的确定需要同时存在一个大陆坡和一个可以识别的大陆坡底（见《科技准则》第5.2段和第6.2段）。反过来，一个大陆坡的存在要求有一个明显的从陆基或深洋洋底升到沿海国陆地陆架过渡的地形特征。

（4）《公约》第七十六条意义上的深洋洋底是大陆边外缘向海一侧的区域。反之亦然，即大陆边缘是深洋洋底的向陆一侧。《科技准则》第5.4.5段反映了这一概念。

4.1.2 大西洋中脊和深洋洋底的特征

大西洋的洋壳是由沿着大西洋中脊中央裂谷的海底扩张岩浆作用产生的。大西洋中脊是全球洋中脊系统的一部分，自20世纪50年代以来被公认为是海底最显著的特征。大西洋中脊系统从北冰洋向南延伸至南大西洋，被认为是全球洋中脊系统中一个缓慢扩张脊的最重要的例子。缓慢扩张过程造成了大西洋中脊的崎岖地形。新的地壳物质（通常包括表层附近的通过喷出和侵入的火山作用形成的洋中脊玄武岩）增生至裂谷内的分离板块。该海底扩张过程是全球海洋新洋底产生的正常机制。

洋中脊缓慢扩张中发生的海底扩张过程在整个深海产生了一个特有的3段海

底地形：坡峰、坡翼和转换脊。洋中脊，特别是大西洋中脊，若以通常定义海底地形的夸大垂直比例（vertical exaggerations）（注：夸大垂直比例＝垂直比例／水平比例）衡量其整体（例如：小于25∶1），并不具有典型的传统地貌学定义上的脊状特征（图4），并非国际水道测量组织出版的《海底地名命名标准》（B-6出版物）中定义的"边坡陡峭、坡度变化复杂的狭长隆起区"，而是有广泛起伏的海底。在命名"大西洋中脊"时使用"脊"的术语很大程度上是出于历史因素，用以描述突出的中央裂谷及其断裂肩（rift shoulders），以及更广泛的微微倾斜的坡翼特征区。彼时洋中脊的构造意义尚未明朗，如今却已清晰，随着洋壳岩石圈离开活跃扩张中心而慢慢成熟、冷却和热沉降，此时洋中脊的侧翼事实上已成为正常的深洋洋底。普遍认为，真正的海底洋性特征出现在大陆边缘的向海一侧，包括海盆底和洋中脊地区。此分类体现在《公约》第七十六条第3款，指出大陆边"不包括深洋洋底及其洋脊"。

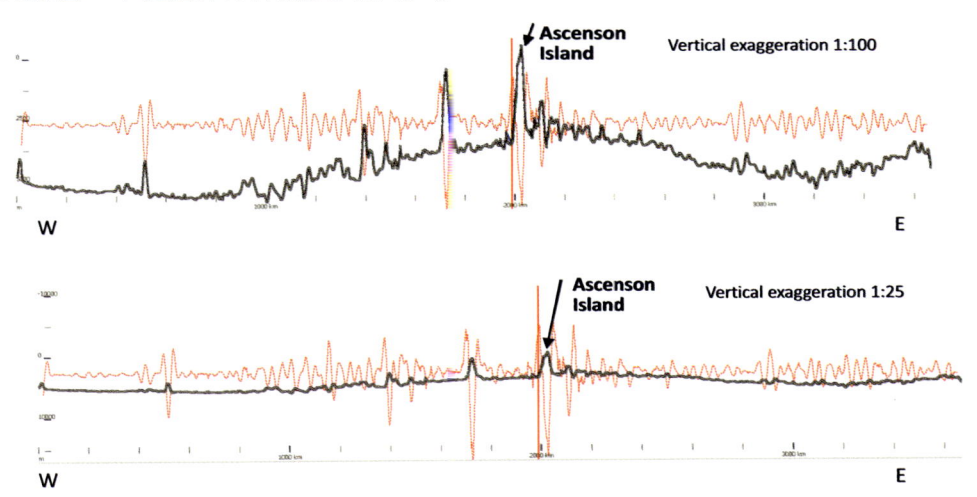

图3　经阿森松岛横穿大西洋中部的测深剖面，夸大垂直比例分别为1∶100和1∶25，低倍数图像具有更逼真的代表大西洋洋中脊形态的数据

注：图像显示岛屿坐落在毗邻的洋盆海底和洋中脊侧翼及顶部之间。

资料来源：委员会对英国（阿森松岛）外大陆架划界案的建议摘要。

4.1.3　对阿森松岛的考量

委员会认识到，"关于延伸大陆架以及确定其外部限制的权利问题，《公约》第七十六条给予深洋洋脊、海底洋脊与海底高地特别的关注"。鉴于此观点和阿森松岛位于大西洋洋中脊侧翼西部的事实，在审查英国确定阿森松岛超过200海里大陆架外部界限权利期间,委员会就阿森松岛大陆坡底的位置给予深入审议。

英国认为其可以向委员会证明:阿森松岛没入水下陆块的超过 200 海里的自然延伸,是法律意义上的大陆边外缘,这部分大西洋中脊被认定为海底洋脊。英国主张阿森松岛的外大陆架权利。

英国认为"阿森松岛作为一个岛屿,显然不能被当成深洋洋底的一部分,同样,大西洋洋中脊的相关部分也不是深洋洋底的一部分"。英国引用委员会《科技准则》第 7.2.8 段来支持其上述观点。

基于上述研究的信息和其他技术数据,英国得出结论"阿森松岛是大西洋整体组成的一部分并且其自然延伸到大西洋和其中脊"。英国认为该部分大西洋中脊可被视为《公约》第七十六条第 6 款意义上的海底洋脊。

委员会指出,英国认可"法律上阿森松岛大陆架不包含经典的大陆架、大陆坡和大陆隆,但是在东部地区适用委员会《科技准则》第 5.4.5 段"。此外,英国认为"阿森松岛海底高地的形态特征只是一部分,其向北、南、西延伸超过 200 海里不符合典型的大陆边缘构成,且不能显示其他的典型特征,诸如陆架、陆坡和陆基"。因此英国认为在西部以及特别是东部的部分,大陆坡脚应该在高地适当位置通过相反证明来认定。

4.1.3.1 英国在阿森松岛西部确定大陆坡底的方法

英国认为在西部地区没有传统的大陆架、大陆坡和大陆基。此处的大陆坡脚被认为位于向西方向的海底,相对应于大西洋洋中脊的西侧翼,与南大西洋西部深海平原或南美洲海隆东部边缘相连接。英国将此连接处解释为类似于经典的较低的陆坡或者陆隆以及深洋洋底。

此外,英国认为,该地区代表了深海平原沉积序列覆盖于大西洋中脊侧翼区域,遮盖了独特的粗糙地形。英国认为,位于洋脊边缘和深海平原之间的连接处等同于在经典的大陆边缘陆坡—陆基过渡带,基于地貌和地质证据以及分析,因此认为能被用于代表大陆坡脚的位置。

在大西洋中脊基部西侧区域大陆坡脚点的选择全部基于单波束图像,这些点位于洋中脊西部倾向深海裙、深海平原和南美洲大陆隆东部的斜坡区域。

4.1.3.2 英国在阿森松岛东部确定大陆坡底的方法

在此处英国使用轴向断裂西部边缘,作为代表阿森松岛在南美板块自然延伸的最远边缘。首先,大陆坡底区由向陆和向海之间的界线确定;其次,大陆坡脚位置由基于坡度变化最大的点确定。在大陆坡底区域大陆坡脚与坡度变化最大位

英国（阿森松岛）外大陆架划界案委员会审议建议评注

置不一致时，使用地质和地球物理数据作为相反证明补充测深和地貌证据。大陆坡底由形态划定，并由地质支持。

英国认为，阿森松岛是一个区域低强度热异常岩浆的地表表现，该热异常已经导致大西洋中脊和周围海底的局部隆起。英国同时强调，不同的机制仅对独立成分产生微弱影响，对地形和水深几乎没有影响，英国认为这些对划界案是不重要的，因为它们没有对上述提及的阿森松岛的形成构成影响，并且显示出与大西洋中脊一致的地质和地球化学特征。其次，从岛屿陆块侧向延伸至进入深洋洋底的洋中脊，能否包含在岛国大陆边缘内仍在讨论之中，从《公约》第七十六条的意义上看其可能被视为海底洋脊或海底高地，而不作为深洋洋底的一部分。最后，英国认为阿森松岛地区地形显现了整个大西洋中脊（即轴部区域和西部侧翼沉降）是与阿森松岛相关的海底。

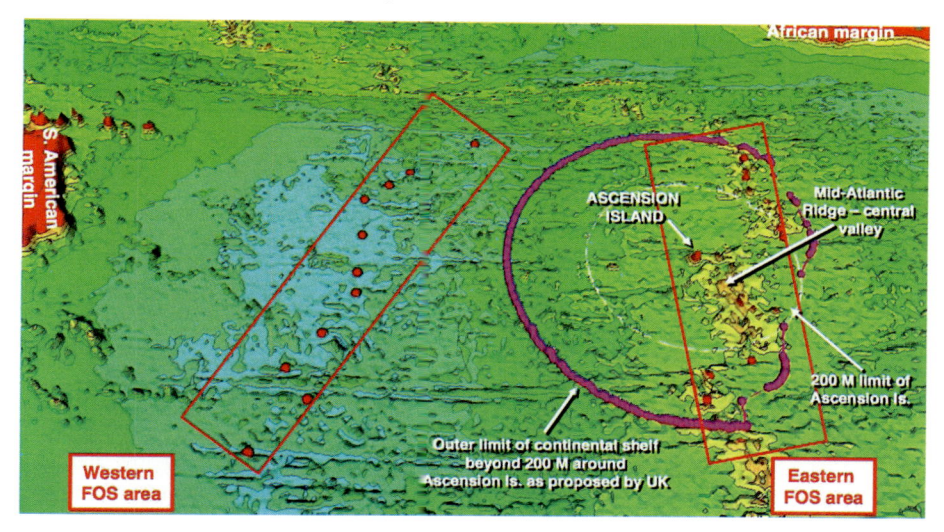

图 4　大西洋中央彩色条带测深

注：大陆坡脚区域（由红色框标注）包含由英国建议的阿森松岛西部大陆坡脚（红色圆点）位于大西洋中脊西部大洋盆地底部。

资料来源：委员会对英国（阿森松岛）外大陆架划界案的建议摘要。

委员会认为，远离岛屿陆块及与之相关、离散的海底高地、大西洋中脊和毗邻大洋盆地部分均属于大西洋洋底的一部分。这些广阔区域海底地壳由大西洋中脊沿轴部扩张产生，在区域规模上，在坡度和组成上非常一致，但是被复杂地形叠加，高差幅度达到数百米。委员会认可处于深洋洋底的岛屿具有大陆边缘和大陆架，然而当岛屿连于洋脊时便出现问题：诸如洋脊哪些部分属于深洋洋底，哪

173

些部分属于岛屿的大陆边。

此类岛屿是否具有200海里以外大陆架的权利取决于岛屿基部和大陆坡脚的位置位于从领海基线量起超过140海里之外，使得利用60海里距离公式建立的大陆边外缘超过200海里。像阿森松岛这样小的大洋岛屿周围必须有高于离散的深洋高地。反之，这种离散的深洋高地必须构成充足的大陆边延伸区域，并且位于200海里线以外。委员会认为，英国提交的数据不能证明此种情形。

英国将裂谷扩张轴和深部相关的断裂带作为阿森松岛大陆坡的一部分。然而委员会认为，大洋扩张结构，是深洋洋底正常组成部分，只能在以下情况构成岛屿陆块大陆坡——此结构从岛屿底部上升从而构成离散海底高地的一部分。这不符合阿森松岛的情况，因为其火山体形态上是不与任何离散海底高地相连的（图6）。

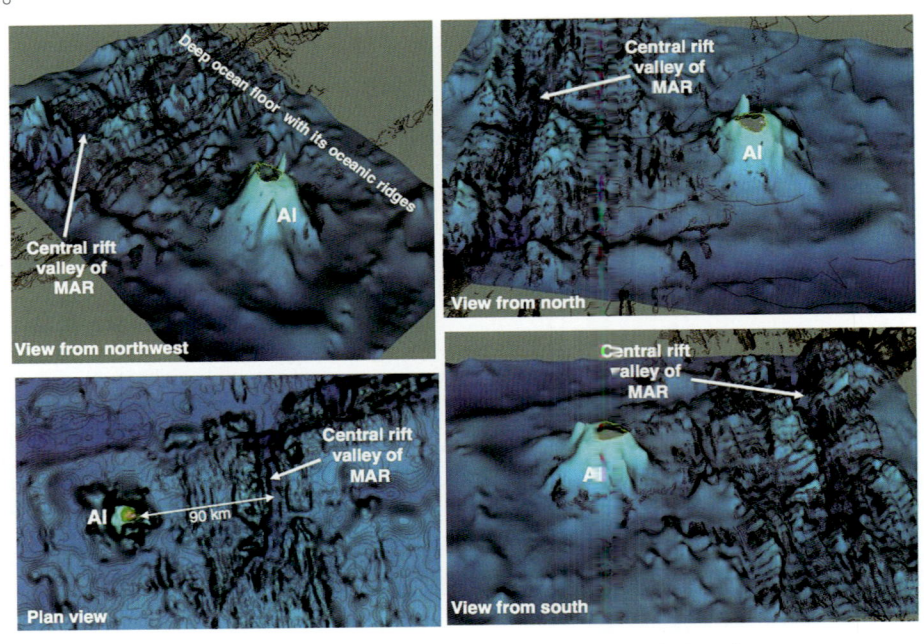

图5 阿森松岛火山体基座从周围正常深海底直接上升，
高于海底正常起伏且底部不与任何其他离散地形特征相连接
资料来源：委员会对英国（阿森松岛）外大陆架划界案的建议摘要。

阿森松岛具有一个范围有限的火山体基部，它直接从附近的正常深海底上升而来。不与高于通常崎岖的周围海底的其他任何离散地形特征相联系。

委员会认为阿森松岛地壳结构不同于周围由正常洋壳组成的洋底。虽然没有证据表明支撑阿森松岛火山活动开始于接近扩张中心，形成阿森松岛的主要阶段发生在一个实质距离远离洋脊的地方，阿森松岛、地形、地质、地球物理和地球化学不同于周围洋底。阿森松岛火山体直接位于深洋洋底之上，阿森松岛大陆坡底位置位于火山体底部，不在中央裂谷或大西洋中脊断裂带之内。

此外，委员会认为，不管采纳何种方法（纯地形有无地质的支撑）来确定大陆坡底区域，此区域仅能位于阿森松岛火山体基部。唯一与阿森松岛大陆块水下部分相关且可靠的大陆坡脚点位置，位于火山体基部附近，在该处岛坡较低部位与大西洋深海底合并。

委员会认为在阿森松岛火山体和大西洋中脊轴部之间高低不平的海底是正常洋底（其包含了大西洋中脊中央裂谷）的一部分。这个火山体的顶部被周围的深洋洋底包围。鉴于此，远离该火山体的最大坡度变化并不构成该岛屿大陆边缘的有效大陆坡脚点，而是与深洋洋底的特征相关。但这并不意味着岛屿通常不能形成超过200海里的大陆边缘。

基于阿森松岛划界案包含的科学与技术文件，以及英国向委员会补充提交的资料，委员会认为"在阿森松岛地区，划界案中包含的大陆坡脚点不满足《公约》第七十六条和《科技准则》第5章和第7章的要求"。委员会认为，这些大陆坡脚点不能组成建立阿森松岛地区大陆边外缘的基础，委员会不同意英国所采用的方法来确定阿森松岛相关大陆坡底，特别是大陆坡脚点的位置。因此，委员会认为，在阿森松岛附近区域，英国不能建立其大陆架超过200海里的外部界限。

5 对委员会英国外大陆架划界案建议的评注

5.1 本划界案由委员会一致通过

2010年4月15日，委员会以协商一致方式通过经修正的"大陆架界限委员会关于2008年5月9日英国（阿森松岛）大陆架划界案的建议。"

5.2 对阿森松岛性质的认定

阿森松岛划界案主要涉及洋脊上的岛屿大陆架的划定问题。《公约》第七十六条第3款提到深洋洋底及其洋中脊，认为它们不包含在沿海国陆块没入水中的延伸部分；参照第1款，更加明确这些洋脊不应该被认为是大陆架的一部分。同时，第七十六条第 6 款引入了术语"海底洋脊"应该被认为是比深洋洋脊更为通用的一个术语，它包括起源于大陆边但可能延伸至深洋洋底的洋脊。

在英国关于阿森松岛划界案的审议过程，委员会对英国提出的大陆坡底区以及确定的大陆坡脚位置提出质疑，双方经多次沟通，始终未达成一致意见。英国把大西洋洋中脊扩张轴的拉张裂谷以及与大洋海底扩张有关的大洋中脊都看做是阿森松岛的大陆坡。委员会认为作为深海底一部分的大洋海底扩张构造，只有当这些离散的海底构造隆起形成岛屿时才能成为该岛屿大陆坡的一部分，而阿森松岛明显不属于这种情况，阿森松岛在地形地貌上与这些离散分布的海隆并不连续。委员会建议指出，阿森松岛和中大西洋洋中脊轴部之间的起伏海底属于正常深洋底的一部分，而非阿森松岛的大陆坡底区域，因此，英国在该区选定的大陆坡脚点均未得到委员会认可。

5.3 英国划界案委员会建议的影响

英国阿森松岛划界案是委员会审议的第一个涉及位于大洋中脊的岛屿大陆架外部界限主张的划界案，因此委员会关于英国阿森松岛划界案建议所确定和运用的原则具有对其他相似划界案的审议的重要的指导意义。委员会确认大洋中脊是《公约》第七十六条第 3 款所指的深洋底的组成部分，阿森松岛不具有延伸 200 海里以外延伸大陆架的权利。委员会首次拒绝了一个西方大国提出的大陆架划界主张，在国际社会引起极大反响。委员会建议维护了大陆架界限委员会的公平公正的形象，受到国际社会的好评和尊重。

5.4 国家实践与相关评论

2011 年 1 月 11 日，英国政府致联合国秘书长一封普通照会，称对委员会做出的建议表示失望，并要求秘书处在联合国海洋事务与海洋法司网站上公布"2010 年 4 月 12 日大不列颠及北爱尔兰联合王国向大陆架界限委员会所作的法律解释要点陈述摘要文件"。[9]

英国提到的此份文件主要就以下 3 方面内容提出了解释的原则：①《公约》第七十六条第 3 款中"深洋洋底"的含义；②《公约》第七十六条第 1 款中"自然延伸"的含义；③地形因素优先于地质因素的使用。

就问题一，英国首先从《维也纳条约法公约》的角度论述"深洋洋底"是属于科学概念亦或法律概念。英国认为，《公约》中的一些术语和短语也许是技术性的，但是《公约》不必为其输入技术含义。《维也纳条约法公约》第三十一条第 4 款"倘经确定当事国有此原意，条约用语应使其具有特殊意义"，而《公约》第七十六条的目的明显说明缔约国无意将一些概念，比如第 3 款的"深洋洋底"以及第 1 款的"大陆架"，赋予其科学或技术含义。

其次，英国从大陆边缘与深洋洋底的位置关系论述了深洋洋底的范围。英国认为，《公约》是以陆地为基准的方法确定沿海国的大陆边外缘的，如果大陆边缘延伸至洋中脊一侧，如大西洋中脊，则该部分洋脊不能被视为是深洋洋底。这与委员会《科技准则》第 7.2.8 段的规定相印证。[10] 即，随着与陆块距离的远近，洋脊的法律地位也随之改变，近之为大陆边，远之为深洋洋底。

英国认为，小组委员会首先做出了无理由的假设，即所有洋中脊都位于深洋洋底。如果把阿森松岛位于深洋洋底这一假设去掉，那么按照一般原则可以证明从属权利检验。

就问题二，英国认为，小组委员会确定大陆边外缘的方式是通过适用《公约》第七十六条第 4 款的规定，即从大陆坡脚开始测算。小组委员会以这种跳跃的方式直接忽略了第 1 款的要求，即先确定陆地领土的自然延伸范围。同样在第 3 款中亦提及大陆边包括陆地的水下延伸。英国认为不能通过适用第 4 款的公式来考量作为陆地固有财产的自然延伸。

英国同时注意到在弗吉尼亚大学出版的《1982 年〈联合国海洋法公约〉评注》中也有类似的观点，即，《公约》缔约国设立一套公式来确定外大陆架的做法不代表其放弃了作为习惯国际法项下的沿海国的主权权利。

英国认为，判断一陆地领土是否存在水下的自然延伸只能通过评估一切可用的地球科学数据来确定。即转入问题三。

就问题三，英国认为，小组委员会在审议阿森松岛划界案的过程中偏重依赖地形证据，而且在很多场合仅使用地形证据而排除地质证据，这缺乏《公约》依据。相反，从《公约》第七十六条第 4 款（b）项的规定可以看出，《公约》特别要求使用多种数据，而非仅仅使用地形数据。

因此，英国认为可以使用一套综合标准来判断陆块的自然延伸及确定大陆边，如地质、地球物理、地球化学，以及地形标准。英国同时提及联合国海洋事务与海洋法司出版的确定大陆架的手册中曾指出，由于不同的构造环境导致大陆边的地质形态各不相同，所以在实践中很少出现依据地形将边缘简单分为陆架、陆坡和陆基的情形。

此外，英国认为值得注意的是许多火山岛没有陆架，而只有斜插入深洋洋底的陆坡。此类构造环境便不适用通常定义的陆架、陆坡和陆基的分类。

177

综上所述，英国得出的结论为：

（1）对第七十六条的解释是法律的问题。《公约》的大陆架概念是法律意义上的，并不需要反映其科学含义。更为根本的是，第七十六条出现在一个国际协定中，因此必须根据《维也纳条约法公约》及其他国际司法机构的裁决中规定的原则进行解释。

（2）英国概述的三项原则对如何合理解释第七十六条至关重要，英国认为委员会及其他《公约》缔约国需要认真加以考虑。并且英国知道某些其他国家也有此种担忧。各国对于国际法项下主权权利的范围一直比较敏感，这是可以理解的。必须指出的是，《公约》附件二第三条第1款（a）项所规定的委员会的职能是限于"审议数据和其他材料并提出建议"。

（3）尽管委员们在专业领域有突出的成就，但是委员会没有全面的权利来解释《公约》，因为这是律师的工作。英国注意到，委员会的《议事规则》允许它寻求外部专家的意见。由于英国与小组委员会的法律解释有明显的差异，因此英国建议委员会考虑就这些问题寻求专门的法律咨询意见。

（4）英国认为，这些法律原则问题在阿森松岛以外具有重要意义，并无疑与《公约》缔约国有关，后者在未来可能因陆地和洋脊或洋脊体系之间的联系而划定延伸大陆架。此外，其他《公约》缔约国也会认为所涉原则具有广泛的意义，因为与《公约》第七十六条的解释以及委员会的工作方式有关。

（5）英国欢迎其他组织，特别是《公约》缔约国，就以上问题提出意见。

然而委员会表示，对英国阿森松岛划界案做出的建议是严格按照《公约》第七十六条及附件二拟订的。在沿海国不同意委员会建议的情形下，应按照《公约》附件二第八条的规定，于合理期间内向委员会提出订正的或新的划界案。[9] 在次月关于巴巴多斯要求委员会做出澄清的来信中，委员会也做出了同样的答复。[9] 但是与巴巴多斯此后按照委员会的答复提交修正划界案的做法不同，英国就此未有进一步的行动。

参考文献

[1] Executive Summary of Ascension Island's Extended Continental Shelf Submission.

[2] *Note Verbale* from the Netherlands on the Ascension Island's Extended Continental Shelf Submission（28 August 2009）（No. NYV/2009/2184）.

[3] *Note Verbale* from Japan on the Ascension Island's Extended Continental Shelf Submission（19 November 2009）（SC/09/391）.

[4] 委员会第22届会议主席说明（中文版和英文版）（CLCS/60）.

[5] 委员会第23届会议主席说明（中文版和英文版）（CLCS/62）.

[6] 委员会第24届会议主席说明（中文版和英文版）（CLCS/64）.

[7] 委员会第25届会议主席说明（中文版和英文版）（CLCS/66）.

[8] Summary of Recommendations of the Commission on the Limits of the Continental Shelf in regard to the Submission made by the United Kingdom of Great Britain and Northern Ireland in respect of Ascension Island on 9 May 2008, Adopted by the Commission on 15 April 2010 with amendments.

[9] 委员会第27届会议主席说明（中文版和英文版）（CLCS/70）.

[10] 委员会.《科技准则》第7.2.8段：一些脊（包括仍在活动扩张的脊）上可能有岛屿。在这种情况下，很难将脊的这一部分视为深洋洋底的一部分.

印度尼西亚（苏门答腊西北地区）外大陆架划界案委员会审议建议评注

1957 年 12 月 13 日，印度尼西亚通过《朱安达声明》（Djoeanda Declaration），宣布自己为群岛国，并在 1960 年第 4 号法令中划定了群岛基线。《公约》缔结之前，印度尼西亚与印度在印度洋和安达曼海、与泰国在安达曼海、与马来西亚在马六甲海峡和南海、与巴布亚新几内亚在太平洋和阿拉弗拉海、与澳大利亚在帝汶海和阿拉弗拉海签订了一系列大陆架划界协定，从而建立了其大陆架制度。

印度尼西亚在《公约》开放供签署期间即签字加入，并在 1985 年 12 月 31 日通过第 17 号法令批准了《公约》，《公约》于 1994 年 11 月 16 日开始对其生效。

印度尼西亚从 1999 年开始通过收集源于数字海洋资源管理项目（DMRM）和 ETOPO-2 的既存测深数据，以及全球地震或沉积岩厚度数据来准备延伸大陆架的划界案。负责准备划界案的国家机构是由一个包括外交部、能源和矿产资源部、国家测量和制图协调局、技术评估和应用局、印度尼西亚科学院、海洋和渔业局，以及水文-海洋办公室在内的机构间的联合团队。该团队是由印度尼西亚政府资助的专门为建立印度尼西亚延伸大陆架的外部界限而设立的一个国家项目。

依据《公约》第七十六条第 8 款及附件二第四条的相关规定，印度尼西亚于 2008 年 6 月 16 日向委员会提交了在苏门答腊西北地区自其领海基线量起 200 海里以外大陆架外部界限划界案。本划界案仅涉及苏门答腊西北地区延伸大陆架的外部界限。按照《议事规则》附件一第三条，印度尼西亚其他地区延伸大陆架的外部界限将在以后提出。

小组委员会在第 26 届会议上向委员会提交了划界案建议草案，委员会在第 27 届会议上以表决的方式通过了划界案建议。

1　印度尼西亚的主张[1]

按照委员会《议事规则》附件一第二条（a）款，印度尼西亚告知委员会，在本地区，印度尼西亚和任何其他国家之间不存在任何争端。

印度尼西亚（苏门答腊西北地区）外大陆架划界案委员会审议建议评注

印度尼西亚在该地区使用1%沉积岩厚度公式，并且基于所提供的地震数据，证明有足够的沉积岩厚度来适用该公式。印度尼西亚由此确定了5个定点，并与200海里线一起构成该地区的200海里以外大陆架外部界限（图1）。表1列出了这些定点坐标以及各定点之间直线连接的长度。

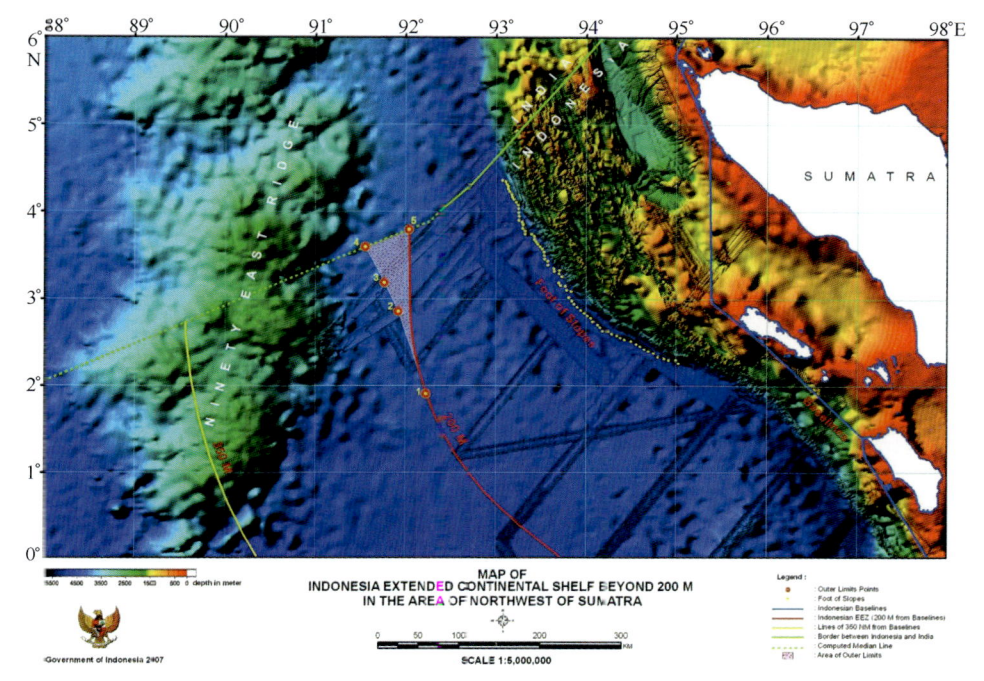

图1 印度尼西亚拟在苏门答腊西北地区划定的大陆架外部界限全景

注：从左至右绿色虚线为印度尼西亚和印度之间的计算中间线；黄色线为印度尼西亚距领海基线350海里线；红白色小点为印度尼西亚依据爱尔兰公式确定的定点；粉色区域为印度尼西亚所主张的大陆架外部界限区域；红色线为印度尼西亚距领海基线200海里线；绿色线为印度尼西亚与印度的分界线；黄色小点为大陆坡脚点；蓝色线为印度尼西亚领海基线。

资料来源：印度尼西亚（苏门答腊西北地区）外大陆架划界案执行摘要。

表1 确定苏门答腊西北地区延伸大陆架外部界限的坐标清单（所有坐标参照WGS84）

定点	北纬	东经	方法	从定点	到定点	距离 米	距离 海里
1	1.942 284°	92.216 15°	定点位于印度尼西亚200海里大陆架上	—	—		
2	2.857 800°	91.918 861°	1%沉积岩厚度	1	2	111 200	60.0
3	3.189 650°	91.762 839°	1%沉积岩厚度	2	3	40 765	22.01

续表

定点	北纬	东经	方法	从定点	到定点	距离 米	距离 海里
4	3.603 128°	91.550 536°	定点位于印度尼西亚和印度之间的计算中间线上	3	4	52 660	27.9
5	3.798 494°	92.039 533°	定点位于印度尼西亚 200 海里大陆架上	4	5	58 450	31.56

资料来源：印度尼西亚（苏门答腊西北地区）外大陆架划界案执行摘要。

2 各国反应照会和要点

各国所提交照会的时间见表 2。

表 2 各国所提交照会的时间

序号	国家	时间	备注
1	印度	2009 年 3 月 25 日	公开
2	印度尼西亚	2009 年 4 月 30 日	公开

资料来源：联合国海洋事务和海洋法司网站，经作者整理。

2.1 印度[2]

印度表示，其和印度尼西亚之间存在大陆架权利主张潜在重叠的可能性。根据《公约》第八十三条，海岸相邻或相向国家间大陆架的界限应以协议划定。因此，印度尼西亚的外大陆架划界案不应妨害印度和印度尼西亚之间大陆架界限划定的问题（《公约》第七十六条第 10 款），两国之间的划界应由双边协定解决。

2.2 印度尼西亚[3]

印度尼西亚认为，《公约》第七十六条第 10 款明确了第七十六条的规定不妨害海岸相邻或相向国家间大陆架界限划定的问题。此外，《公约》第八十三条第 1 款规定海岸相邻或相向国家间大陆架的界限，应在《国际法院规约》第三十八条所指国际法的基础上以协议划定，以便得到公平解决。

印度尼西亚忆及，其和印度之间已存在1974年和1977年大陆架边界条约，并分别自1974年和1977年生效。

3 委员会审议过程

印度尼西亚划界案的审议贯穿了委员会第23届会议至第27届会议。在第23届会议上委员会即成立小组委员会审议印度尼西亚划界案。委员会在第27届会议上通过建议。

3.1 成立小组委员会之前的初步审议

在第23届会议上，印度尼西亚外交部法律事务和条约司司长、代表团团长阿旦夫·哈瓦斯·乌格罗塞诺（Arif Havas Oegroseno）向委员会介绍了划界案。阿旦夫谈到该划界案涵盖苏门答腊西北海域，是印度尼西亚第一个局部划界案。印度尼西亚今后将提交松巴以南和巴布亚以北海域的划界案。关于后一海域，阿里夫表示印度尼西亚已开始同邻国协商，探讨可否提交共同划界案。

阿里夫指出，苏门答腊西北地区部分划界案所涉海域不属于有争议的海洋界限范围。在这方面，他忆及印度尼西亚在1974年同印度就两国之间的大陆架界限的划界达成协议。

印度尼西亚提交的划界案的科技细节由下列人士做出说明：国家勘察和制图协调局局长鲁道夫·马丁达斯（Rudolf W. Matindas）、国家勘察和制图协调局技术专家卡夫（Khafid）和技术评估和应用局自然资源储备技术主任尤瑟夫·迪加加迪哈迪加（Yusuf Djajadihardja）。印度尼西亚代表团还有几位其他的科学、法律和技术顾问。

委员会在本届会议上设立小组委员会。小组委员会由下列成员组成：克罗克、法古尼、格尔曼、卡尔恩吉、朴永安、皮门特尔和玉木贤策。小组委员会选出克罗克担任主席，卡尔恩吉和朴永安担任副主席。[4]

3.2 小组委员会审议

小组委员会在第23届至第26届会议期间审查了该划界案。委员会在第26届和第27届会议上审议了小组委员会的建议草案。

在第23届会议期间，小组委员会准备了一系列问题，要求印度尼西亚代表团做出澄清和提供进一步的资料。[4]

在第 24 届会议上，小组委员会审议了印度尼西亚为答复小组委员会提出的问题而提供的数据和资料。小组委员会与印度尼西亚代表团举行了 3 次会议。期间，印度尼西亚代表团提供了更多的材料并作了进一步说明。[5]

在第 25 届会议上，小组委员会审议了印度尼西亚根据小组委员会的要求所提交的大量新的资料。小组委员会与印度尼西亚代表团举行了两次会议，审议了新提交的资料。[6]

在第 26 届会议上，小组委员会继续审议新资料，与印度尼西亚代表团举行了两次会议，并提出了关于新资料的初步结论。2010 年 8 月 16 日，小组委员会以协商一致的方式通过了划界案的建议草案。8 月 17 日，小组委员会向委员会提交了草案。[7]

3.3 委员会通过建议

2010 年 8 月 17 日，印度尼西亚代表团阿里夫向委员会做了陈述，并提及小组委员会与代表团之间已就外部界限达成一致意见（agreement）。委员会随后继续举行非公开会议。在对小组委员会拟订的建议和代表团的陈述进行详细讨论之后，委员会决定把对小组委员会所提建议的审议推迟到第 27 届会议，以便让成员有更多时间进行审查。[7]

在第 27 届会议上，经过对各项建议和余留问题进行充分审查后，委员会以 11 票赞同、2 票反对、2 票弃权通过了"大陆架界限委员会关于 2008 年 6 月 16 日印度尼西亚（苏门答腊西北地区）大陆架划界案的建议"。[8]

4 委员会对印度尼西亚外大陆架划界案的建议[9]

4.1 从属权利检验

委员会确认，该划界案所涉及的地区是一个单一区域，即苏门答腊西北地区。苏门答腊西北地区的外大陆边位于平坦的尼科巴扇区（Nicobar Fan）深海平原，向西到达东经 90°洋脊（Ninety East Ridge）——印度洋主要的延伸地形；向东先是缓缓落入巽他海沟（Sunda Trench），之后陡升至巽他岛弧（Sunda Arc）的复杂增生带。

三大主要构造单元是巽他海沟、增生棱柱体和弧前盆地（苏门答腊和爪哇的离岸海沟分别是巽他海沟和爪哇海沟）。该地区的构造受印度-澳大利亚板块和巽他板块的北向运动（相对速度约 70 毫米/年）主导。与板块边界方向垂直运动的推力被苏门答腊俯冲带（巽他海沟）所吸纳，但与板块边界方向平行的运动则主要被苏门答腊断层带和明打威断层（Mentawai Fault）沿线的滑坡层所吸纳。

地震数据的分析表明，洋壳顶部有高振幅反射，其下则是杂乱的地震相。洋壳顶部微微偏向东北。俯冲带西侧是尼科巴扇区深海平原，位于从苏门答腊领海基线量起 200 海里之外。西侧的东经 90°洋脊限制尼科巴扇区的范围并形成了与来自孟加拉湾的海底沉积扇的边界。

尼科巴扇区较鲜为人知的是它的沉积岩构成。该扇区被认为是以海道冲积扇/延长冲积扇中的淤泥沉积岩为主，主要来自于上游东经 90°洋脊和尼科巴洋脊的侵蚀物，经堆积形成了尼科巴扇区（图 2）。

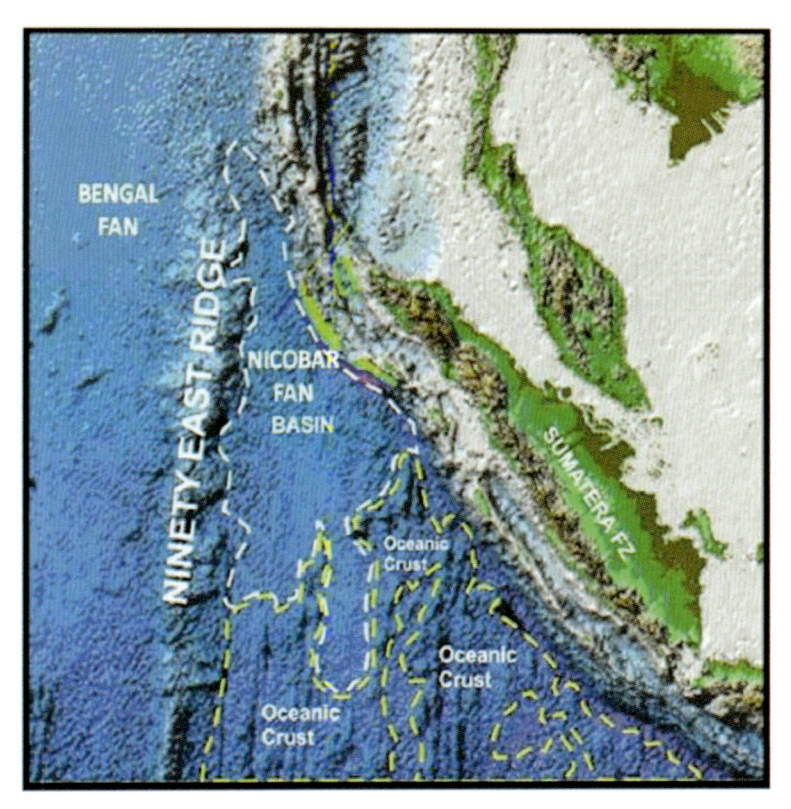

图 2 尼科巴扇区位于苏门答腊北部与东经 90°洋脊之间

资料来源：委员会对印度尼西亚（苏门答腊西北地区）外大陆架划界案的建议摘要。

委员会确认，通过适用《公约》第七十六条第 4 款的规定，苏门答腊西北地区的大陆坡脚所产生的大陆边外缘超过了印度尼西亚的 200 海里界限，印度尼西亚在该地区 200 海里界限外享有建立大陆架的法律权利。

4.2　确定大陆坡脚

在印度尼西亚苏门答腊西北地区，由 5 个关键大陆坡脚点产生 200 海里界限外的公式点。

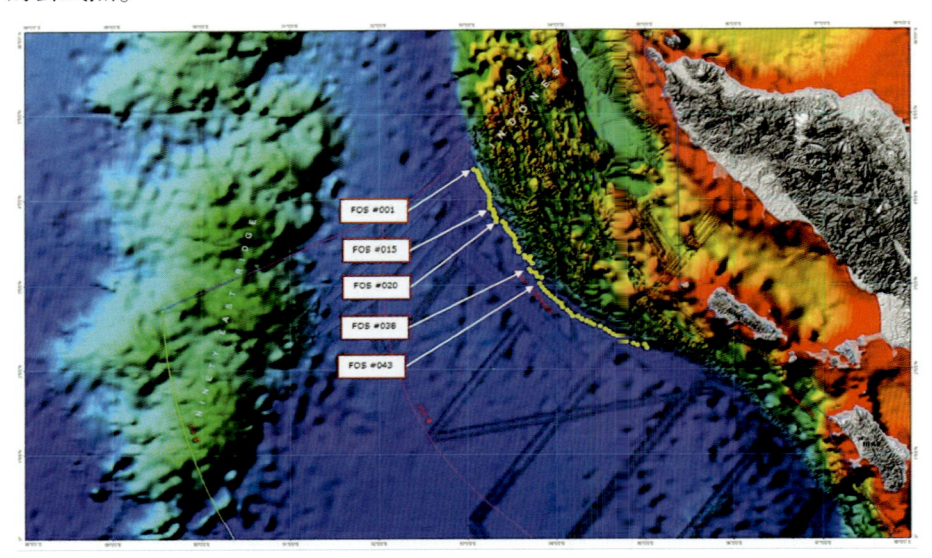

图 3　5 个关键大陆坡脚点的位置

资料来源：委员会对印度尼西亚（苏门答腊西北地区）外大陆架划界案的建议摘要。

在巽他海沟和巽他岛弧地区，有沟-弧体系类型的大陆边。自新近纪以来增生于巽他陆边的厚实的沉积岩，形成了一个向外的宽的增生棱柱体和一个高外弧洋脊。

根据划界案和印度尼西亚提供的补充数据和资料，印度尼西亚与小组委员会的互动及系列公开资料，小组委员会同意印度尼西亚所使用的划定苏门答腊陆边大陆坡底的方法。特别是，基于印度尼西亚提供的地形、水深和其他地质、地球物理数据，以及小组委员会提供的基于划界案测深数据建立的一个新的 DTM-TIN 三维模型，小组委员会同意建立 1、15、20、38 和 43 这 5 个关键大陆坡脚位置的方法（图 5 至图 10）。

小组委员会在审查大陆坡脚点 38 时附加考虑了地质作用。巽他弧前区域

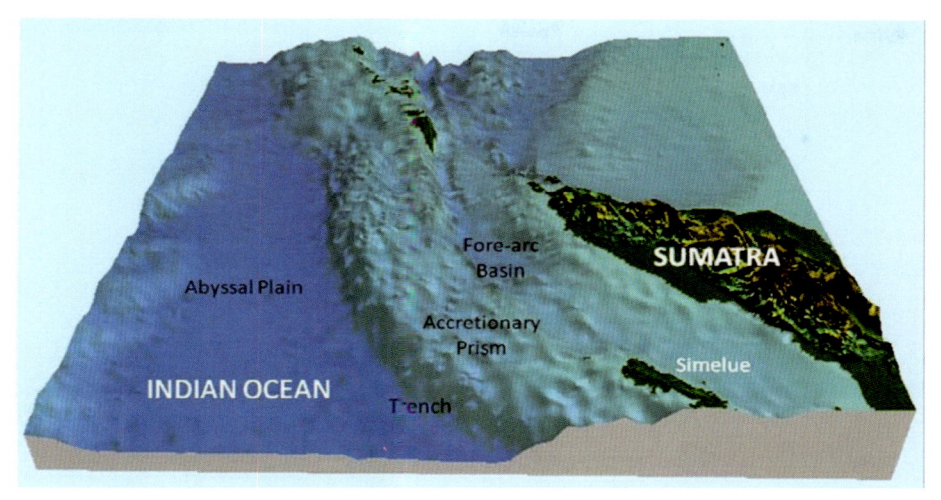

图 4　苏门答腊西北地区构造的三维视图

资料来源：委员会对印度尼西亚（苏门答腊西北地区）外大陆架划界案的建议摘要。

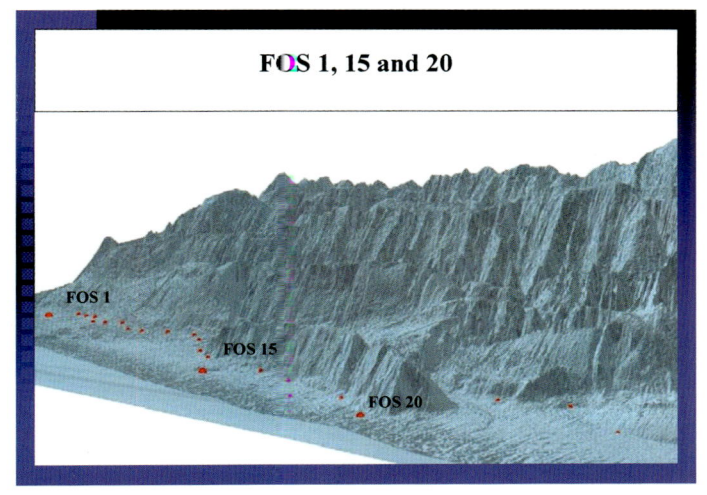

图 5　小组委员会准备的 DTM 所显示的关键大陆坡脚点 1、点 15 和点 20 的位置

资料来源：委员会对印度尼西亚（苏门答腊西北地区）外大陆架划界案的建议摘要。

的沉积岩形成了 4 种不同的环境：①弧前盆地；②海沟内斜面（海沟和外弧洋脊之间的区域）；③海沟；④印度洋板块。就印度尼西亚提交的与关键大陆坡脚位置有关的海沟下坡的情况，被认为是近海沉积岩，火山灰或火山碎屑沉积岩，以及来自上游增生棱柱体的碎岩沉积岩，由于滑坡，碎屑流或浊积物沉积过程，沿着海沟下坡堆积形成裙边、小扇区和楔形沉积体。小组委员会同意，

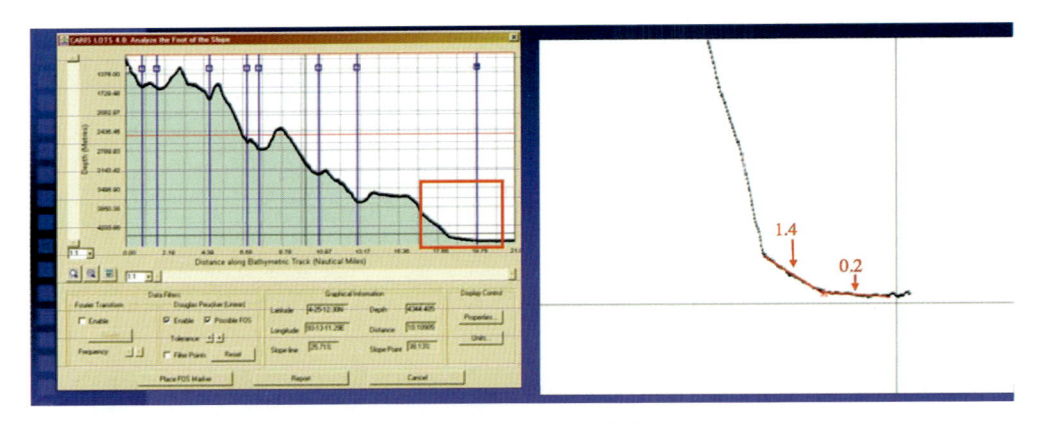

沿海国 200 海里以外大陆架外部界限划界案大陆架界限委员会建议评注

图 6 对大陆坡脚点 1 的分析

注：大陆坡脚点 1 的陆坡平均坡度为 1.4°，际基平均坡度为 0.2°。

资料来源：委员会对印度尼西亚（苏门答腊西北地区）外大陆架划界案的建议摘要。

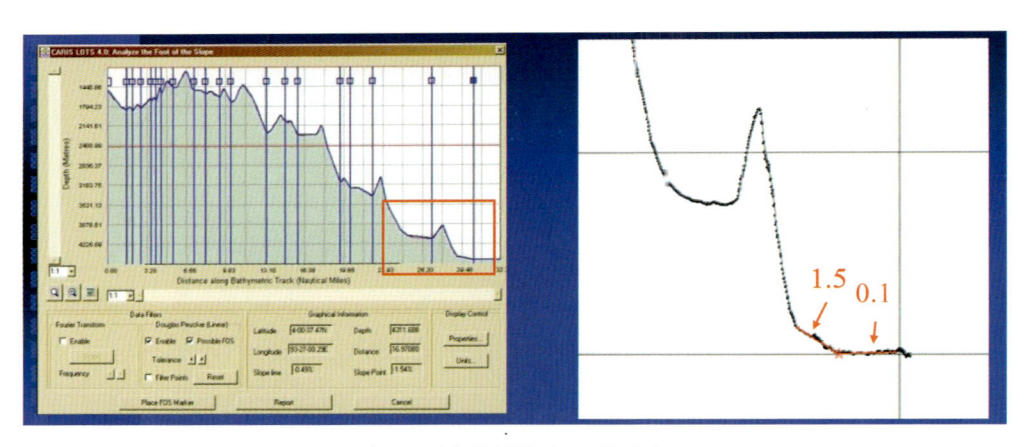

图 7 对大陆坡脚点 15 的分析

资料来源：委员会对印度尼西亚（苏门答腊西北地区）外大陆架划界案的建议摘要。

尤其在这样一个沿着海沟−弧前−海沟坡折带系的独特的沉积机制下，大陆坡脚点 38 的位置可被接受为是在因小滑坡或碎屑流而形成的沉积裙边或楔形体上（图 8 至图 10）。

小组委员会最终接受划界案所包含的所有关键大陆坡脚点的位置。

根据对划界案中的技术和科学资料，及以上提及的补充信息的审议，委员会的结论是，在苏门答腊西北地区，所列的大陆坡脚点符合《公约》第七十六条和委员会《科技准则》第 5 章的标准。委员会的建议是，这些大陆坡脚点应当构

188

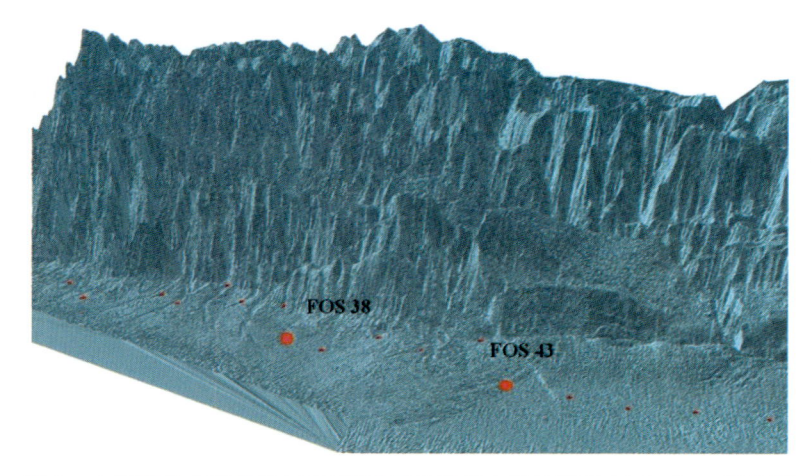

图 8 小组委员会准备的 DTM 所显示的关键大陆坡脚点 38 和点 43 的位置
资料来源：委员会对印度尼西亚（苏门答腊西北地区）外大陆架划界案的建议摘要。

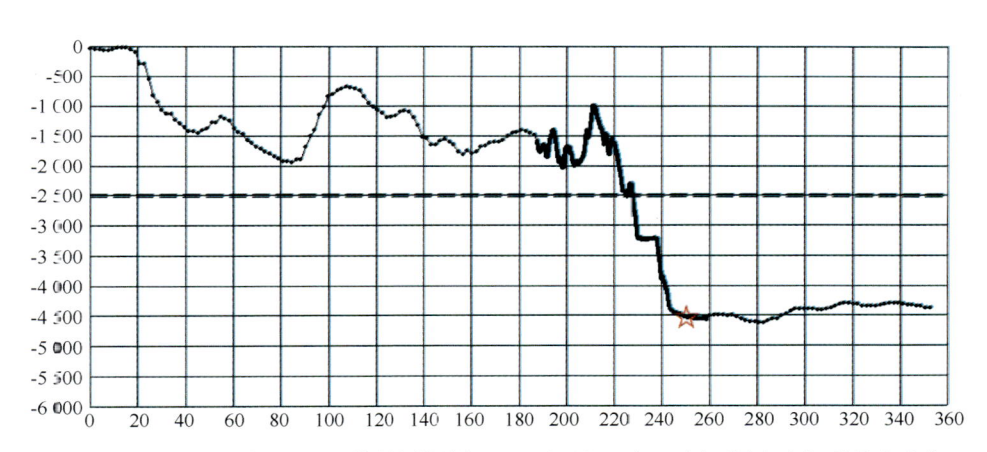

图 9 穿过大陆坡脚点 38 的延伸的测深剖面（以红星显示）（剖面图由小组委员会准备）
资料来源：委员会对印度尼西亚（苏门答腊西北地区）外大陆架划界案的建议摘要。

成建立苏门答腊西北区大陆边外缘的基础。

4.3 公式线的运用

在本划界案中，印度尼西亚未适用距离公式，而只适用 1% 沉积岩厚度公式。起初根据《公约》第七十六条第 4 款（a）项（i）目的规定，印度尼西亚提交了两个基于关键大陆坡脚点的公式点。这两个公式点是分别基于地震测线 BGR-103 和 BGR-102 建立的 1% 沉积岩厚度公式点。在对所提供的数据进行全面审查

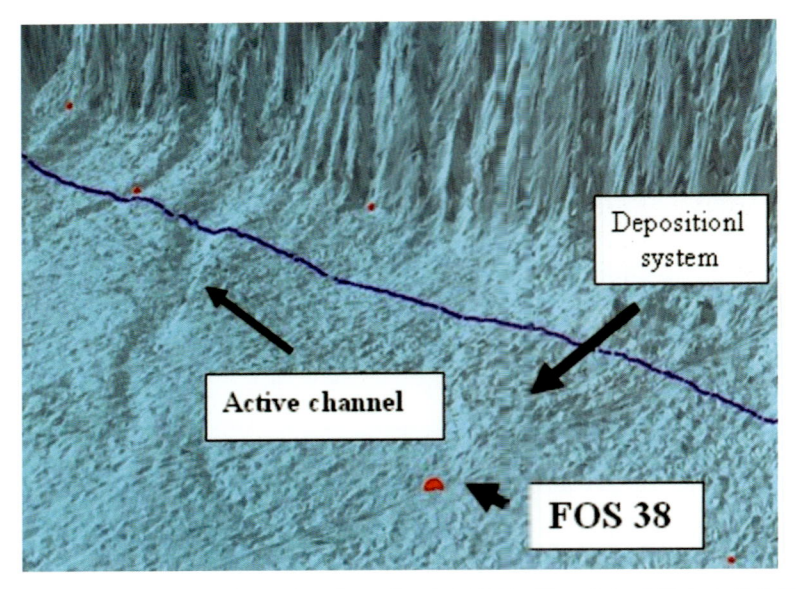

图 10　大陆坡脚点 38 附近的标明沉积作用过程的证据（小组委员会准备的图）

资料来源：委员会对印度尼西亚（苏门答腊西北地区）外大陆架划界案执行摘要。

后，小组委员会通知印度尼西亚代表团，定点 2 已被接受，但是定点 3 应选在更靠近陆地的方向，以满足 1% 沉积岩厚度标准。

此外，印度尼西亚按照其他标准提交了另外 3 个定点（定点 1，定点 4 和定点 5）。从本质上来说，这些都是基于 200 海里限制线的切线的建构点或是经计算的中间线的交点。小组委员会建议印度尼西亚代表团，按照委员会往常的做法是不建议类似切线的构建（tangential-like constructs），并且，就第 2 个点（定点 4），并没有沉积岩厚度数据的支持。

为解决这些问题，印度尼西亚于 2010 年年初就该地区进行了地震勘测。本次勘测中收集到的新数据，包括 6 条地震测线和详细的速度数据，均在 2010 年 3 月 3 日提交给小组委员会。基于这些新数据，印度尼西亚提交了 6 个新的定点（图 11 中的点 A、B、C、D、E 和 F）。点 D 为先前的位于 BGR-103 上的定点 2（如上所述已被小组委员会接受）。

经小组委员会要求，印度尼西亚又补充了速度频谱数据。小组委员会在第 25 届会议和第 26 届会议及休会期间审查了这些新的数据和定点。

原先提交定点 1 至定点 5 与之后修订的定点 A-F 之间的对比如图 12 所示。

委员会同意印度尼西亚在划定苏门答腊西北区建立沉积岩厚度公式点 B，点

印度尼西亚（苏门答腊西北地区）外大陆架划界案委员会审议建议评注

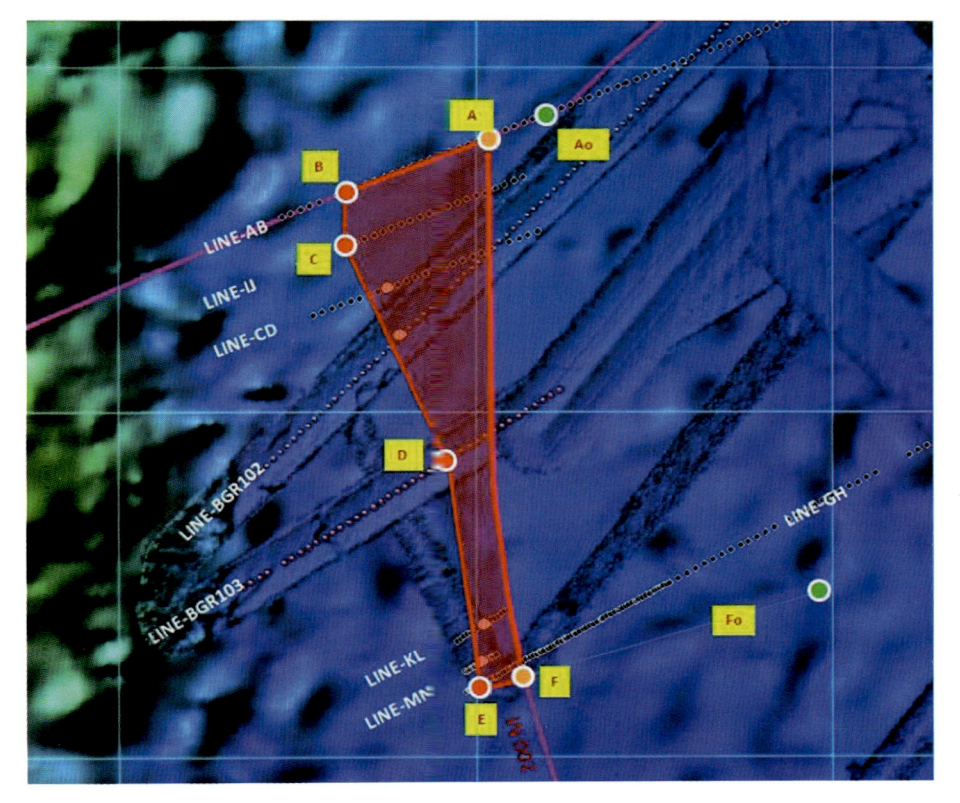

图 11　印度尼西亚于 2010 年 3 月提交的新的外大陆架定点 A-F 的位置

资料来源：委员会对印度尼西亚（苏门答腊西北地区）外大陆架划界案的建议摘要。

C 和点 D（表 3）的方法，包括所提供的数据、地震解释、深度转换方法以及距离计算。委员会的上述结论是建立在对所提供的地震数据进行详细分析，以及对速度数据和速度频谱进行制表的基础上的。

但是，就位于地震测线 GH 上的定点 E，委员会建议该点的位置向陆一侧移动约 0.7 海里（靠近 CDP 929），以满足 1% 沉积岩厚度标准。部分地震测线 GH，及相关的速度数据见图 13 和图 14 所示。

印度尼西亚代表团随后通知小组委员会，其已将定点 E 重新定位在地震测线 LKI-GH CDP 929 上，并在 2010 年 3 月 16 日重新提交的外部界限点坐标列表中体现了这个变化。

苏门答腊西北地区的大陆边外缘自 200 海里线向西面延伸。其北部边界为自 200 海里线外的卡地纳公式点（定点 B）延至 200 海里线内的海登堡公式点，与 200 海里线相交于定点 A。南部边界为自 200 海里线外的卡地纳公式点（定点 E）

191

图 12 原先提交的定点 1 至定点 5 与之后修订的一列定点 A–F 之间的对比

资料来源：委员会对印度尼西亚（苏门答腊西北地区）外大陆架划界案的建议摘要。

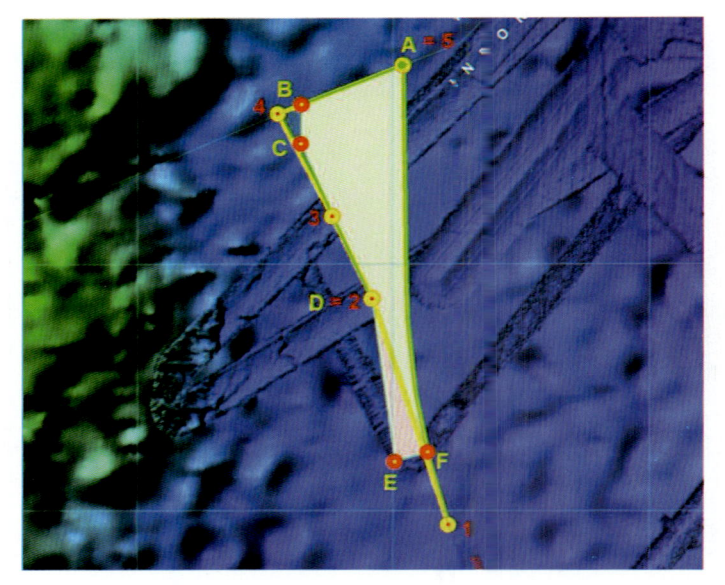

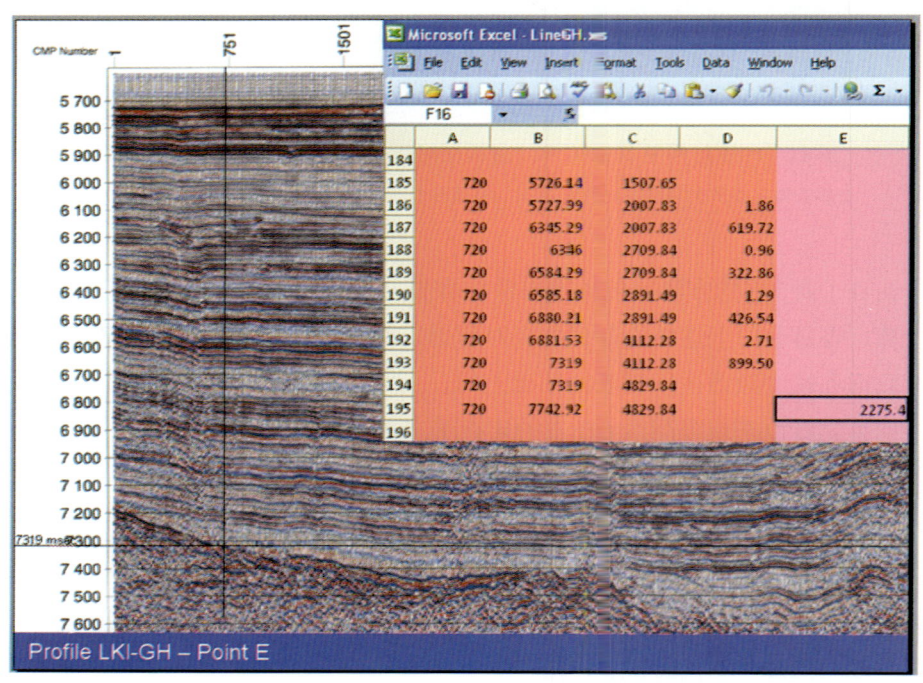

图 13 原先位于地震测线 LKI-GH CDP 720 的定点 E，
及印度尼西亚提供的已制表的速度数据（小组委员会准备的图）

资料来源：委员会对印度尼西亚（苏门答腊西北地区）外大陆架划界案的建议摘要。

192

图 14　原先位于地震测线 LKI-GH CDP 720 的定点 E 的速度频谱数据（小组委员会备注）
资料来源：委员会对印度尼西亚（苏门答腊西北地区）外大陆架划界案的建议摘要。

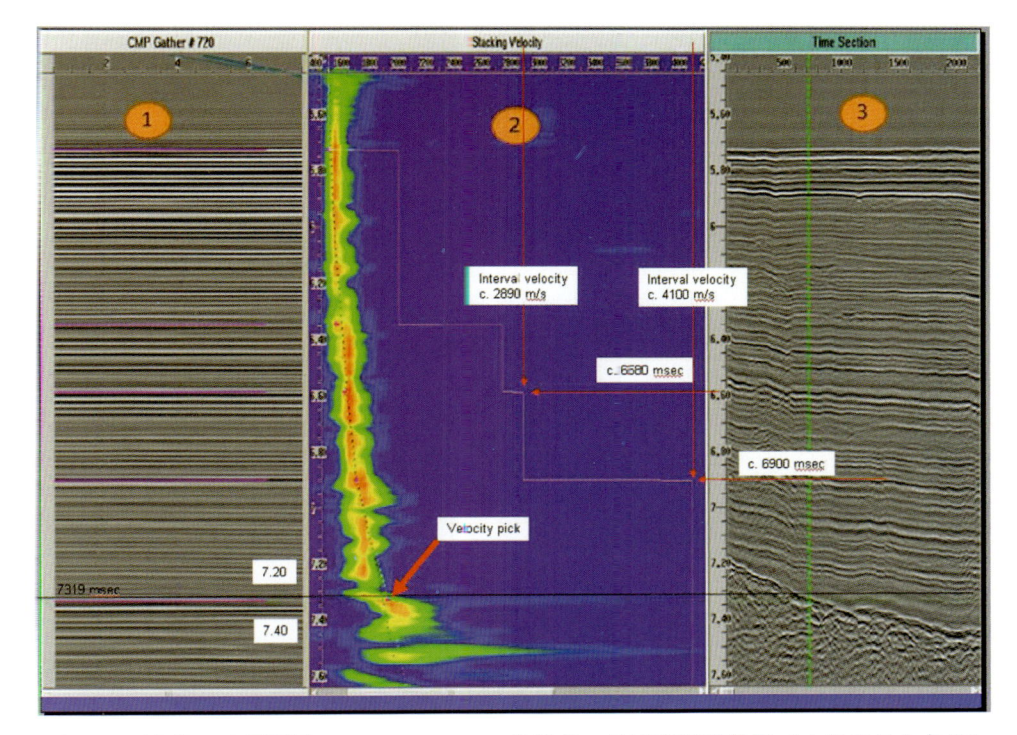

延至 200 海里线内的海登堡公式点，与 200 海里线相交于定点 F。定点 C 和定点 D 为其余的卡地纳公式点（图 11）。

在苏门答腊西北地区，200 海里外大陆边外缘是基于上述所描述的沉积岩厚度公式点，按照《公约》第七十六条第 7 款确定的。委员会建议将这些点用做确立该地区大陆架外部界限的基础。

4.4　限制线的运用

在本划界案中，印度尼西亚只选择了适用 350 海里距离限制线。委员会同意印度尼西亚在构建该限制线过程中所使用的方法。

4.5　最终外部界限及委员会建议

经修订后，印度尼西亚在苏门答腊西北区的定点有 4 个是卡地纳公式点，两个位于印度尼西亚 200 海里线上（图 15）。

193

沿海国 200 海里以外大陆架外部界限划界案大陆架界限委员会建议评注

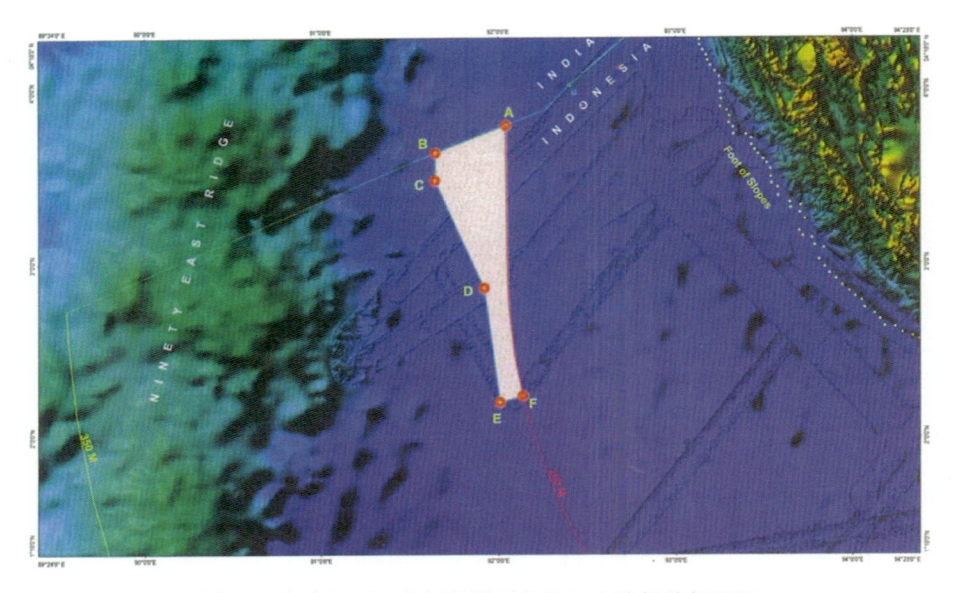

图 15　印度尼西亚苏门答腊西北地区大陆架外部界限

资料来源：委员会对印度尼西亚（苏门答腊西北地区）外大陆架划界案的建议摘要。

委员会同意表 3 中所列的定点，并建议最终外部界限用长度不超过 60 海里的直线连接定点构成。并且，委员会同意印度尼西亚在划定外部界限中使用的方法，包括确立定点和用直线连接这些定点的方法。委员会建议印度尼西亚据此建立大陆架的外部界限。

表 3　各定点的坐标

Fixed Points	Latitude（°N）	Longitude（°E）
A	3.798 494	92.039 533
B	3.640 470	91.643 231
C	3.481 772	91.640 431
D	2.857 803	91.918 864
E	2.205 316	92.017 360
F	2.237 555	92.135 960

资料来源：委员会对印度尼西亚（苏门答腊西北地区）外大陆架划界案的建议摘要。

5 对委员会印度尼西亚外大陆架划界案建议的评注

5.1 本划界案由委员会表决通过

在第 27 届会议上，委员会以 11 票赞同、2 票反对、2 票弃权通过了"大陆架界限委员会关于 2008 年 6 月 16 日印度尼西亚（苏门答腊西北地区）大陆架划界案的建议"。

5.2 委员会保留通过大陆坡脚点 38 的位置

小组委员会在审查大陆坡脚点 38 的位置时并不仅仅依据坡度变化最大这个标准，而是附加考虑了地质作用。小组委员会同意，在一个沿着海沟—弧前—海沟坡折带系的独特的沉积机制下，大陆坡脚点 38 的位置可被接受为是在因小滑坡或碎屑流而形成的沉积裙边或楔形体上。

在委员会层面讨论该问题时，部分委员对大陆坡脚点 38 的位置持保留态度，最后委员会以表决的方式做出决定。

5.3 委员会对外部界限作的修改

委员会的建议与印度尼西亚所提交信息的出入在于确定卡地纳点的位置。委员会认为，印度尼西亚原先提交的 5 个点，即点 1 至点 5 不满足 1%沉积岩厚度标准。

经过 2010 年地震勘测，印度尼西亚重新提交了 6 个点，即点 A 至点 F。其中：①定点 1 和定点 3 被去掉；②已经委员会接受的定点 2 变更为定点 D；③被委员会否认没有沉积岩厚度数据支持的定点 4 向陆侧分为定点 B 和定点 C；④定点 5 变更为定点 A；⑤新提交的定点 E，委员会建议向陆侧移动约 0.7 海里（从 CDP720 至 CDP929）（图 12）。

参考文献

[1]   Executive Summary of Indonesia's Extended Continental Shelf Submission （ISBN：978-979-26-6922-0）．

[2]   *Note Verbale* from India on the Indonesia's Extended Continental Shelf Submission （25 March 2009）（No. NY/PM/443/1/2009）．

[3] *Note Verbale* from Indonesia on the Indonesia's Extended Continental Shelf Submission （30 April 2009）（No. 471/POL-SG/V/09）.

[4] 委员会第 23 届会议主席说明（中文版和英文版）（CLCS/62）.

[5] 委员会第 24 届会议主席说明（中文版和英文版）（CLCS/64）.

[6] 委员会第 25 届会议主席说明（中文版和英文版）（CLCS/66）.

[7] 委员会第 26 届会议主席说明（中文版和英文版）（CLCS/68）.

[8] 委员会第 27 届会议主席说明（中文版和英文版）（CLCS/70）.

[9] Summary of Recommendations of the Commission on the Limits of the Continental Shelf in regard to the Submission made by Indonesia in respect of the Area North West of Sumatra on 16 June 2008, Adopted by the Commission on 28 March 2011.

日本外大陆架划界案委员会审议建议评注

日本在《公约》开放供签署期间即签字加入，并在1996年6月20日批准了《公约》，《公约》于同年7月20日开始对其生效。

依据《公约》第七十六条第8款及附件二第四条的相关规定，日本于2008年11月12日向委员会提交了自其领海基线量起200海里以外大陆架外部界限划界案。划界案中涉及的7个区块位于日本本岛的南面和东南面，分别为：①南九州-帕劳洋脊地区（the Southern Kyushu-Palau Ridge Region，KPR）；②南硫磺岛地区（the Minamilo-To Island Region，MIT）；③南鸟岛地区（the Minami-Tori Shima Island Region，MTS）；④茂木海山地区（the Mogi Seamount Region，MGS）；⑤小笠原海台地区（the Ogasawara Plateau Region，OGP）；⑥南冲大东洋脊地区（the Southern Oki-Daito Ridge Region，ODR）；⑦四国海盆地区（the Shikoku Basin Region，SKB）（图1）。

小组委员会在第28届会议上向委员会提交了划界案建议草案，委员会在第29届会议上通过了划界案建议。在本划界案中，日本主张的外大陆架面积为74.7万平方千米（不含重叠），而委员会仅核可其中的29.2万平方千米，多达61%的外大陆架权利主张遭委员会否决。

1 日本的主张[1]

1.1 南九州-帕劳洋脊地区

日本主张，南九州-帕劳洋脊地区（KPR）的大陆边沿着九州-帕劳洋脊向南扩张，是冲之鸟礁为代表的日本陆块的自然延伸。该地区的延伸大陆架的外部界限由连接618个定点，各段长度不超过60海里的直线划定（图2）。这些定点可以划分为以下几组类型：① 490个定点是按照距离公式确定的，属于公式点未超过限制线范围的情况；② 34个定点是按照距离制约确定的，属于公式点超过限制线范围的情况；③ 88个定点是按照深度制约确定的，属于公式点超过限制线范围的情况；④ 1个定点是距离公式线和距离限制线的交点；⑤ 1个定点是距离公式线和深度限

沿海国 200 海里以外大陆架外部界限划界案大陆架界限委员会建议评注

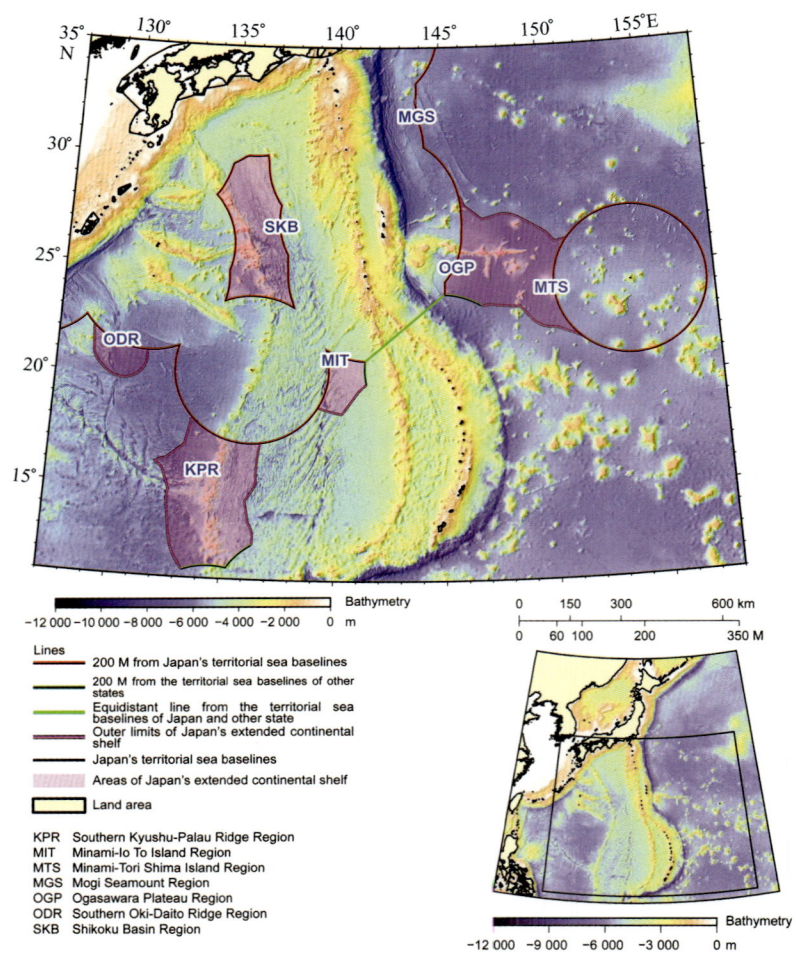

图 1 日本拟在 7 个地区划定的大陆架外部界限全景

资料来源：日本外大陆架划界案执行摘要。

制线的交点；⑥ 1 个定点位于从日本领海基线量起 200 海里线上；⑦ 1 个定点是日本 200 海里线和距离公式线的交点；⑧ 1 个定点位于从帕劳领海基线量起 200 海里线上；⑨ 1 个定点位于从密克罗尼西亚领海基线量起 200 海里线上。

1.2 南硫磺岛地区

南硫磺岛地区（MIT）的大陆边包括伊豆-小笠原弧（Izu-Ogasawara Arc）、马里亚纳弧（Mariana Arc）及其附近的海底高地，是南硫磺岛等岛屿所代表的日本陆块的自然延伸。该地区的延伸大陆架的外部界限由连接 147 个定点、各段长度不超过 60 海里的直线划定（图 3）。这些定点可以划分为以下几组类型：① 53

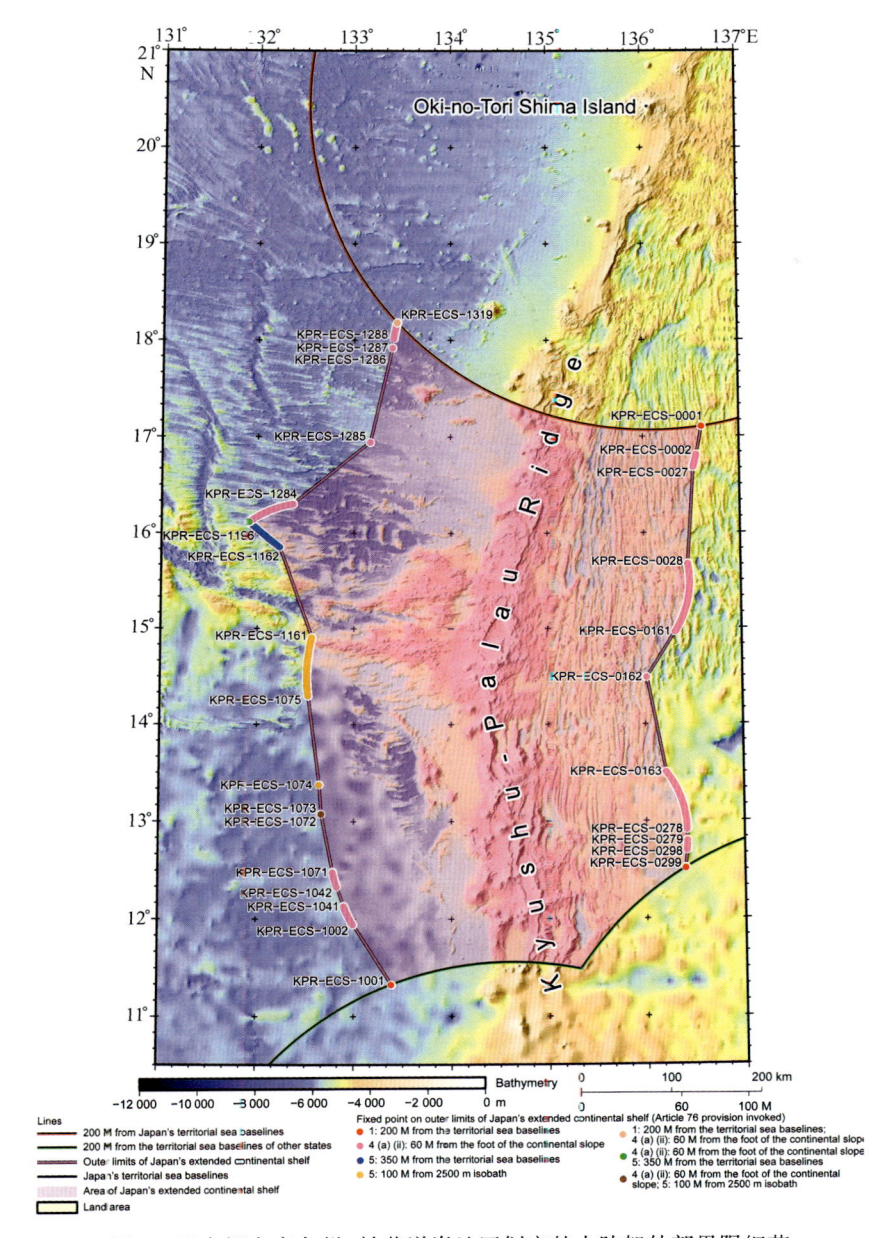

图 2 日本拟在南九州-帕劳洋脊地区划定的大陆架外部界限细节

图中从上至下：红色线为距日本领海基线 200 海里线；橙色点线段为深度限制点线段；粉色点线段为距离公式点线段；绿色点为距离公式和距离限制重合的点；蓝色点线段为距离限制点线段；紫色点为距离公式和深度限制重合的点；红色点为外部界限和 200 海里线桥接的点；绿色线为距其他国家领海基线 200 海里线；粉色区域为日本拟主张延伸的外大陆架区域。

资料来源：日本外大陆架划界案执行摘要。

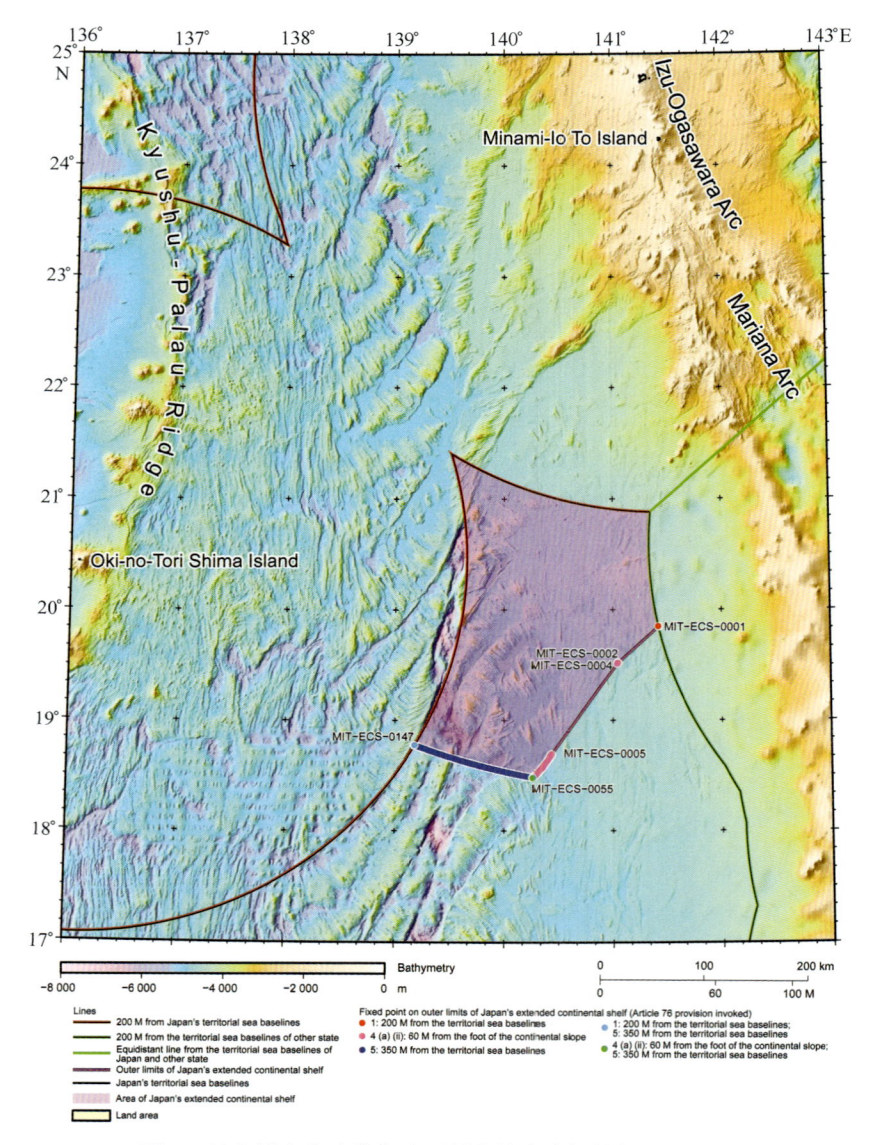

图 3 日本拟在南硫磺岛地区划定的大陆架外部界限细节

图中从上至下：红色线为距日本领海基线 200 海里线；浅绿色线为距日本和其他国家领海基线的中间线；深绿色线为距其他国家领海基线 200 海里线；红色点为外部界限和 200 海里线桥接的点；粉色点线段为距离公式点线段；绿色点为距离公式和距离限制重合的点；蓝色点线段为距离限制点线段；浅蓝色点为距离限制线和 200 海里线相交的点；粉色区域为日本拟主张延伸的外大陆架区域。

资料来源：日本外大陆架划界案执行摘要。

个定点是按照距离公式确定的，属于公式点未超过限制线范围的情况；② 91 个定点是按照距离制约确定的，属于公式点超过限制线范围的情况；③ 1 个定点是距离公式线和距离限制线的交点；④ 1 个定点是从日本领海基线量起 200 海里线和距离限制线的交点；⑤ 1 个定点位于从美国领海基线量起 200 海里线上。

1.3 南鸟岛地区

南鸟岛地区（MTS）的大陆边包括一个宽大的海底高地，是南鸟岛所代表的日本陆块的自然延伸。该地区的延伸大陆架的外部界限由连接 574 个定点和各段长度不超过 60 海里的直线划定（图 4）。这些定点可以划分为以下几组类型：

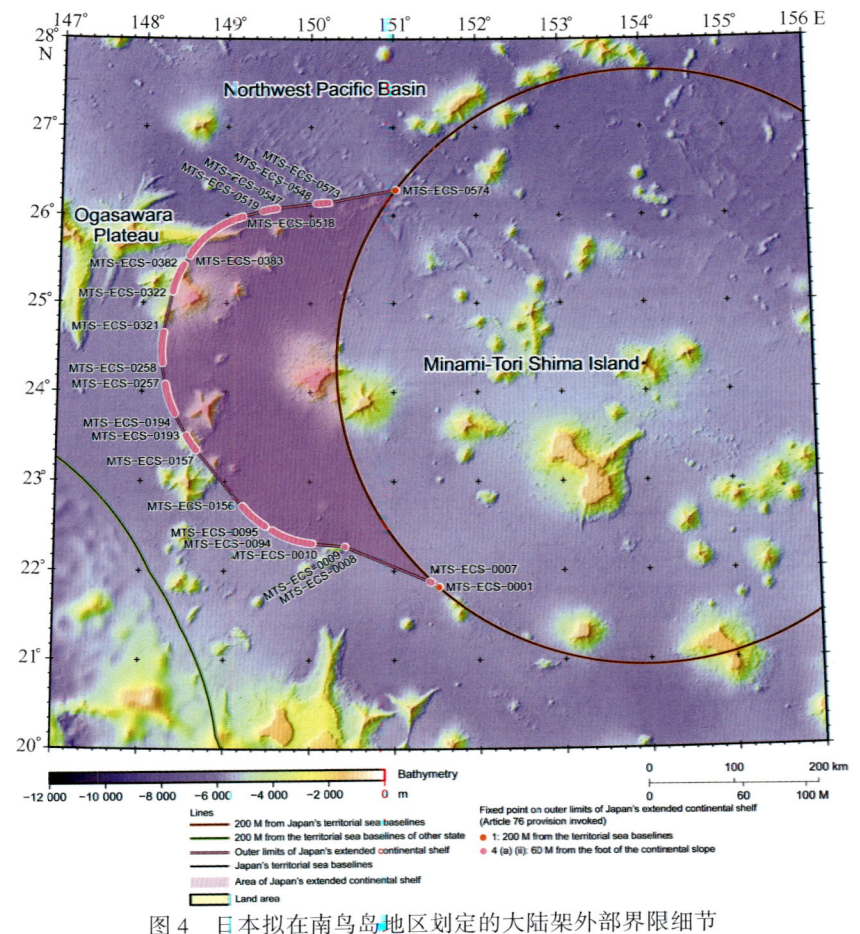

图 4　日本拟在南鸟岛地区划定的大陆架外部界限细节

图中从左至右：绿色线为距其他国家领海基线 200 海里线；粉色点线段为距离公式点线段；红色点为外部界限和 200 海里线桥接的点；红色线为距日本领海基线 200 海里线；粉色区域为日本拟主张延伸的外大陆架区域。

资料来源：日本外大陆架划界案执行摘要。

① 572 个定点是按照距离公式确定的，属于公式点未超过限制线范围的情况；② 两个定点位于从日本领海基线量起的 200 海里线上。

1.4 茂木海山地区

茂木海山地区（MGS）的大陆边包括伊豆-小笠原弧和茂木海山，是八丈岛等岛屿所代表的日本陆块的自然延伸。该地区的延伸大陆架的外部界限由连接 41 个定点、各段长度不超过 60 海里的直线划定（图 5）。这些定点可以划分为以下几组类型：① 39 个定点是按照距离公式确定的，属于公式点未超过限制线范围的情况；② 两个定点位于从日本领海基线量起 200 海里线和距离公式线上。

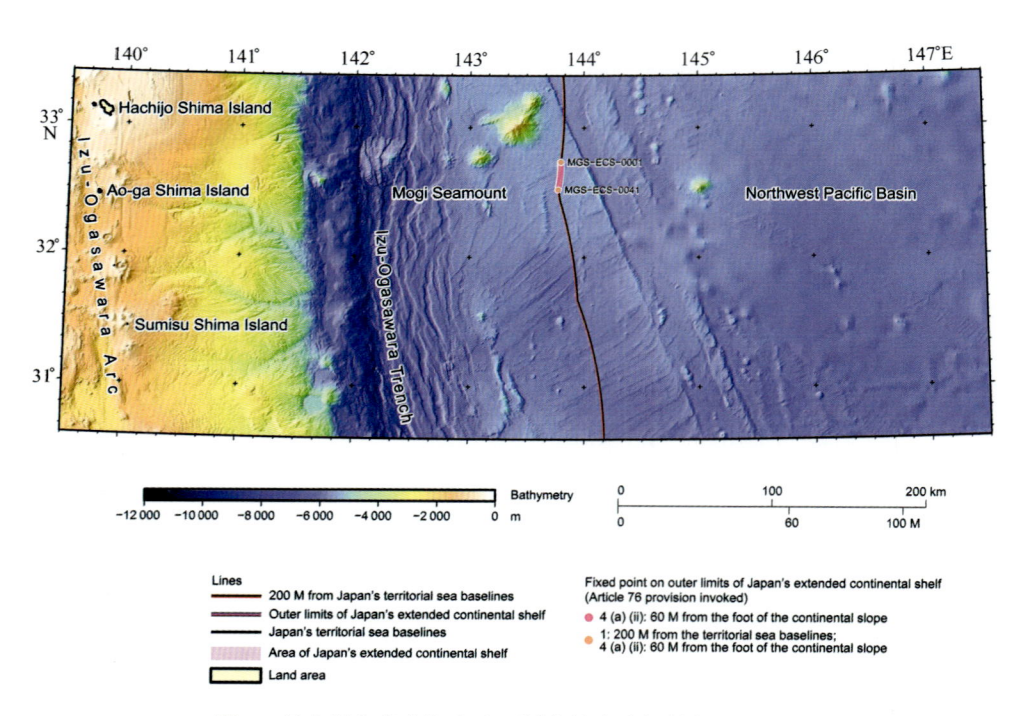

图 5　日本拟在茂木海山地区划定的大陆架外部界限细节

注：红色线为距日本领海基线 200 海里线；粉色点线段为距离公式点线段；橙色点为距离公式线和 200 海里线相交的点。

资料来源：日本外大陆架划界案执行摘要。

1.5 小笠原群岛地区

小笠原海台地区（OGP）的大陆边包括伊豆-小笠原弧、小笠原海台和上田洋脊，是父岛（Chichi Shima Island）等岛屿所代表的日本陆块的自然延伸。该地区的延伸大陆架的外部界限由连接 584 个定点、各段长度不超过 60 海里的直线划定（图 6）。这些定点可以划分为以下几组类型：① 580 个定点是按

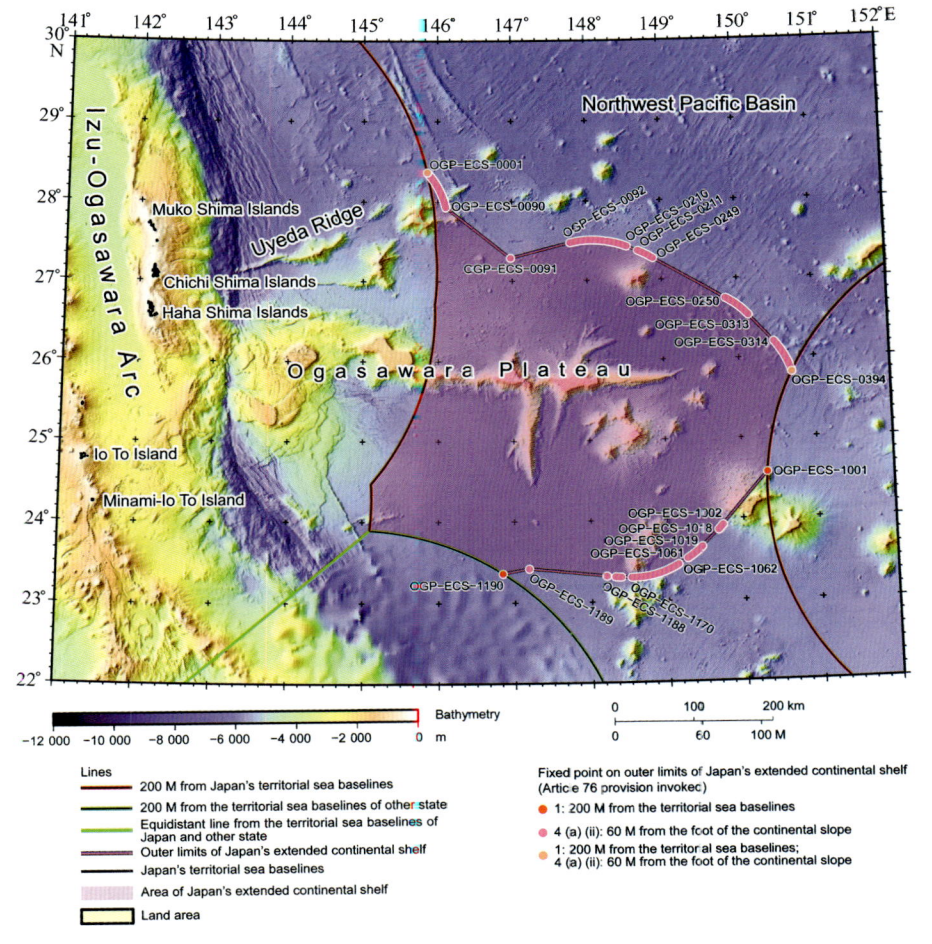

图 6 日本拟在小笠原海台地区划定的大陆架外部界限细节

注：从左至右浅绿色线为距日本和其他国家领海基线的中间线；红色线为距日本领海基线 200 海里线；绿色线为距其他国家领海基线 200 海里线；橙色点为距离公式线和 200 海里线相交的点；粉色点线段为距离公式点线段；红色点为外部界限和 200 海里线桥接的点；粉色区域为日本拟主张延伸的外大陆架区域。

资料来源：日本外大陆架划界案执行摘要。

照距离公式确定的,属于公式点未超过限制线范围的情况;② 两个定点是从日本领海基线量起 200 海里线和距离公式线的交点;③ 1 个定点位于从日本领海基线量起 200 海里线上;④ 1 个定点位于从美国领海基线量起 200 海里线上。

1.6　南冲大东洋脊地区

南冲大东洋脊地区(ODR)的大陆边包括冲大东洋脊和冲大东海隆(Oki-Daito Rise),是冲大东岛所代表的日本陆块的自然延伸。该地区的延伸大陆架的外部界限由连接 588 个定点、各段长度不超过 60 海里的直线划定(图 7)。这些定点可以划分为以下几组类型:① 586 个定点是按照距离公式确定的,属于公式点未超过限制线范围的情况;② 两个定点立于从日本领海基线量起 200 海里线上。

1.7　四国海盆地区

四国海盆地区(SKB)的大陆边由两部分构成(图 8):东部包括伊豆-小笠原弧,是鸟岛(Tori Shima Island)所代表的日本陆块的自然延伸;西部包括九州-帕劳,大东和冲大东洋脊,是北大东岛(Kita-Daito Shima Island)、冲大东岛(Oki-Daito Shima Island)和冲之鸟礁(Oki-no-Tori Shima Island)等岛屿所代表的日本陆块的自然延伸。

该地区在东西两侧都由日本领海基线量起的 200 海里线封闭,覆盖了四国海盆地区的绝大部分,只剩余中间的一小块地区。然而,该地区的大陆架从东西两侧都延伸超过了 200 海里,并相互重叠不留空隙。因此,四国海盆地区中间的位于从日本领海基线量起 200 海里以外的整个地区都是日本延伸大陆架的组成部分。

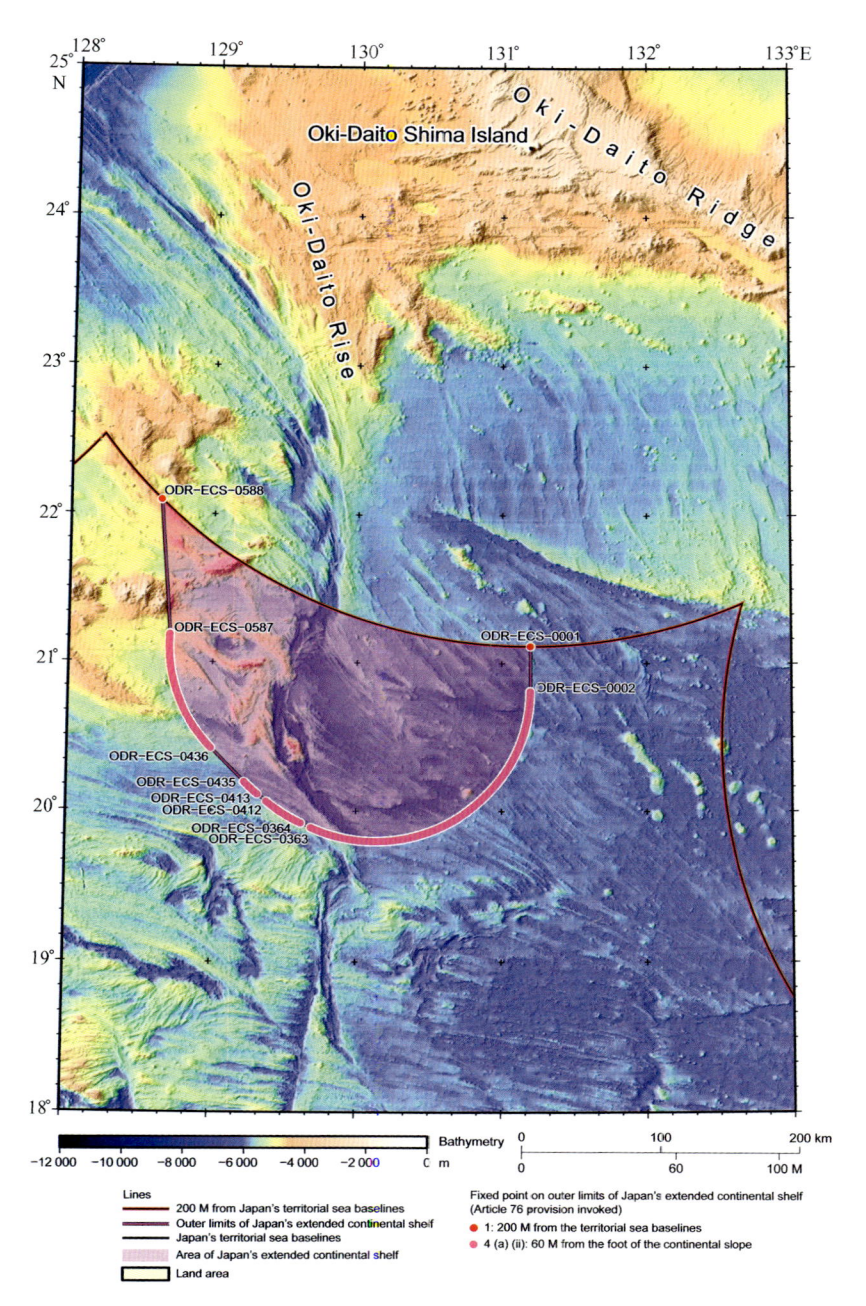

图7 日本拟在南冲大东洋脊地区划定的大陆架外部界限细节

注：从上至下红色线为距日本领海基线200海里线；红色点为外部界限和200海里线桥接的点；粉色点线段为距离公式点线段；粉色区域为日本拟主张延伸的外大陆架区域。

资料来源：日本外大陆架划界案执行摘要。

沿海国 200 海里以外大陆架外部界限划界案大陆架界限委员会建议评注

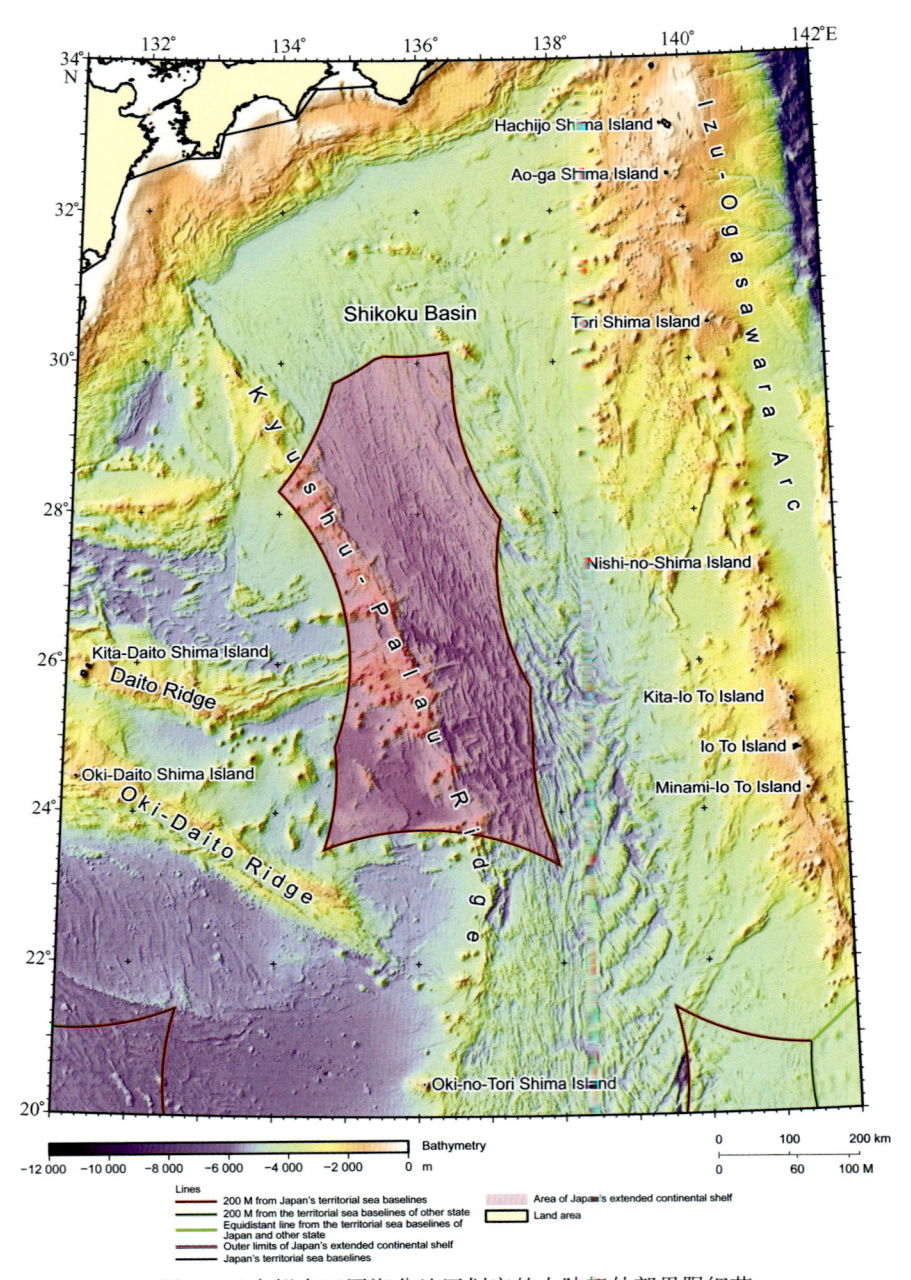

图 8　日本拟在四国海盆地区划定的大陆架外部界限细节

注：从上至下黑色线为日本的领海基线；红色线为距日本领海基线 200 海里线；浅绿色线为距日本和其他国家领海基线的中间线；深绿色线为距其他国家领海基线 200 海里线；粉色区域为日本拟主张延伸的外大陆架区域。

资料来源：日本外大陆架划界案执行摘要。

2 各国反应照会和要点

在长达 3 年半的时间里,美国、帕劳、中国、韩国、日本先后就该划界案提交了共 15 份反应照会(表 1)。

表 1 各国所提交照会的时间

序号	国家	时间	备注
1	美国	2008 年 12 月 22 日	公开
2	中国	2009 年 2 月 6 日	公开
3	韩国	2009 年 2 月 27 日	公开
4	日本	2009 年 3 月 25 日	公开
5	帕劳	2009 年 6 月 15 日	公开
6	日本	2009 年 8 月 26 日	公开
7	中国	2011 年 8 月 3 日	公开
8	日本	2011 年 8 月 9 日	公开
9	韩国	2011 年 8 月 11 日	公开
10	日本	2011 年 8 月 15 日	公开
11	日本	2012 年 4 月 9 日	公开

资料来源:联合国海洋事务和海洋法司网站,经作者整理(内部照会系在其他照会中提及)。

2.1 美国[2]

美国在其照会中指出:美国与日本在两块地区存在潜在重叠,一块是从母岛群岛(Haha Shima)和南鸟岛向外延伸超过 200 海里的区域;另一块是从南硫磺岛向外延伸超过 200 海里的区域;美国不反对委员会审议该划界案部分并做出建议,只要该建议不妨害上述地区两国之间的划界。

2.2 帕劳[3]

帕劳的立场与美国相似,在其照会中指出,帕劳与日本在从冲之鸟礁开始的大陆架区域存在潜在重叠;帕劳不反对委员会审议该划界案部分并做出建议,只要该建议不妨害上述地区两国之间的划界。

2.3 中国和韩国

与美国和帕劳立场相反的是，中国和韩国向联合国秘书长提出了反对的外交照会，以阻止委员会对日本划界案的审议工作，当然日本也随之相应地提出辩护性、解释性的外交照会，希望委员会的审议过程不受干扰。自 2009 年 2 月 6 日中国发出的第一份外交照会开始，至 2012 年 4 月 9 日日本发出最后一份回应性外交照会，中国、韩国和日本在此 3 年多时间里一共进行了 5 轮外交照会形式的论战，分别是 2009 年 2—3 月的中-韩-日论战，2009 年 8 月的中-日论战，2011 年 8 月的中-日和韩-日论战，2012 年 4 月的中-韩-日论战。

在 2009 年 2 月 6 日的第一份照会中，中国首先表明，《公约》缔约国在依据《公约》享有权利的同时，也应同时履行以下义务：①尊重国际海底区域（以下简称"区域"）范围的义务；②不影响国际社会整体利益的义务；③全面遵守《公约》条文的义务；④维护《公约》完整性的义务；⑤不违法侵蚀区域范围的义务。随后，中国指出，依据冲之鸟礁的自然状况，及《公约》第一二一条第 3 款规定，冲之鸟礁是"不能维持人类居住或其本身的经济生活的岩礁"，不应有专属经济区和大陆架，更不具备延伸 200 海里以外大陆架的权利，因此，日本以冲之鸟礁为基点延伸的 SKB、MIT、KPR 3 处 200 海里外大陆架的申请无法律依据。要求委员会不对上述部分采取任何行动。[4]

随后，韩国在其 2009 年 2 月 27 日的第一份照会中也表明了与中国相似的立场。①根据《议事规则》，允许《公约》缔约国和联合国成员国就沿海国所提交的申请发表评论；②《公约》第一二一条第 3 款明确规定，不能维持人类居住或其本身的经济生活的岩礁，不应有专属经济区或大陆架，而韩国一直以来便认为冲之鸟礁据此应为礁，不应有专属经济区和大陆架。③冲之鸟礁的法律地位问题，不是关于大陆架外部界限的科学或技术问题，而是《公约》第一二一条的解释和适用问题，并且这种解释及适用不在委员会审查之列。④韩国要求委员会不予审理日本划界案中涉及冲之鸟礁的部分。[5]

此后，中国、韩国和日本三方的争论大致都是围绕《公约》第一二一条，即冲之鸟礁是岛还是礁的问题展开的。首先，三方主张的一个共同点是都认为委员会不具备解释《公约》的权力，但不同点在于，中国和韩国认为判定冲之鸟礁的属性是本案的先决性问题，委员会不能在此之前审议相关部分划界案。[6]日本则回避冲之鸟礁的属性问题，仅仅敦促委员会不予理会中国和韩国的照会，其理由有两点：①日本与中国和韩国就冲之鸟礁延伸出来的大陆架中不存在争端；

②委员会无权解释《公约》条文，并且解释条文与委员会审理本划界案无关。[7]

3　委员会审议过程

日本划界案的审议贯穿了委员会第 23 届会议至第 29 届会议。在第 24 届会议上，委员会决定成立小组委员会审议日本划界案，同时决定"不对小组委员会撰写的涉及上述普通照会中提到的地区的那部分建议采取行动，直至委员会决定这样做"。

3.1　成立小组委员会之前的初步审议

在第 23 届会议上，委员会开始讨论日本划界案及相关国家提出的外交照会，包括 2008 年 12 月 22 日美国照会，2009 年 2 月 6 日中国照会，2009 年 2 月 27 日韩国照会。2009 年 3 月 25 日，日本提交了一份照会作为回应，指出：中国与韩国的外交照会，仅牵涉到《公约》第一二一条的解释问题，而该条文的解释问题不在委员会的权限范围之内，也不是《议事规则》所规范的事项。委员会不必要考虑与划界案有关的国家所要求解释《公约》的请求。因此，日本要求委员会不予理会中国和韩国所提交的照会。[7]

划界案于 2009 年 3 月 25 日由日本常驻联合国代表高须幸雄（Yukio Takasu）、日本常驻联合国代表团大使叶室和亲（Kazuchika Hamuro），内阁大陆架延伸问题咨询委员会主席、特别顾问平朝彦（Asahiko Taira）和内阁秘书处海洋政策总部秘书处内阁顾问辛塔尼（Shin Tani）做出说明。

高须幸雄首先强调日本重视海洋事务，并表示根据在 2007 年《海洋政策基本法》颁布后制订的《海洋政策基本计划》，向委员会提交关于 200 海里以外大陆架外部界限的资料属于高度优先事项。除其他外，他表示日本的划界案有详细的科学数据基础，而这些数据是由许多研究船只在超过 26 年进行的全面勘察活动所收集到的。

接着由叶室和亲对划界案作一般性阐述。叶室和亲表示委员会成员玉木贤策（Tamaki）曾给予协助，就划界案向日本提供科学和技术咨询意见。他根据《议事规则》附件一第二条（a）款告诉委员会，除某些特定地区外，划界案不存在日本同其他国家之间的争端。他指出日本和美国之间在母岛和南鸟岛对开的地区以及南硫磺岛对开的地区有可能的重叠；日本和帕劳之间在冲之鸟礁对开地区有可能的重叠。他还注意到就这些海域提出的任何建议不会妨害划界问题，并特别

沿海国 200 海里以外大陆架外部界限划界案大陆架界限委员会建议评注

提请注意美国 2008 年 12 月 22 日有关这方面的普通照会。

关于中国和韩国的普通照会，叶室和亲表示这些照会同《公约》第一二一条的诠释有关。由于这条的诠释不属于委员会的任务范围，而《议事规则》也没有提及，日本请委员会不将这两份照会所表述的立场列入考虑。日本常驻代表团也于 2009 年 3 月 25 日向委员会发出普通照会，提出同样请求。

平朝彦阐述菲律宾海和西太平洋的火山和构造变化情况，作为日本划界案的背景说明。平朝彦按地区对日本提出的延伸大陆架外部界限作了详细的说明。日本代表团成员在发言和做出说明后，回答了委员会成员提出的问题。

委员会随后举行非公开会议，并讨论审议这个划界案的方式。委员会决定在某个现有的小组委员会向委员会提出建议草案之后，依照《公约》附件二第五条和《议事规则》第四十二条设立一个小组委员会，处理日本提出的划界案。因此，第 23 届会议没有成立小组委员会。

委员会同时讨论了中国、韩国和日本的相关照会，以便向将为审议这一划界案而设的小组委员会提供指导。委员会表示，因认识到自身在《公约》第一二一条的法律诠释方面无法发挥作用，决定在准备设立小组委员会的时候，看事态发展再考虑恢复审议这一事项。[8]

在第 24 届会议上，委员会主席介绍了第 19 次缔约国会议上的有关讨论情况。第 19 次公约缔约国会议主席建议将中国给联合国秘书长的照会事项[9]列入议程。讨论基本分成两派，一派认为解释《公约》是缔约国会议的特权之一，而且缔约国会议过去已经通过了一些形同解释《公约》的决定。另一派则反对，认为缔约国会议的任务不包括对《公约》的解释，委员会作为一个独立的机构不应受到缔约国会议的干扰，而且对第一二一条进行实质性讨论可能会导致重开对《公约》其他条款的讨论并改变其中微妙的平衡。经过非正式协商后，最后会议决定对该项目的审议推迟到第 20 次缔约国会议上，但可在议程项目中交换一次意见。[10]而事实上，第 20 次缔约国会议并没有讨论这个议题。

委员会成员吕文正和朴永安在本届会议上向委员会作了两次有关冲之鸟礁的介绍。委员会随后决定成立一个小组委员会。小组委员会由下列成员组成：阿沃西卡、布雷克、卡雷拉、加法尔、焦什维利（Jaoshvili）、奥杜罗和西蒙兹。小组委员会随后选出布雷克为主席，阿沃西卡和卡雷拉为副主席，并决定在 2009 年 9 月 8—11 日开始审议日本提交的划界案。

在再次审议收到的普通照会中提及的与划界案有关的事项时，委员会设立了一个工作组以拟定一个案文草案。工作组由卡兹旺领导，成员包括布雷克、卡雷拉、吕文正、朴永安、西蒙兹和玉木贤策。委员会在工作组起草的案文基础上，商定了以下办法。

（1）一方面，委员会重申其在涉及《公约》第一二一条法律解释的事项上无法发挥作用，委员会只考虑涉及《公约》第七十六条和附件二有关的问题，不涉及对《公约》其他部分的解释或适用。

（2）另一方面，考虑到中国、韩国和日本的相关照会，及日本在第23届会议上介绍其划界案时表达的观点，委员会决定指示小组委员会着手审议日本的整个划界案。但委员会决定不对小组委员会撰写的涉及冲之鸟礁的那部分（即冲之鸟礁南部的 KPR 地区）建议采取行动，直至委员会决定这样做。[11]

不难发现委员会此处做了一个妥协的决定，即一方面为日本划界案成立小组委员会，使之可以对日划界案进行审议；另一方面又决定在委员会层面对涉及冲之鸟礁的部分地区不采取行动，除非委员会另有决定。

3.2 小组委员会审议

在第25届会议上，小组委员会初步审查了划界案，侧重于两个具体地区。协助小组委员会工作的地理信息系统官员核实了划界案所载的大地坐标，并安装了 GeoCap 软件，以便进一步审查划界案。日本于2010年3月19日提交对划界案主要案文的更正，但这不影响已提出的外部界限。小组委员会于2010年3月22日至4月1日举行会议。在这两周期间，小组委员会继续初步审查前两个地区，并向该国代表团发出两份函件，要求提出评论和说明。在续会期间，小组委员会与代表团举行了两次会议。日本代表团和小组委员会就所审议的地区互相做出说明和介绍。[12]

在第26届会议和第27届会议上，小组委员会与代表团就另一些地区交换了初步观点及看法。期间，小组委员会拟定了对日本提交的划界案中提及的所有地区的审查意见和结论。[13]

在第28届会议上，小组委员会通过了划界案的建议草案。[14]

3.3 委员会通过建议

在第28届会议期间，由日本常驻联合国代表西田恒夫（Tsuneo Nishida）率领的日本代表团进行最后陈述，成员包括外务省国际法局局长长岭安政（Yasumasa Nagamine）、叶室和亲以及几名顾问。

西田恒夫在介绍时吁请委员会审议并通过小组委员会就整个划界案，包括冲之鸟礁地区编写的建议草案。他忆及，中国和韩国针对日本提交的划界案提出了《公约》第一二一条的解释问题。他指出，中国和韩国没有主张对冲之鸟礁的主权。西田恒夫还忆及，美国和帕劳曾告知委员会，他们不反对委员会审议划界案。鉴于所涉及的地区不存在陆地和海洋纠纷，日本敦促委员会审议划界案并就此提出建议。西田恒夫指出，委员会的任务仅限于与《公约》第七十六条和附件二有关的问题，不包括对第一二一条的解释，委员会自己也曾确认这一点。在这方面，他还忆及，委员会曾指出，"委员会对划界案的审议只涉及与《公约》第七十六条和附件二有关的问题，并不妨害对《公约》其他部分的解释或适用"。

委员会随后转入非公开会议。在详细讨论建议草案并考虑到日本代表团和小组委员会所作的陈述之后，委员会决定根据《议事规则》第五十三条第1款，把对建议草案的进一步审议推迟至第29届会议，以便让委员会成员有充分时间考虑建议草案。[14]

在第29届会议上，委员会主要审议了四国海盆地区和南九州－帕劳洋脊地区。关于四国海盆地区，委员会不同意将公式线以外的整片地区划归日本大陆架，因此修正了建议草案。关于南九州－帕劳洋脊地区，委员会指出，根据委员会第24届会议的决定，小组委员会已拟订了关于划界案所有部分的内容的建议草案。委员会还忆及，根据同一决定，除非另有决定，将不就这些建议的某些部分采取行动。委员会还注意到中国、日本、帕劳、韩国和美国的所有相关来文，包括中国、日本和韩国最近的来文。

委员会随之就应否对建议中与南九州－帕劳洋脊地区有关的内容采取行动问题举行正式表决。有人提出此事为实质性还是程序性的问题。对此，主席裁定此为实质性问题，需要三分之二的多数票决定之。这一裁定引起争议。随后主席的裁定以8票对7票、一票弃权的简单多数得以维持，因此该事项被定性为"实质性问题"。委员会接着讨论了表决方式，即是采取秘密投票还是公开投票，最后委员会决定依照《议事规则》第38条行事，即"以举手方式进行表决"。然后，委员会对"关于建议草案中与南九州－帕劳洋脊地区有关的内容采取行动"的划界案进行表决。16个成员中，5票赞成，8票反对，3票弃权。该事项并未得到超过三分之二多数支持，甚至连二分之一多数也没达到。委员会决定认为，在上述来文（中、韩、日三国照会）中提及的问题得到解决之前，委员会无法就建议中关于南九州－帕劳洋脊地区的内容采取行动。

2012年4月19日，委员会以协商一致的方式通过了"大陆架界限委员会关于2008年11月12日日本大陆架划界案的建议"。[15]

4 委员会对日本外大陆架划界案的建议[16]

4.1 南九州-帕劳洋脊地区

委员会关于南九州-帕劳洋脊地区的审议结论包括 6 个自然段,即建议摘要的第 15~20 段,各自然段的内容分别是:

第 15 段:委员会忆及第 24 届会议的决定,即委员会不应对小组委员会撰写的冲之鸟礁地区的建议采取行动,除非委员会另作决定。

第 16 段:委员会注意到,2012 年 4 月,中、韩、日三国分别针对冲之鸟礁地区再次向委员会提交了照会。

第 17 段:委员会引述中国照会的部分内容"相关争端本质上是冲之鸟礁能否拥有专属经济区或大陆架的争端,是相关海洋空间应归属沿海国管辖还是归属国际社会共有的争端"。

第 18 段:委员会引述韩国照会的部分内容"关于冲之鸟礁法律地位存在争端"。

第 19 段:委员会引述日本照会的部分内容"日本认为,根据包括《公约》、《公约》附件以及委员会《议事规则》在内的相关法律文件,中国和韩国关于委员会不应对冲之鸟礁相关地区给出建议的要求是没有法律基础的。"

第 20 段:委员会关于南九州-帕劳洋脊地区的结论集中体现在这一段。该段全文如下:"委员会审议了是否应对小组委员会撰写的南九州-帕劳洋脊地区(KPR)的建议草案采取行动。委员会认为其无法就建议草案中南九州-帕劳洋脊地区(KPR)的内容采取行动,直到照会中所述问题得到解决为止。"

4.2 南硫磺岛地区

4.2.1 从属权利检验

南硫磺岛地区地处伊豆-小笠原岛弧(Izu-Ogasawara)和马里亚纳岛弧(Mariana Arcs)连接处。其东部马里亚纳洋脊外弧和西部帕里西维拉海盆(Parece Vela Basin)之间的内弧区域内,分布有几个北东—南西向的与海底突起和海山链有关的雁式洋脊(en-echelon ridges),包括大寒海山(Daikan Seamount Chain)和南硫磺岛坡尖。

日本认为南硫磺岛地区为七岛-硫磺岛洋脊(Shichito-Io To Ridge)上的南硫磺岛陆地领土的水下延伸,包括南硫磺岛坡尖和西马里亚纳洋脊西部陆坡。通过适用《公约》第七十六条第 4 款的规定，南硫磺岛地区大陆坡脚所产生的大陆边外缘超过了日本的 200 海里界限。基于此，委员会确认日本在该地区于 200 海里界限外建立大陆架的法律权利。

4.2.2 确定大陆坡脚

日本在该区提交了 3 个关键的大陆坡脚点，两个与南硫磺岛坡尖有关，1 个与西马里亚纳洋脊的内弧陆坡有关（图 9）。

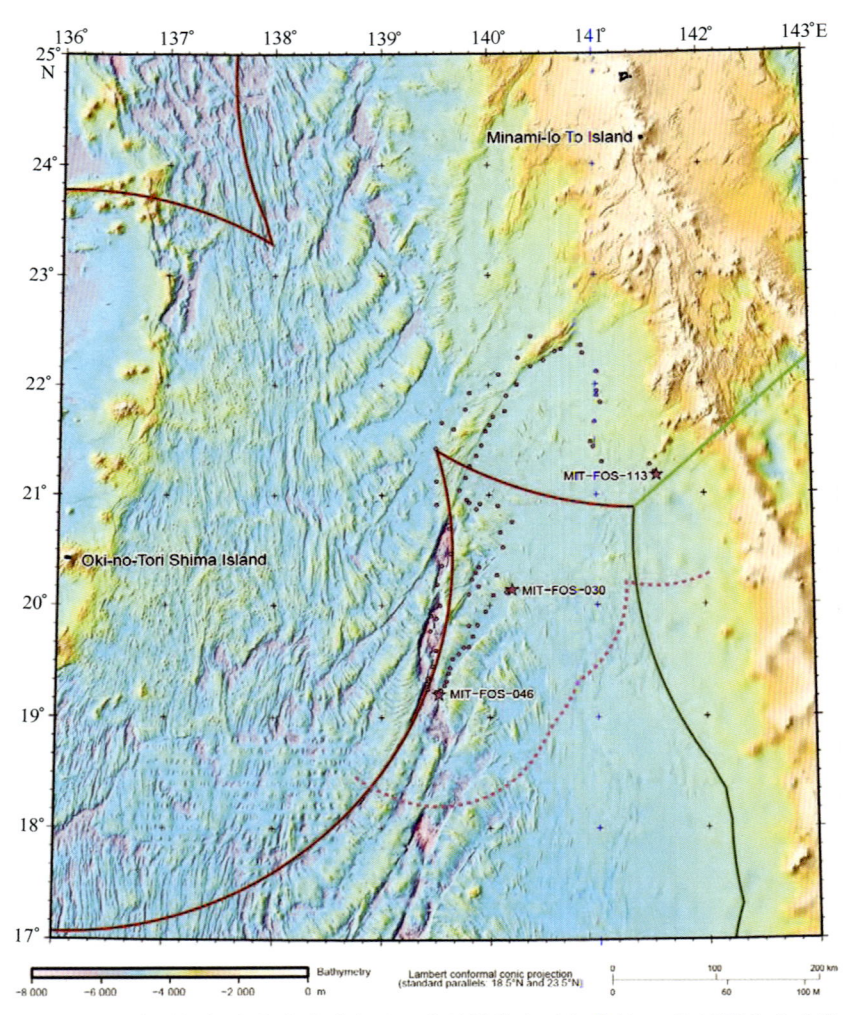

图 9 日本最初提交的南硫磺岛地区大陆坡脚点及相应的 60 海里距离公式线

注：红色线为距日本领海基线 200 海里线；深绿色线为距其他国家领海基线 200 海里线；浅绿色线为距日本和其他国家领海基线的中间线；粉色虚线为日本所划的距离公式线。

资料来源：委员会对日本外大陆架划界案的建议摘要。

小组委员会认为该区的大陆坡底确实位于由西马里亚纳洋脊火山碎屑沉积建造的汇积扇向海一侧，认可了 MIT-FOS-113 的位置，该点位于大寒海山链向海坡度变化明显之处（坡度从 1.3°降至 0.2°）。然而，小组委员会不同意与南硫磺岛坡尖相关联的大陆坡脚点 MIT-FOS-030 和 MIT-FOS-046 的位置。

被日本认为是最大雁式洋脊之一的南硫磺岛坡尖，是西马里亚纳洋脊弧后扩张发育而成，它由两部分组成：内陆坡"坡尖"，包括位于其西南端的大正海山（Taisho Seamount）；外陆坡部分，其西部与位于帕里西维拉裂谷东北的洋脊山（Ridge Hill）合并。日本认为南硫磺岛坡尖是在帕里西维拉海盆弧后海底扩张过程中沿转换断层发育形成的。

小组委员会指出，南硫磺岛坡尖的两部分相对于周围海底的地形高度存在差异。包括大正海山在内的坡尖的内层部分整体上明显高出邻近海底，而坡尖的外部相对于邻近海底的高度变化较大，其中心是一个鞍部，位于大正海山的西南方。在鞍部内存在两条低浅的通道，仅比邻近的平缓海底高出 200 米（图 10）。

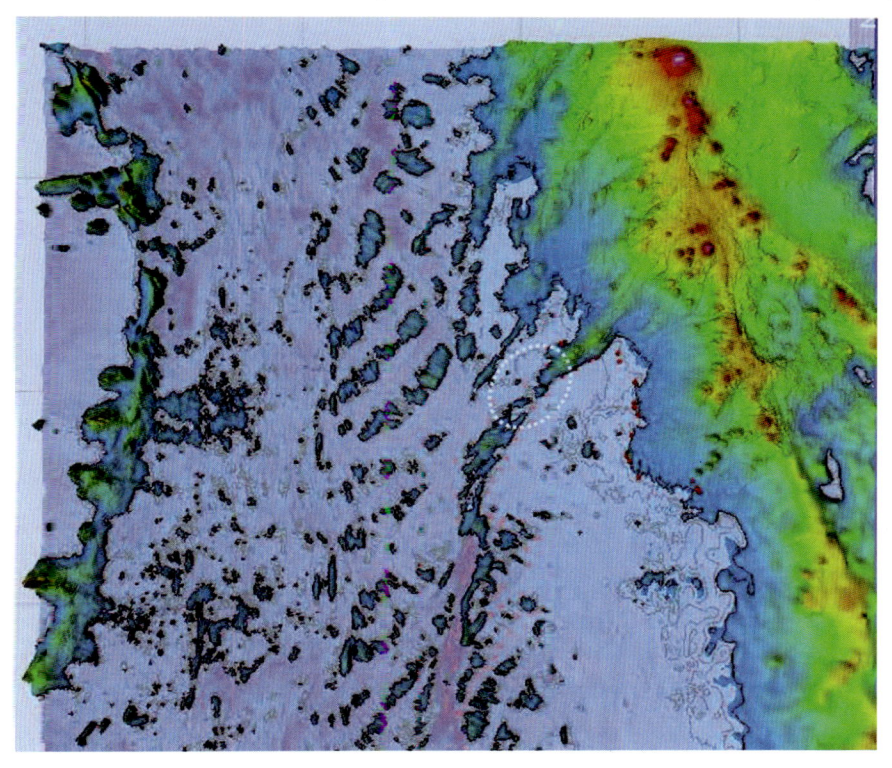

图 10　南硫磺岛的鞍部（在 4 350 米水深情况下）

注：红色和粉色的点为日本所提的大陆坡脚点；白色虚线所圈的区域为断裂的坡尖（内坡和外坡）

资料来源：委员会对日本外大陆架划界案的建议摘要。

215

相对应地，坡尖外部的东北端地区的海底平均区域坡度也有显著变化，即从与内陆坡坡尖关联的大约 0.7°变为与横向洋脊轴线关联的平均深度大约为 4 300 米的水平的但是崎岖不平的海底。即，沿着坡尖和大陆边缘常规部分的平均区域坡度均发生了变化（图 11）。

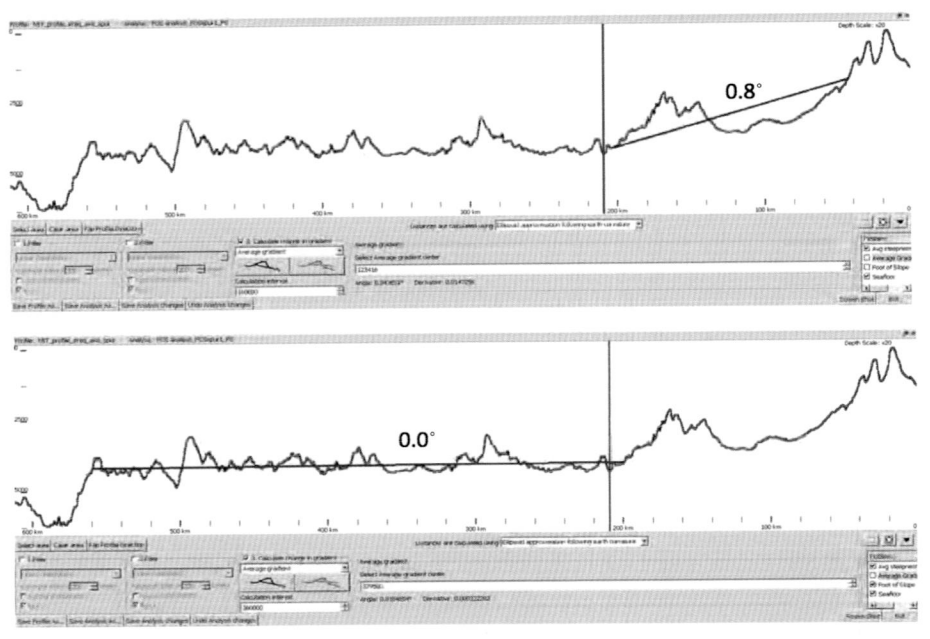

图 11　内坡和外坡的测深剖面平均坡度

资料来源：委员会对日本外大陆架划界案的建议摘要。

此外，小组委员会指出，南硫磺岛坡尖的外部的东南处分布有几个孤立的高出平缓海底 200~300 米的海底隆起，而在构成帕里西维拉海盆东部海底的洋脊的西北部，存在大量的呈现东北走向的延长的复杂隆起（据日本描述为"延长的山丘"）。这些隆起超出它们之间较为平缓的海底 1 000 米以上，和南硫磺岛坡尖外部的山顶位于 3 900~4 200 米之间的同一个深度。

西北和东南方向的海底基部隆起以及南硫磺岛坡尖本身的外部，似乎是大范围的帕里西维拉海盆弧后盆地地壳地质构造的一部分。这些隆起的山顶还显示了小范围的海底扩张构造，而海底扩张构造是帕里西维拉海盆和四国海盆同时显现的弧后盆地地壳的典型特征。

小组委员会认为，隆起的崎岖性表现出弧后盆地正常的基底地貌。这些海底特征在上述内弧陆坡的平均坡度发生主要区域性变化的向海一侧出现。

尽管南硫磺岛坡尖穿过大正海山之外的鞍部的通道直至南硫磺岛坡尖的外部之间存在微弱的连续性，但这种连续性只在邻近深洋洋底的海拔约200米处才较为明显。

小组委员会认为，类似南硫磺岛地区这样具有复杂的水深变化特点的非传统大陆边缘，并且邻近的深洋洋底存在各式地形的地区，单从地形上看，这种低海拔的相对地形不足以证明日本相关后块的水下延伸超过大正海山350千米直至洋脊山。

小组委员会认为目前的地质和地球物理数据不仅不支持这种延伸，反而从南硫磺岛坡尖向海到大正海山的地壳逐步减薄，并出现典型的基部弧后扩张构造，有力地说明了南硫磺岛坡尖外层部分是深洋洋底的一部分，而非岛弧陆坡的一部分。

简而言之，小组委员会认为，合理的南硫磺岛地区的大陆坡底应该位于大正海山向海一侧的鞍部，其特征包括：内弧陆坡的地形坡度呈现区域性变化、坡尖地形连续性断裂、典型弧后扩张构造的转换，以及弧地壳的总体变薄。

因此，小组委员会不认可与南硫磺岛坡尖有关的两个大陆坡脚点（MIT-FOS-C3C 和 MIT-FOS-046）位置，认为应该用位于更加向陆一侧位置的大陆坡脚点来代替。

在审查了沿南硫磺岛坡尖南部弧的大陆坡脚点之后，小组委员会指出该地区的大陆坡底位于沿陆坡扇体系的向海边缘。该陆坡扇体系属于由来自西马里亚纳洋脊的火山碎屑沉积物累积的沉积扇体系："此外，该洋脊的西侧包括来自弧火山活动的火山物质堆积的内弧陆坡。通常可以在内弧陆坡的表面识别波状海床地形，这种地形的中心显示了下坡翘曲。陆坡的波状海床地形反映了火山碎屑沉积物的滑塌"。

小组委员会认为仅靠测深数据不足以证实这些地形反映了沉积物滑塌或其他形式的与陆坡相关的块体流地形。在审查其他包含此类关键过程的划界案时，委员会发现数据集，如浅地层剖面和多波束反向散射强度数据对理解下陆坡的沉积过程特征具有重要意义。有鉴于此，小组委员会要求日本提供此类数据以使其更好地理解波状海床的性质和沉积过程，并协助评估该地区大陆坡底的位置。日本按要求提供了此类数据。

小组委员会注意到日本确定的大陆坡底大体位于波状海床区域的外部边缘附近。小组委员会据此得出结论：该地区的大陆坡底大体上位于沿由来自西马里亚纳洋脊的火山碎屑沉积物累积的沉积扇体系的向海边缘。

日本提供的其他补充支撑数据证实波状海床与大量小型的断层崖有关，而这些断层崖又与火山碎屑沉积扇体系的下坡蠕动有关。在一些地区，该体系的边缘表现为50~100米高的崖体，使得0.5°~0.9°坡度的陆坡与远处向海方向的低陆坡（低于0.2°）海底分离。

小组委员会支持日本提议的大陆坡底的大体位置，该位置与陆坡扇相关联的波状海床的外部边缘相对应。因此，小组委员会同意关键大陆坡脚点MIT-FOS-113的位置，位于大寒海山链向海方向平均坡度从1.3°变为约0.2°之处。

由此，南硫磺岛地区的大陆架外部界限需要调整。小组委员会建议日本沿着与海底坡度出现显著区域性变化相关的内弧陆坡探索新的关键大陆坡脚点的位置。海底坡度出现的显著区域性变化与火山碎屑沉积扇体系的向海边缘关联。

按照小组委员会的建议，日本提交了两个新的大陆坡脚点MIT-FOS-005n和点MIT-FOS-110用以替换点MIT-FOS-030和点MIT-FOS-046，并获得了小组委员会的认可（图12）。

委员会随后得出结论，在南硫磺岛地区，日本所列的大陆坡脚点符合《公约》第七十六条和《科技准则》第5章的标准，出于《公约》的目的，这些大陆坡脚点应当构成在南硫磺岛地区建立日本大陆边外缘的基础。

4.2.3 公式线的运用

在南硫磺岛地区，日本适用"海登堡公式"确定的公式点，以长度不超过60海里的直线段连接构成公式线。委员会同意构建该公式线的方法，并建议将其用做确立该地区大陆架外部界限的基础（图12）。

4.2.4 限制线的运用

在南硫磺岛地区，日本表明划定大陆边外缘的公式线并未超出从领海基线量起的350海里限制线。在此地区，日本采用了距离标准限制线。委员会同意日本在构建该限制线过程中所使用的方法（图13）。

4.2.5 最终外部界限的确定及委员会建议

委员会同意建立南硫磺岛地区大陆架外部界限过程中所适用的原则，包括日本在附件中所列的公式定点的确定以及连接这些点的直线段的构建。由于公式线没有超过限制线范围，因此公式线可以作为该区大陆架的外部界限。同时委员会也指出，日本在该地区最终大陆架外部界限的建立或许取决于国家之间的划界。

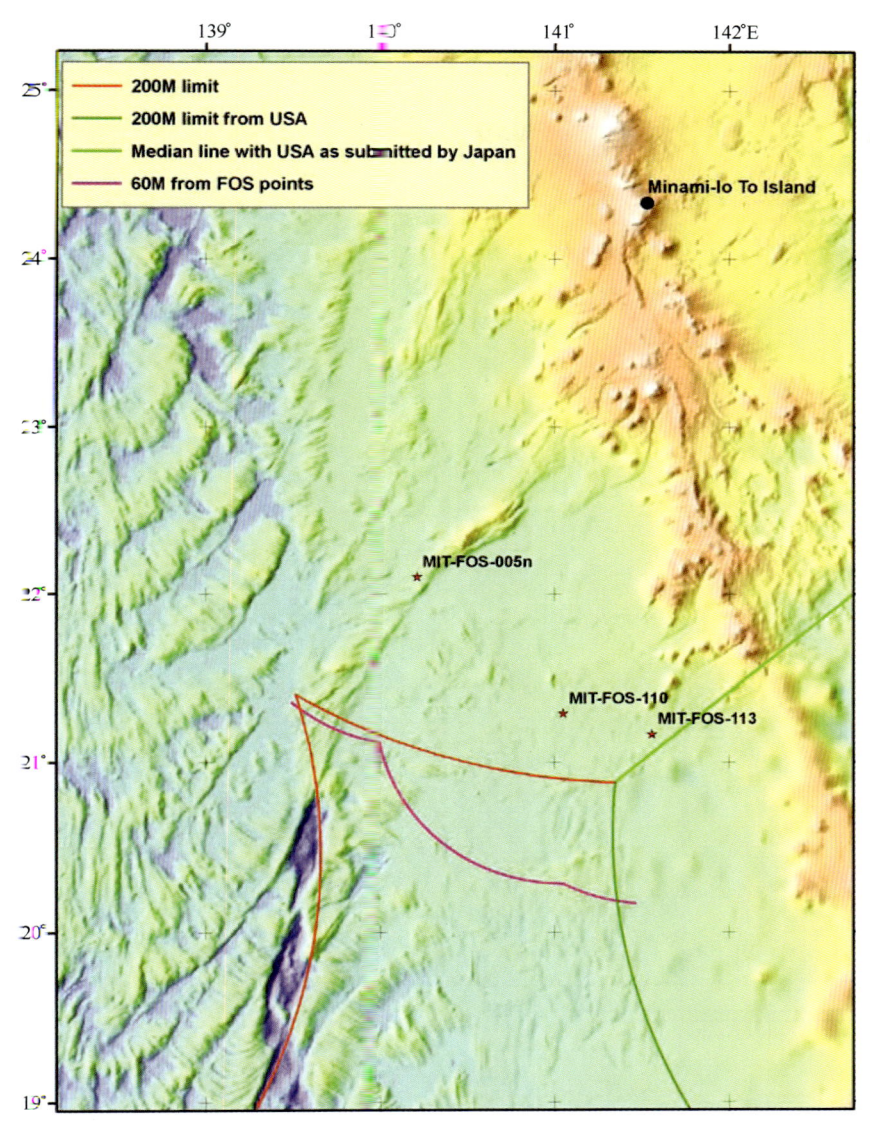

图 12　委员会建议的南硫磺岛地区的公式线外围

注：粉色线为委员会核可的距离公式线。

资料来源：委员会对日本外大陆架划界案的建议摘要。

由此，南硫磺岛地区的外部界限基于上述 3 个大陆坡脚点采用了距离公式线划定。委员会核可的面积为 0.9 万平方千米，只有原来 4.6 万平方千米的 20%。

219

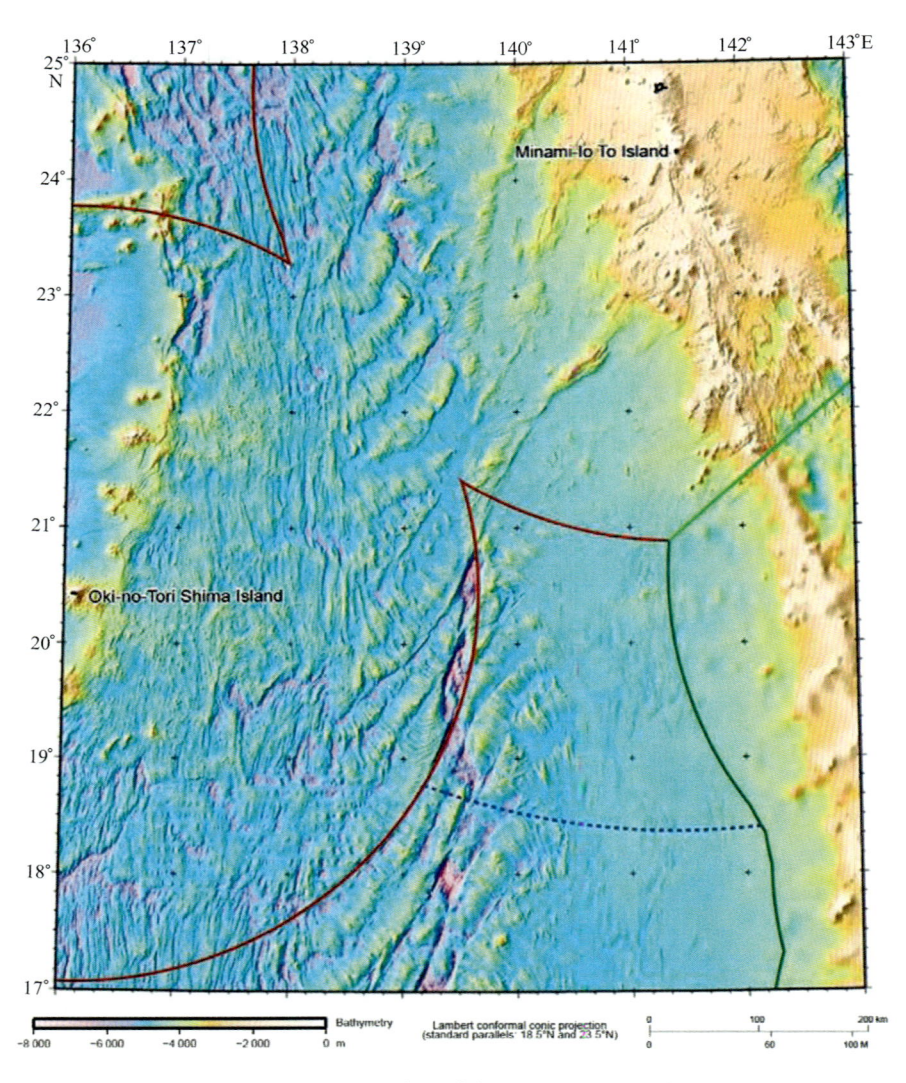

图 13　日本提交的南硫磺岛地区 350 海里限制线

注：蓝色虚线为 350 海里限制线。

资料来源：委员会对日本外大陆架划界案的建议摘要。

4.3　南鸟岛地区

4.3.1　从属权利检验

南鸟岛位于西太平洋，地理坐标为北纬 20°00′—28°00′以及东经 147°00′—156°00′。该地区位于西北太平洋海盆，是一个水深 5 700~6 200 米的深海平原。

在该海丘内，大量海山和海丘的分布呈现出两条大体西北西—东南东走向的条带：北部的马克思-维克海山（Marcus-Wake Seamount）和南部的麦哲伦海山（Magellan Seamount）。南鸟岛位于该地区的中东部，是该地区内唯一的陆地领土，也是马克思-维克海山的组成部分。拓洋第5海山（Takuyo-Daigo Seamount）位于南鸟岛西南方，是该地区最大的一个海底平顶山。其他海底平顶山，如位于该海山西北西方向的拓洋第4海山（Takuyo-Daiyon Seamount）和东咸临海山（Higashi-kanrin Seamount），均位于水深1 000~1 300米，比周围的深海平原高出近4 000米之多。

日本认为南鸟岛地区陆块的水下延伸始于南鸟岛。其在该地区确定了13个大陆坡脚点：分别为MTS-FOS-036、MTS-FOS-046、MTS-FOS-086、MTS-FOS-090、MTS-FOS-091、MTS-FOS-100、MTS-FOS-104、MTS-FOS-107、MTS-FOS-112、MTS-FOS-113、MTS-FOS-115、MTS-FOS-117和MTS-FOS-143。日本认为，根据这些大陆坡脚点构建的60海里距离公式线表明其在这一地区满足从属权利检验。

小组委员会不同意日本的观点，即南鸟岛及其周围的海山由一个连续的大陆坡包络线限制。委员会认为这些海山上方没有岛屿，且基底隆起和坡底裙属于一般深洋底的正常组成部分，尤其是在太平洋区域。这与委员会在有关南硫磺岛建议中表达的观点一致。

海山的基底隆起和海山裙上没有明显的地形要素特征，是与海山相连的深洋洋底的正常变化部分。因此，无法证明与南鸟岛相关的日本陆块的水下延伸超过200海里。这与小组委员会在审议小笠原海台地区与宝盖草海山群（Hotokenoza Seamount Group）的火山体系相关联的平缓隆起时所表达的观点相一致。

小组委员会一致认为南鸟岛陆块的水下延伸没有到达周围海山的基底隆起和海山裙，这些都属于深洋洋底的正常变化部分。南鸟岛的大陆坡底和大陆坡脚位于尖状结构（pinnacle-shaped edifice）的基部，而从该大陆坡脚包络线向外划定的60海里距离公式线没有延伸至该岛200海里线外。

因此，委员会认为南鸟岛地区不满足从属权利检验，按照《公约》第七十六条第4~7款规定，日本在该地区不享有200海里外大陆架的法律权利。

4.3.2 委员会建议

日本确定的大陆坡脚点不符合《公约》第七十六条和委员会《科技准则》

第 5 章的要求，不应成为在南鸟岛地区构建大陆边外缘的基础。委员会建议，在南鸟岛地区，日本不能依据于 2008 年 11 月 12 日划界案中所包含的技术与科学证据以及日本提供的其他数据和资料确定 200 海里以外的大陆架外部界限。

4.4 茂木海山地区

4.4.1 从属权利检验

茂木海山地区位于西北太平洋海盆，水深 5 000~6 200 米，是晚侏罗纪至早白垩纪期间洋中脊的海底扩张作用形成的深洋底，其主体为深海平原，零星分布有白垩纪时期板内火山作用形成的稀疏的海山和海丘。茂木海山位于海沟处，西侧延伸至伊豆-小笠原岛弧陆坡，高出海沟底约 800 米。

日本认为，茂木海山地区是七岛-硫磺岛洋脊上的陆地领土（如八丈岛）的水下自然延伸。日本在该区提交了 1 个关键大陆坡脚点（FOS-009）。日本认为，从该坡脚点向外构建的 60 海里距离公式线表明该地区符合从属权利检验。

日本声明：茂木海山构成与伊豆-小笠原外弧陆坡西侧下部相连的鞍状山脊。从伊豆-小笠原外弧陆坡至茂木海山之间存在明显的地形连续性，且鞍状山脊上的所有点均明显高出海沟底。因此，茂木海山应被视为大陆坡的一部分。

在茂木海山地区，大陆坡底主要依据地形和测深证据确定。此外，按照委员会《科技准则》第 5.4.6 段的规定，也使用了地质和地球物理数据作为补充证据。

该地区的深洋洋底包括太平洋海盆、海沟东部的深海平原、海沟东部陆坡（海沟外壁）、海沟本身至伊豆-小笠原外弧大陆坡底之间的海底，以及任何与之相连的深海山、洋脊、断裂带、海山等。这些都是深洋洋底的特征，任何主张不是深洋洋底特征的异常地形变化均需要审议，而不仅仅只将与海沟区关联的洋底最深处视为深洋洋底的特征。

因此，小组委员会认为，与茂木海山相邻的鞍部不足以构成陆块穿过伊豆-小笠原海沟的水下延伸。即鞍部明显深于茂木海山东部坡底的关键部分。

在与小组委员会的通信中，日本代表团提出如下观点：由于鞍部比俯冲海沟的最深处高出 800 米，且明显高于周围广阔海底的平均高度，因此，应将该地区视为海底隆起，并应包含在伊豆-小笠原弧的大陆坡脚包络线内。

小组委员会指出，应将鞍部与茂木海山坡底区高度的变化以及该海沟底部内外与坡底区相邻的海底的局部变化相比较。小组委员会认为在茂木海山地区，鞍部不足以建立茂木海山与伊豆-小笠原弧之间地形上的连续性。由此小组委员会一致建议，按照对《公约》第七十六条的理解，茂木海山不应被视为日本大陆边的一部分。

该地区的大陆坡脚点均位于伊豆-小笠原海沟内，而不是位于茂木海山基部周围。由这些大陆坡脚点向外构建的60海里距离公式线没有延伸至200海里线外。

因此，委员会认为茂木海山地区不满足从属权利检验，按照《公约》第七十六条第4~7款规定，日本在该地区不享有200海里外大陆架的法律权利。

4.4.2 委员会建议

日本确定的大陆坡脚点不符合《公约》第七十六条和委员会《科技准则》第5章及第7章的要求，不应成为在茂木海山地区构建大陆边外缘的基础。委员会建议，在茂木海山地区，日本不能依据于2008年11月12日划界案中所包含的技术与科学证据以及日本提供的其他数据和资料确定200海里以外的大陆架外部界限。

4.5 小笠原海台地区

4.5.1 从属权利检验

委员会对于小笠原海台地区的审议主要围绕如何界定洋脊的3种类型展开。

根据日本的描述，小笠原海台地区的大陆边由南北向的伊豆-小笠原弧（Izu-Ogasawara Arc）东侧、与其相连的东西向的小笠原复合高地（Ogasawara Composite High）和上田洋脊（Uyeda Ridge）组成。

小笠原海台是复杂的复合海底隆起，在西部、东部和东南部都有一系列海山（图1-）。西部为高原地形，平均深度在3 000~2 000米，有南海山和东海山两座大型海山以及小型的西海山。冈村（Okamura）等在1992年将该部分复合隆起命名为小笠原海台，现今正与伊豆-小笠原弧碰撞，并阻塞了马里亚纳海沟与伊豆-小笠原海沟连接处的俯冲海沟。

海台东部主要为3个洋脊状的分支坡尖（spurs）。东部与西部的深度相似，存在大型的海底平顶山，自西向东分别为矢部海山（Yabe Seamount）、半泽海山（Hanzawa Seamount）和片山海山（Katayama Seamount），以及其他已命名的（宇田和东片山）和未命名的坡尖。冈村（Okamura）等将该部分复合隆起命名为迈克尔逊洋脊（Michelson Ridge）。其西面的高原和东面的洋脊在2 500~3 500米的

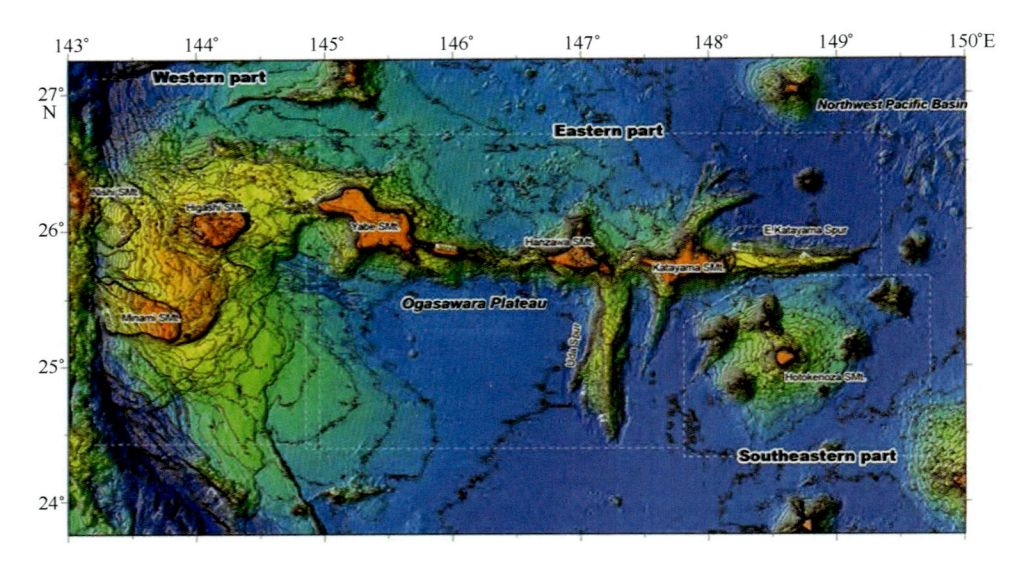

图 14　日本对小笠原海台地区的西部、东部和东南部的分区
资料来源：委员会对日本外大陆架划界案的建议摘要。

平均深度处存在地形上的连续性。

海台东南部是一组相对孤立的海山群，宝盖草海山是其中最大的一座海山。该海山群和东片山坡尖（East Katayama Spur）北部之间的地区是支撑海山的深洋洋底的平缓隆起的一部分。在 5 400~5 500 米深处，该隆起构成了东片山坡尖和宝盖草海山东南部之间地形上的连续性。

在本划界案中，西部、东部和东南部分别被称为海台部分、洋脊部分和宝盖草海山群。海台和洋脊部分统称为小笠原复合高地。

上田洋脊自西部的伊豆-小笠原海沟延伸至东部的西北太平洋海盆的深洋洋底，长约 150 千米。

日本认为其陆块的水下延伸从伊豆-小笠原弧上的岛屿开始向西扩展。日本就此明确提及了小笠原洋脊上的小笠原群岛，和七岛-硫磺岛洋脊上的南硫磺岛。

被日本解释为海底高地的小笠原复合高地以及上田洋脊通过伊豆-小笠原海沟内的鞍部与伊豆-小笠原弧的大陆坡相连。小组委员会对该鞍部的考虑与审议茂木海山地区鞍部时的观点相一致。

4.5.1.1　上田洋脊

上田洋脊从位于西面的伊豆-小笠原海沟开始向外延伸距离约 150 千米至位于东面的西北太平洋海盆深洋洋底上。在海沟的最深处，上田洋脊形成了一个狭窄的地垒式的鞍部，比南部的海沟海底高出 500~800 米，比北部的海沟海底高出 800~1 100 米。该鞍部的最深处位于 8 150~8 450 米的深度。而与之相反的是，日本提交的上田洋脊主要部分在大陆坡脚点所在的陆坡区域的深度为 5 200~6 000 米。这意味着海沟内的鞍部深度比上田洋脊坡底的关键部分还深 2 000 米以上（图 15）。

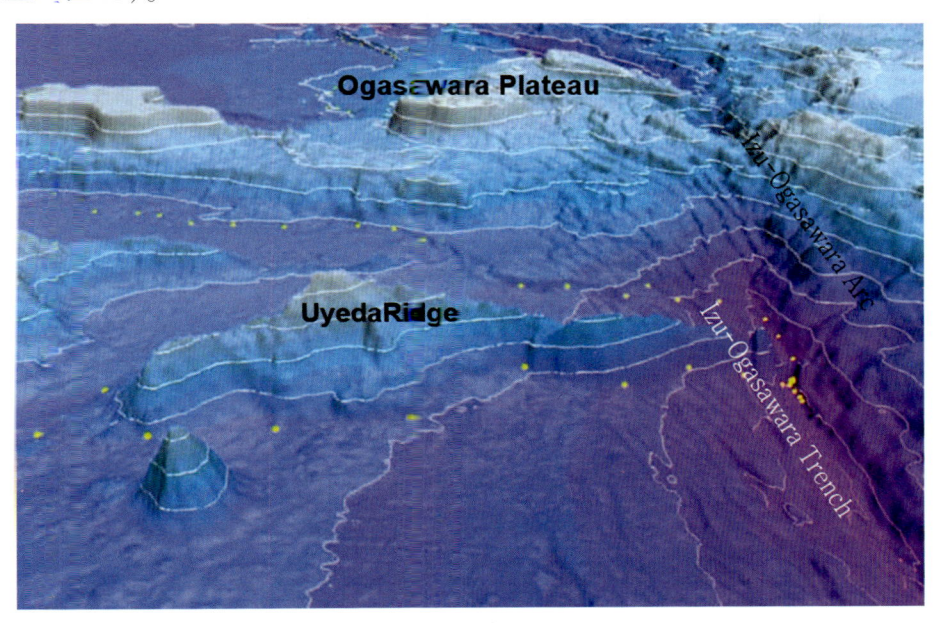

图 15 上田洋脊和小笠原海台与伊豆-小笠原海沟和伊豆-小笠原弧之间鞍部的测深 3D 阴影图像

资料来源：委员会对日本外大陆架划界案的建议摘要。

小组委员会由此认为上田洋脊与伊豆-小笠原弧不存在地形上的连续性，这与审议支木海山地区时的观点一致。由此小组委员会一致建议，按照对《公约》第七十六条的理解，上田洋脊不应被视为日本大陆边的一部分，而应属于深洋洋脊。

4.5.1.2 小笠原复合高地

小笠原海台的西侧与伊豆-小笠原弧融合，形成了横跨俯冲海沟的大型桥，并向东延伸至太平洋的深洋洋底。其最浅的连接点水深约为 3 300 米，比邻近海沟的最深处高出 6 000 米以上，同时比东面的深海平原高出 2 500 米以上。根据地形，小组委员会同意可沿伊豆-小笠原弧的海沟内壁基部以及外部的海台部分和洋脊部分划出连续的大陆坡脚。这些地形因此构成日本在伊豆-小笠原弧上岛屿陆块的水下延伸。

然而，委员会不同意该连续的大陆坡脚包络线覆盖宝盖草海山群。因小组委员会认为，此类不产生岛屿的海山的基底隆起和坡底裙属于一般深洋洋底的正常部分，尤其是在太平洋地区。这与委员会上述建议中表达的观点一致。

在海山的基底隆起和海山裙上没有明显的地形要素特征，是与小笠原复合高地以及海山相连的深洋洋底的正常变化部分。因此，无法证明与伊豆-小笠原弧相关的日本陆块的水下延伸经过小笠原复合高地到达宝盖草海山群。这与小组委员会在审议与南鸟岛地区的火山体系相关联的平缓隆起时所表达的观点相一致。

委员会确认，通过适用《公约》第七十六条第4款的规定，从小笠原复合高地的大陆坡脚所产生的大陆边外缘超过了日本的200海里线，日本在该地区200海里线外享有大陆架的法律权利。

4.5.2 确定大陆坡脚

日本提交了15个关键大陆坡脚点，这些点生成了日本在小笠原海台地区200海里以外的公式点。其中7个点与小笠原复合高地的大陆边关联，7个点与宝盖草海山群关联，还有1个与上田洋脊关联（图16）。

如前所述，小组委员会认为上田洋脊和宝盖草海山群不属于日本陆块的水下延伸，因此小组委员会认为与这些地形关联的大陆坡脚点OGP-FOS-018和点OGP-FOS-098、OGP-FOS-100、OGP-FOS-110、OGP-FOS-113、OGP-FOS-114、OGP-FOS-117、OGP-FOS-118不属于有效的大陆坡脚点。

关于小笠原复合高地，一般情况下可以很容易地依据地形识别大陆坡脚的位置，即下陆坡与深洋洋底连接处，特别是与海山的陡峭陆坡相邻的地区。因此，通过大陆坡脚包络线很容易划出小笠原复合高地的边缘。

据此，小组委员会大体上同意与小笠原复合高地关联的大陆坡脚点的位置，但点OGP-FOS-069和点OGP-FOS-203除外。

大陆坡脚点OGP-FOS-069位于一个小型海台的基部，经一个高出周围深海海底不足100米的低矮的鞍部与大陆坡的主要部分分离。小组委员会建议使用该鞍部向陆一侧的新的大陆坡脚点替换该点。

大陆坡脚点OGP-FOS-203位于脊形海山的东端，该海山与南海山东南面的横向洋脊相邻。横向洋脊与脊形海山之间的鞍部的特征是一段小型陡峭的呈东—西向的陡坡。该陡坡可能是由于脊形海山埋藏的地下延伸的北端的沉积物截流形

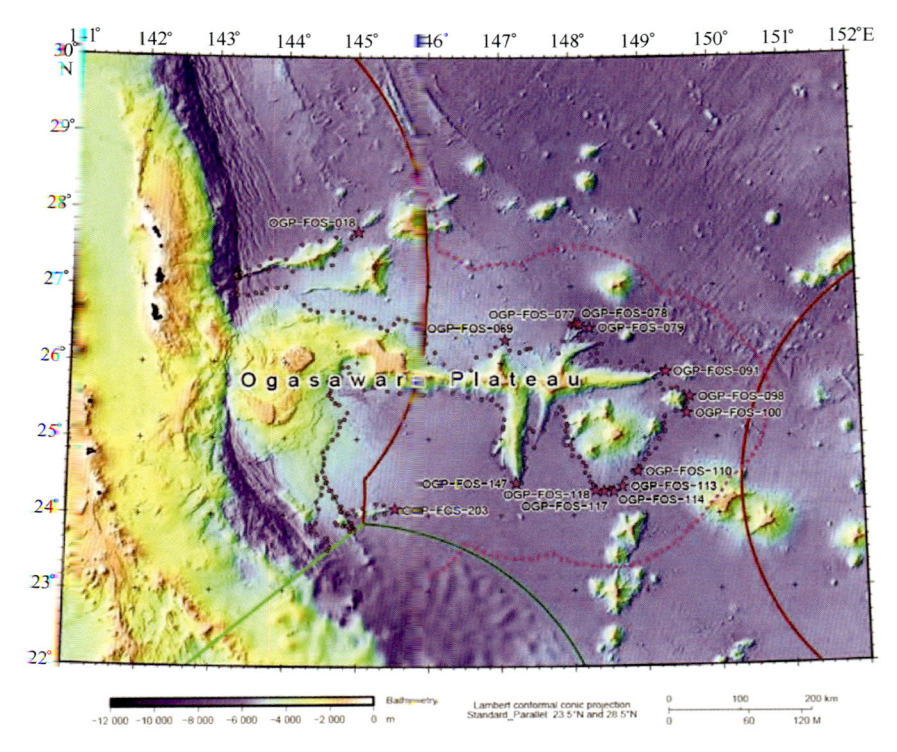

图16　日本最初提交的小笠原海台地区大陆坡脚点及相应的60海里距离公式线

注：红色线为距日本领海基线200海里线；深绿色线为距其他国家领海基线200海里线；浅绿色线为距日本和其他国家领海基线的中间线；粉色虚线为日本所划的距离公式线。

资料来源：委员会对日本外大陆架划界案的建议摘要。

成的。受部与横向洋脊的连接处略高于陡坡北面的平均高度，且该地形并不连续。因此，脊形海山和横向洋脊之间似乎并不存在地形上的连续性。小组委员会认为，不应将脊形海山包括在大陆坡脚包络线所覆盖的整体边缘之内，从而提议点 OGP-FOS-203 不应成为确定日本大陆边外缘的有效的大陆坡脚点。

在随后的通信中，日本按照小组委员会的上述建议提交了7个新的关键大陆坡脚点和相关大陆坡脚点，分别是：OGP-FOS-054n、OGP-FOS-055n、OGP-FOS-076n、OGP-FOS-095n、OGP-FOS-139n、OGP-FOS-146n 和 OGP-FOS-208n。小组委员会同意这7个新的大陆坡脚点的位置（图17）。

委员会随后得出结论，在小笠原海台地区，日本所列的大陆坡脚点符合《公约》第七十六条和《科技准则》第5章的标准，出于《公约》的目的，这些大陆坡脚点应当构成在小笠原海台地区建立日本大陆边外缘的基础。

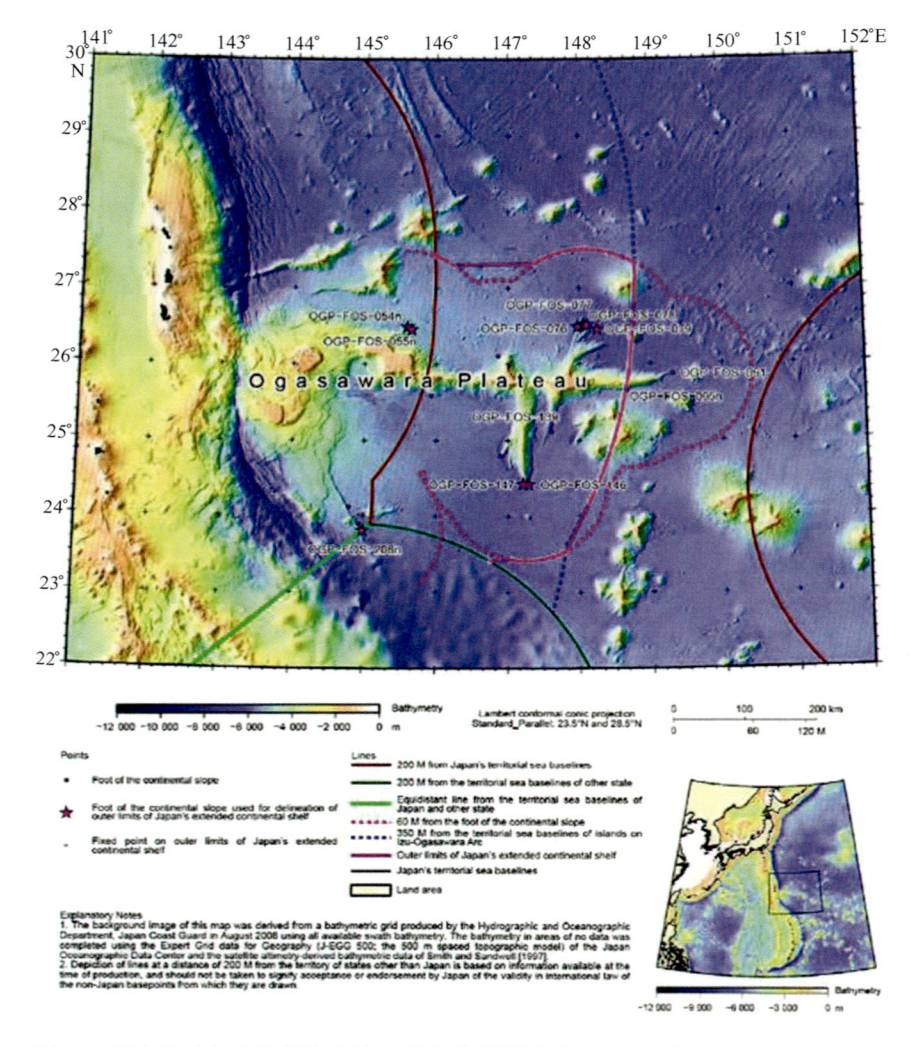

图 17　日本修改的小笠原海台地区的公式线外围及该地区的大陆架外部界限示意图

注：蓝色虚线为距日本领海基线 350 海里线。

资料来源：委员会对日本外大陆架划界案的建议摘要。

4.5.3　公式线的运用

在小笠原海台地区，日本适用"海登堡公式"确定的公式点，以长度不超过 60 海里的直线段连接构成公式线。委员会同意构建该公式线的方法，并建议将其用做确立该地区大陆架外部界限的基础。

4.5.4 限制线的运用

在小笠原海台地区，日本综合援引了距离和深度限制。委员会认为，深度限制的适用涉及对是否可以将小笠原海台地区南部相关的海底隆起定义为大陆边自然构成部分这一点的审查。

委员会认同按照大陆坡脚包络线和地形，小笠原复合高地构成日本大陆边的一部分。

日本提供证据表明，小笠原复合高地的西面增生至伊豆-小笠原弧，且这种增生仍处于初始期，未来还会发生进一步的增生。增生的过程将各种物质，如洋壳中的沉积岩和岩石（igneous components）、海山、大洋高地（oceanic plateaus）、岛弧和陆块等，从俯冲带（subduction zone）的下盘（footwall）转移到上盘（hanging wall），并与上部的陆地或岛弧合并到一起。

基于日本提交的数据和资料，委员会认同小笠原复合高地西面的海台部分增生至伊豆-小笠原弧并在未来会发生进一步的增生，其为日本大陆边的自然构成部分，根据《公约》第七十六条第 6 款的规定，应被视为海底高地；但东面的洋脊部分不是大陆边的自然构成部分，应被视为海底洋脊，理由如下。

（1）经测深数据表明，小笠原海台被低角度逆冲断层（low-angle thrust faults）切断，与太平洋板块的洋壳分离并增生到伊豆-小笠原弧（伊豆-小笠原弧为日本陆块的组成部分）。该逆冲断层只延伸到矢部海山的西侧。

（2）委员会提到《科技准则》第 7.3.1（1）段对"活动大陆边（缘）"的描述：就活动大陆边（缘）而言，来自海洋、岛弧或大陆的沉积岩和地壳物质增生在大陆边（缘）是大陆生长的一个自然过程。因此，任何增生在大陆边（缘）上的地壳碎块或沉积楔增多应视为该大陆边（缘）的自然构成部分。该条款因此暗示任何与大陆边具有地形上联系但没有或尚未增生至大陆边的地壳碎块或沉积楔不应被视为大陆边的自然构成部分。

（3）海台部分同时满足这一标准，即其与海沟相连的鞍部明显高出该海沟向海一侧的大陆坡脚包络线。

（4）小笠原复合高地的洋脊部分由矢部海山、半泽海山和片山海山组成，没有参与构造增生的过程，是没有增生至小笠原弧的海台部分的附属地形。该地形最初形成于远离俯冲带和周围岛弧的大洋环境内，因此具有深洋洋底的特征。

（5）目前，按照大陆坡脚包络线，洋脊部分属于日本大陆边的一部分。但是，参照已明显增生至小笠原弧的海台地质地貌特征，洋脊部分表明其不是大陆边的自然构成部分，根据《公约》第七十六条第 6 款的规定，应被视为海底洋脊，只能适用 350 海里距离限制线。

日本随后按照小组委员会的建议援引距离限制修改了其外部界限。日本提交的距离限制线是通过距小笠原群岛和南硫磺岛的领海基线 350 海里处的弧线构建的。委员会同意日本构建该限制线时所采用的程序和方法。

4.5.5 最终外部界限的确定及委员会建议

委员会同意建立小笠原海台地区大陆架外部界限过程中所适用的原则，包括日本在附件中所列的公式定点的确定以及连接这些点的直线段的构建。委员会建议日本由此建立在小笠原海台地区大陆架的外部界限。同时委员会也指出，日本在该地区最终大陆架外部界限的建立或许取决于国家之间的划界。

4.6 冲大东洋脊南区

4.6.1 从属权利检验

冲大东洋脊南区位于菲律宾海的西北，地理坐标北纬 18°00′—25°00′，东经 128°00′—133°00′。冲大东洋脊南区有两个分区：分别为北部的冲大东洋脊和冲大东隆起，以及南部的菲律宾海盆（在大部分科学文献中也被称为西菲律宾海盆）。

该区的陆地领土为冲大东岛，其水下延伸包括冲大东洋脊和冲大东隆起。日本在该区提交了 4 个关键大陆坡脚点，由此产生的公式点超过了 200 海里线。委员会确认，通过适用《公约》第七十六条第 4 款的规定，冲大东隆起的大陆坡脚所产生的大陆边外缘超过了日本的 200 海里线，日本在该地区于 200 海里线外享有大陆架的法律权利。

4.6.2 确定大陆坡脚

日本提交的 4 个关键大陆坡脚点均位于冲大东隆起沿冲绳断崖向南延伸的一个深处的相对隆起区域内（图 18）。日本认为，该深处的相对隆起区域构成"冲大东隆起南端"。日本指出冲大东隆起的水深为 5 500~5 600 米。小组委员会注意到，日本所定义的大陆坡底深度接近 5 600~5 700 米，这意味着按照日本的观点，菲律宾海盆的深洋洋底超出了这个区域。

在冲大东隆起南端和冲大东隆起主体之间向陆有个较深的鞍部，该区域比日本定义的大陆坡底高出不到 200 米。小组委员会认为，鞍部的海底起伏在周围海底正常地形起伏范围内。尽管事实上横跨该鞍部的 200 米的高地有微弱的地形连续性，但委员会认为，仅凭地形数据无法充分证明"冲大东隆起南端"是陆地

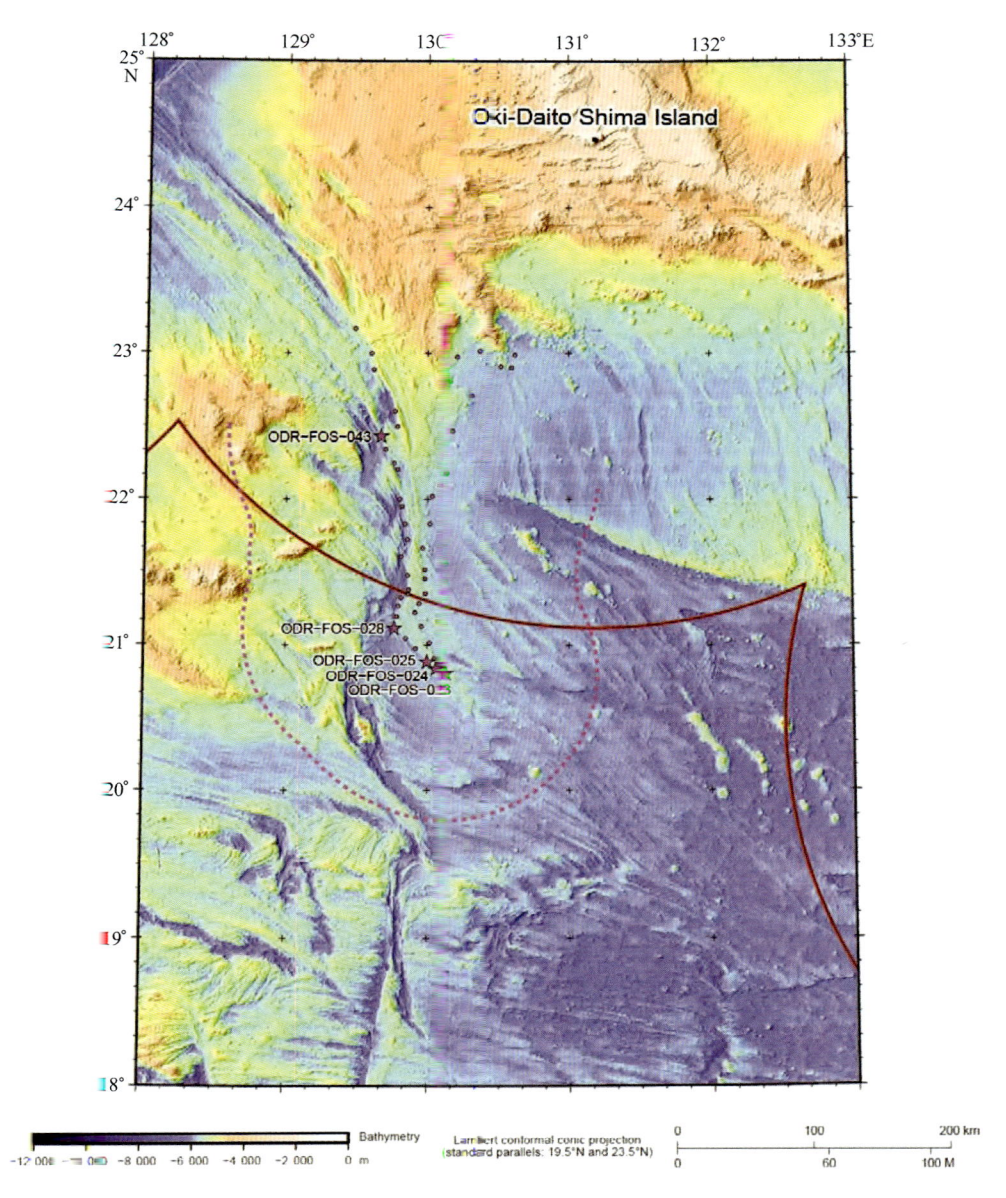

图18 日本最初提交的显示冲大东洋脊南区大陆坡脚点及距离公式线的测深

注：粉色虚线为日本所划的距离公式线。

资料来源：委员会对日本外大陆架划界案的建议摘要。

的水下延伸（图19）。

此外，在鞍部，大陆坡坡度发生了变化，其平均坡度从冲大东隆起主体的

231

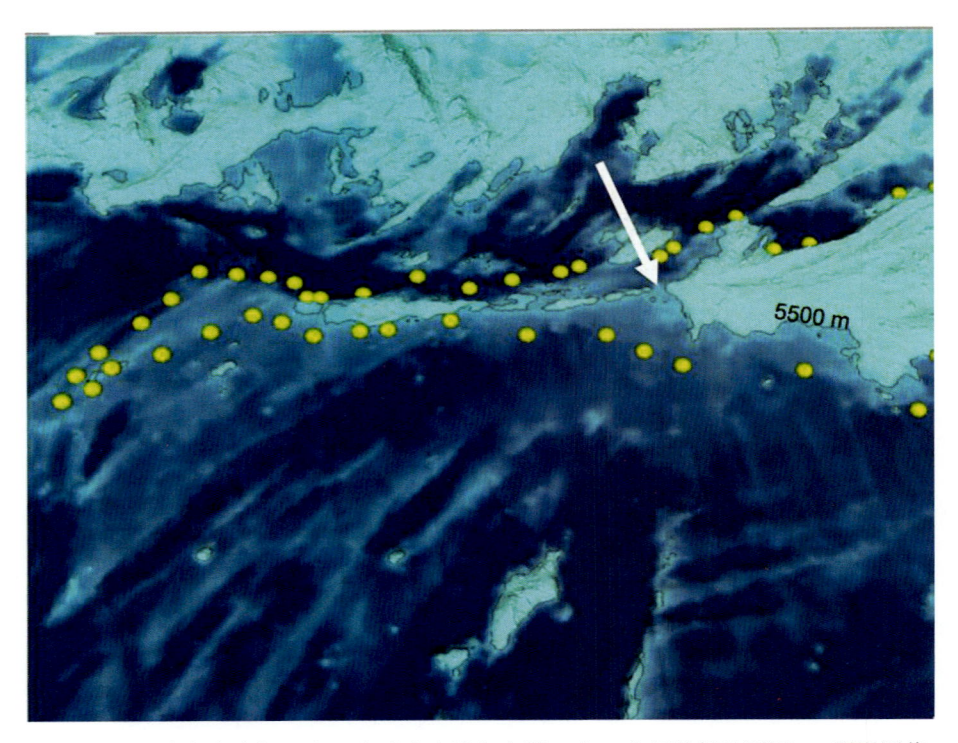

图 19 显示冲大东隆起（右）和冲大东隆起南端（左）之间鞍部的测深 3D 阴影图像
资料来源：委员会对日本外大陆架划界案的建议摘要。

0.4°变为鞍部和日本确定的最外大陆坡脚之间沿南冲绳断崖的不到 0.1°。

小组委员会还注意到，"冲大东隆起南端"的水深纹理特征是冲绳断崖方向水深纹理和冲大东断崖西北—东南方向水深纹理的结合。因此，"冲大东隆起南端"整体的水深结构和纹理在冲大东隆起附近的深洋洋底的变化范围之内。

若要使小组委员会考虑该区域横跨鞍部的微弱的地形连续性特征可以称为沿海国陆地的水下延伸，该连续性必须有足够的地球物理和地质数据支持。然而小组委员会认为，日本所提供的补充的潜在区域及地质数据并不能足够支持在"冲大东隆起主体"和"冲大东隆起南端"之间存在地质连续性的观点。相反，其提供的数据恰恰得出了相反的结论。

小组委员会认为日本提供的重力数据和磁异常数据都无法清楚地判断"冲大东隆起南端"的结构特征。

日本提供的地球化学数据同样表明冲大东断崖方向在地质上不连续。采自冲大东隆起和断崖北段的样品显示出典型的洋岛玄武岩特征，而"冲大东隆起南端'，而冲大东断崖本身的样品则表现出富集的大洋中脊玄武岩特征。

基于以上数据，小组委员会认为，冲大东隆起的大陆坡底应建立在水深约5 500米处，在"冲大东隆起南端"和'冲大东隆起主体"之间的鞍部内。据此应建立适当的大陆坡脚点（图20）。

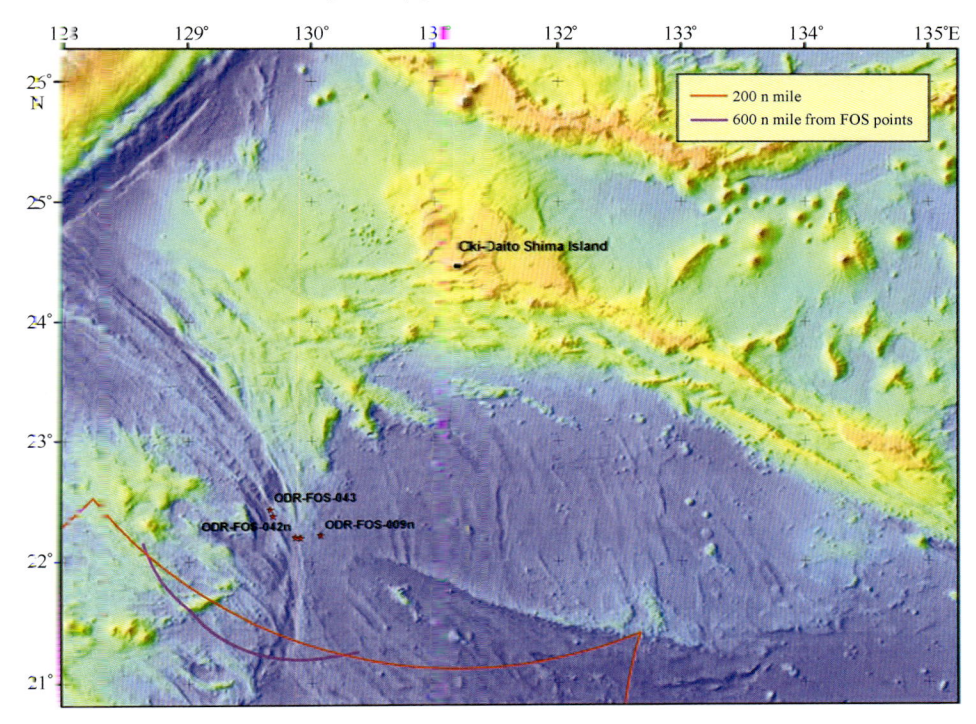

图20 显示冲大东洋脊南区外缘公式线的测深
资料来源：委员会对日本外大陆架划界案的建议摘要。

在随后的通信中，日本提交了4个新的关键大陆坡脚点 ODR-FOS-009n, ODR-FOS-039n, ODR-FOS-040 和 ODR-FOS-042，以及原先作为相关大陆坡脚点的 ODR-FOS-43。这5个关键大陆坡脚点代替了日本原先提交的4个关键大陆坡脚点。小组委员会同意这5个关键大陆坡脚点及相关大陆坡脚点的位置。

委员会认为，在冲大东洋脊南区，日本所列的大陆坡脚点符合《公约》第七十六条和《科技准则》第5章的标准，这些大陆坡脚点应当构成在冲大东洋脊南区建立日本大陆边外缘的基础。

4.6.3 公式线的运用

在冲大东洋脊南区，日本适用"海登堡公式"确定的公式点，以长度不超过 60 海里的直线段连接构成公式线。委员会同意构建该公式线的方法，并建议将其用做确立该地区大陆架外部界限的基础（图 20）。

4.6.4　限制线的运用

在冲大东洋脊南区，日本表明划定大陆边外缘的公式线并未超出从领海基线量起的 350 海里限制线。在此地区，日本采用了距离标准限制线。委员会同意日本在构建该限制线过程中所使用的方法。

4.6.5　最终外部界限的确定及委员会建议

委员会同意以所列的定点建立冲大东洋脊南区的大陆边外缘，并建议按照《公约》第七十六条第 7 款的规定，以长度不超过 60 海里的直线连接定点确定该区的大陆架外部界限。并且，除不同意与宫古岛（Miyako Shima Island）的 200 海里线的连接外，委员会同意建立冲大东洋脊南区大陆架外部界限过程中所使用的原则，包括确定的定点以及连接这些定点的直线段的构建。委员会建议日本将该区的大陆架外部界限与冲大东岛 200 海里线相连，并由此着手建立在冲大东洋脊南区的大陆架外部界限。

日本在此区域内重新确定的 4 个大陆坡脚点获得委员会同意。冲大东洋脊南区的外部界限就是基于上述 4 个大陆坡脚点采用了距离公式线划定的，由于大陆坡脚点的调整，委员会核可的面积只有 0.37 万平方千米，约为原来 3.8 万平方千米的 10%。

4.7　四国海盆地区

4.7.1　从属权利检验

四国海盆地区位于北菲律宾海内，地理坐标北纬 20°00′—34°00′，东经 131°00′—142°00′，西接九州-帕劳洋脊北部，北接南海海槽，东接伊豆-小笠原和马里亚纳岛弧，南接帕里西维拉海盆。

日本陆块在该地区的水下延伸分为东西两部分，东区为伊豆-小笠原弧的水下延伸，其陆地领土为七岛-硫磺岛洋脊上的鸟岛；西区为大东洋脊和九州-帕劳洋脊的水下延伸，其陆地领土为大东洋脊上的北大东岛和南大东岛、冲大东洋脊上的冲大东岛和九州-帕劳洋脊上的冲之鸟礁。

委员会确认，通过适用《公约》第七十六条第 4 款的规定，四国海盆地区的大陆坡脚所产生的大陆边外缘超过了日本的 200 海里线，日本在该地区于 200 海里线外享有大陆架权利。

4.7.2 确定大陆坡脚

日本最初提交了 13 个关键大陆坡脚点，并由此生成了日本在四国海盆地区 200 海里以外的公式点。其中 6 个点（SKB-FOS-103、SKB-FOS-104、SKB-FOS-105、SKB-FOS-113、SKB-FOS-121 和 SKB-FOS-136）位于四国海盆的西面，7 个点（SKB-FOS-008、SKB-FOS-009、SKB-FOS-036、SKB-FOS-037、SKB-FOS-038、SKB-FOS-046 和 SKB-FOS-049）位于四国海盆的东面（图 21）。

小组委员会在通信中表达了如下观点：为了证明公式线与四国海盆西面的大陆坡脚点 SKB-FOS-136 以南地区的 200 海里线（日本以冲之鸟礁为基点扩展的 200 海里线）存在重叠，日本需要提交进一步的数据和资料。小组委员会要求日本确定可以对该构建起关键作用的大陆坡脚点，并提供将在该地区九州-帕劳洋脊东西侧构建相关公式线的方法。日本随后在九州-帕劳洋脊的东翼确定了 3 个大陆坡脚点（SKB-FOS-148、SKB-FOS-161、SKB-FOS-172），在西翼确定了两个大陆坡脚点（SKB-FOS-306、SKB-FOS-405），在冲大东海隆的侧翼确定了 1 个大陆坡脚点 SKB-FOS-203（注：图 22 所示该大陆坡脚点信息为 SKB-FOS-213）（图 22）。

4.7.2.1 西侧外部边缘

小组委员会认为，九州-帕劳洋脊东翼的大陆坡底的位置，即下陆坡与深洋洋底连接的地区，通常很容易基于地形加以识别。因此，小组委员会同意下列点的位置：SKB-FOS-103、SKB-FOS-104、SKB-FOS-105、SKB-FOS-113 和 SKB-FOS-121。

与该大陆坡相邻的深洋洋底是四国海盆的弧后扩张构造，特征是呈北向的不连续线状，海底崎岖不平，基底至高处有达数百米。在四国海盆地区的南部，海底的崎岖程度更加明显，使得在某些位置的坡底区的确定变得更加复杂。尤其是大陆坡脚点 SKB-FOS-136。

大陆坡脚点 SKB-FOS-136 位于该区南部一个很小的、几乎与九州-帕劳洋脊垂直的、从大陆坡伸入四国海盆突出部分的向海末端。经过初步审议，小组委员会指出该坡尖的地形地貌与深洋洋底的基底构造有相似度，要求提供进一步资料用以证明其为大陆坡而非深洋洋底的一部分。

日本在答复中提到了其构造模型。该模型将上述坡尖视为九州-帕劳洋脊"扩展范围"的一部分。日本还提交了进一步的地球化学数据，用以澄清该构造

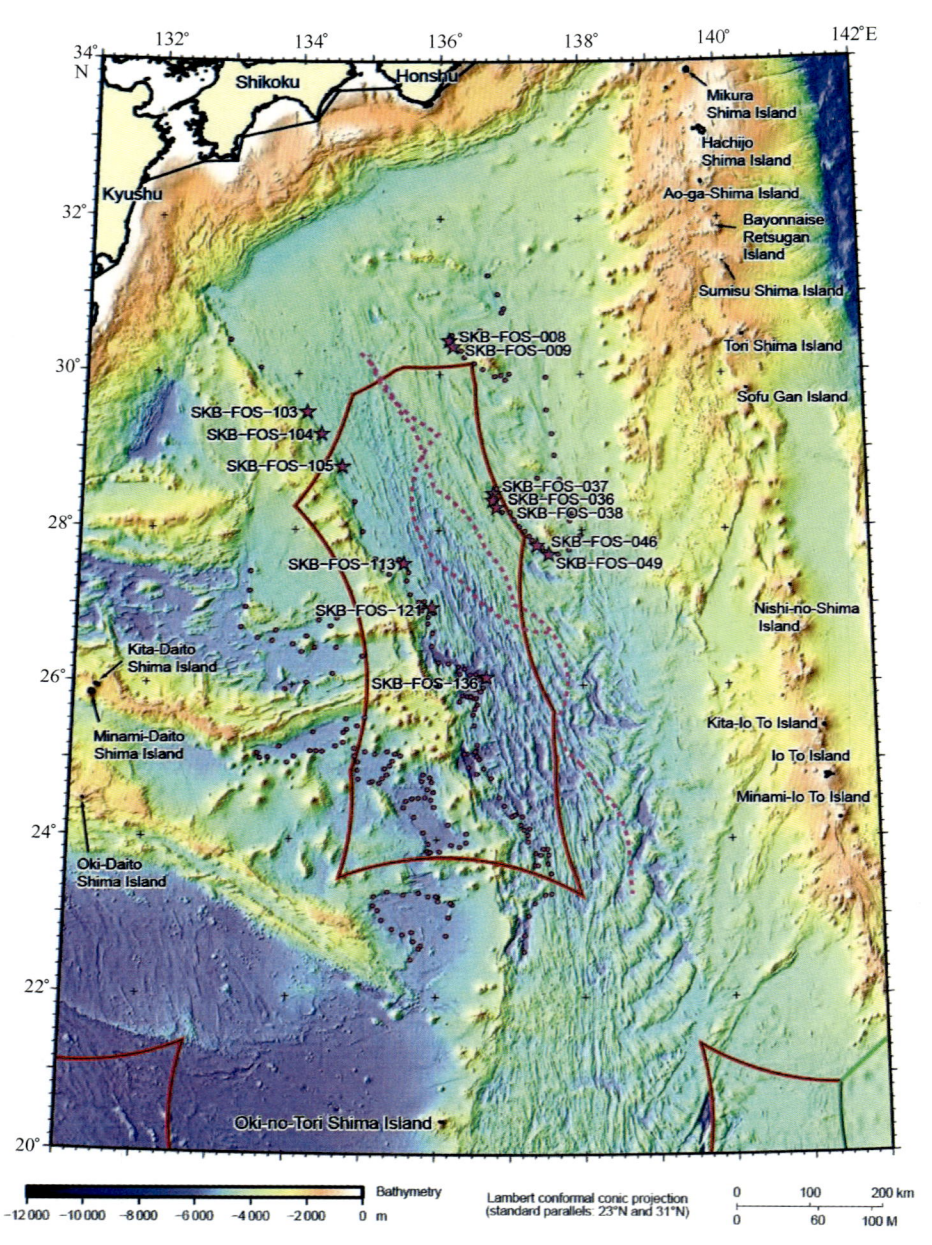

图 21　显示日本在四国海盆地区提交的大陆坡脚点和距离公式线的测深

注：红色线为距日本领海基线 200 海里线；粉色虚线为日本所划的距离公式线；深绿色线为距其他国家领海基线 200 海里线；浅绿色线为距日本和其他国家领海基线。

资料来源：委员会对日本外大陆架划界案的建议摘要。

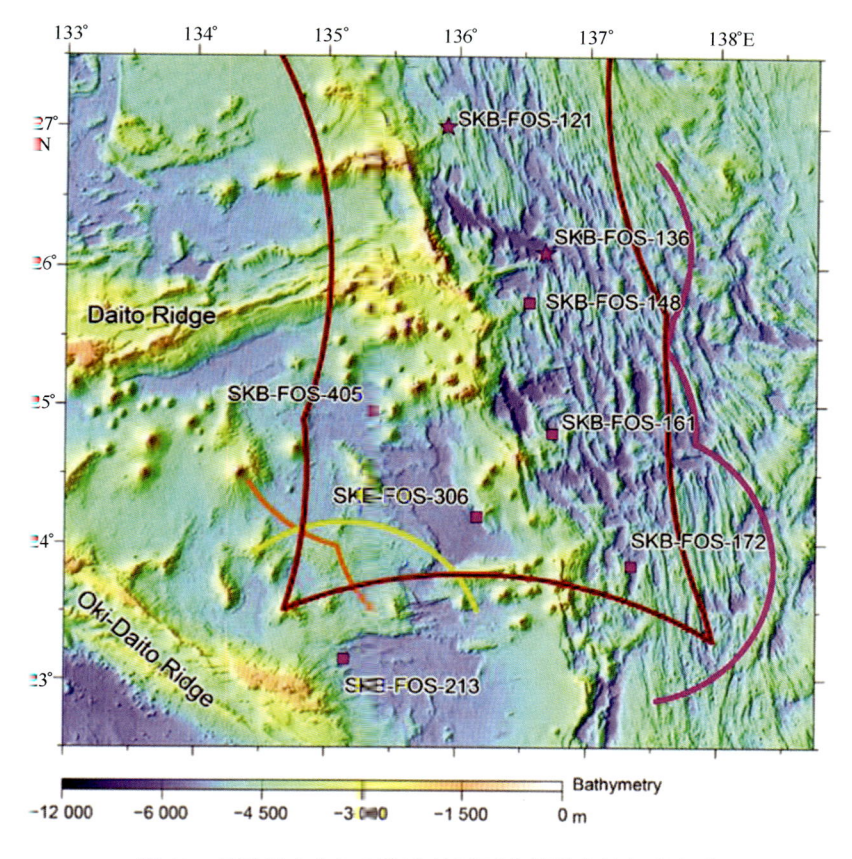

图 22 显示日本在四国海盆地区西南部提交的相关大陆
坡脚点与距离公式线的测深

注：红色线为距日本领海基线 200 海里线；粉色线为距 SKB-FOS-136、SKB-FOS-148、SKB-FOS-161 和 SKB-FOS-172 的距离公式线；橙色线为距 SKB-FOS-306 和 SKB-FOS-405 的距离公式线；黄色线为距 SKB-FOS-213 的距离公式线。

资料来源：委员会对日本外大陆架划界案的建议摘要。

模型支撑了在四国海盆西侧边缘沿九州-帕劳洋脊的大陆坡底的建立。

通过对新的资料和信息的审议，小组委员会以多数票同意大陆坡脚点 SKB-FOS-136 所在的小型坡尖极有可能在洋脊的"扩展范围"内。特别是该坡尖的地形特征与沿九州-帕劳洋脊的全部扩展范围的地形特征一致，且与周围的四国海盆典型的扩张构造存在明显差异。按照此证据，小组委员会以多数票同意该区的大陆坡底位于该小型坡尖的底部，并且同意在该大陆坡底内确定点 SKB-FOS-136 位置的方式。

此外，小组委员会以多数票同意确定的下列 6 个相关大陆坡脚点的位置：SKB-FOS-148、SKB-FOS-161、SKB-FOS-172、SKB-FOS-203、SKB-FOS-306 和 SKB-FOS-405。小组委员会指出，关于位于冲大东海隆大陆坡底的点 SKB-FOS-203，确定其位置所使用的方法与日本之前依据地形判断的方法一致。关于其余的大陆坡脚点（剩余 5 个关键大陆坡脚点 SKB-FOS-103、SKB-FOS-104、SKB-FOS-105、SKB-FOS-113 和 SKB-FOS-121），所使用的方法与确定 SKB-FOS-136 时应用的方法（构造模型）相一致。

由此，小组委员会以多数票同意以上 6 个关键大陆坡脚点和 6 个相关大陆坡脚点的位置，并将之用于沿四国海盆地区西侧划定大陆边外缘的基础。

4.7.2.2 东侧外部边缘

日本四国海盆地区东侧大陆边缘主要由伊豆-小笠原岛弧北部的西侧大陆边缘组成。南伊豆海台是该陆缘的主要组成部分，并与纪南断崖西部相连。基于日本提交的地质、地球化学和地球物理数据，小组委员会同意日本的观点，即南伊豆海台包括（至少包括一部分）伊豆-小笠原弧的岛弧地壳和四国海盆弧后扩张地壳之间的转换带。基于相同的数据，小组委员会同意纪南海山链是四国海盆弧后扩张最后阶段形成的海山链，并位于该弧后海盆地壳内。

日本声明，沿着该陆缘的大陆坡底大体上位于纪南断崖的基部，但有两个区域除外。

一个是纪南海山西翼。日本认为，因纪南海山链与南伊豆海台地形连续，其大陆坡底应位于海山链的西翼（如北部第 1 和第 2 纪南海山和南部的白凤海山）。这两个区域地形横穿纪南断崖。南部的地形包括一狭窄的脊状结构，高出纪南断崖基底约 400 米。北部的地形较为宽缓，但是高度不如南部地形突出，高出断崖基底约 200 米。此外，在北部，纪南断崖向西逐渐走低，远不及南部地形显著。

但小组委员会发现纪南断崖西部的海底明显崎岖不平，特征包括：弧后扩张构造呈北北西走向的线性构造（如海盆西侧），有无数呈西北走向的不连续的小型洋脊和隆起（大型海山除外）及其间的局部凹陷。该崎岖形态与相邻的南伊豆海台的平滑面形成鲜明对比，认为北与弧后扩张地壳相关联。小组委员会还发现上述提及的两个地形单元，更像是纪南断崖西部崎岖海底的一部分，而不是弧后扩张区和台地区之间的地形连续，因此，小组委员会不认可纪南海山西翼的大陆坡脚点。

另一个是南伊豆海台西侧。日本指出，四国海盆的张开和弧后扩张呈对称住，始三磁异常条带7。但是盆地东部条带7和6B好像被弧后扩张作用之后的伊豆－小笠原岛弧向西生长的岩浆活动所演化（大约1 500万年前）。小组委员会同意日本的观点，接受以这种方式演化过的初始弧后扩张地壳是伊豆－小笠原弧地壳一部分的自然构成部分。条带6仍然容易识别，这似乎暗示地壳的这种演化主要发生在条带6以东。

小组委员会注意到，根据磁异常数据，日本识别到的条带6向南的扩张几乎与其纪南断崖的地形一致。但是往北，条带6的轨迹向纪南断崖的东部偏离，表明伊豆－小笠原弧的岛弧地壳和四国海盆弧后扩张地壳之间的转换位于南伊豆海台西北部下方。以上结论由多道反射地震测线数据支持。小组委员会指出，根据这些测线，位于海台下方的深海沉积裂谷海盆的西侧边缘同样相对纪南断崖北部逐渐向东偏离。

根据提供的数据，南伊豆海台的外部大体上比较平坦（表面呈波状，各个方向的局部坡度不超过0.1°），处于四国海盆地区平均深海深度的水平值。小组委员会注意到，按照《科技准则》第5章和第6章，特别是第5.4.4段、5.4.5段和第6.2.2段、6.2.3段，大陆坡底和大陆坡底似乎无法与陆坡相分离。大体上，这将意味着大陆坡底必须与陆坡存在地形上的连续性，而不应位于在平均深海深度的孤立区域。

小组委员会还注意到，论及南伊豆海台的平坦海床和平均深度，但从地形而言，其外部似乎与该海台东面更为传统的大陆坡底（如伊豆－小笠原弧中部的大陆坡底）相分离。但是考虑到上述与《科技准则》的相关条款，小组委员会认可通过地质和地球物理数据（作为地形数据的补充）来确定大陆坡底区域。因此，对于小组委员会而言，可以在日本提交的关键大陆坡脚点的东向，而非南伊豆海台的西侧，即其下方地壳的有关特征体现为陆坡地形，寻找四国海盆地区东侧的大陆坡底位置。

按照小组委员会的建议，日本提交了新的数据和资料。通过审阅，小组委员会得出以下结论：位于北纬28°以上的南伊豆海台的地壳结构总体上与四国海盆的地壳结构存在明显差异，因其包含相对较厚的形成不整合的沉积剖面，该剖面至少有两层，分别为带有强烈反射率的下地层以及变形程度较低且更加透明的上地层。该沉积层向西的变形程度较弱，并且触发演化的岛弧岩浆入侵的程度同样向西递减。

南伊豆海台地形平滑、坡度较缓，在多个区域比位于其西面的四国海盆的崎岖的深洋洋底高出数百米（超过300米）。

总而言之，南伊豆海台西侧的地壳特征及地表状况延续纪南断崖，而纪南断崖西部与条带 6 的轨迹紧密一致。在平面视图中，纪南断崖显示为位于北纬 28°—30.5°的界限分明的连续地形。但在三维视图中，该断崖显示为沿走向呈现出显著的特征及高度差异。

在北纬 30.5°以北和北纬 28°以南，该断崖并不明显。然而日本认为该断崖在北纬 30°左右偏离了磁条带 6 的走向而向西逐渐走低至北纬 31°。小组委员会不同意该向西偏离的观点，因为视图显示该断崖在北纬 30°以北紧沿磁条带 6 向东偏转，直至其地形在北向约 50 千米处消失。

根据地质和地球物理数据以及日本就南伊豆海台提交的分析（特别是对岩石样本的岩石学和地球化学分析，以及对地震反射剖面上显示的沉积部分和下方基底特征的分析），小组委员会得出以下结论：位于北纬 28°—30.5°的纪南断崖东部的海台与伊豆-小笠原弧具有很多相似的地质和地球物理特征。小组委员会进一步同意这种相似性可能是由早期四国海盆地壳的覆盖和演化所造成的，而该覆盖和演化与伊豆-小笠原弧的岩浆和构造俯冲相关过程有关。（图 23）。

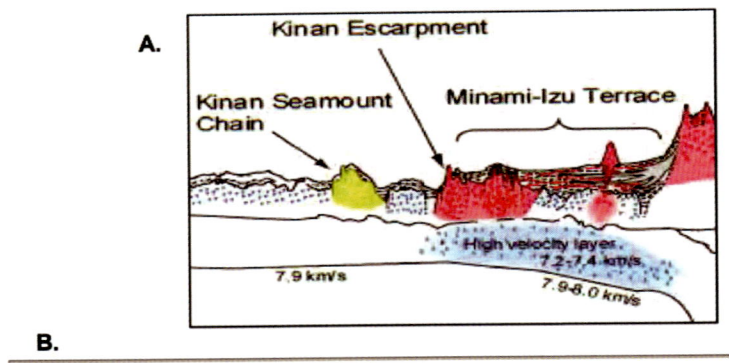

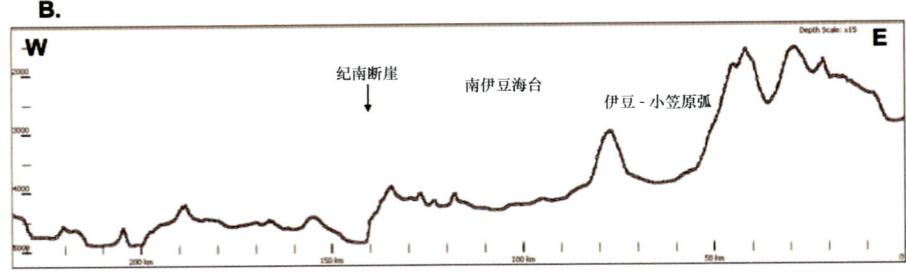

图 23 南伊豆海台的地形和地质

资料来源：委员会对日本外大陆架划界案的建议摘要。

参照上述数据和资料，小组委员会认为北纬 28°—30.5°的纪南断崖可视为是在伊豆-小笠原弧在该区的大陆坡底的一般位置，该大陆坡底是按照由地质和地球物理数据支持的地形基础确定的（图24）。

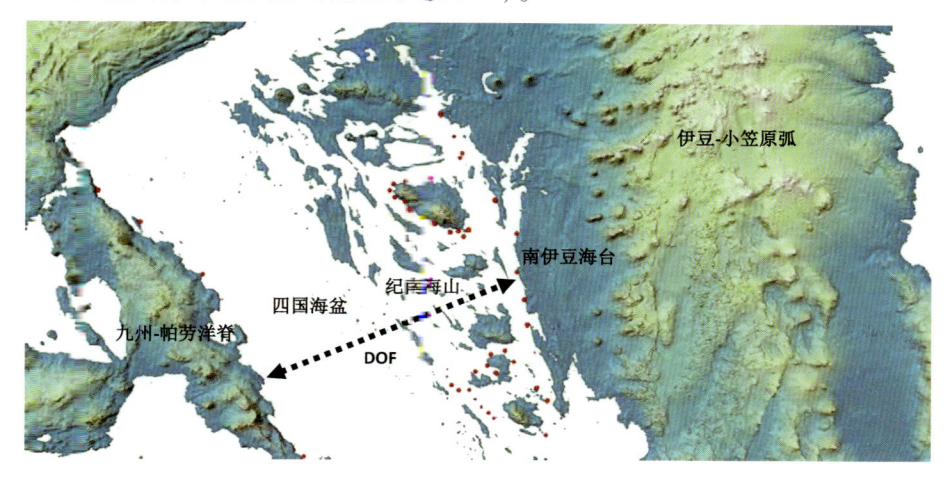

图24 显示有纪南海山、纪南断崖和南伊豆海台的四国海盆深洋洋底的测深3D阴影图像
资料来源：委员会对日本外大陆架划界案的建议摘要。

但是，由于该断崖多变的特征和相对高度，以及沿走向的外部海台，因此，沿断崖选择的每个大陆坡脚点均应位于大陆坡底区域，该大陆坡底可以通过由地质和地球物理数据支持的地形特征来明确证明。即，位于该断崖具有下列地貌意义的区域：其海台的外缘明显高于与之相邻的深洋洋底的平均深度，且整个海台的平均高度明显高于（至少300米）与之相邻的崎岖的深海海底的平均深度。小组委员会认同在某些位置，该断崖的地貌意义和海台外部的相对高度及特征导致无法据此在测深剖面上明确地识别大陆坡底。

小组委员会认为，大陆坡脚点SKB-FOS-19、SKB-FOS-20、SKB-FOS-24和SKB-FOS-53的位置符合上述关于有效的大陆坡底和大陆坡脚点的位置的标准。

小组委员会不同意大陆坡脚点SKB-FOS-01、SKB-FOS-02、SKB-FOS-03、SKB-FOS-04和SKB-FOS-18的位置。因为根据小组委员会上述对地形、地质和地球物理的理解，其不认同这些点所在的地形属于纪南断崖向北的延伸部分。

此外，小组委员会坚持其观点，即不同意所有位于纪南海山陆坡周围的大陆坡脚点的位置，这些大陆坡脚点包括点SKB-FOS-05至点SKB-FOS-17和点SKB-FOS-26至点SKB-FOS-52。因为小组委员会不认同南伊豆海台和这些海山之间存在任何地形或地质上的连续性。也因此日本在相邻的伊豆-小笠原弧上的

241

岛屿陆块没有水下延伸。

因此，小组委员会一致建议，就四国海盆的东侧，日本应按照小组委员会建议沿纪南断崖（北纬28°—30.5°的地区）确定适当的大陆坡脚点，确定方法应与小组委员会就其他地区的相似陆坡地形同意的原则一致。

日本根据小组委员会的建议，对四国海盆地区的大陆坡脚点做了修改，在该地区重新提交了3个新的关键大陆坡脚点，SKB-FOS-109n、SKB-FOS-023n 和 SKB-FOS-052n，连同先前确定的两个点 SKB-FOS-20 和 SKB-FOS-53 作为关键大陆坡脚点。这些大陆坡脚点替换了其最初提交的7个关键大陆坡脚点且符合小组委员会的上述建议。小组委员会同意这5个关键大陆坡脚点的位置。

日本随后又提交了两个新的大陆坡脚点 SKB-FOS-018n 和点 SKB-FOS-103n。点 SKB-FOS-018n 成为东侧边缘上最北端的关键大陆坡脚点，而点 SKB-FOS-103n 替换了之前的点 SKB-FOS-103，成为西侧边缘上最北端的关键大陆坡脚点。小组委员会同意这两个点的位置，因其确定方式与日本之前基于地形的方法一致。

最后，小组委员会按照部分多数票、部分一致同意的方式建议将关键大陆坡脚点 SKB-FOS-018n、SKB-FOS-019n、SKB-FOS-020、SKB-FOS-023n、SKB-FOS-052n、SKB-FOS-053、SKB-FOS-103n、SKB-FOS-104、SKB-FOS-105、SKB-FOS-113、SKB-FOS-121、SKB-FOS-136 和相关大陆坡脚点 SKB-FOS-148、SKB-FOS-161、SKB-FOS-172、SKB-FOS-213、SKB-FOS-306 和 SKB-FOS-405 作为用以划定四国海盆地区大陆边外缘的基础。

4.7.3 公式线的运用

在四国海盆地区，日本适用"海登堡公式"确定的公式点，以长度不超过60海里的直线段连接构成公式线。划定大陆边外缘的公式线沿四国海盆的东西边缘向南扩展。在东侧，公式线基于沿南伊豆海台的纪南断崖的大陆坡脚点；在西侧，公式线基于沿九州-帕劳洋脊东翼的大陆坡脚点。在200海里线以外的四国海盆地区，东侧和西侧的公式线之间的距离不足60海里。委员会同意构建该公式线的方法，并建议将其用做确立该地区大陆架外部界限的基础。

4.7.4 限制线的运用

在四国海盆地区，日本只援引了距离限制。该距离限制线是通过距离下列岛屿的领海基线的350海里处的弧构建而成的：位于东侧的伊豆-小笠原弧上的鸟岛、孀妇岩岛（Sofu Gan Island）和西之岛（Nishi-no-Shima Island），以及位于西侧的奄美大东区（Amami-Daito Province）的北大东岛（Kita-Daito Shima Island）和冲大东岛。

委员会同意确定日本在该地区的大陆架外部界限时应用该限制线的方法。而两条 350 海里限制线的组合效果是在确定四国海盆地区的大陆架外部界限时不必使用限制线（图 25）。

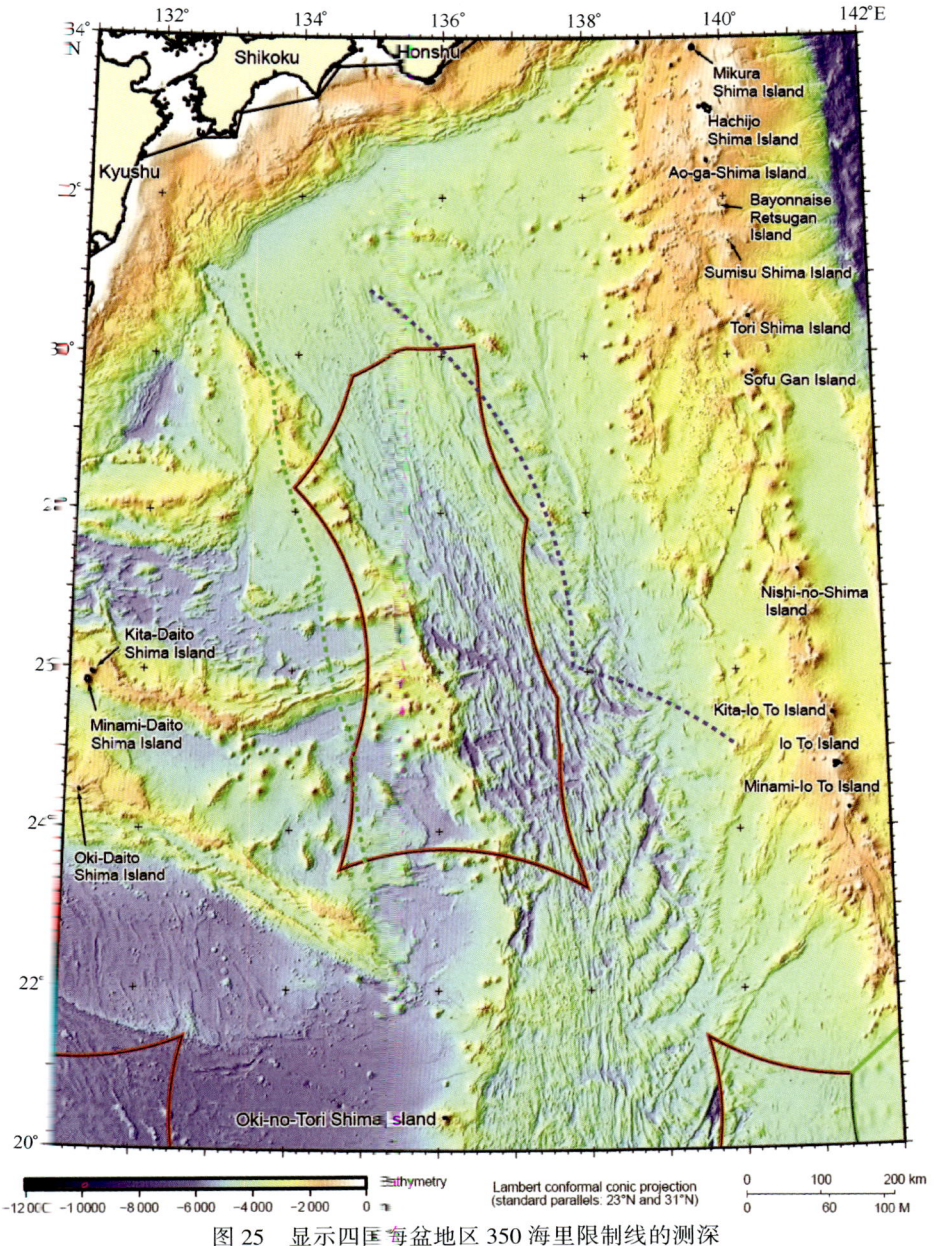

图 25　显示四国海盆地区 350 海里限制线的测深

注：绿色虚线为距离东侧的限制线，蓝色虚线为距离西侧的限制线。

资料来源：委员会对日本外大陆架划界案的建议摘要。

243

4.7.5 最终外部界限的确定及委员会建议

委员会同意以所列的定点建立四国海盆地区的大陆边外缘，但是委员会不同意日本所主张的将超过大陆边外缘的整个地区作为日本的大陆架（图26）。委员会建议应当按照《公约》第七十六条第7款的规定，以长度不超过60海里的直线连接各定点方式确定该区的大陆架外部界限。直线所连接的定点应位于同一条公式线上。也就是说，直线连线不能将西侧陆缘的定点和东侧陆缘的定点连接起来，反之亦然。

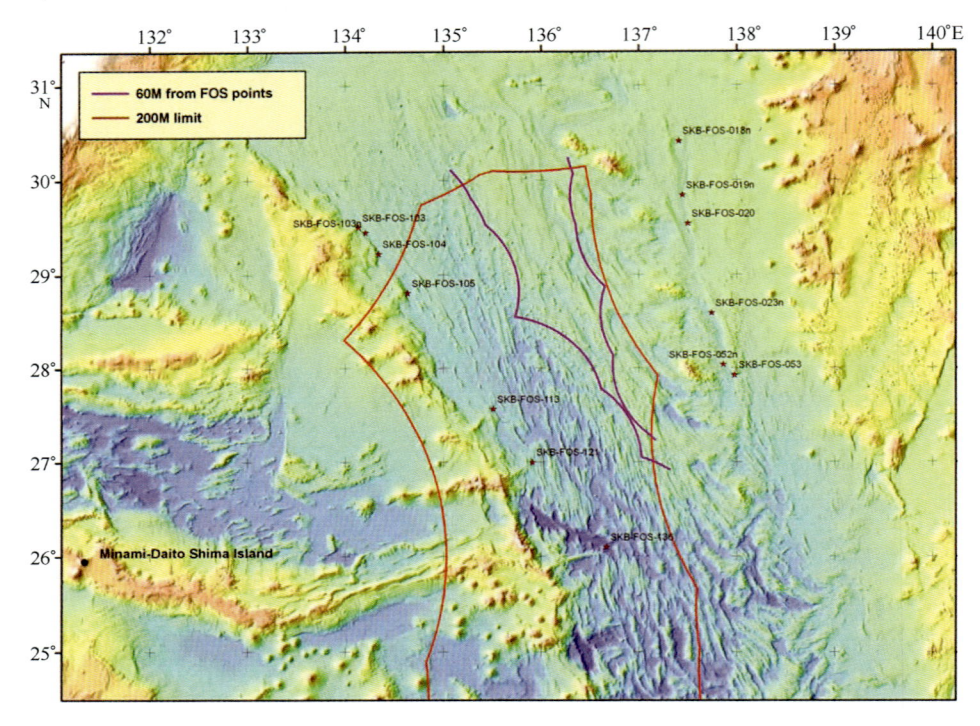

图 26 四国海盆地区公式线外缘测深

注：粉色线为委员会核可的公式线。

资料来源：委员会对日本外大陆架划界案的建议摘要。

委员会指出，大陆架外部界限至200海里线的连接方法应是按照《公约》第七十六条第4款和第7款建立的公式线与200海里线相交，或是从一个确定的公式点划至200海里线的最短距离线。按照《公约》第七十六条第7款的规定，在任何情况下，该直线段的长度都不能超过60海里。

5 对委员会日本外大陆架划界案建议的评注

5.1 本划界案由委员会一致通过

在委员会就应否对建议中与南九州-帕劳洋脊地区有关的内容采取行动问题进行内部表决后,2012年4月19日,委员会以协商一致的方式通过了"大陆架界限委员会关于2008年11月12日日本大陆架划界案的建议"。

5.2 桥线问题

在四国海盆地区,日本原将西部陆缘的定点与东部陆缘的定点相连形成一个封闭的外大陆架地区。然而委员会认为外部界限的直线连线应基于同一条公式线,即不能将西部陆缘的公式线北端混连于东部陆缘的公式线北端。据此,四国海盆地区北端留有一块"天窗"。

5.3 调整南硫磺岛地区的大陆坡脚点位置

委员会否定了日本原先在该地区提交的两个大陆坡脚点 MIT-FOS-030 和点 MIT-FCS-046。日本根据建议提交了两个新的大陆坡脚点 MIT-FOS-005n 和点 MIT-FCS-110n,获得了委员会认可。至于南硫磺岛地区西侧距离冲之鸟礁200海里线,委员会在此处有一个巧妙的做法,即其核可的距离公式线向西并没有连到依冲之鸟礁所划的200海里线上,而是冲破了这条线,说明南硫磺岛地区外大陆架与冲之鸟礁完全无关。

5.4 调整冲大东洋脊南区的大陆坡脚点位置

委员会判断"冲大东隆起南端"并非日本陆地的水下延伸的理由如下:①冲大东隆起南端与冲大东隆起主体之间虽有一个鞍部,但要判定存在地形连续性的证据不足,且冲大东隆起主体的平均坡度与鞍部的平均坡度相差甚远;②冲大东隆起南端整体的水深结构和纹理在冲大东隆起附近的深洋洋底的变化范围之内;③日本提供的重力数据和磁异常数据不足以判断冲大东隆起南端的结构特征;④日本提供的地球化学数据表明冲大东隆起为洋岛玄武岩,而冲大东隆起南端为大洋中脊玄武岩。

基于上述理由,小组委员会认为冲大东隆起的大陆坡底应在"冲大东隆起南端"和"冲大东隆起主体"之间的鞍部内。因此，日本提交了4个新的关键大陆坡脚点 ODR-FOS-009n、ODR-FOS-039n、ODR-FOS-040n 和 ODR-FOS-042n，以及原先作为相关大陆坡脚点的 ODR-FOS-43n。这5个关键大陆坡脚点代替了日本原先提交的4个关键大陆坡脚点。

5.5 否定南鸟岛外大陆架权利

委员会否定了南鸟岛 200 海里以外大陆架主张。委员会认为，南鸟岛及其周围的海山"并不是由岛屿组成，而是位于基底海隆和基底斜坡上，属于深洋洋底的正常组成部分，尤其这种特征在太平洋区域广泛分布"，即委员会否认了日本的主张——"南鸟岛及其周围的海山由一个连续的大陆坡包络线限制"，认定南鸟岛地区不满足从属权利检验，没有超过 200 海里的大陆架。

5.6 否定茂木海山地区外大陆架权利

委员会否定了茂木海山地区 200 海里以外大陆架主张。委员会认为，无足够数据证明茂木洋脊和伊豆-小笠原岛弧在地形上是连续的。该区的任何大陆坡脚都应落在伊豆-小笠原海沟内，而不是落在属于深洋洋底一部分的茂木洋脊周围。因此，距离公式线处的包络线不会超过岛屿基线 200 海里界限，不满足从属权利检验。

5.7 冲之鸟礁问题

根据委员会建议摘要，在日本主张的7个地区中，有4个地区（南冲大东洋脊地区、南硫磺岛地区、四国海盆地区、小笠原海台地区）被委员会部分核可，被核可的总面积约29万平方千米，约占日本主张总面积的39%，这4个地区与冲之鸟礁无关；有两个地区（茂木海山地区和南鸟岛地区）被委员会完全否定；对以冲之鸟礁为基点主张的南九州-帕劳洋脊地区，委员会决定暂不采取行动（表2和图27）。[17]

表2　日本主张外大陆架和委员会核可情况对比

地区	日本主张面积/万千米²	委员会的建议	委员会核可面积/万千米²	日本所获比例/%
南冲大东洋脊地区	3.8	部分核可	0.37	10
南九州-帕劳洋脊地区	25.7	不采取行动	0	0

续表

地区	日本主张面积 /万千米²	委员会的建议	委员会核可面积 /万千米²	日本所获比例/%
南硫黄岛地区	4.6	部分核可	0.9	20
四国海盆地区	17.7	部分核可（对南部边界没有立场）	15.8	90
小笠原海台地区	20.0	部分核可	12.2	53
南鸟岛地区	9.0	不同意日方主张	0	0
茂木海山地区	0.003	不同意日方主张	0	0
合计	74.7（不含重叠）		29.2	39

资料来源：丘君，《谎言不能掩盖事实——"日本划界案建议执行摘要"解读》。

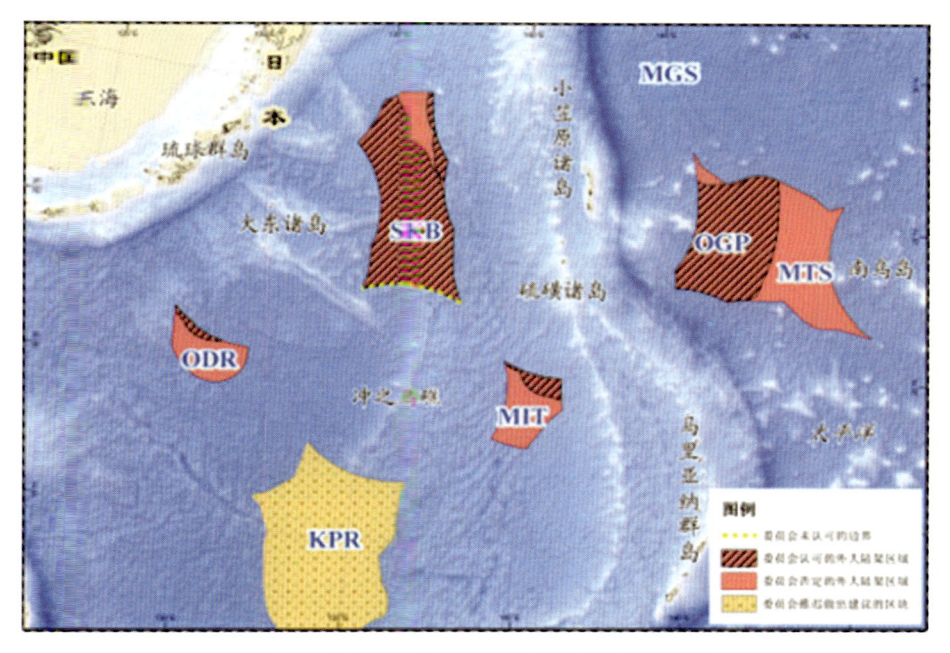

图27　日本200海里以外大陆架地区示意图

注：红黑格部分为委员会认可的大陆架区域，红色部分为委员会否定的大陆架区域，黄色部分为委员会暂不做出建议的地区，四国海盆地区南面的黄色线为委员会未认可的边界。从委员会已公布的该地区最终大陆架外部界限的图示看，其有意识地避开冲之鸟礁200海里线，说明委员会并不承认冲之鸟礁是具有能产生200海里专属经济区和大陆架权利的岛屿。

资料来源：丘君，《谎言不能掩盖事实——"日本划界案建议执行摘要"解读》。

247

日本划界案中表露出来的主要问题是冲之鸟礁的法律地位及对《公约》第一二一条的解释问题。

冲之鸟礁（北纬 20°25′，东经 136°04′）在地质构造上属于珊瑚礁，由东露岩和北露岩组成，大小犹如两张双人床，没有天然的淡水。[18] 自 20 世纪 80 年代开始，日本为窥视冲之鸟礁周围丰富的自然资源，有意"变礁为岛"，在岩礁周围修筑防护网、浇筑水泥防护层和人工平台建筑，并通过国内法强化冲之鸟礁作为"岛屿"的主权及其性质。此次日本所提的外大陆架划界案则是为了能从国际社会获得认可和支持。中国和韩国依据《公约》第一二一条第 3 款的规定，从岛屿应具备的社会属性反对冲之鸟礁为岛。日本以委员会无权解释《公约》第一二一条为理由反驳。

之后委员会的数次会议上围绕该问题进行了激烈的辩论，并延伸到第 19 次和第 21 次公约缔约国会议。在委员会第 28 届会议上，有代表提出委员会能否就《公约》条文解释问题征求联合国秘书长法律顾问的意见。[19] 但在委员会第 29 届会议上，原来提案的委员撤回了提案，委员会决定不再讨论这个问题。[15] 即委员会向外界求助的机会被砍断。[20] 而在第 21 次公约缔约国会议上有代表提到，假如委员会的任何建议被作为依据，用来证明以不能维持人类居住或经济生活的岩礁可划定大陆架，那么这将成为一个不良的先例，而且会对"区域"产生直接影响。[21] 还有代表提出，委员会是否有能力请法庭就这一事项发表咨询意见。[10] 该案最终并没有解决由谁来解释《公约》第一二一条的问题。

从目前看，无论是《公约》的相关规定，学术界主流观点，还是相关国际实践，都不支持冲之鸟礁是具有专属经济区和大陆架权利的岛屿。委员会的决定基本打消了日本指礁为岛，利用外大陆架问题强化其冲之鸟礁专属经济区和大陆架主张的企图。在南硫磺岛坡尖、南鸟岛、茂木洋脊、上田洋脊、迈克尔逊洋脊区、宝盖草海山群、冲大东海隆南段、纪南海山、南伊豆台地等一系列洋脊的地质属性认定、大陆坡底的确定和陆坡脚的审核上也严格把关，维护了《公约》制度的严肃性和海洋正义，维护了全人类的国际海底区域利益，定将对世界海洋划界格局产生深远的影响。[22]

5.8　国家实践与相关评论

2012 年 4 月 27 日，在委员会将这一结果内部通知给日本后，日本外务省就在当天发表声明称，虽然委员会未对南九州-帕劳洋脊地区做出建议，但已认可位于"冲之鸟岛"北侧的四国海盆地区，而这一主张是基于"冲之鸟岛"的外大陆架。日本《产经新闻》将此解读为联合国"对冲之鸟是岛的事实承认"。日本共同社则说，这是联合国首次承认日本扩展大陆架的申请，为日本与中国"岛礁"之争添了一笔"浓墨"。[23]

针对日方的上述言论，中国外交部在4月28日的例行记者会上质疑日方说法的依据，认为"国际上的主流观点并不支持日方主张"，"根据国际法，冲之鸟礁不应有专属经济区和大陆架"。[24]

2013年7月9日，日本向委员会发出普通照会，要求澄清针对日本所提划界案提出的建议。在委员会第34届会议上，负责编写答复草稿的工作组向委员会全体会议提交了一份草案，委员会全体会议对草案举行审议并修改后予以批准。委员会主席随后于2014年3月4日发送信函对日本做出答复。[25]

委员会后续与日本代表团之间没有任何实质性的行动。日本要求委员会澄清建议，实质是要求委员会对建议重开讨论，但委员会是不可能对已通过的建议做实质性修改。《公约》附件二第八条已有规定，在沿海国不同意委员会建议的情况下，沿海国应于合理期间内向委员会提出修正的或新的划界案。因此，若日本不同意委员会的建议，不能要求委员会来澄清，而应该重新提交修正或新划界案。

2014年9月12日，日本内阁颁布第302号政令，说明依照其《专属经济区和大陆架法》第二条第2项的规定划定专属经济区和大陆架的范围。[26]其中，在四国海盆地区，按照日本公布的7个定点划定的大陆架范围大大超出了委员会建议认可的范围（图28）。除将已遭委员会否决的"天窗"区域纳入大陆架范围之外，日本还是将其大陆架延伸至划界案未涉及的北纬24°30′以南，从而进入南部冲之鸟礁200海里线区域。[27]

249

沿海国 200 海里以外大陆架外部界限划界案大陆架界限委员会建议评注

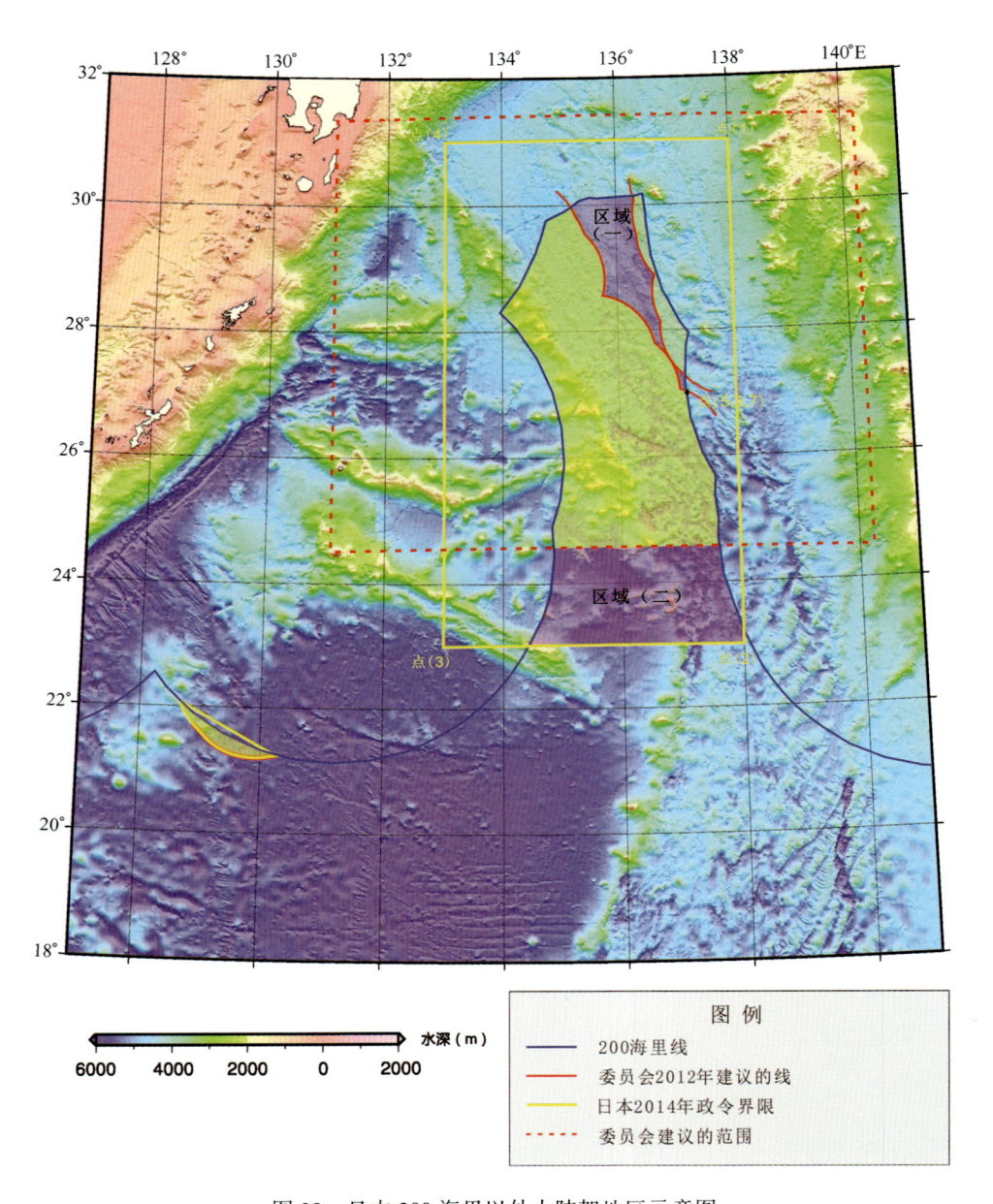

图 28　日本 200 海里以外大陆架地区示意图

注：红黑格部分为委员会认可的大陆架区域，红色部分为委员会否定的大陆架区域，黄色部分为委员会暂不做出建议的地区，四国海盆地区南面的黄色线为委员会未认可的边界。从委员会已公布的该地区最终大陆架外部界限的图示看，其有意识地避开冲之鸟礁 200 海里线，说明委员会并不承认冲之鸟礁是具有能产生 200 海里专属经济区和大陆架权利的岛屿。

资料来源：严洁，《基于大陆架界限委员会"建议"分析日本外大陆架政令的有效性》。

参考文献

[1] Executive Summary of Japan's Extended Continental Shelf Submission (JPN-ES).

[2] *Note Verbale* from the United States of America on the Japan's Extended Continental Shelf Submission (22 December 2008).

[3] *Note Verbale* from Palau on the Japan's Extended Continental Shelf Submission (15 June 2009) (Note No: 029/PMUNS/09).

[4] *Note Verbale* from China on the Japan's Extended Continental Shelf Submission (06 February 2009) (CML/2/2009).

[5] *Note Verbale* from Korea on the Japan's Extended Continental Shelf Submission (27 February 2009) (MUN/046/09).

[6] *Note Verbale* from China on the Japan's Extended Continental Shelf Submission (03 August 2011) (CML/59/2011); *Note Verbale* from Korea on the Japan's Extended Continental Shelf Submission (11 August 2011) (MUN/230/11).

[7] *Note Verbale* from Japan on the Japan's Extended Continental Shelf Submission (25 March 2009) (SC/09/108); *Note Verbale* from Japan on the Japan's Extended Continental Shelf Submission (26 August 2009) (SM/09/735); *Note Verbale* from Japan on the Japan's Extended Continental Shelf Submission (09 August 2011) (SC/11/233); *Note Verbale* from Japan on the Japan's Extended Continental Shelf Submission (15 August 2011) (SC/11/239); *Note Verbale* from Japan on the Japan's Extended Continental Shelf Submission (09 April 2012) (PM/12/078).

[8] 委员会第23届会议主席说明（中文版和英文版）(CLCS/62).

[9] 2009年5月21日，中国常驻联合国代表团向联合国秘书长发了一个照会，建议根据《议事规则》第7条，在第19次缔约国会议议程内列入题为"作为人类共同继承财产的国际海底区域和《联合国海洋法公约》第一二一条"的补充项目（SPLOS/196）.

[10] 《联合国海洋法公约》第十九次缔约国会议的报告（中文版和英文版）(SPLOS/203).

[11] 委员会第24届会议主席说明（中文版和英文版）(CLCS/64).

[12] 委员会第25届会议主席说明（中文版和英文版）(CLCS/66).

[13] 委员会第26届会议主席说明（中文版和英文版）(CLCS/68); 委员会第27届会议主席说明（中文版和英文版）(CLCS/70).

[14] 委员会第28届会议主席说明（中文版和英文版）(CLCS/72).

[15] 委员会第29届会议主席说明（中文版和英文版）(CLCS/74).

[16] Summary of the Recommendations of the Commission on the Limits of the Continental Shelf in

regard to the Submission made by Japan on 12 November 2008, Adopted by the Commission on 19 April 2012.

[17] 丘君. 谎言不能掩盖事实——"日本划界案建议执行摘要"解读. http://www.soa.gov.cn/xw/hyyw_90/201211/t20121109_1233.html，2018年3月25日访问.

[18] 2002年1月，日本国土地理院将东露岩改称为"冲之鸟岛"或"东小岛"；将北露岩改称为"北小岛".

[19] "有何机制可供大陆架界限委员会就除《公约》第七十六条和附件二的规定以及1980年8月29日第3次联合国海洋法会议通过的《谅解声明》所载规定外《公约》某些规定的解释事项寻求咨询"。参见委员会第28届会议主席声明（CLCS/72）.

[20] Michael Sheng-ti Gau, Recent Decisions by the Commission on the Limits of the Continental Shelf on Japan's Submission of Outer Continental Shelf, Technical and Legal Aspects of the Regimes of the Continental Shelf and the Area (Volume III), China Institute for Marine Affairs Second Institute of Oceanography.

[21] 《联合国海洋法公约》第21次缔约国会议的报告（中文版和英文版）（SPLOS/231）.

[22] 方银霞、唐勇、付洁. 日本划界案大陆架界限委员会建议摘要解读［J］. 中国海洋法学评论，2013（2）.

[23] 孙秀萍，等. 日本变礁为岛野心受挫. 环球视野，第462期，http://old.globalview.cn/ReadNews.asp? NewsID=29139，2018年3月25日访问.

[24] 2012年4月28日外交部发言人刘为民就日本发布冲之鸟礁相关信息事答记者问，http://www.fmprc.gov.cn/web/fyrbt_673021/dhdw_673027/t927483.shtml，2018年3月25日访问.

[25] 委员会第34届会议主席声明（中文版和英文版）（CLCS/83）.

[26] Japan, Cabinet Order on Prescribing the Areas of the Sea under Artide 2, item (ii) of the Act on the Exclnsive Economic Zone and the Continental Shelf Cabinet Order No. 302 of September 12, 2014, www.japanese lawtranslation.go.jp/law/detail/? vm=04&re=02&id=2502&lum=02.

[27] 尹洁. 基于大陆架界限委员会"建议"分析日本外大陆架政令的有效性［J］. 太平洋学报，2018（5）.

毛里求斯和塞舌尔（马斯卡林海台）外大陆架联合划界案委员会审议建议评注

《公约》于 1994 年 11 月 16 日开始对塞舌尔生效，1994 年 12 月 4 日开始对毛里求斯生效。

本划界案由毛里求斯和塞舌尔（以下简称"两沿海国"）按照《公约》第七十六条第 8 款及附件二第四条的相关规定提交委员会，以支持在马斯卡林海台地区确定的自两沿海国领海基线量起 200 海里以外大陆架外部界限。依据《公约》和委员会《议事规则》附件一第 3 款，该联合划界案属部分划界案，仅代表两沿海国各自大陆架自然延伸的一部分。

毛里求斯和塞舌尔都是位于西南印度洋的小岛国家，并且都是《公约》缔约国。这两个沿海国认为它们各自在马斯科林海台地区都有权获得一块从领海基线量起 200 海里以外的大陆架区域。因此按照《议事规则》附件一第四条，就该地区的延伸大陆架向委员会提交一份联合划界案达成一致。

此外，根据《议事规则》附件一第三条，本划界案只代表两沿海国各自所主张的延伸大陆架的一部分，因此是一个部分划界案。关于延伸大陆架的其他部分的划界案将由两沿海国各自在适当的时机单独提出。两沿海国还进一步同意，按照《议事规则》附件一第四条（a）项，在本划界案所覆盖的地区，提交本划界案不妨害它们之间的海洋边界划分。

小组委员会在第 27 届会议上向委员会提交了划界案建议草案，委员会在同届会议上以协商一致的方式通过了划界案建议。

1 两沿海国的主张[1]

马斯科林海台位于西南印度洋，马达加斯加以东，是一个南南东走向（南纬 4°—22°）的形如弓的复合海底高地。该海底高地是由一系列的海台、暗滩、沙洲和岛屿构成。其北部露出海面的为塞舌尔的花岗岩岛屿，南部为马斯科林群岛，包括毛里求斯岛。该海台顶部水深平均为 8~90 米，其外缘则深达 4 000 米。

马斯科林海台包括4个主要的高地和暗滩（塞舌尔暗滩、科雷拉暗滩、萨亚-德马利亚暗滩和拿撒勒暗滩）。它经过了一个连续的演化过程，从大约1.2亿年前随着冈瓦纳古陆开始解体时起，之后是非洲板块和印度板块的分离，并伴随着印度的西侧陆边在距今8300万~7500万年期间与马达加斯加分离后断裂。印度板块在古新世距今6 100万年期间向北迅速移动，以及中印度洋脊随后的发展导致这一包括马斯科林海台在内的残余微型大陆块被遗弃。马斯科林海台后来的演化阶段包括与留尼旺热点通道相关的火山活动。该热点位于留尼旺岛下面，其与马斯科林海台在前述大陆解体和断裂过程开始后的发展有着重要联系。

毛里求斯和塞舌尔认为，上述地质过程促成了马斯科林海台的形成以及沿海国相关陆块的形成。因此，构成马斯科林海台的高地和暗滩是这两个沿海国相关陆块的水下延伸。

毛里求斯和塞舌尔所主张的从两国领海基线量起200海里外的马斯科林海台地区延伸大陆架的外部界限范围约387 000平方千米（图1）。两个沿海国援引《公约》第七十六条第4款（a）项（2）目、（b）项、第5款和第7款来建立大陆架的外部界限，共包括376个定点，其中：① 208个定点是按照距离公式确定的，属于公式点未超过限制线范围的情况；② 166个定点是按照深度制约确定的，属于公式点超过限制线范围的情况；③ 1个定点（ECS1）是延伸大陆架的外部界限与从塞舌尔领海基线量起200海里线的交点；④ 1个定点（ECS376）是延伸大陆架的外部界限与从毛里求斯领海基线量起200海里线的交点。每一组定点之间都按顺序用长度不超过60海里的直线连接。

2　各国反应照会和要点

委员会没有收到其他国家就该联合划界案提交的照会。

3　委员会审议过程

毛塞联合划界案的审议贯穿了委员会第23届会议至第27届会议。在第25届会议上，委员会成立小组委员会审议毛塞联合划界案。委员会在第27届会议上通过建议。

毛里求斯和塞舌尔（马斯卡林海台）外大陆架联合划界案委员会审议建议评注

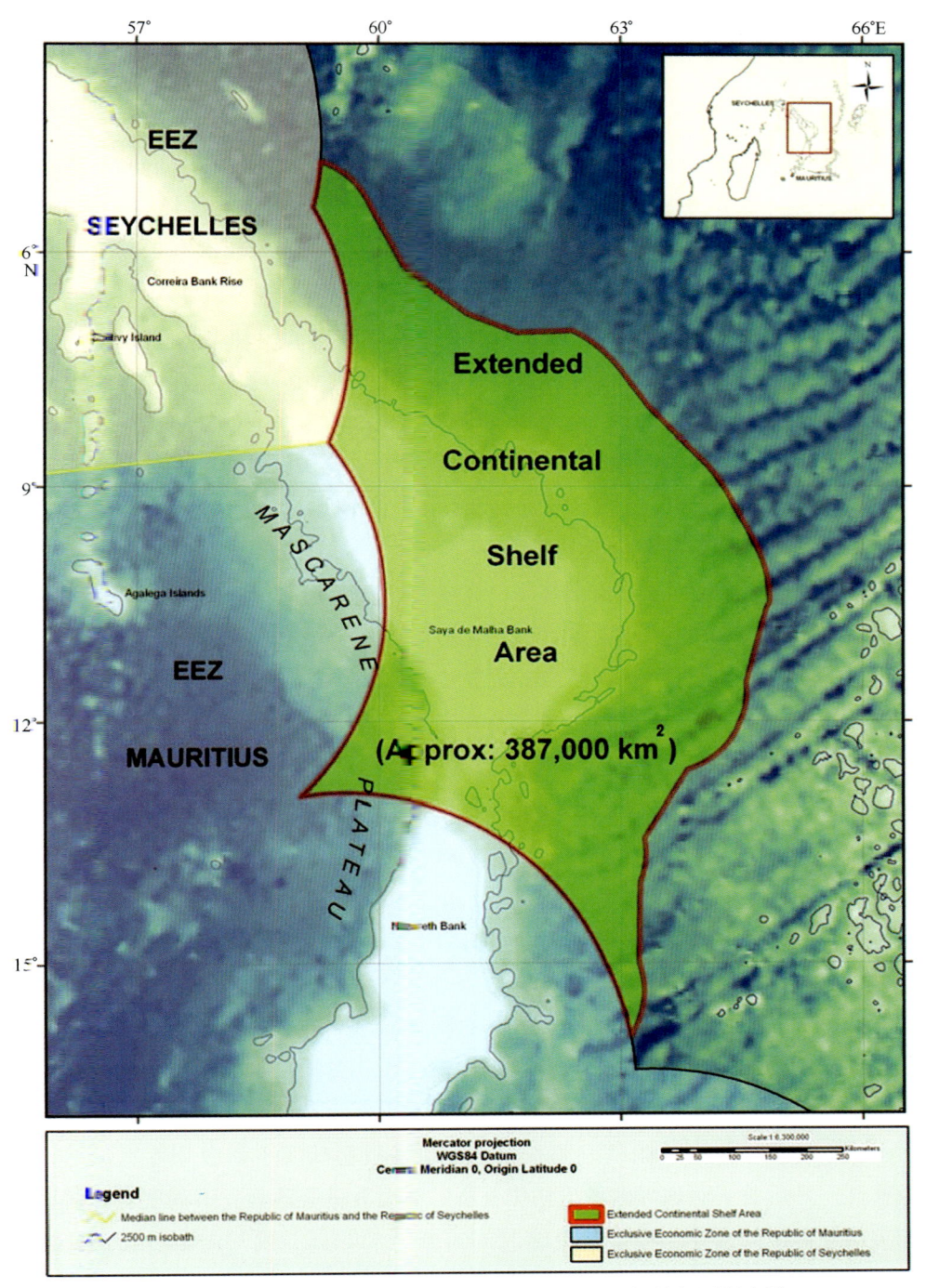

图 1　两沿海国拟在马斯卡林海台地区划定的大陆架外部界限全景
资料来源：毛塞大陆架联合划界案执行摘要。

3.1 成立小组委员会之前的初步审议

在第23届会议上,两沿海国联合代表团介绍了划界案。代表团成员有:毛里求斯外交及区域一体化和国际贸易部长阿文·布利尔(Arvin Boolell)、塞舌尔外交部长帕特里克·皮莱(Patrick Pillay)、塞舌尔技术委员会主席雷蒙德·常-塔韦(Raymond Chang-Tave)、毛里求斯总检察长办公室助理检察长阿鲁那·纳雷恩(Aruna Narain)、塞舌尔石油公司勘探经理帕特里克·约瑟夫(Patrick Joseph)、毛里求斯技术委员会主席杰格迪什·孔朱尔(Jagdish Koonjul)大使。毛里求斯和塞舌尔代表团成员还包括一些科学、技术和法律顾问。

两国代表强调这是非洲国家首个划界案,也是两个小岛屿发展中国家首次联合拟定的划界案,在准备划界案的过程中得到了相关信托基金、英联邦秘书处和全球资源信息数据库阿伦达尔中心的援助。两个沿海国都通知委员会,它们将就各自大陆架其他地区另外提交划界案。

两国在介绍中说明了马斯卡林海台地区大陆架外部拟议界限、在划界案中适用《公约》第七十六条的情况以及大陆坡脚的位置。介绍指出,两个沿海国在拟定联合划界案时得到了布雷克、卡雷拉、法古尼和罗塞特等委员会成员的协助。划界案中覆盖的延伸大陆架不涉及沿海国之间及其与其他国家之间的任何争端。[2]

在第24届会议上,委员会决定在现有小组委员会中的两个小组委员会向委员会提出建议之前,不成立新的小组委员会审议毛里求斯和塞舌尔的联合划界案。[3]

3.2 小组委员会审议

小组委员会在第25届和第26届会议期间审查了该划界案。委员会在第26届会议上审议了小组委员会的建议。

在第25届会议上,委员会设立小组委员会,成员如下:阿尔布克尔克、查尔斯、格尔曼、卡尔恩吉、吕文正、西蒙兹和玉木贤策。小组委员会选举小组委员会主席团成员。玉木贤策担任主席,阿尔布克尔克和西蒙兹担任副主席。

根据《议事规则》附件三第三条,小组委员会核实了联合划界案的格式和完整性,然后着手对划界案做出初步分析。小组委员会认为,不需要专家咨询或相关国际组织的合作,但需要更多时间审查全部数据并编写向委员会提交的建议;在小组委员会内设立了水文地理学、地质学和地球物理的3个工作组,以更加详细地审议联合划界案。[4]

在第26届会议上,小组委员会审议了毛里求斯和塞舌尔针对小组委员会提出的问题而在闭会期间提交的数据和资料。小组委员会同毛里求斯和塞舌尔两国代表团举行了3次会议。在这些会议期间向两国代表团提供了关于迄今所进行的工作的最新情况并又提出了3个问题。两国代表团根据这些问题提供了进一步的资料和澄清。在这段期间，小组委员会向两国代表团转递其关于审查联合划界案中出现的某些问题的初步看法和考虑。[5]

小组委员会成员在第26届会议全会期间继续审议了毛里求斯和塞舌尔代表团提交的数据和资料。小组委员会就马斯卡林海台地区划界案的性质向两个代表团说明了观点和一般性结论。代表团根据这些观点和一般性结论在闭会期间又提供了更多的数据和信息。在第27届会议期间，小组委员会与毛里求斯和塞舌尔代表团举行了3次会议，综合介绍联合划界案的审查意见和一般性结论。还向两个代表团概述了划界案的建议草案。2011年3月25日一致通过草案。3月29日，小组委员会向委员会介绍了草案。[6]

3.3 委员会通过建议

3月29日，依照委员会《议事规则》附件三第十五条第1款第2项的规定，毛里求斯和塞舌尔代表团作发言，表示同意小组委员会对外部界限的审查建议。

在审议小组委员会拟订的建议草案及两国代表团做出的上述发言后，2011年3月30日，委员会一致通过了"大陆架界限委员会关于2008年12月1日毛里求斯和塞舌尔（马斯卡林海台地区）大陆架联合划界案的建议"。[6]

4 委员会对毛塞外大陆架联合划界案的建议[7]

4.1 从属权利检验

基于联合划界案中所含的数据和资料，委员会认为，马斯科林海台的地质演化包括：①冈瓦纳古陆自侏罗纪以来的几个分裂和解体的阶段；②白垩纪后期的大火成岩区（LIP）岩浆活动，伴随着德干高原大量玄武岩的喷发；③进一步的岩浆活动，伴随着德干-留尼旺热点的南向路径；④第三纪碳酸盐台地的发展。所有这些事件和作用导致了如今马斯科林海台这个巨大的、拉长的大洋中部海底高地的形成。

小组委员会认为，从形态学和地质学角度看，马斯科林海台是一个复杂的复合海底高地。

通过适用《公约》第七十六条第4款的规定，委员会确认，基于马斯科林海台地区的大陆坡脚点所确定的大陆边外缘超过了两个沿海国200海里的界限，因此享有划定大陆架外部界限的法律权利。

4.2 确定大陆坡脚

毛里求斯和塞舌尔最初提交了14个相关大陆坡脚点。随后修改为13个（MM-1、MM-2、MM-3_R、MM-5、MM-6、MM-7、MM-8、MM-9、MM-11、MM-12、F2、Fsk和V1412）。所有这些大陆坡脚点都是使用测深数据确定的。并且，全部大陆坡脚点均依据大陆坡底地形坡度变化最大来确定；没有大陆坡脚点是基于相反证明标准确定的。

在13个大陆坡脚点中：①11个大陆坡脚点（MM-1、MM-2、MM-3_R、MM-5、MM-6、MM-7、MM-8、MM-9、F2、Fsk和V1412）与马斯卡林海台的东陆边相连。其中两个大陆坡脚点（MM-9和F2）不产生超过200海里界限的公式点；②两个大陆坡脚点（MM-11和MM-12）与马斯卡林海台的西陆边相连，它们被两沿海国用来证明毛里求斯的200海里界限与通过适用《公约》第七十六条第4款确定的大陆边外缘重合（图2和图3）。

委员会对该地区大陆坡脚点的考量分为两部分：与海台东陆边相连的东部，位于科雷拉暗滩海隆、萨亚-德马利亚暗滩以及拿撒勒暗滩以东；与海台西陆边相连的面积较小的西部，位于萨亚-德马利亚暗滩西南和拿撒勒暗滩西北（图2和图3A）。

4.2.1 马斯科林海台东陆边

在东陆边，有关的大陆坡脚点从北向南确定在与科雷拉暗滩海隆（MM-1和MM-2）、萨亚-德马利亚暗滩（MM-3_R、MM-5、MM-6、MM-7、MM-8、MM-9），以及拿撒勒暗滩（F2、Fsk和V1412）相连的大陆坡底。

沿着东陆边的北部，靠近科雷拉暗滩海隆和萨亚-德马利亚暗滩以北，两沿海国将大陆坡底定位在相对陡峭的下陆坡与东面平坦的深洋洋底交汇的地方。很容易基于地形加以识别。

沿着东陆边的中部和南部，萨亚-德马利亚暗滩以北和以东，以及拿撒勒暗滩以东，两沿海国将大陆坡底定位在马斯科林海台相对曲折的下陆坡底与北部的深洋洋底或东部的中印度洋脊扩张体系的断裂带地形交汇的地方。小组委员会注意到，萨亚-德马利亚暗滩以北和东北，大陆坡底的位置难以确定，因为：①这是一个阶地状的明显受侵蚀的低坡度的下陆坡；②受不同年代复杂的断裂带地貌的影响；③关于该陆坡的单波束测深剖面经常方向不佳。

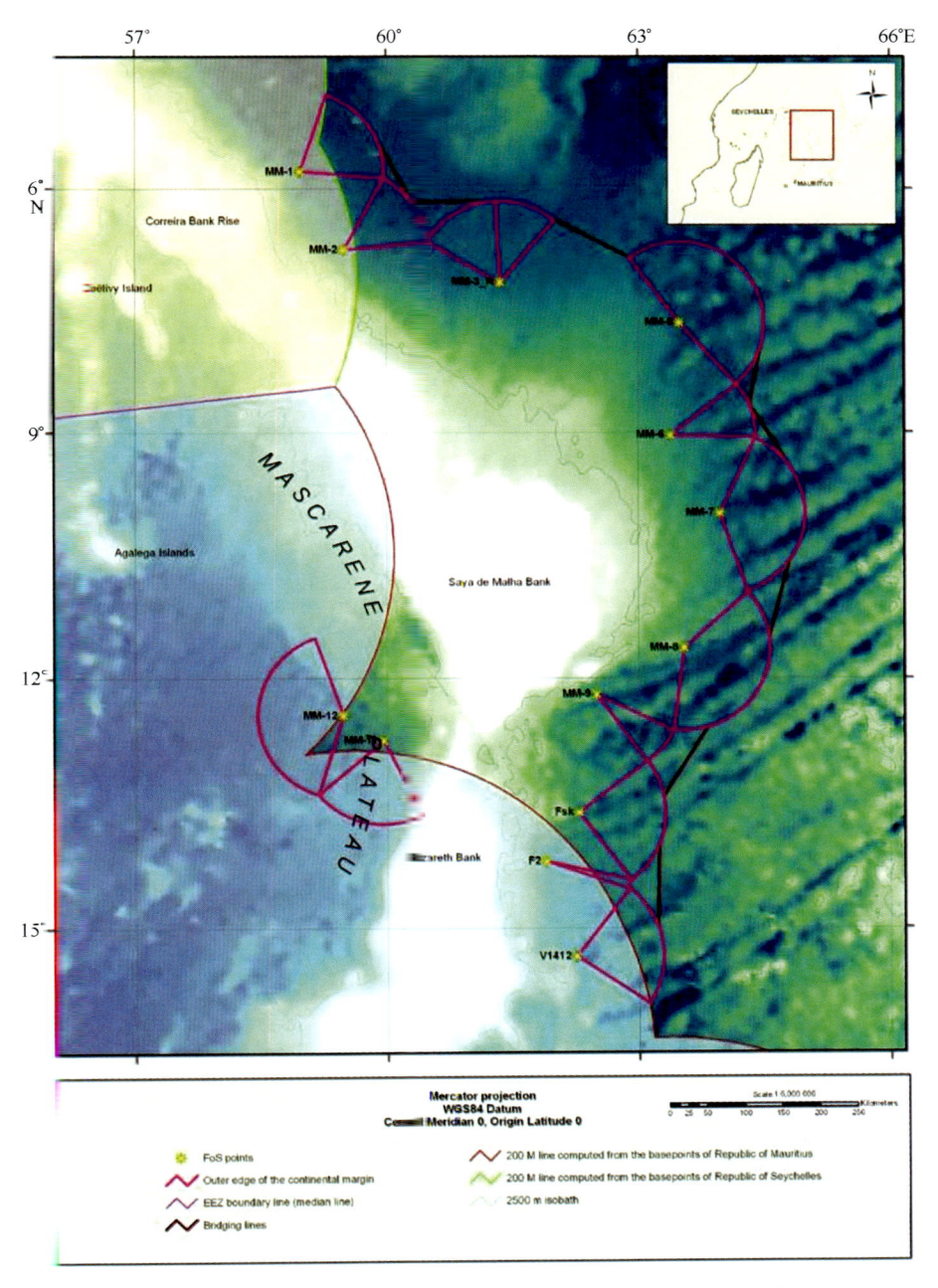

图2 显示确定两沿海国大陆架外部界限基础相关的——大陆坡脚（黄色）、坡脚外推60海里距离公式线（品红）、毛里求斯200海里线（红色）和塞舌尔200海里线（绿色）

资料来源：委员会对案外大陆架联合划界案的建议摘要。

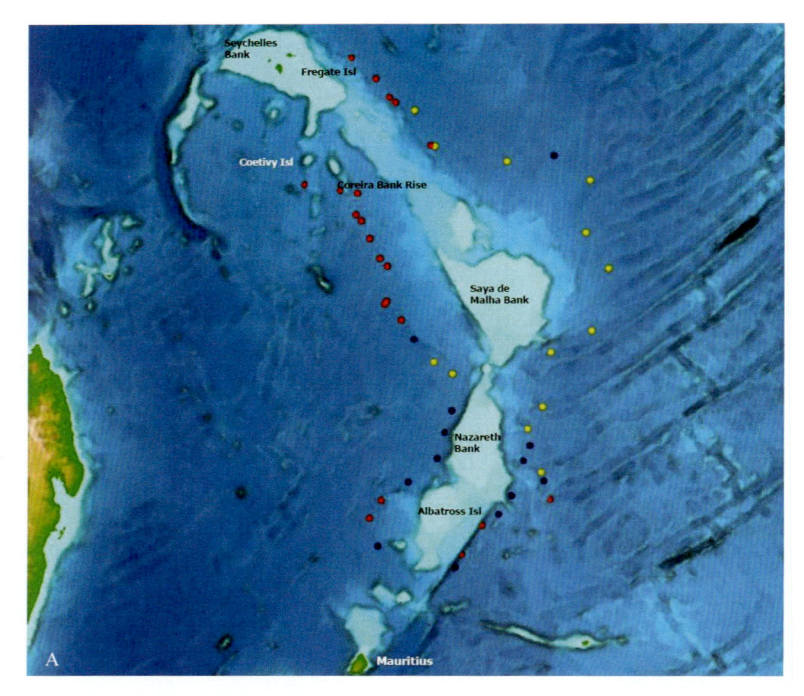

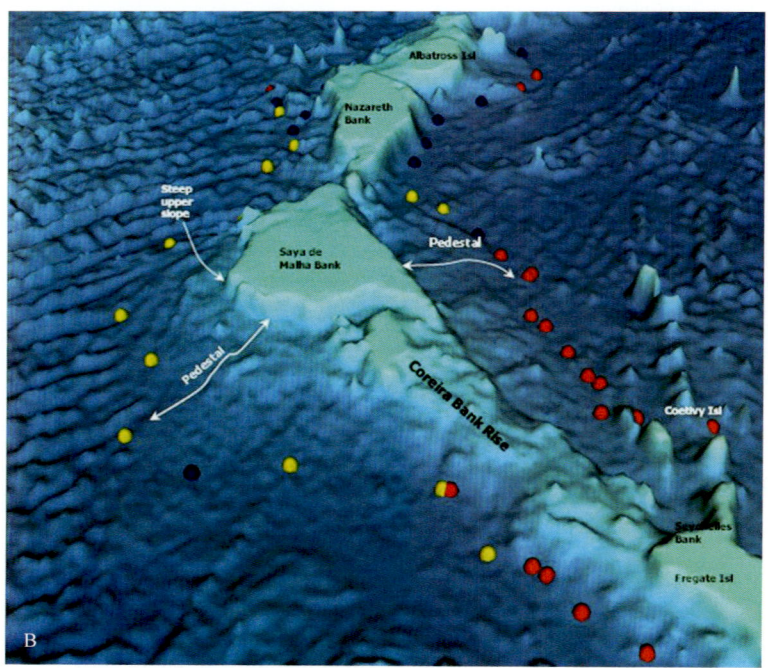

图3 显示马斯卡林海台地区展示的水下延伸部分

资料来源：委员会对毛塞外大陆架联合划界案的建议摘要。

在陆边更南部，萨亚-德马利亚暗滩和拿撒勒暗滩以东，下陆坡相对陡峭，很容易基于地形加以识别。

小组委员会同意两沿海国采用的、别沿着马斯科林海台东陆边的大陆坡底的方法，以及除大陆坡脚点 MM-1、MM-3_R 和 MM-5 外，原则上同意其他点的位置。

（1）MM-1，小组委员会不同意用来确定该大陆坡脚点的测深剖面的 Geocap 分析方法，其认为该大陆坡脚点应建立于以西约 7 000 米处。两沿海国同意小组委员会的观点，随后修正的点 MM-_R 得到小组委员会的同意。

（2）MM-3_R，小组委员会认为该大陆坡脚点似乎没有位于大陆坡底，而是在深洋洋底。委员会专门提出了与用来确定该大陆坡脚点的单波束测深剖面方向有关的问题，并建议两沿海国在向陆方向研究海底坡度的区域性重大变化点的可能性。两沿海国同意小组委员会的观点和建议，随后提交了印度海军于 2010 年 4 月获得的新的多波束测深数据来确定大陆坡脚点的修正位置。经修正的点 MM-3_RRR 得到小组委员会的同意。

（3）MM-5，小组委员会认为该大陆坡脚点似乎没有位于大陆坡底，而是被定位在与断裂带相连的深洋洋底。委员会专门提出了与测深数据中的关键间隙有关的问题。小组委员会建议两沿海国在向陆方向研究海底坡度的区域性重大变化点的可能性。两沿海国同意小组委员会的观点，将关键数据间隙向陆的位置修正到新的大陆坡脚点 MM-5_R。小组委员会同意修正后的大陆坡脚点的位置。

4.2.2 马斯科林海台西陆边

西陆边相关的大陆坡脚点 MM-11 和 MM-12 位于萨亚-德马利亚暗滩西南和拿撒勒暗滩西北的地区。

在西陆边，两沿海国将大陆坡底定位在"陆坡更为陡峭的下陆坡和深洋洋底交汇的地方"。

小组委员会认为关于大陆坡脚点 MM-11 和点 MM-12 附近的 0.5°~0.6° 坡度下陆坡更适合被视为大陆坡而非大陆基。然而，由于缺乏其他支持性数据，例如地震剖面、浅地层剖面仪数据、多波束测深和反向散射数据等，小组委员会不能确认该观点。

两沿海国提交了印度（"调查者三"）2008 年多波束网格和"弗里德约夫·南森博士号" 2009 年获取的单波束测深数据来支持大陆坡脚点 MM-11 和点 MM-12 的位置。在审查了这些新数据后，小组委员会认为只使用测深数据，仍不能确认大陆坡脚点 MM-11 和点 MM-12 的位置有效。然而，小组委员会表示，基于新提交的印度数据和南森数据，可以在形态学基础上观测到一个大陆坡底。该大陆坡底大致位于下陆坡阶地的外缘。小组委员会认为相关的大陆坡脚点同样可以确定与毛里求斯 200 海里线重叠的大陆边外缘（图 4）。

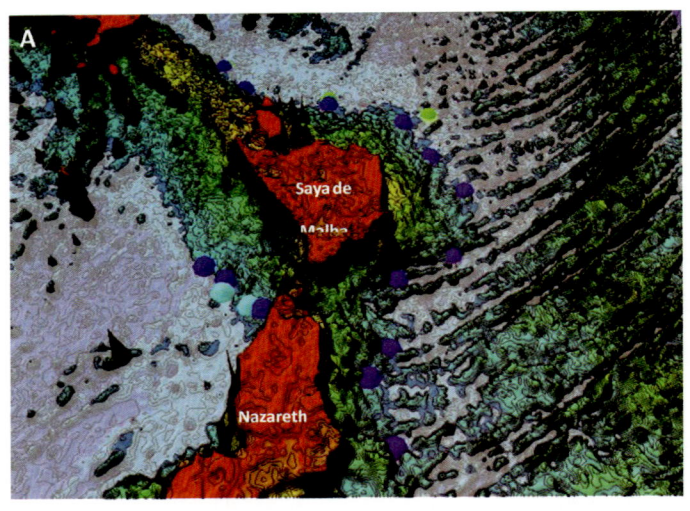

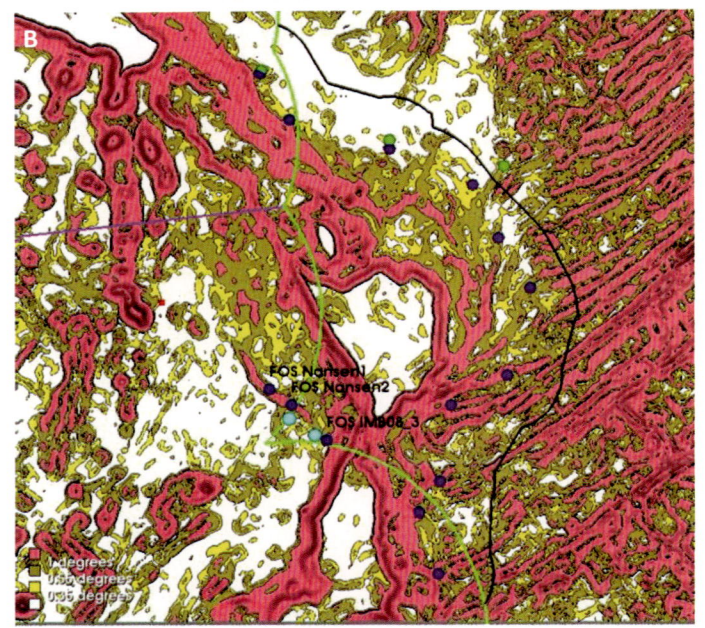

图 4 A. 小组委员会利用 Geocap 工具分析准备的马斯科林海台西陆边部分 3D 测深图；B. 小组委员会利用 Geocap 工具分析准备的同一地区 2D 测深
资料来源：委员会对毛塞外大陆架联合划界案的建议摘要。

尽管两沿海国仍然认为大陆坡脚点 MM-11 和点 MM-12 的位置是恰当的，但他们在马斯科林海台西陆边提交了 3 个新的大陆坡脚点（Nansen1、Nansen2 和

IMB08_3），以及基于南森数据所修订的大陆坡底。小组委员会同意建立新大陆坡脚点 Nansen1、Nansen2 和 IMB08_3 的方法（图5）。

基于《科技准则》的考虑以及两沿海国提供的信息，委员会认为在马斯卡林海台地区大陆坡脚点满足《公约》第七十六条规定。委员会建议上述大陆坡脚点作为建立马斯卡林海台地区大陆边外缘的基础。

4.3 公式线的运用

在马斯卡林海台地区，大陆边向外延伸的两个区域：东部与马斯卡林海台东部相关联；西部区域与马斯卡林海台西部相关联。

在马斯卡林海台地区，大陆边外缘由不超过大陆坡脚外推60海里距离公式线的定点确定。定点为 CM1-CM824。

在马斯卡林海台西部边缘大陆边外缘的确定没有应用到60海里距离公式，因为该区域大陆边外缘与毛里求斯大陆边200海里外部界限重合。

委员会同意在马斯卡林海台地区东部两沿海国由定点建立的大陆边外缘的方法。委员会进一步认定在马斯卡林海台西部两沿海国重叠部分位于毛里求斯200海里界限内。

在马斯卡林海台东部区域，大陆边从塞舌尔大陆块和毛里求斯向东南和西南延伸。在塞舌尔北部和毛里求斯南部与200海里线相接。

在马斯卡林海台西部区域，两沿海国的大陆边外缘与毛里求斯200海里外部界限重叠（图6）。

在马斯卡林海台地区，大陆边超过200海里外部界限是基于大陆坡脚外推60海里公式线上的定点，委员会建议这些弧线应该被用于确定该地区大陆边外缘的基础。

4.4 限制线的运用

根据马斯科林海台的地貌和地质特征，委员会同意马斯科林海台是构成大陆边自然构成部分的海底高地，可以适用深度限制线。两沿海国适用了一条基于距离和深度标准构建的混合制约线。委员会同意适用该混合制约线的方法。

在马斯科林海台西区，两沿海国从位于邻接的海台西陆边上的2 500米深度点构建了一小段有效的深度限制线。委员会确认该深度限制线位于毛里求斯200海里线内，超过了60海里距离公式线的有关部分。委员会确认，制约线与大陆边外缘的相互作用，证实了两沿海国对马斯科林海台西陆边的200海里外大陆架部分享有权利，直至毛里求斯200海里线（图6至图9）。

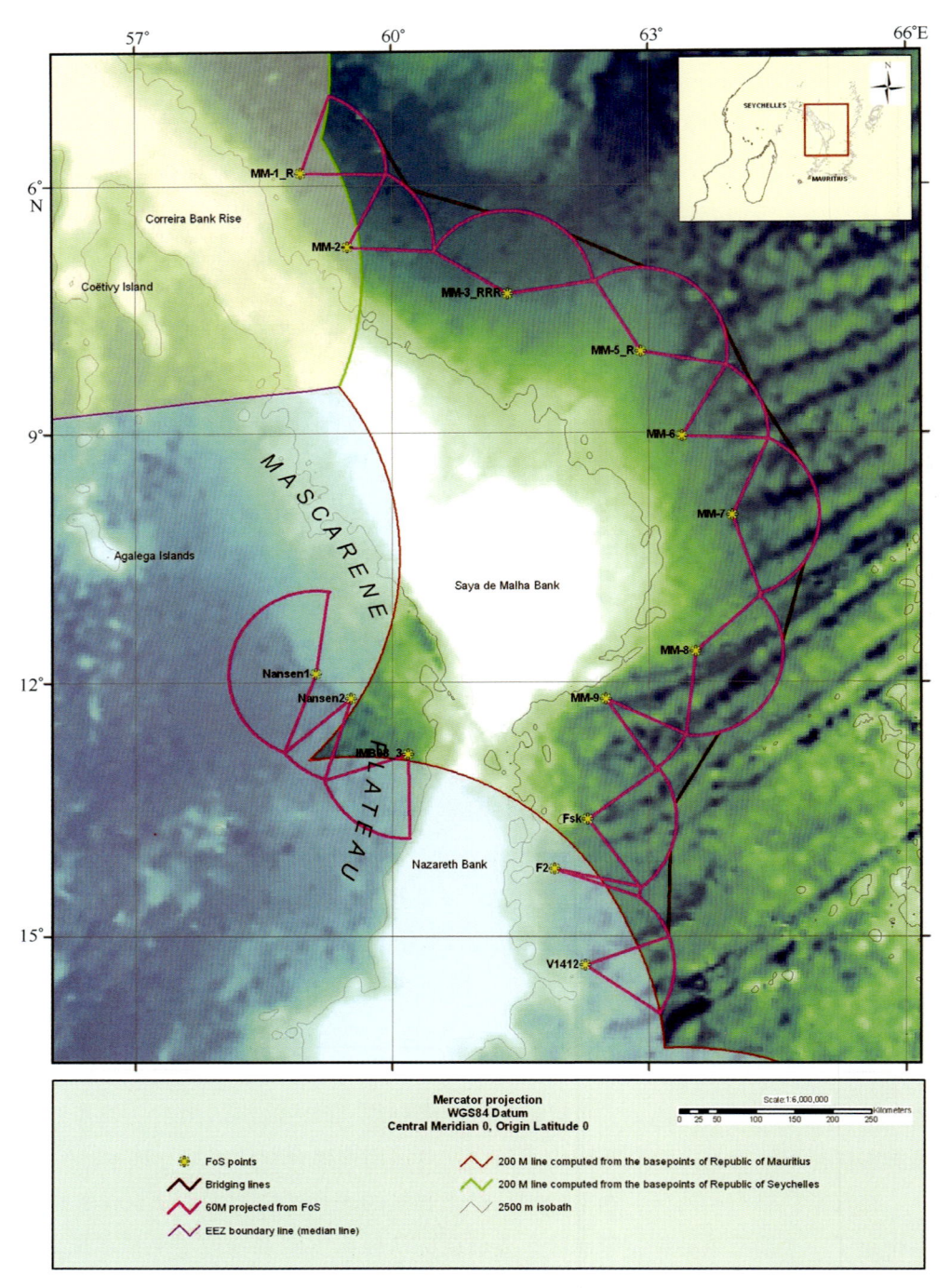

图 5 最终用于确定两沿海国大陆边外缘超过 200 海里大陆架外部界限的大陆坡脚点示意图
资料来源：委员会对毛塞外大陆架联合划界案的建议摘要。

毛里求斯和塞舌尔（马斯卡林海台）外大陆架联合划界案委员会审议建议评注

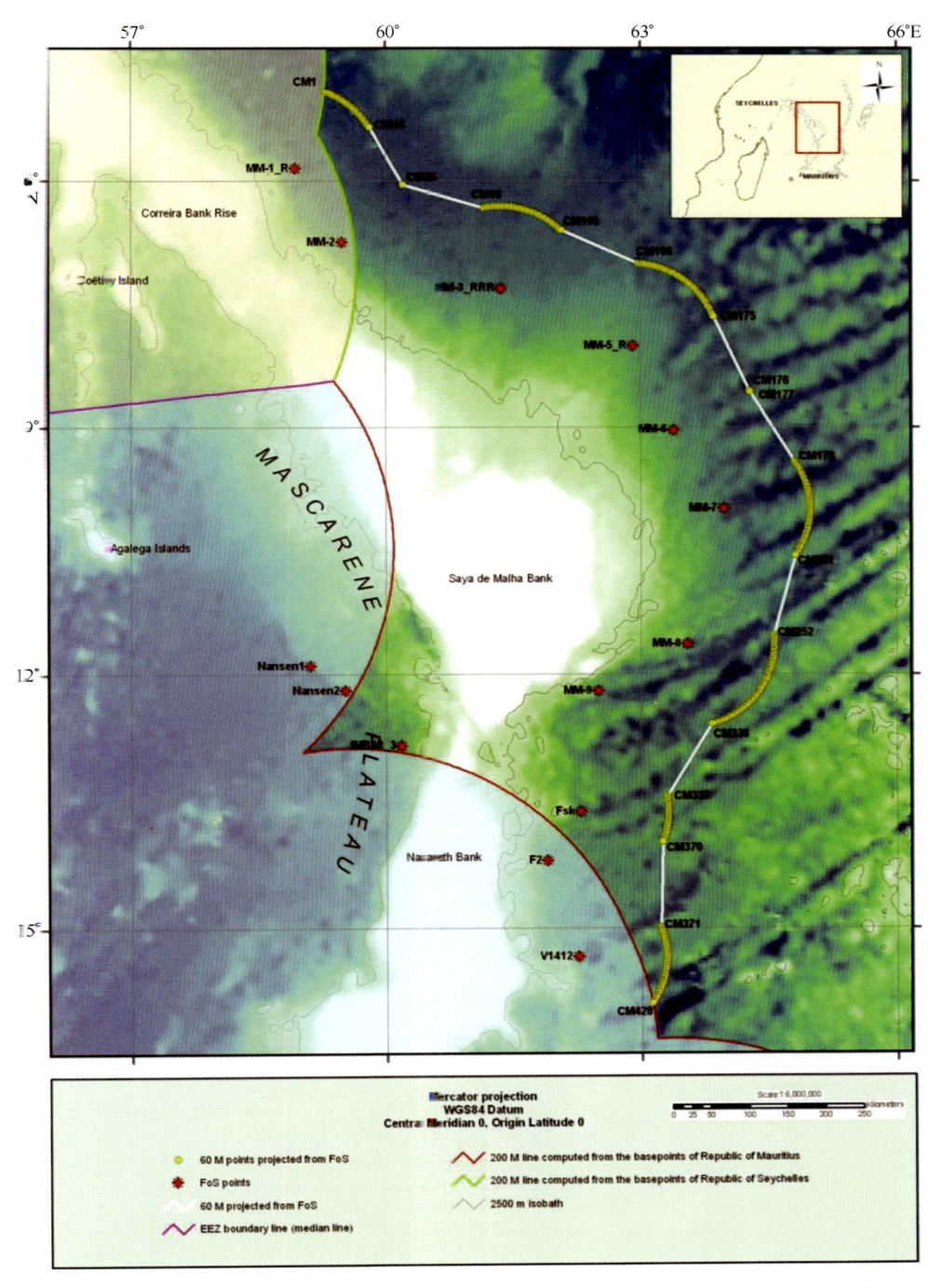

图 6　马斯卡林海台地区大陆边外部界限定点和相关线，同时显示大陆边外部界限定点
资料来源：委员会对毛里求斯外大陆架联合划界案的建议摘要。

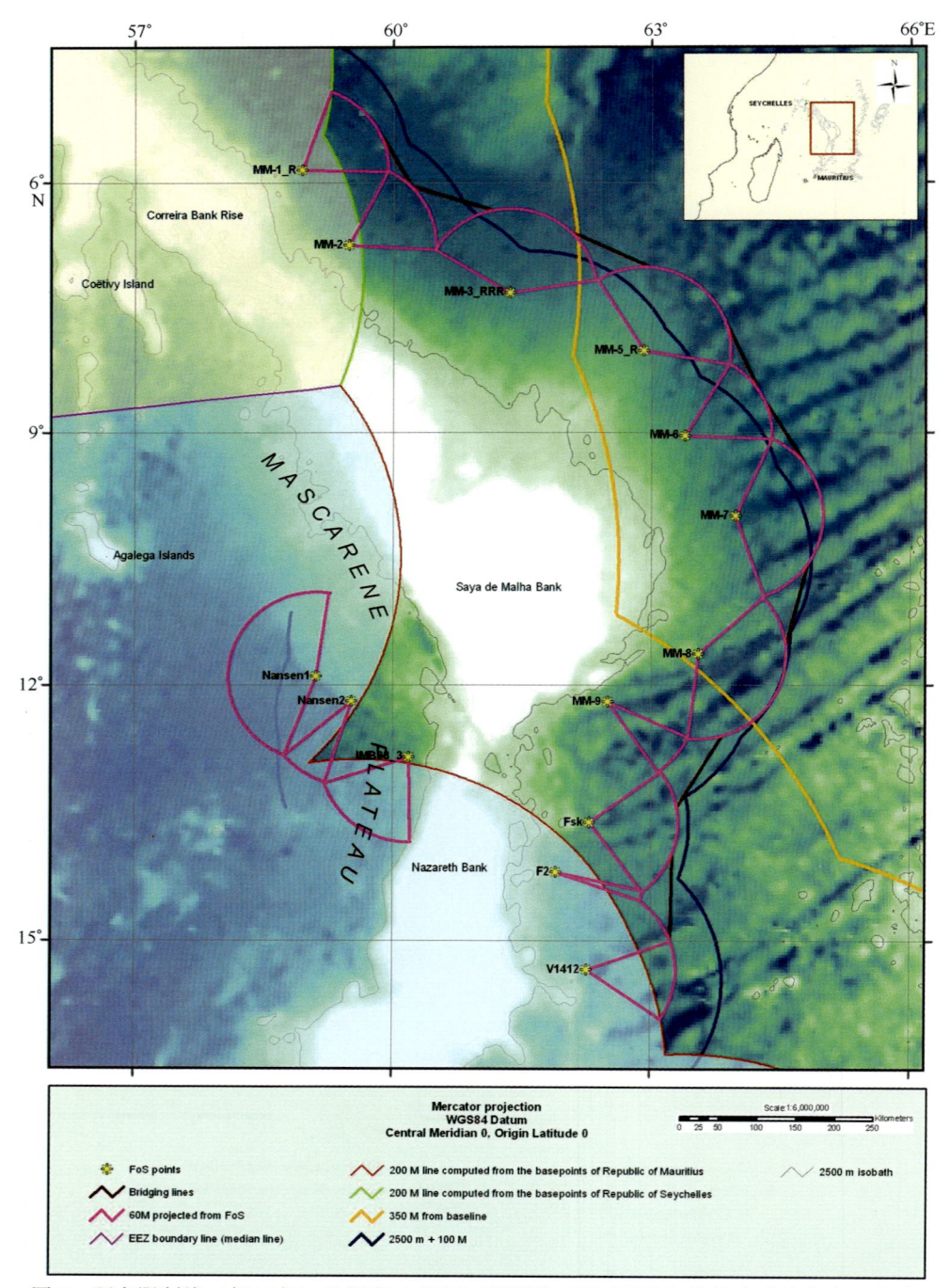

图 7 距离限制线（橘红色）和深度（蓝色）限制线，同时显示相关的大陆坡脚点和大陆坡脚外推 60 海里距离公式线以及连接这些定点的直线确定的大陆边外缘

资料来源：委员会对毛塞外大陆架联合划界案的建议摘要。

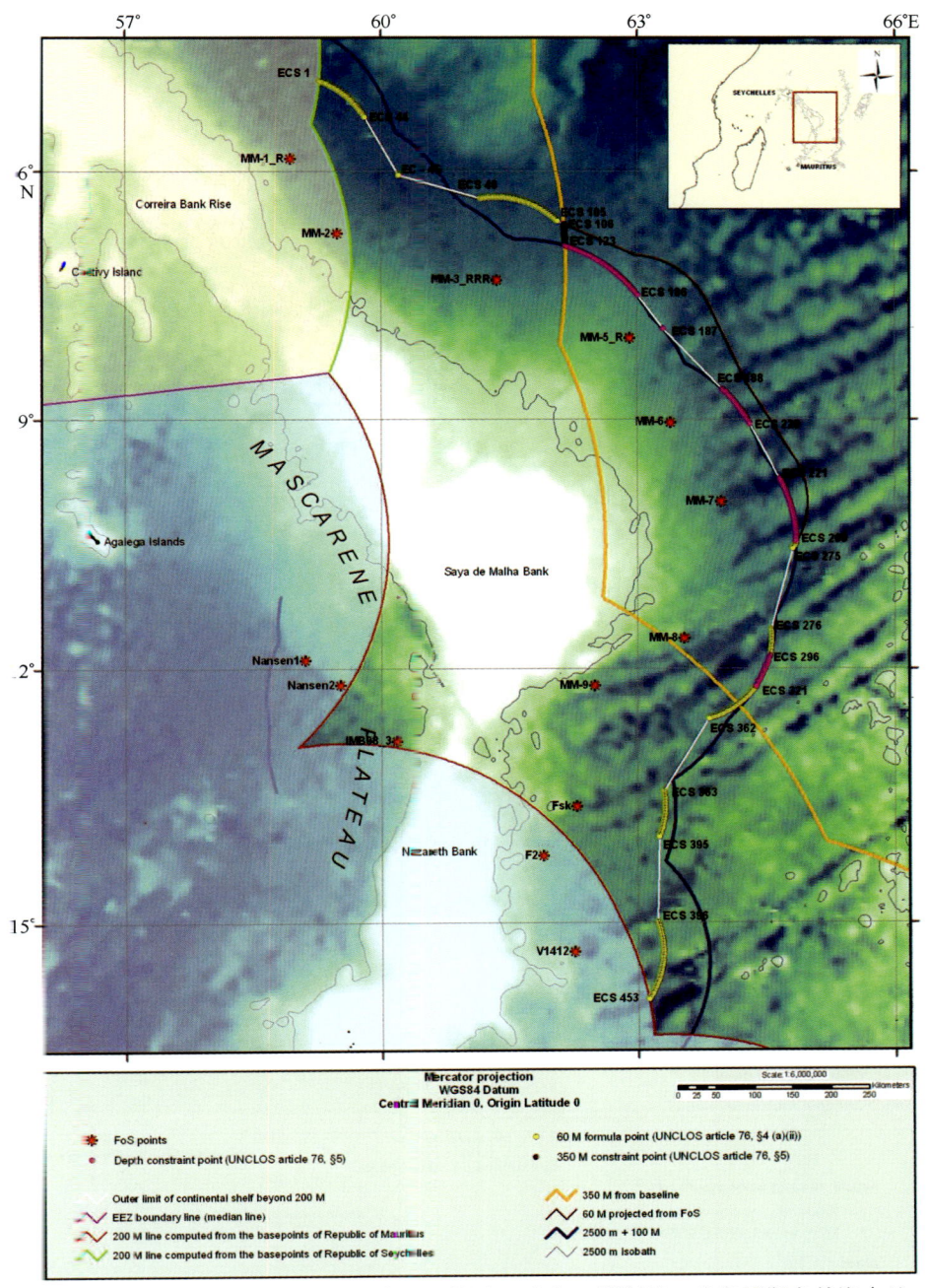

图 8 联合应用距离限制线（橘红色）和深度（蓝色）限制线，确定马斯卡林海台地区大陆边外缘，同时也显示大陆坡脚点（红色星号）和确定大陆边外缘的线（棕色），以及延伸的大陆架外部界限

资料来源：委员会对毛塞外大陆架联合划界案的建议摘要。

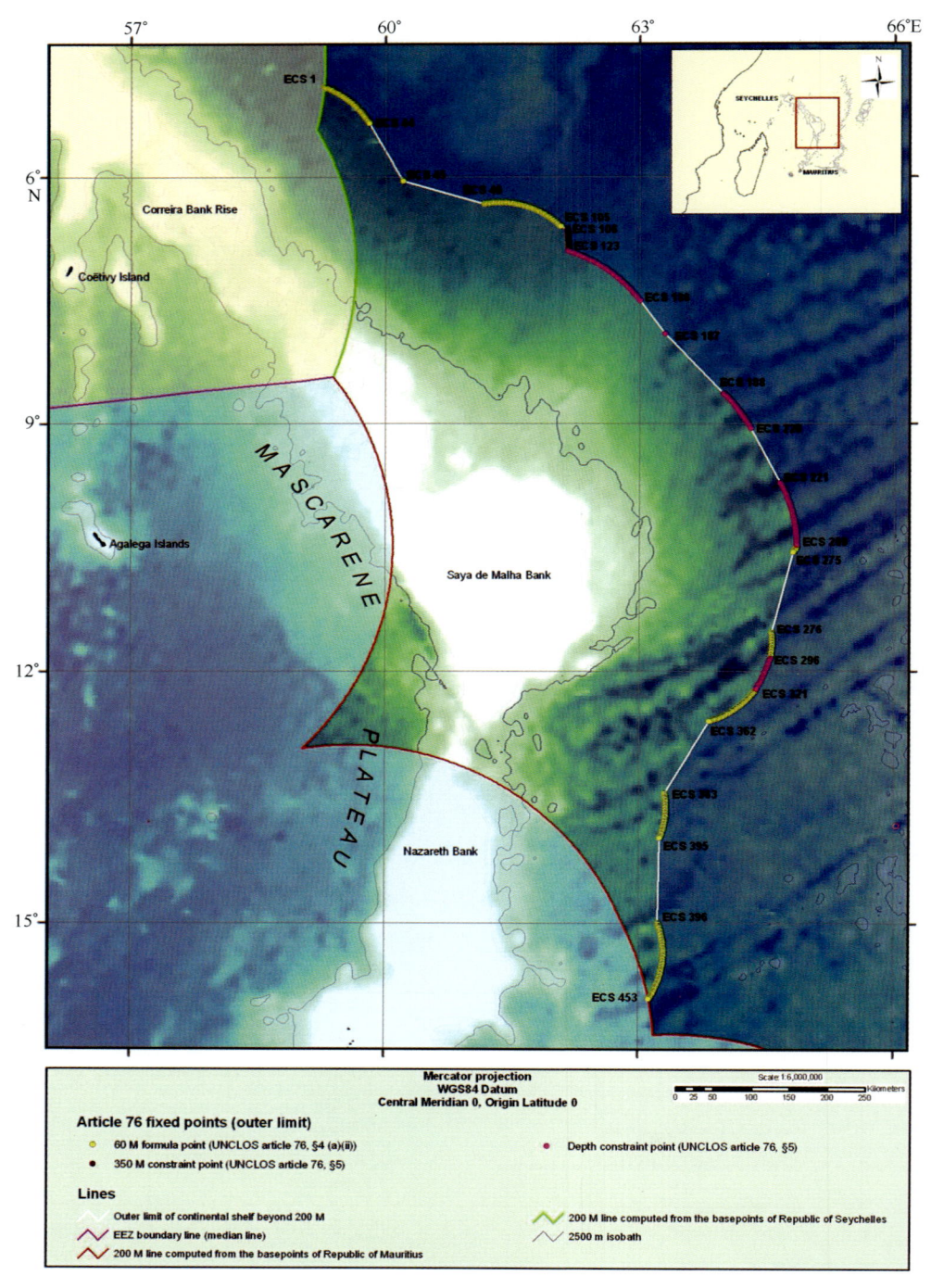

图 9 马斯卡林海台地区从领海基线量起大陆架超过 200 海里外部界限

资料来源：委员会对毛塞外大陆架联合划界案的建议摘要。

4.5 最终外部界限及委员会建议

委员会同意以所列的定点确定马斯卡林海台地区大陆边外缘。委员会同意马斯卡林海台西部地区两沿海国超过200海里大陆边外部界限重叠地区具有建立大陆架超过200海里的权利。委员会建议大陆架外部界限应由不超过60海里的直线来连接定点，并且标定定点的经度和纬度坐标，委员会建议两沿海国加快建立其在马斯卡林海台地区大陆架外部界限。

5 对委员会毛塞外大陆架联合划界案建议的评注

5.1 本划界案由委员会一致通过

2011年3月30日，委员会以协商一致的方式通过了"大陆架界限委员会关于2008年12月1日毛里求斯和塞舌尔（马斯卡林海台地区）大陆架联合划界案的建议"。

5.2 英国和印度对本划界案提供了技术支持

毛里求斯和塞舌尔均是西南印度洋的小岛国家，地理孤立、科技能力和财政资源均有限，仅仅依靠其本国的实力恐无法有效完成划界案的申请。在这一过程中，英国和印度为其提供了关键的法律和技术帮助。比如其提交经修订的大陆坡脚点 MM-3_RRR 的多波束数据正是依靠印度海军获得的。

5.3 严格遵守划界的程序和实体规定

毛塞联合划界案是非洲国家首个划界案，也是两个小岛屿发展中国家首次联合拟定的划界案，该划界案的顺利完成对于非洲以及世界其他发展中国家来说都有非常重要的借鉴意义。在划界案的准备以及配合小组委员会和委员会审议的过程中，毛里求斯和塞舌尔都严格遵循委员会的程序以及《科技准则》的一般规则规定。比如其大陆坡脚点的确定上使用的是测深数据，而不是基于相反证明标准确定的。最后划界案仅做了少量修改即获通过。

参考文献

[1] Executive Summary of Joint Extended Continental Shelf Submission concerning the Mascarene

Plateau (SMS-ES-DOC).

[2] 委员会第 23 届会议主席说明（中文版和英文版）（CLCS/62）.
[3] 委员会第 24 届会议主席说明（中文版和英文版）（CLCS/64）.
[4] 委员会第 25 届会议主席说明（中文版和英文版）（CLCS/66）.
[5] 委员会第 26 届会议主席说明（中文版和英文版）（CLCS/68）.
[6] 委员会第 27 届会议主席说明（中文版和英文版）（CLCS/70）.
[7] Summary of the Recommendations of the Commission on the Limits of the Continental Shelf in regard to the Joint Submission made by Mauritius and Seychelles concerning the Mascarene Plateau Region on 1 December 2008, Adopted by the Commission on 30 March 2011.

法国（法属安的列斯群岛和凯尔盖朗群岛地区）外大陆架划界案委员会审议建议评注

依据《公约》第七十六条第 8 款及附件二第四条的相关规定，法国于 2009 年 1 月 5 日向委员会提交了在法属安的列斯、瓜德罗普和马提尼克（以下统称"法属安的列斯群岛地区"）[1] 以及凯尔盖朗群岛地区自其领海基线量起 200 海里以外大陆架外部界限划界案。

该划界案分为两个独立区域：法属安的列斯群岛和凯尔盖朗群岛；根据提交状态这是一个部分划界案，不包含大陆架毗连南极洲部分。根据委员会《议事规则》附件一第 3 款，法国其他部分大陆架划界案可能会在之后提出。

小组委员会在第 29 届会议上向委员会提交了划界案建议草案，委员会在同届会议上以协商一致的方式通过了划界案建议。

1 法国的主张[1]

1.1 法属安的列斯群岛地区

从法属安的列斯群岛基线量起 200 海里外的延伸大陆架位于加勒比海大陆边潜没区（图 1）。该大陆架向南邻接巴巴多斯大陆架。

在确定安的列斯群岛地区大陆架外部界限时，法国使用了沉积岩厚度公式。基于所提供的地震数据，法国认为已经证明有足够的沉积岩厚度允许适用该公式，并由此确定了 7 个定点。第 8 个定点位于从法国基线量起 200 海里界限上，第 9 个定点是根据海登堡公式确定的。以上 9 个定点一起构成了法属安的列斯群岛大陆架的外部界限。相邻定点之间的距离不超过 60 海里。这些定点从测算瓜

---

① 法属安的列斯，或称法属西印度群岛，是指现由法国行使主权的 7 个位于加勒比海中的安的列斯群岛的领地，包括：① 两个海外省：瓜德罗普和马提尼克；② 两个海外集体：法属圣马丁、圣巴泰勒米；③ 瓜德罗普的 3 个属地：桑特群岛·玛丽-加朗特岛和拉代西拉德岛。参见维基百科，zh.wikipedia.org/wiki/法属安的列斯，2018 年 8 月 12 日访问。

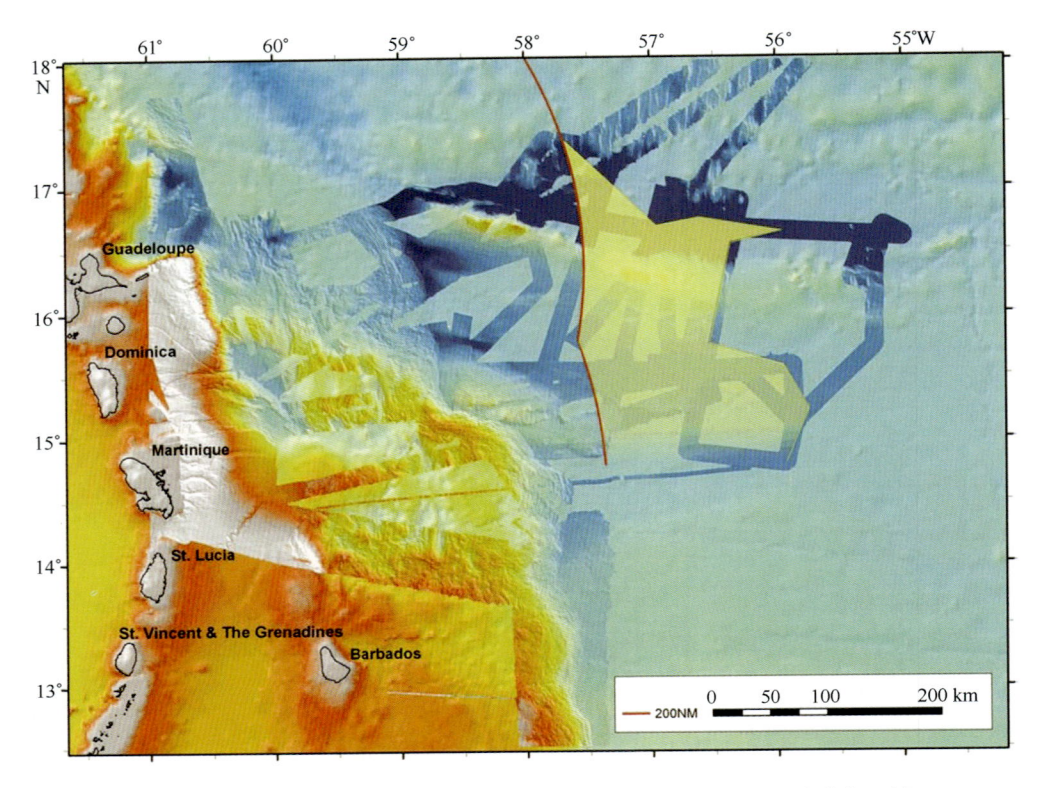

图 1　法国拟在法属安的列斯地区划定的大陆架外部界限全景（浅黄色区域）

资料来源：法国（安的列斯群岛和凯尔盖朗群岛地区）外大陆架划界案执行摘要。

德罗普和马提尼克领海宽度的基线量起不超过350海里（图2）。

1.2　法属凯尔盖朗群岛地区

凯尔盖朗群岛地区的延伸大陆架位于海台及其大陆边上（图3）。在东南方向的延伸受到澳大利亚管辖区域的限制。

在凯尔盖朗群岛地区，大陆架的外部界限由885个定点构成：821个定点基于海登堡公式，62个定点位于限制线上，1个定点位于从法国基线量起的200海里线上，最后一个定点通过在相邻定点之间加以内插被置于与澳大利亚的海洋边界上（图4）。相邻定点之间的距离不超过60海里。这些定点从测算凯尔盖朗群岛领海宽度的基线量起不超过350海里，或不超过2 500米等深线外100海里。

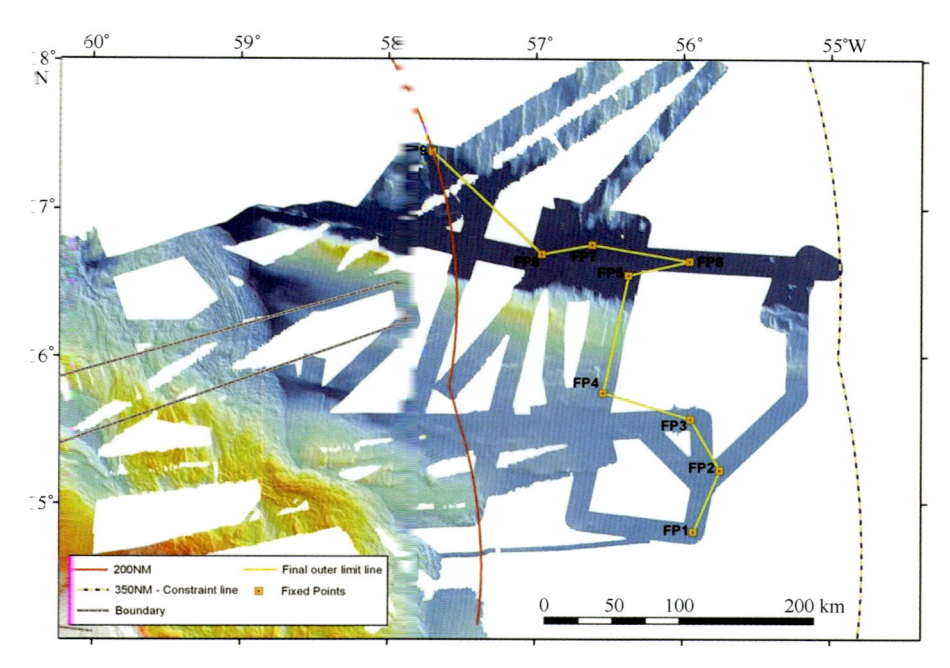

图 2　法国拟在安的列斯群岛地区划定的大陆架外部界限细节

资料来源：法国（安的列斯群岛和凯尔盖朗群岛地区）外大陆架划界案执行摘要。

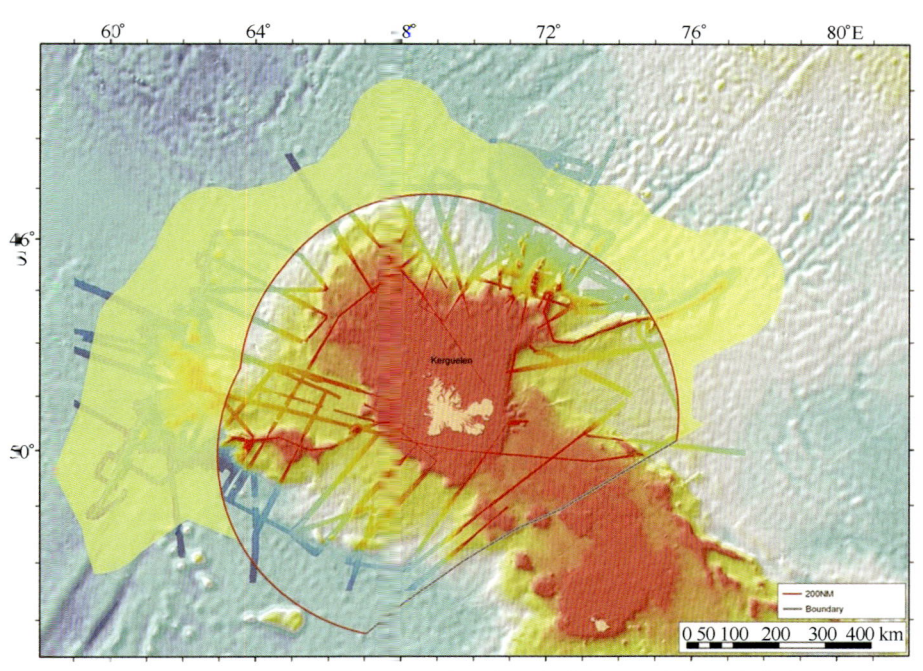

图 3　法国拟在凯尔盖朗群岛地区划定的大陆架外部界限全景（浅黄色区域）

资料来源：法国（安的列斯群岛和凯尔盖朗群岛地区）外大陆架划界案执行摘要。

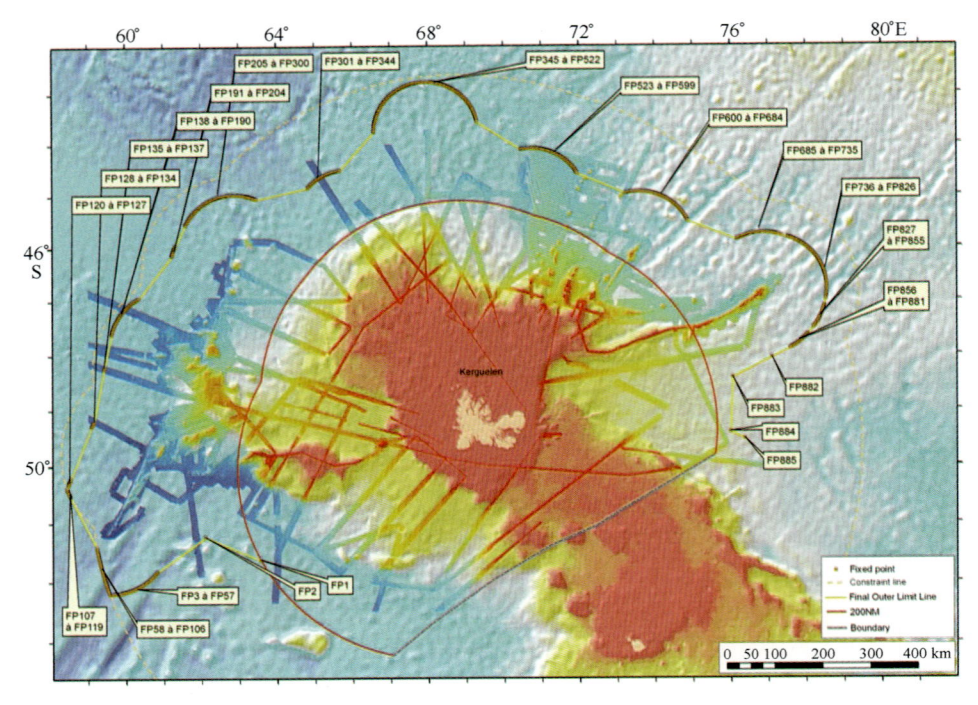

图 4　法国拟在凯尔盖朗群岛地区划定的大陆架外部界限细节

资料来源：法国（安的列斯群岛和凯尔盖朗群岛地区）外大陆架划界案执行摘要。

2　各国反应照会和要点

各国所提交照会的时间见表 1。

表 1　各国所提交照会的时间

序号	国家	时间	备注
1	荷兰	2009 年 8 月 28 日	公开
2	日本	2009 年 11 月 19 日	公开

资料来源：联合国海洋事务和海洋法国网站，经作者整理。

2.1　荷兰[2]

此份照会与之前荷兰就英国（阿森松岛）划界案所提照会相同。

274

2.2 日本[3]

此份照会与之前日本就英国（阿森松岛）划界案所提照会相同。

3 委员会审议过程

法国划界案的审议贯穿了委员会第 25 届会议至第 29 届会议。在第 26 届会议上，委员会即成立小组委员会审议法国划界案。委员会在第 29 届会议上通过建议。

3.1 成立小组委员会之前的初步审议

在第 25 届会议上，法国海洋事务总秘书处临时主管埃利·雅赫马希（Elie Jarmache）就法国提交的划界案向委员会作了陈述，并表示委员会没有任何成员对划界案提供科学或技术协助。关于划界案是否存在争端，雅赫马希表示，已提交的部分划界案的各个部分都不存在与邻国的领土争端，也没有对委员会审查划界案表达过任何异议。关于法属安的列斯划界案与巴巴多斯之前提交的划界案，雅赫马希告知委员会，两国就各自国家管辖范围的海洋空间划界问题达成一项协议——该协议已于 2010 年初生效，两国商定在发生 200 海里以外大陆架主张重叠情况时的划界原则。

关于委员会一名成员对 2009 年 2 月 5 日转递划界案的普通照会、2009 年 8 月 28 日荷兰提交的普通照会以及 2009 年 11 月 19 日日本提交的普通照会提出的问题，雅赫马希表示，法国在南极洲问题上保留日后提出划界案的权利。

委员会举行非公开会议对划界案进行初步审议，决定根据《公约》附件二第五条以及《议事规则》第四十二条、《议事规则》第五十一条第 4 款第 3 项规定设立的小组委员会在今后届会上审议划界案。委员会并决定在本划界案按照收件先后顺序排列在先时，在全体会议上再次予以审议。[4]

在第 26 届会议上，委员会设立了小组委员会，其成员如下：布雷克、查尔斯、克罗克、法古尼、加法尔、吕文正和奥杜罗。小组委员会选举加法任主席，克罗克和奥杜罗任副主席。[5]

3.2 小组委员会审议

小组委员会在第 26 届、第 27 届、第 28 届会议及闭会期间审查了该划界案。在这些会议期间，小组委员会与法国代表团举行了 7 次会议，委员会在第 29 届会议上审议了小组委员会的建议。

在第 27 届会议期间，小组委员会与代表团举行了 4 次会议。代表团回答了小组委员会提出的第 1 组问题。小组委员会接着又向代表团提出了第 2 组问题，并提交了初步观点和一般性结论。[6]

在第 28 届会议期间，小组委员会与法国代表团举行了 3 次会议。小组委员会向代表团陈述了对划界案其余部分的初步意见和一般性结论，并就代表团对第 2 组问题的回答做了新的评论。[7]

在第 29 届会议期间，法国代表团提供了补充材料，并向小组委员会作了若干次陈述。根据《议事规则》附件三第十五条第 1 款第 2 项的规定，小组委员会向法国代表团陈述了其意见和一般性结论，确定了最终的划界案建议草案，并于 2012 年 3 月 23 日协商一致予以通过。4 月 9 日，小组委员会向委员会介绍了草案。[8]

3.3　委员会通过建议

2012 年 4 月 11 日，法国代表团根据《议事规则》附件三第 15.1 段之二的规定向委员会作了关于划界案的最后陈述。4 月 19 日，委员会在审议了小组委员会起草的建议草案和法国代表团所作陈述之后，协商一致通过了"大陆架界限委员会关于 2009 年 2 月 5 日法国（安的列斯群岛和凯尔盖朗群岛地区）大陆架划界案的建议"。[8]

4　委员会对法国外大陆架划界案的建议[9]

4.1　法属安的列斯群岛地区

4.1.1　从属权利检验

法属安的列斯群岛地区包括瓜德罗普岛和马提尼克岛，位于北美板块、南美板块和加勒比板块的三叉交会区域。两个美洲板块向加勒比板块下俯冲削减。

法属安的列斯是莱塞安的列斯（Lesser Antilles）火山弧的一部分，呈现 850 千米长的火山链。岛弧从南美洲大陆边向阿内加达延伸，最大的岛屿（750 平方千米）位于群岛中心。

火山弧的北部，从马提尼克岛开始，分为两个分支：东部外弧和西部内弧；马提尼克岛南部，两个岛弧不能再独立区分。外弧包括一系列岛屿形成安的列斯群岛。内弧包含安的列斯火山岩带。

瓜德罗普岛和马提尼克岛火山岛分布在莱塞安的列斯火山弧周围，组成法国大陆地块。莱塞安的列斯不同部分地形的主要特征，构成了大陆坡的水下延伸。委员会认可法国具有在该地区确定其大陆架超过200海里外部界限的权利。

2.1.2 确定大陆坡脚

确定大陆坡脚应该依据《公约》第七十六条第4款（b）项。

大陆边外缘的建立基于一个相关大陆坡脚点FOS03和4个关键大陆坡脚点FOS06、FOS07、FOS08、FOS09。根据法属安的列斯地区一系列地形特征，法国将前巴增生楔作为其大陆坡底。

小组委员会同意法国采用的方法来确定大陆坡底。因此，基于地形和测深数据，以及法国提交的地质与地球物理数据，大陆坡脚点FOS03、FOS06、FOS07、FOS08、FOS09位于大陆坡底区（图5）。

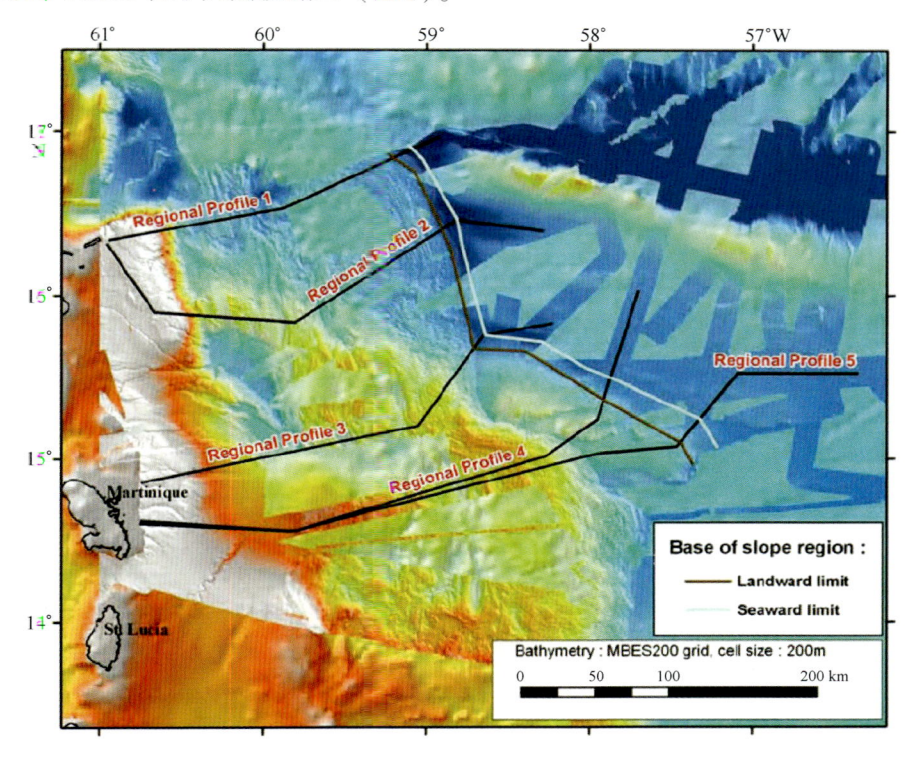

图5 从卫星和多波束测深数据中识别的大陆坡底

注：褐色线为向陆一侧外界线，浅蓝色线为向海一侧分界线。

资料来源：委员会对法国（安的列斯群岛和凯尔盖朗群岛地区）外大陆架划界案的建议摘要。

委员会认为在法属安的列斯群岛地区所列的大陆坡脚点满足《科技准则》第5章和《公约》第七十六条的要求。委员会建议这些大陆坡脚点应该构成确定法属安的列斯地区大陆架外部界限的基础。

4.1.3 公式线的运用

在法属安的列斯群岛地区，法国提交的9个相关定点超过200海里线；8个基于沉积岩厚度公式点，一个基于60海里距离公式点。

4.1.3.1 应用60海里距离公式

在法属安的列斯群岛地区，大陆边外缘部分基于从大陆坡脚点量起不超过60海里弧线的定点确定。

定点CM15是仅有的通过使用大陆坡脚点FOS09外60海里公式在法属安的列斯大陆边上确定的一个定点。

委员会同意法国在法属安的列斯群岛地区建立这些点使用的方法。

4.1.3.2 应用沉积岩厚度公式

法国建立这些沉积岩厚度公式点CN-1和点CM15-CM21，是基于地震线PR13、PR36、PR38、PR11-1、PR28、PR41、PR09-1和PR07-0。

在其划界案中，法国只应用一个速度函数。小组委员会指出，南北的沉积层序可能反映不同的沉积发展，二者的速度图像可能也不同。因此，小组委员会同意法国应用北部的速度数据。在充分的沟通之后，法国同意小组委员会的建议。

在法属安的列斯群岛地区，除了北部地区，大陆边外缘向东超过法国200海里界限。法属安的列斯大陆边外缘包括22个定点：CM1-CM15依据大陆坡脚点FOS09，CM16依据大陆坡脚点FOS08建立，CM17依据大陆坡脚点FOS09建立，CM18和CM19依据FOS08建立，CM20依据FOS07建立，CM21依据FOS06建立，FP10位于FOS03 60海里弧线上。委员会建议这些弧线和点作为确定该地区大陆架外缘的基础。

4.1.4 限制线的运用

在法属安的列斯群岛地区，法国证实确定大陆边外缘的公式线不超过从领海基线量起350海里。法国提交的距离限制线是通过从瓜德罗普岛和马提尼克岛领海基线量起350海里距离限制线建立的。委员会同意法国建立该限制线使用的方法。

4.1.5 最终外部界限及委员会建议

法属安的列斯群岛地区大陆架外部界限由包含的9个长度不超过60海里的

法国（法属安的列斯群岛和凯尔盖朗群岛地区）外大陆架划界案委员会审议建议评注

定点连接直线构成。其中，8个定点根据《公约》第七十六条第4款（a）项建立，一个定点位于法属安的列斯群岛地区200海里线上。

委员会决定通过不超过60海里的直线修正连接定点FP8和位于法国200海里线上的定点FP9。委员会随后建议与200海里线相交的定点作为该地区最终外部界限点（图6）。

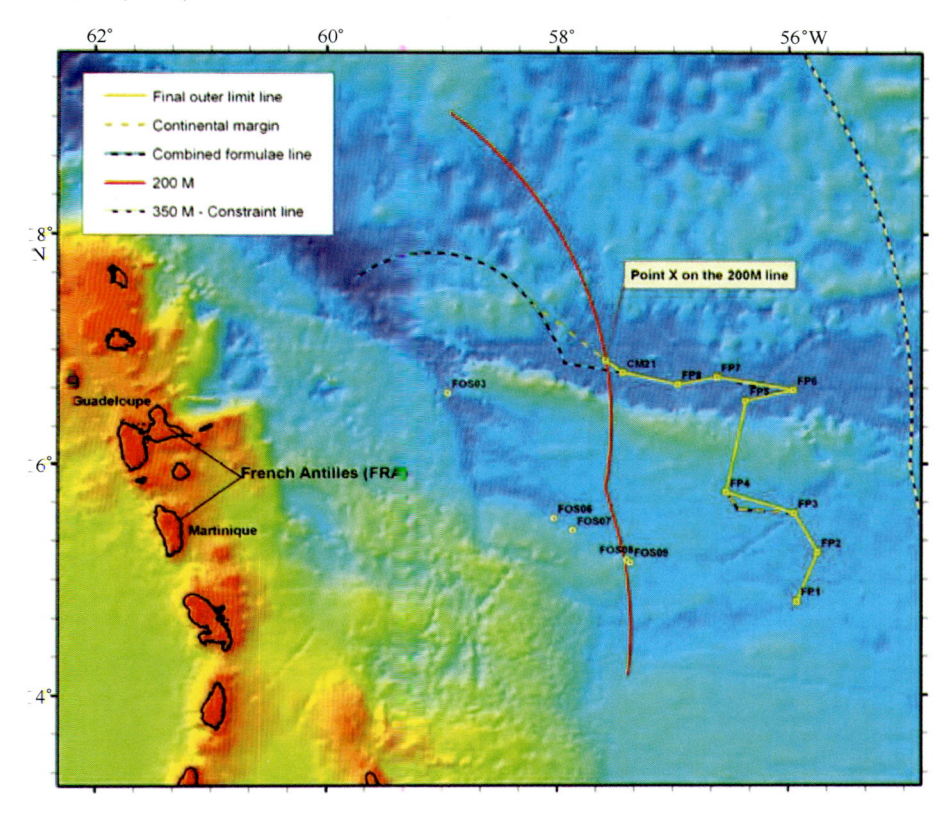

图6 委员会建议的大陆架外部界限

注：从左至右黄色圆点为大陆坡脚点；墨黑色虚线为混合公式线；黄色虚线向陆一侧为大陆边缘；红色线为距安的列斯群岛领海基线200海里线；Point X 为利用"桥线规则"划定的公式线和200海里线相交的点；黄色实线为大陆架外部界限；黄黑色虚线为距离限制线。

资料来源：委员会对法国（安的列斯群岛和凯尔盖朗群岛地区）外大陆架划界案的建议摘要。

委员会同意以上述定点来确定法属安的列斯群岛地区大陆边。委员会建议法国尽快建立该地区大陆架外部界限，并指出建立该地区大陆边外部界限可能需要国家间边界的确定。

此外，确定法属安的列斯群岛地区最终大陆架外部界限应取决于国家之间的

279

边界。委员会建议，法国确定该地区大陆架外部界限时应该考虑《公约》附件二第九条的规定，即委员会的行动不应妨害海岸相向或相邻国家间划定界限的事项。

4.2 法属凯尔盖朗群岛地区

4.2.1 从属权利检验

凯尔盖朗海台位于印度洋最南部南纬46°—64°，为北北西—南南东走向的海底高原，约2 300千米长，600千米宽，面积超过150万平方千米。在西部、北部和东部，凯尔盖朗海台被恩德比（Enderby）、克洛泽（Crozet）、澳大利亚-南极洲和纳闽（Labuan）海盆包围。在南部，由伊丽莎白（Princess Elizabeth Trough）海槽将其与南极大陆隔开。

北凯尔盖朗群岛高原位于南纬46°—50°，构成高原浅部区域（水深小于1 000米）。其基部以高于深海平原3 000~4 000米为特征。

凯尔盖朗火山岛屿位于凯尔盖朗海台北部，高原的不同部分形成一个连续、细长的地形特征构成大陆块水下延伸部分，构成法国在此地区的大陆边。基于此，委员会承认法国在该地区建立大陆架超过200海里界限的权利。

4.2.2 确定大陆坡脚

在划界案中，法国通过观察凯尔盖朗群岛海底地形特征，结合正常洋底的测深异常计算确定大陆坡底的位置。基于区域模型，大陆边细分为9个地形带（图7）。在此，法国应用3个额外的准则来确定大陆坡底区：

- 存在坡度变化（例如坡裂）的扇形区；
- 位于深度超过3 000米的区域；
- 延伸构造测深异常显著高于其他海底。

小组委员会同意法国确定大陆坡底的方法。但是基于小组委员会对上述3个准则的理解以及测深数据，小组委员会认为"从大陆坡底的位置来看，某些区域需要调整"。这可能会影响这些区域关键大陆坡脚点的位置。基于上述考虑，小组委员会接受这些区域的分类，但是不同意位于大陆边内的1、6、7带大陆坡底的位置。

法国在凯尔盖朗群岛地区提交了40个关键大陆坡脚点，分布在9个区域：区域1（FOS010~FOS020），区域2（FOS030~FOS100），区域3（FOS110~FOS130），区域4（FOS140~FOS160），区域5（FOS170~FOS190），区域6（FOS200、FOS210），区域7（FOS220、FOS230、FOS240），区域8（FOS250~

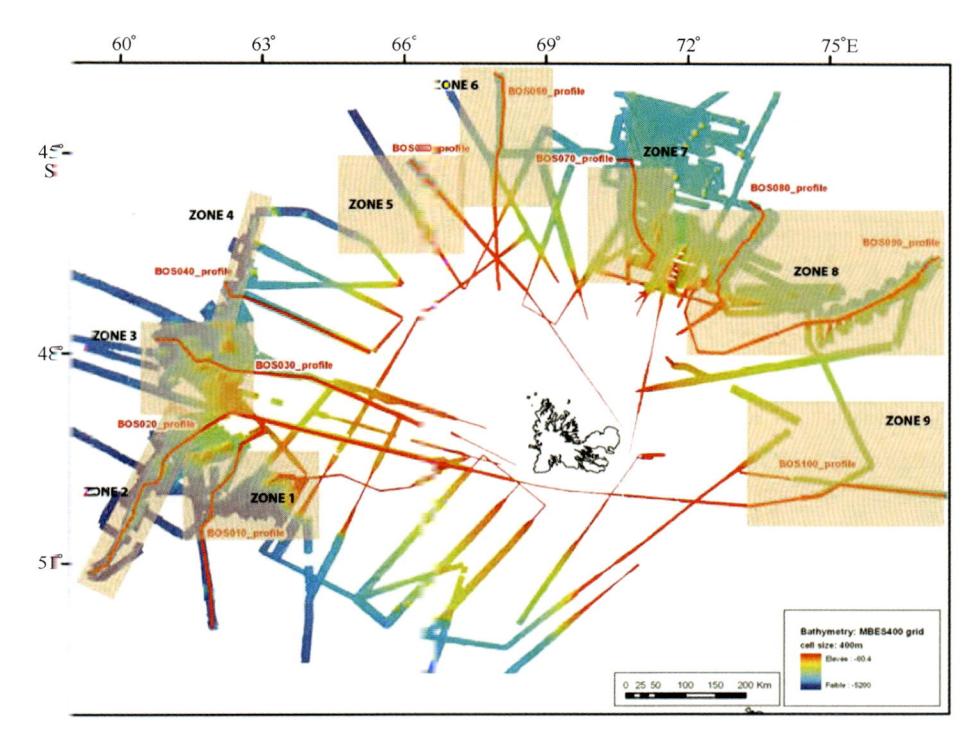

图 7　凯尔盖朗群岛地区 9 个区域带分布

资料来源：委员会对法国（安的列斯群岛和凯尔盖朗群岛地区）外大陆架划界案的建议摘要。

FOS300）和区域 9（FOS400）。这些大陆坡脚点的确定是基于划界案中大陆坡底坡度变化的最大处。

基于已有的大陆坡底的定义，以及法国提交的其他地质与地球物理数据，小组委员会同意以下点的位置：FOS010、FOS030 ~ FOS100、FOS110 ~ FOS130、FOS140 ~ FOS160、FOS170 ~ FOS190、FOS200、FOS250 ~ FOS390、FOS400。然而小组委员会不同意在区域 1 中识别的大陆坡底以及由此确定的 FOS020 的位置。FOS020 位于凯尔盖朗海台主要陆坡底一个局部转换脊的向海一侧。在小组委员会看来，所选的大陆坡底窗口（BOS window）太窄，以致无法覆盖在该地区的整个大陆坡底区域。小组委员会建议，用于计算坡度最大变化的大陆坡底窗口应当覆盖 FOS020 向陆一侧 10 ~ 15 千米处约 400 米深的横向脊断崖，即 FOS020 应当向陆一侧移动 10 ~ 15 千米，该地区的大陆坡脚点应做相应的调整。

法国按照小组委员会的建议调整了该地区大陆坡底及 FOS020 的位置。

小组委员会最初不同意在区域 6 中识别的大陆坡底以及由此确定的 FOS210

沿海国 200 海里以外大陆架外部界限划界案大陆架界限委员会建议评注

的位置。FOS210 建立在一条已经识别的单一的多波束图像的海底凹陷处。小组委员会认为该位置，无论是基于多波束图像还是卫星海底图像（Smith and Sandwell），与高于周围平均海底的任何可以地形识别的"大陆"坡均无关联。小组委员会建议应在更向陆一侧寻找大陆坡底区域，而 FOS210 也应当被替换。法国因而沿着相同的地形，在更向陆一侧的位置提出了新的大陆坡脚点 FOS205 以代替 FOS210。然而小组委员会还是以否定 FOS210 的相同理由否定了 FOS205。

法国随后补充提供了多波束测深数据。由此小组委员会认为，FOS210 所在处确实存在一个连接大陆边缘的坡尖。基于上述补充数据，委员会同意 FOS210 的位置，以及沿着相同地形的一个补充的新的大陆坡脚点 FOS212（图 8）。

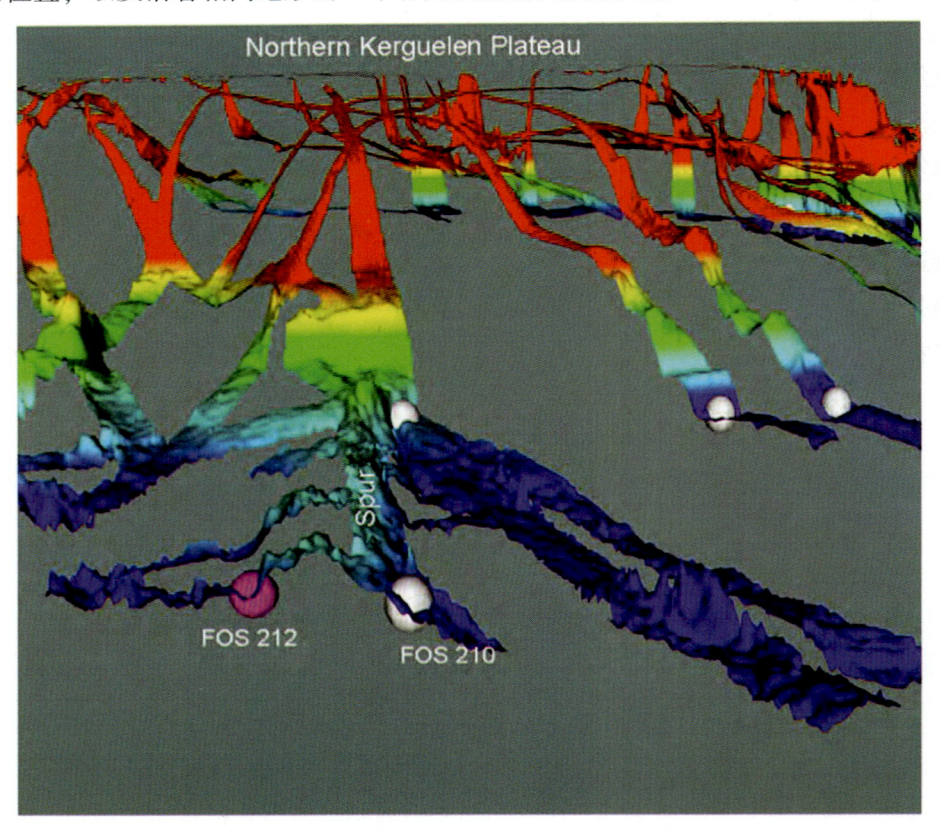

图 8 大陆坡脚点 FOS210 和点 FOS212 的位置
资料来源：委员会对法国（安的列斯群岛和凯尔盖朗群岛地区）外大陆架划界案的建议摘要。

小组委员会不同意在区域 7 中识别的大陆坡底以及由此确定的关键大陆坡坡脚点 FOS220 和点 FOS230 的位置。FOS220 位于南北走向带（"断崖东"）西侧的海底凹陷处。海底自该断崖开始缓缓向东倾斜，呈现出由海底扩张岩浆作用形成的带

282

状。断崖及其相连的东侧高地并不构成与凯尔盖朗海台"大陆"坡相连的单个地貌结构。在小组委员会看来，该断崖具有深洋洋底的特征，不适合作为该地区大陆坡底区域，因此 FOS220 应当被替换。FOS230 位于一个低海隆的侧翼，在小组委员会看来，其并不与大陆坡相连。法国提出以一个新的大陆坡脚点 FOS215 代替 FOS220。然而小组委员会还是以否定 FOS220 的相同理由否定了 FOS215。

在 FOS220 和 FOS215 均遭否决后，原先作为后备点的 FOS240 成为了关键大陆坡脚点。该点位于沿着陆坡的海山链的向海侧基部。小组委员会最初的观点是，鞍部各点太低，不足以证明至 FOS240 的海山链属于水下延伸，除非通过补充的地质和/或地球物理数据证明鞍部属于陆坡而非深洋洋底。法国代表团和小组委员会就进一步审查和分析现有数据交换了意见。在这一过程中，双方的关注点集中在一个沉积扇上。从多波束测深数据可以看出，该沉积扇覆盖到下陆坡。法国同时提出了一个毗邻 FOS240 且补充的新的大陆坡脚点 FOS238。下述结论以地震数据作为支持。

小组委员会依据地貌学认为，FOS240 向陆一侧的鞍部各点序列位置向海一侧逐渐加深，因此符合陆坡的总体趋势。小组委员会注意到沿海山链东侧的沉积扇是陆坡的一部分（图9）。基于多波束数据分析，该沉积扇的地貌有力地证明了在重力驱动下的沉积过程。

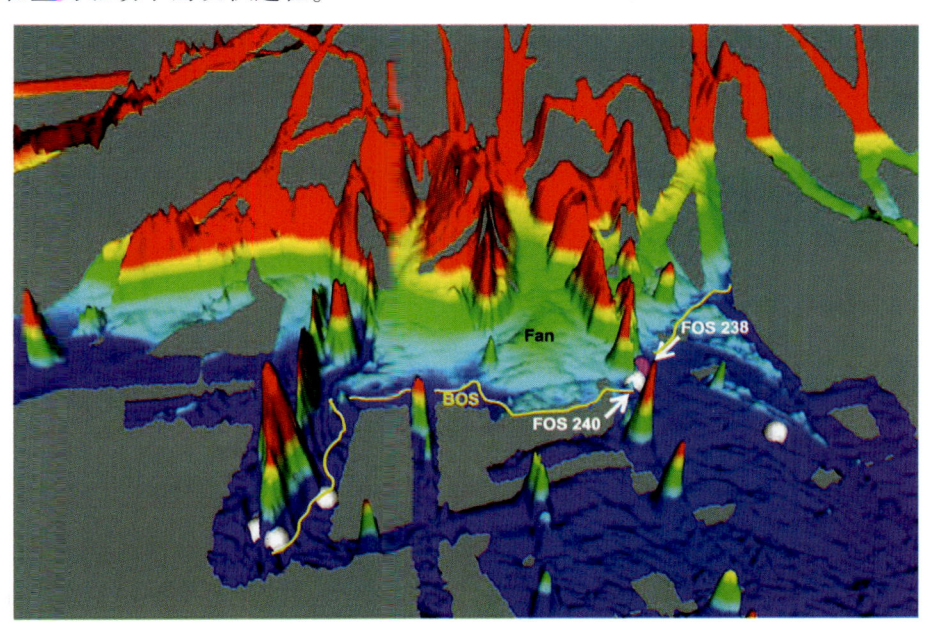

图 9　大陆坡脚点 FOS240 和点 FOS238 的位置

资料来源：委员会对法国（安的列斯群岛和凯尔盖朗群岛地区）外大陆架划界案的建议摘要。

283

地震测线 KERGUEPLAC3-24（图10）支持前述过程。该线向海端内部序列的透明并凌乱的特征是碎屑沉积物（scree deposits）的典型特征。在该线向海端，测深显示在沉积扇及其重力沉积物的末端有一个明显的"断崖"（图9）。由于该沉积反映典型陆坡的重力过程，小组委员会得出结论认为，该地区的大陆坡底应沿着沉积扇的趾处外轮廓。

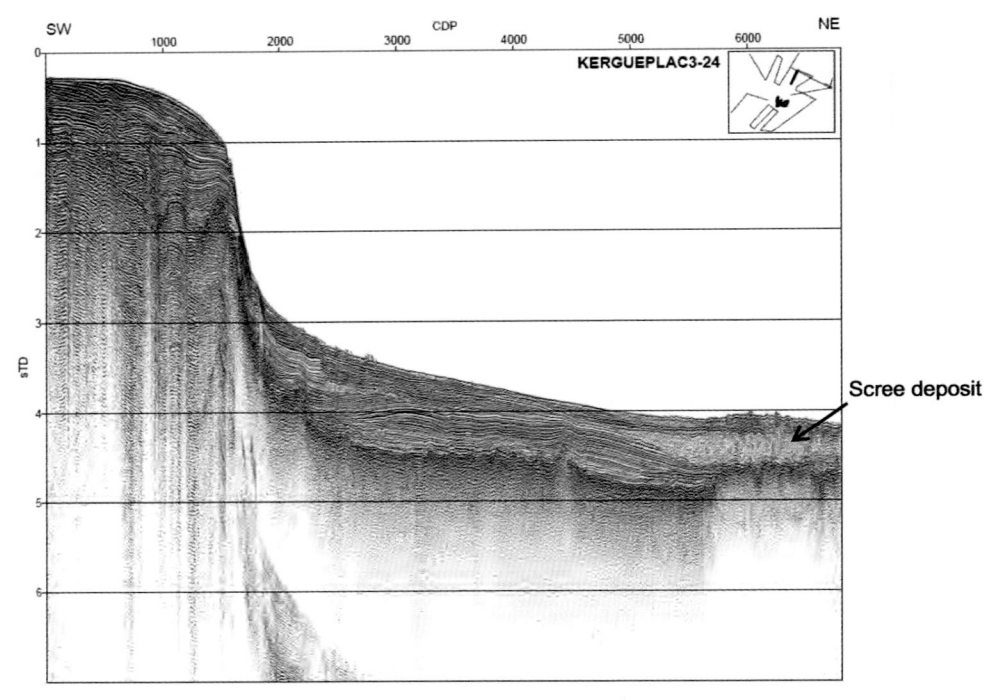

图10 地震测线 KERGUEPLAC3-24 趾处的碎屑沉积物

资料来源：委员会对法国（安的列斯群岛和凯尔盖朗群岛地区）外大陆架划界案的建议摘要。

这意味着 FOS24 向陆侧的鞍部各点都位于陆坡。委员会因此同意 FOS24 的位置。由于 FOS238 位于同列海山，小组委员会亦认可了其位置（图9）。

委员会认为在凯尔盖朗群岛地区确定的大陆坡脚点满足《公约》第七十六条和《科技准则》第5章的要求，委员会建议这些大陆坡脚点应该构成建立凯尔盖朗群岛地区大陆边外部界限的基础。

4.2.3 公式线的运用

法国在此应用60海里距离公式构建大陆边外缘。两个大陆坡脚点，FOS WEST 和 FOS East，第七十六条第4款（a）项（2）目中的60海里距离公式弧线，位于法国200海里界限和法国与澳大利亚海上条约边界包络线的区域界限之外。因此，委员会同意这一包围的区域是法国西部地区大陆边。

基于 60 海里距离公式，委员会建议该区域由法国 200 海里界限和法国与澳大利亚海上条约边界包络线被考虑作为法国在西部地区的大陆边（图 11）。

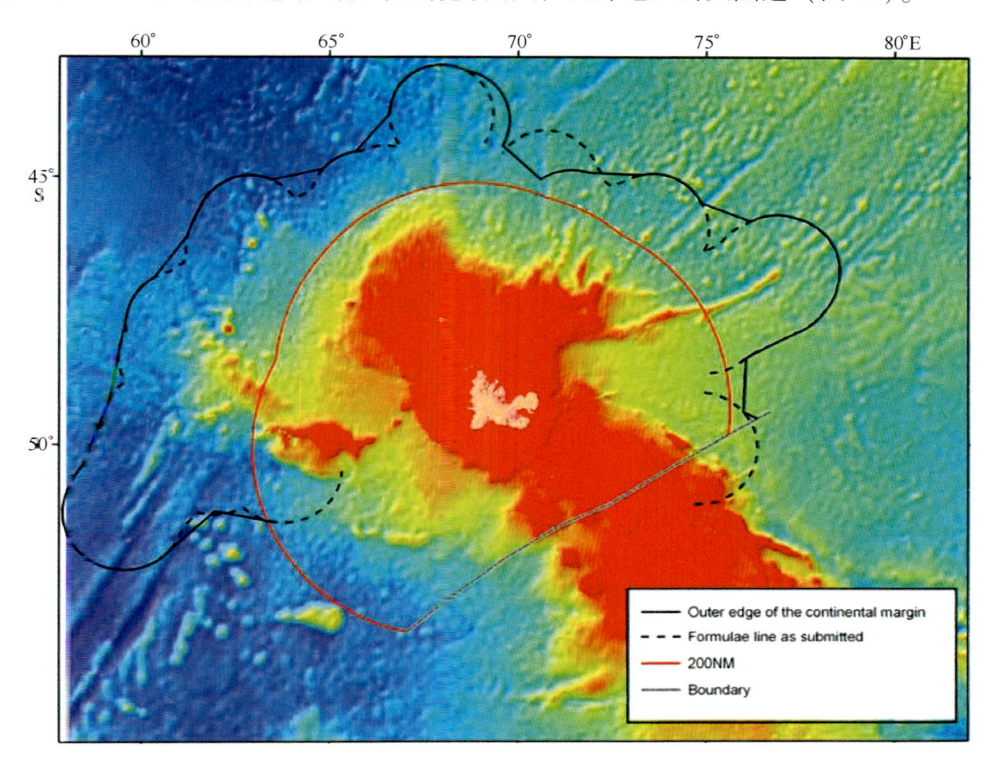

图 11　委员会建议的大陆边外缘（黑色实线）

注：黑色虚线为法国提交的公式线。

资料来源：委员会对法国（安的列斯群岛和凯尔盖朗群岛地区）外大陆架划界案执行摘要。

4.2.4　限制线的运用

在凯尔盖朗群岛地区，法国引用了距离和深度混合制约。委员会认为，适用深度制约的前提是检验所涉相关海底高地是否可被视为大陆边的自然构成部分。

4.2.4.1　距离限制线

法国提交的距离限制线是从测算法国领海宽度的基线量起 350 海里的弧线构成（图 12）。委员会同意法国在制定限制线过程中所采用的程序和方法。

4.2.4.2　深度限制线

深度制约所使用的 2 500 米等深线是基于在西部的区域 2 的一个无名坡尖

285

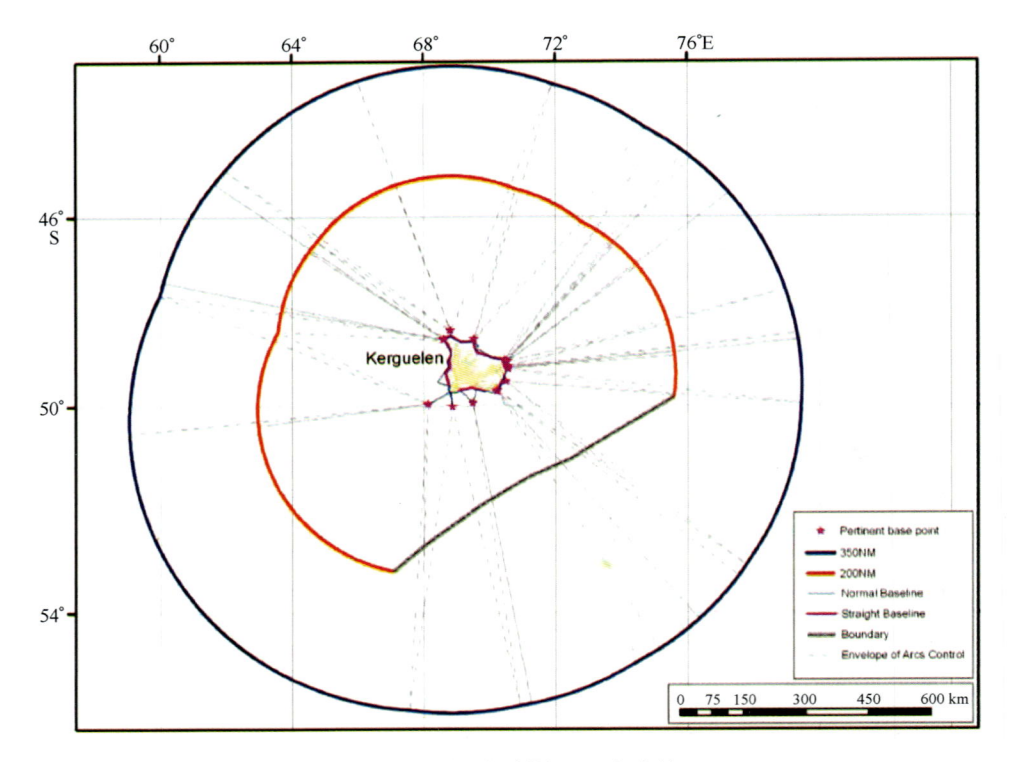

沿海国 200 海里以外大陆架外部界限划界案大陆架界限委员会建议评注

图 12　350 海里限制线（蓝色实线）

资料来源：委员会对法国（安的列斯群岛和凯尔盖朗群岛地区）外大陆架划界案的建议摘要。

（un-named spur）和在东部的加利埃尼洋脊的等深线。法国认为，这些等深线均位于大陆坡脚的向陆方向，构成大陆边缘的总体轮廓。因此，适用上述等深线作为深度制约的基础符合《公约》第七十六条和《科技准则》第 4 章 4.4.1 段和 4.4.2 段的规定。

委员会同意该观点，并建议按照法国所提交的构建深度限制线（图 13）。

4.2.4.3　海底高地的考虑和区分

在划界案中，法国认为加利埃尼洋脊是《公约》第七十六条第 6 款意义上的构成大陆边自然构成部分的海底高地，因此其可以适用深度限制线。

小组委员会辩论认为该洋脊最初可能与凯尔盖朗海台以及周围的深洋洋底的演化相关，因此应被归为海底洋脊。然而，小组委员会同时也认为，基于已知的数据，尚不能确定加利埃尼洋脊是否能归于此类别。

法国指出加利埃尼洋脊具有库雷热（Courrèges）2010 年博士论文中分析和描述的几个特征，并特别指出，基于地壳厚度的测年数据显示，约 2 600 万年以

286

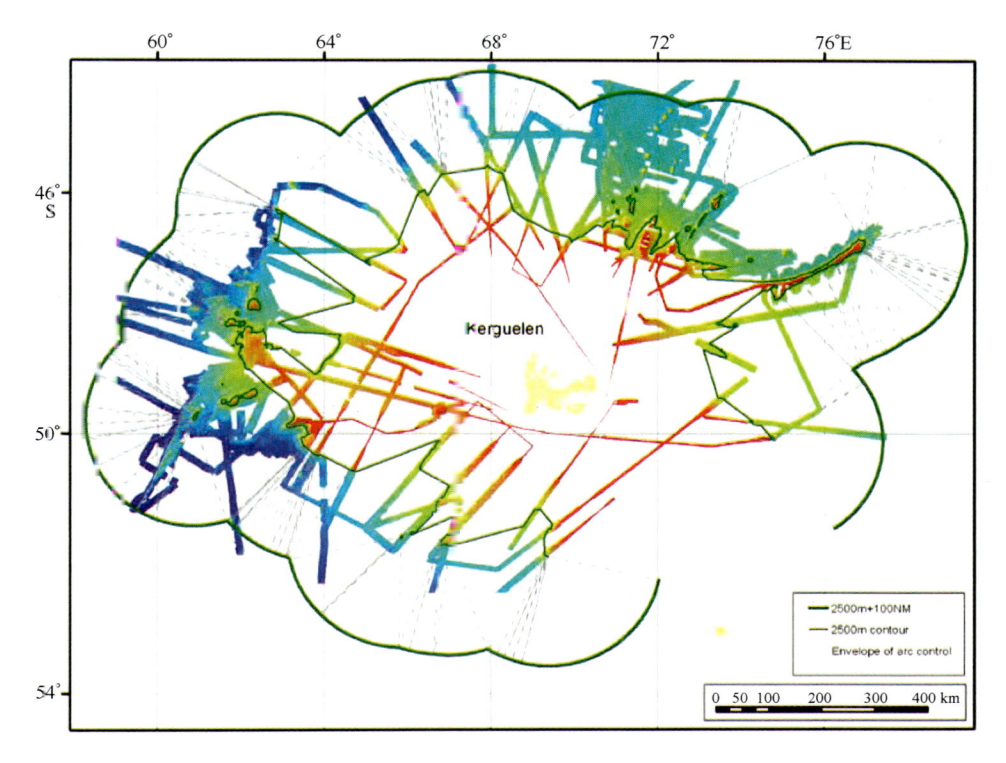

法国（法属安的列斯群岛和凯尔盖朗群岛地区）外大陆架划界案委员会审议建议评注

图 13　法国提交的 2 500 米等深线及由此构建的深度限制线

资料来源：委员会对法国（安的列斯群岛和凯尔盖朗群岛地区）外大陆架划界案的建议摘要。

前，在相对较短的时间范围内，该洋脊位于早先已存在的扩张洋壳上。法国同时指出该洋脊并非位于与洋壳对齐的断裂带上，并据此断定其是凯尔盖朗热点喷发的结果，因此应该被认为是大陆边缘自然构成部分。

经审议，小组委员会回应"加利埃尼洋脊可能是热点喷发形成的火山链之一"。现在一致认为"这样的火山链是洋壳在固定的热点之上移动形成的"（因此被称为"热点洋脊"）。依照此情况，它可能被认为与凯尔盖朗热点拖尾边缘、凯尔盖朗海台开裂以及布龙肯洋脊（Bronken Ridge）分离有关。

法国反复强调，洋脊位置的形成是在一个非常短的时间内（根据地壳年龄模型为 200 万～400 万年），并且洋脊的长度与凯尔盖朗热点痕迹模型得出的结果不相一致。

小组委员会同意"这些因素强烈说明加利埃尼洋脊不是普通类型的热点洋脊"。小组委员会同时补充了如下观点：①加利埃尼洋脊在凯尔盖朗海台北部异常地壳和正常扩张的洋壳之间变化。②洋脊位于凯尔盖朗海台和布龙肯洋脊海底

287

扩张开始的 1 000 万~1 500 万年之后形成,因此不是在板块分离的过程中形成的,而是由之后的岩浆事件形成。③按照库雷热的观点,加利埃尼洋脊可能是由位于洋壳断裂之上的火山链形成的,可能从西向东扩散。然而,作者指出,没有充分的直接测年数据确定该推断。④从其形态上看洋脊是有凯尔盖朗海台发源,并且该洋脊和高原应该具有相似的地球化学特征。然而,没有地球化学样品可以用于与凯尔盖朗海台对比。小组委员会因此认为"加利埃尼火山发生在 1 500 万~1 600 万年晚于凯尔盖朗热点最后一次岩浆喷出时间(大约 4 000 万年)。"

基于这些事实和讨论,小组委员会认为,因缺乏有关加利埃尼洋脊的、板块-岩浆侵入机制,以及侵入的确切年龄和时间范围等数据,对加利埃尼洋脊的性质的理解仍有诸多不确定。基于已有的数据,委员会认为加利埃尼洋脊不应被认定为作为大陆边自然构成部分的海底高地。

然而委员会确认,根据大陆坡脚包络线和地形,加利埃尼洋脊是凯尔盖朗群岛陆块的水下延伸,因此是法国凯尔盖朗海台地区大陆边的一部分。

鉴于加利埃尼洋脊归入海底高地未经充分证实,委员会认为根据该部分确定的联合限制线是不合理的,应仅适用距离限制线。

委员会认为,根据大陆坡脚包络线和地形,位于凯尔盖朗海台西部在区域 2 的位于斯基夫暗滩(Skiff Bank)的无名坡尖是法国陆地的水下延伸。该无名坡尖的西部是一个陡峭的主体断崖,东部是一个较为陡峭的侧翼,同断裂带大致平行向东延伸。坡尖的主体断崖与断裂带的走向不同。基于划界案中的地形和地质证据,以及法国提交的额外材料,委员会同意该凸起是凯尔盖朗海台断裂构造形成的。相应地,委员会同意该凸起被列为海底高地。因此确定大陆架外部界限,一个有效的深度限制应该是应用源于大陆坡脚点 FOS050~160 确定的定点来确定。

4.2.4.4 深度限制线和距离限制线的联合应用

从凯尔盖朗群岛地区看,法国根据《公约》第七十六条第 5 款规定联合应用距离和深度限制线。委员会同意法国在凯尔盖朗群岛高原东部地区加利埃尼洋脊建立该联合限制线的方法。

4.2.5 最终外部界限及委员会建议

委员会建议,凯尔盖朗群岛地区的大陆架外部界限的划定,应按照《公约》第七十六条第 7 款,由长度不超过 60 海里的连接用经纬度确定的定点的直线段构建。委员会建议通过不超过 60 海里的直线连接 FOS010 和 FOS020,并进一步建议法国加快建立起大陆架超过 200 海里界限，在与澳大利亚相接的 200 海里线上的相交定点 FP920。

5 对委员会法国外大陆架划界案建议的评注

5.1 本划界案由委员会一致通过

2012 年 4 月 19 日，委员会协商一致通过了"大陆架界限委员会关于 2009 年 2 月 5 日法国（法属安的列斯群岛和凯尔盖朗群岛地区）大陆架划界案的建议"。

5.2 应用深度限制线的前提

在凯尔盖朗群岛地区，深度限制线的应用受到质疑。能应用深度限制线的前提是判断洋脊的性质是否是大陆边的自然构成部分，即是否是"海底高地"，而不是仅仅因为大陆坡脚点在包络线内就可以应用深度限制线。

从委员会建议中可以看出，关于沿海国用一些地质、地球化学数据论证关于位于深洋洋底与大陆边有地貌上连续性的某些洋脊是大陆边自然构成部分——海底高地——是存在严重争议的。关于洋脊的分类问题如果不能证明具有大陆性地壳性质，应更多地考虑其归类于海底洋脊为宜。

5.3 委员会对相似地貌单元性质的不同认定

在凯尔盖朗海台，法国划界案和澳大利亚划界案同时出现了如何界定"三类海底高地形"的问题，前者涉及加利埃尼洋脊和无名坡尖，后者涉及威廉姆斯洋脊。

在对威廉姆斯洋脊的性质进行判断时，因澳大利亚提供的证据不足，委员会认为该洋脊的地质起源不明，因此建议不能将其视为海底高地。在法国划界案中，委员会基于相同的理由将加利埃尼洋脊认定为海底高地。

而与之不同的是，在对无名坡尖的性质进行判断时，尽管小组委员会认为缺乏足够的数据，委员会还是以大陆坡脚包络线和地形为理由，即认为坡尖处于大陆坡脚包络线内，认定无名坡尖为海底高地。委员会在同一划界案中对相似地貌单元性质进行不同的认定，值得关注。

参考文献

[1] Executive Summary of the French Antilles and the Kerguelen Islands' Extended Continental Shelf Submission.

[2] *Note Verbale* from the Netherlands on the French Antilles and the Kerguelen Islands' Extended Continental Shelf Submission (28 August 2009) (No. NYV/2009/2184).

[3] *Note Verbale* from Japan on the French Antilles and the Kerguelen Islands' Extended Continental Shelf Submission (19 November 2009) (SC/09/391).

[4] 委员会第25届会议主席说明（中文版和英文版）（CLCS/66）.

[5] 委员会第26届会议主席说明（中文版和英文版）（CLCS/68）.

[6] 委员会第27届会议主席说明（中文版和英文版）（CLCS/70）.

[7] 委员会第28届会议主席说明（中文版和英文版）（CLCS/72）.

[8] 委员会第29届会议主席说明（中文版和英文版）（CLCS/74）.

[9] Summary of the Recommendations of the Commission on the Limits of the Continental Shelf in regard to the Partial Submission made by the Republic of France in respect of the Areas of the French Antilles and the Kerguelen Islands on 5 February 2009, Adopted by the Commission on 19 April 2012 with amendments.

菲律宾（宾汉海隆地区）外大陆架划界案委员会审议建议评注

菲律宾位于东南亚，东面为菲律宾海，西面为南海，北面为巴士海峡，南面为苏拉威西海、马来西亚和印度尼西亚。

菲律宾在《公约》开放供签署之日即签字加入，《公约》于1994年11月16日开始对其生效。2009年4月1日，菲律宾向联合国递交领海基点。

依据《公约》第七十六条第8款及附件二第四条的相关规定，菲律宾于2009年4月8日向委员会提交了在宾汉海隆地区自领海基线量起200海里以外大陆架外部界限划界案。

小组委员会在第29届会议上向委员会提交了划界案建议草案，委员会在同届会议上以协商一致的方式通过了划界案建议。

1 菲律宾的主张[1]

为确定宾汉海隆地区海床的地形，菲律宾国家制图和资源信息局进行了一系列多波束测深调查。所收集的水文数据来自2004—2008年期间在多波束回声测深巡航中所进行的海底水深测量，并得到来自国际水深测量的补充数据的充实。

除了海底水深测量和地貌分析，菲律宾还收集和分析了来自菲律宾和国际研究项目的地质和地球物理数据，包括地震、磁力、重力和其他地质数据，以及最新发表的地质和地球物理方面的学术文献。收集这些信息的目的是确定宾汉海隆地区海床和底土的性质和构造，以及它们与菲律宾陆地领土的关系。

通过对所有收集到的数据和信息进行分析，菲律宾认为能很清晰地证明吕宋岛和宾汉海隆之间存在自然延伸和地貌连续性，且后者的构造延伸到领海基线200海里以外。

菲律宾使用多波束测深测量来识别大陆坡脚。大陆坡脚为宾汉海隆及其附属构造与太平洋深洋底连接处的海床坡度变动最大之点。菲律宾仅适用距离公式而

291

沿海国 200 海里以外大陆架外部界限划界案大陆架界限委员会建议评注

未适用 1%沉积岩厚度公式，也尚不能获得宾汉海隆地区中相关位置上的沉积岩厚度信息。

菲律宾仅适用距离制约而未适用深度制约，因为大陆边的外缘完全位于 350 海里限制线的向陆一侧（图 1）。菲律宾一共提交了 253 个定点，其中两个定点为外部界限和 200 海里线的交点，各定点从北到南按顺时针方向以长度不超过 60 海里的直线连接。

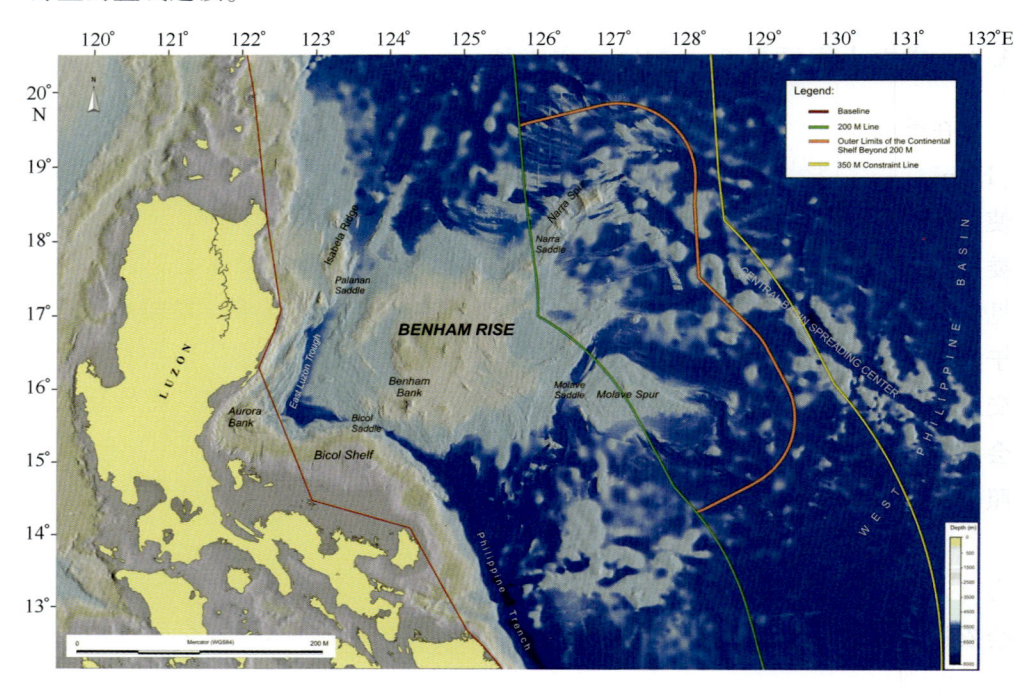

图 1　菲律宾拟在宾汉海隆地区划定的大陆架的外部界限全景

注：外部界限以橙色显示，领海基线以红色显示，200 海里线以绿色显示，350 海里限制线以黄色显示。

资料来源：菲律宾（宾汉海隆地区）外大陆架划界案执行摘要。

2　各国反应照会和要点

本划界案并无其他国家提交照会。

3 委员会审议过程

委员会在第 24 届、第 27 届、第 28 届和第 29 届会议上审议了菲律宾划界案。在第 27 届会议上委员会成立小组委员会审议菲律宾划界案。委员会在第 29 届会议上通过委员会审议建议。

3.1 成立小组委员会之前的初步审议

在委员会第 24 届会议上，菲律宾常驻联合国代表小伊拉里奥·G·达维德（Hilario G. Davide）和外交部密涅瓦·珍·A·法康（Minerva Jean A. Falcon）大使向委员会介绍了划界案。菲律宾代表团中还有几位科学、法律和技术顾问。委员会成员卡雷拉就本划界案对菲律宾给予了协助，提供了科学和技术咨询意见。法康表示，这一划界案是按照委员会《议事规则》附件一第三条提交的关于宾汉海隆地区大陆架外部界限的局部划界案，菲律宾保留日后就其他地区提交划界案的权利。关于《议事规则》附件一第 2 条（a）款，法康告知委员会，对这一划界案不存在任何争端，其他任何沿海国都未就此划界案提交抗议照会。

委员会随后转入非公开会议。委员会决定根据《公约》附件二第五条和委员会《议事规则》第四十二条的规定，将由在今后某次届会上设立的一个小组委员会依照《议事规则》第五十一条第 4 款第 3 项的规定对该划界案进行审议。[2]

在第 25 届会议和第 26 届会议上，委员会未审议菲律宾划界案。

委员会第 27 届会议设立了菲案小组委员会。阿斯蒂斯、阿沃西卡、布雷克、克罗克、朴永安、罗塞特和玉木贤策被任命为审议菲律宾宾汉海隆地区划界案的小组委员会成员。小组委员会选举阿沃西卡担任主席，朴永安和罗塞特担任副主席。[3]

3.2 小组委员会审议

小组委员会在第 27 届、第 28 届和第 29 届会议上审查了该划界案。委员会在第 29 届会议上审议了小组委员会的建议。

在第 27 届会议期间，小组委员会开始审议菲律宾宾汉海隆地区划界案。小组委员会核查了所提交划界案的格式和完整性。小组委员会根据对划界案的初步分析，草拟了向菲律宾代表团提出的一系列问题。[3]

293

在第 28 届会议期间，小组委员会与菲律宾代表团举行了两次会议。代表团针对小组委员会提出的初步问题和进一步意见提供了新资料。[4]

在第 29 届会议上，小组委员会根据《议事规则》附件三第十条第 3 项向代表团陈述了其意见和一般性结论。2012 年 4 月 2 日，小组委员会协商一致通过了划界案的建议草案。4 月 9 日，小组委员会向委员会介绍了草案。[5]

3.3　委员会通过建议

4 月 12 日，由菲律宾常驻联合国代表利伯兰·N·卡巴克图兰（Libran N. Cabactulan）率领的菲律宾代表团根据委员会《议事规则》附件三的规定向委员会作了最后陈述，强调菲律宾代表团同意小组委员会对外部界限的确定。

委员会随后继续举行非公开审议。委员会在审议了小组委员会拟订的建议草案和代表团所作上述陈述之后，协商一致通过了"大陆架界限委员会关于 2009 年 4 月 8 日菲律宾（宾汉海隆地区）大陆架划界案的建议"。[5]

4　委员会对菲律宾外大陆架划界案的建议[6]

4.1　从属权利检验

菲律宾在宾汉海隆区的大陆边在北面和东面以西菲律宾海盆（West Philippine Basin）为界，在西面和南面以菲律宾吕宋岛为界。

宾汉海隆区包括宾汉海隆本身，莫拉菲坡尖（Molave Spur）、莫拉菲鞍部（Molave Saddle）、纳拉坡尖（Narra Spur）和纳拉鞍部（Narra Saddle）。宾汉海隆与在其西南面的比科尔鞍部（Bicol Saddle）和在其东面的帕拉南鞍部（Palanan Saddle）一道将菲律宾群岛连接起来。

宾汉海隆、莫拉菲坡尖和纳拉坡尖构成一个火山岩高地，顶部高出周围海床 3 500 米，北部和东部边缘约高出周围海床 500 米。其分别通过帕拉南鞍部和比科尔鞍部与吕宋岛东部相连。宾汉海隆由比西菲律宾海盆深洋底厚得多的，在 3 700 万年以前的板块岩浆活动形成的地壳构成。经过 2 000 万年的时间，沿着原始俯冲带（fossil subduction zone）增生到吕宋岛东部边缘。

菲律宾群岛，包括吕宋岛，构成了该地区的陆块。宾汉海隆及其附属的莫拉菲坡尖和纳拉坡尖，形成了一个复杂的地貌学特征，构成了该陆块在水下的延伸。通过适用《公约》第七十六条第 4 款的规定，宾汉海隆地区的大陆坡脚所产生的大陆边外缘超过了菲律宾的200海里界限。基于此，委员会确认菲律宾在该地区于200海里界限外建立大陆架的法律权利。

4.2　确定大陆坡脚

大陆坡脚应当按照《公约》第七十六条第4款（b）项确立。

菲律宾起初提交了8个关键大陆坡脚点、BR-FOS-7、BR-FOS-9、BR-FOS-10、BR-FOS-11、BR-FOS-15、BR-FOS-20、BR-FOS-21和BR-FOS-23，由此生成菲律宾在宾汉海隆区200海里外的公式点。基于地貌学，菲律宾确定大陆坡底在宾汉海隆及其附属的莫拉菲坡尖和目拉坡尖一侧。

委员会同意菲律宾的观点，即在该地区没有陆基，陆坡底位于从深洋洋底冒起的下陆坡。

按照小组委员会的观点，基于地形可以较容易地识别陆坡底。因此，小组委员会同意菲律宾确定的大陆坡脚点BR-FOS-9、BR-FOS-10、BR-FOS-11、BR-FOS-15、BR-FOS-20和BR-FOS-21的位置，但不同意BR-FOS-7和BR-FOS-23的位置。

在通信文件中，小组委员会表示，按照菲律宾提交的剖面图来看，BR-FOS-7位于陆坡平均坡度线与陆基坡度线的交汇点上（图2）。

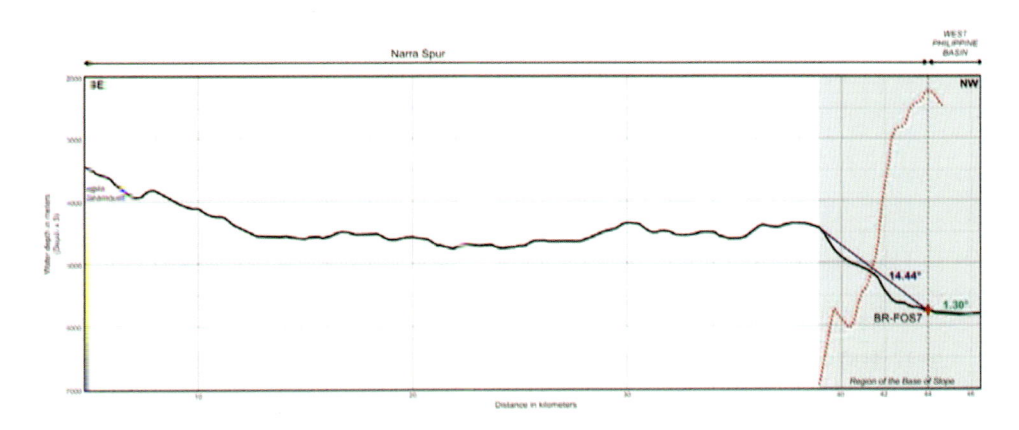

图2　PR-BR-7的等深剖面

资料来源：委员会对菲律宾（宾汉海隆地区）外大陆架划界案的建议摘要。

以平均坡度值线确定的大陆坡脚点似乎偏离了真正的陆坡底。因此，小组委员会认为，以剖面图来看，坡度变化最大的点应出现在菲律宾所确认的大陆坡脚

沿海国 200 海里以外大陆架外部界限划界案大陆架界限委员会建议评注

点更近陆的一侧（距离约为 780 米）（图 3）。

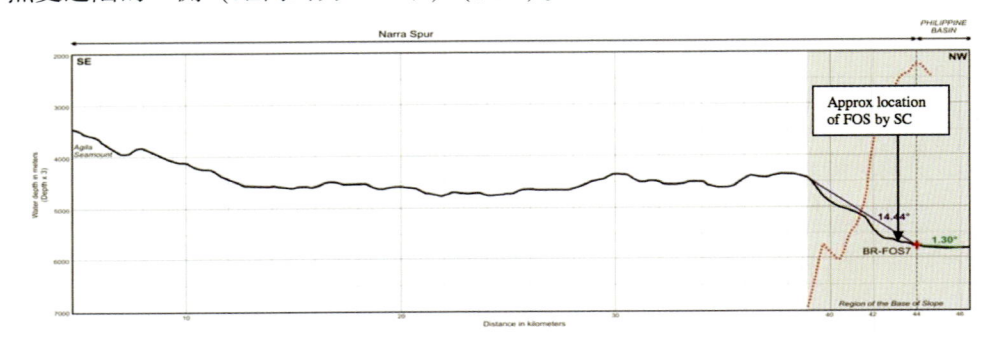

图 3　PR-BR-7 的等深剖面，显示陆坡底坡度的最大变化

注：图中红色点为原 PR-BR-7 的位置。

资料来源：委员会对菲律宾（宾汉海隆地区）外大陆架划界案的建议摘要。

菲律宾在回信文件 RP-BR-R2 中，按照小组委员会的观点重新修改并确认了点 BR-FOS-7 的位置。委员会同意该点的位置。

大陆坡脚点 BR-FOS-23 位于向海一侧的一个升高地形上，与莫拉菲坡尖之间隔了一个低洼地。菲律宾认为这是一个连接莫拉菲坡尖的鞍部（图 4 和图 5）。

在通信文件中，小组委员会表示，该地区的陆坡底深度约为 5 000~5 100 米（图 6），其结果是鞍部是深洋洋底的一部分。因此，升高地形并非莫拉菲坡尖的水下延伸。小组委员会因此要求替换点 BR-FOS-23。

从图 5 和图 6 可以清晰地看到，鞍部的平均深度在 5 100 米左右。

在小组委员会与菲律宾代表团进行一系列交流沟通后，菲律宾提交了一个连接公式线和 200 海里线的修改方法。通过这种方法，60 海里弧线上的最后一个定点产生自大陆坡脚点 BR-FOS-21，该定点与 200 海里线的最短距离不超过 60 海里。如此则大陆坡脚点 BR-FOS-23 成了多余，不再作为关键大陆坡脚点用以建立外部界限。在通信文件中，小组委员会同意了这种方法。

按照以上方法，菲律宾代表团基于相同原理，同时提交了经修改的 200 海里线北端的桥线。如此则大陆坡脚点 BR-FOS-7 和点 BR-FOS-9 也成了多余，不再作为关键大陆坡脚点用以建立外部界限。小组委员会同意这种方法。

经一系列审查后，小组委员会同意 BR-FOS-7（经修改）、BR-FOS-9、BR-FOS-10、BR-FOS-11、BR-FOS-15、BR-FOS-20 和 BR-FOS-21 的位置，并同意其中的点 BR-FOS-10、BR-FOS-11、BR-FOS-15、BR-FOS-20 和 BR-FOS-21 作为关键大陆坡脚点（表1）。

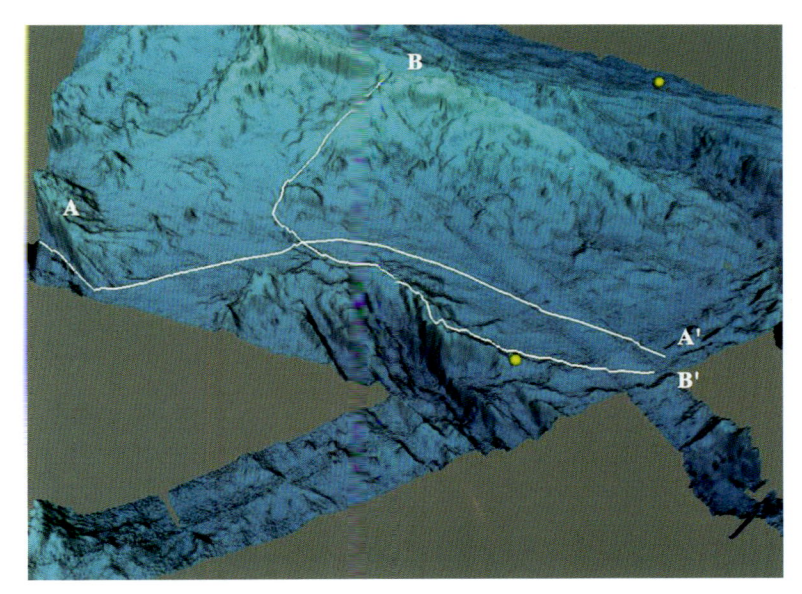

图 4 从莫拉菲坡尖沿着鞍部顶端及穿过 BR-FOS-23 的剖面图位置，
以及沿着鞍部的剖面位置

注：黄色点为 BR-FOS-23，A~A′是沿着鞍部的剖面，B~B′是从莫拉菲坡尖沿着鞍部顶端及穿过 BR-FOS-23 的剖面。

资料来源：委员会对菲律宾（宾汉海隆地区）外大陆架划界案的建议摘要。

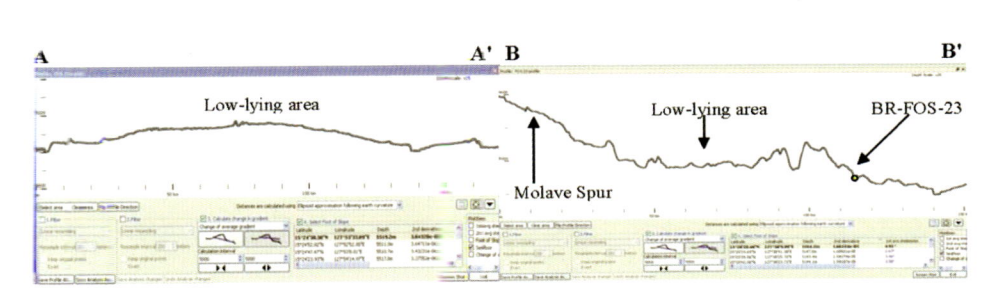

图 5 左图为沿着鞍部的剖面；右图为从莫拉菲坡尖沿着鞍部顶端及
穿过 BR-FOS-23 的剖面

资料来源：委员会对菲律宾（宾汉海隆地区）外大陆架划界案的建议摘要。

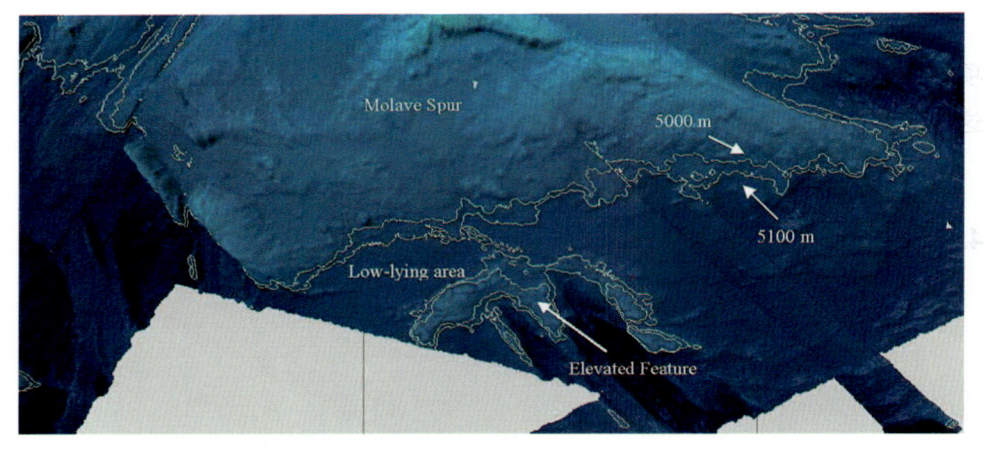

图 6 莫拉菲坡尖及升高地形周围 5 000 米和 5 100 米等深线

资料来源：委员会对菲律宾（宾汉海隆地区）外大陆架划界案的建议摘要。

表 1 菲律宾所提交的关键大陆坡脚点的地理坐标

关键大陆坡脚点	东经（°）	北纬（°）	状态
BR-FOS-7	—	—	不同意，后去掉
BR-FOS-9	—	—	同意，后去掉
BR-FOS-10	127.085 144 04	18.857 849 12	同意
BR-FOS-11	127.079 552 78	18.603 661 11	同意
BR-FOS-15	127.256 408 69	17.080 720 90	同意
BR-FOS-20	128.188 873 29	16.118 009 57	同意
BR-FOS-21	128.460 219 40	15.612 494 44	同意
BR-FOS-23	—	—	不同意，后去掉

资料来源：委员会对菲律宾（宾汉海隆地区）外大陆架划界案的建议摘要，经作者整理。

委员会的结论是，以上提及的宾汉海隆地区的5个关键大陆坡脚点符合《公约》第七十六条和《科技准则》第5章的标准。委员会的建议是，这些大陆坡脚点应当构成建立宾汉海隆地区大陆边外缘的基础。

4.3 公式线的运用

出于《公约》的目的，菲律宾在宾汉海隆地区大陆边的外缘应当按照《公约》第七十六条第4款和第7款建立。

菲律宾（宾汉海隆地区）外大陆架划界案委员会审议建议评注

在宾汉海隆地区，大陆边外缘是基于按照《公约》第七十六条第4款（a）项（2）目，大陆坡脚外推60海里弧上的定点。委员会同意菲律宾所使用的确定这些点的方法，并建议将它们用作建立该地区大陆架外部界限的基础。

菲律宾在本划界案中仅适用距离公式。

4.4 限制线的运用

在宾汉海隆地区，菲律宾以大陆坡脚外推60海里弧作为大陆边外缘。

菲律宾在划界案中所提交的距离示准限制线是由从领海基线量起350海里的弧所构建的。委员会同意菲律宾在构建该限制线过程中所使用的程序和方法。

宾汉海隆地区的大陆边外缘未超过限制线范围（图7）。

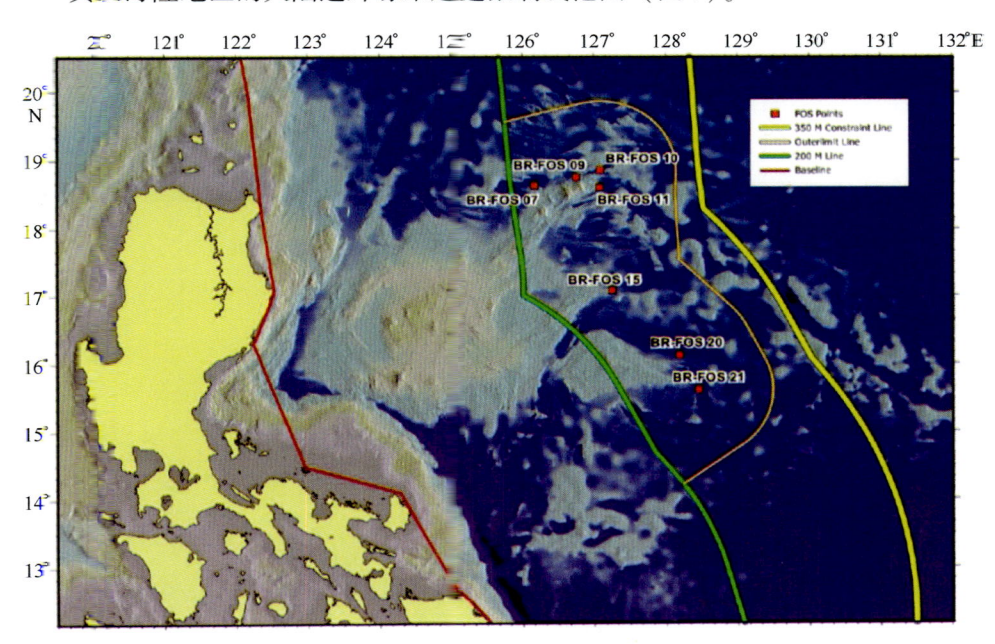

图7 距离限制线（黄色线）和大陆架外部界限（淡橙色线）的位置
资料来源：委员会对菲律宾（宾汉海隆地区）外大陆架划界案的建议摘要。

4.5 最终外部界限及委员会建议

菲律宾在其划界案中所提交的宾汉海隆地区的大陆架外部界限，由被长度不超过60海里的直线连接起来的定点构成。一个是位于纳拉坡尖北部200海里线上的点，一个是位于莫拉菲坡尖南部200海里线上的点，其余是适用《公约》第

299

七十六条第 4 款（a）项的规定所产生的公式点。

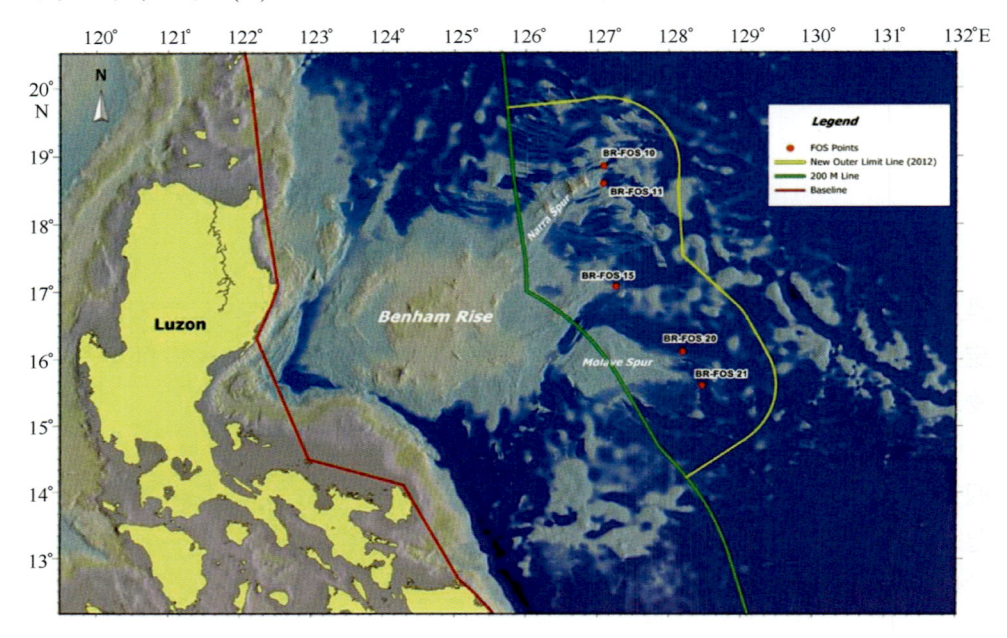

图 8　菲律宾宾汉海隆地区 200 海里外大陆架外部界限

资料来源：委员会对菲律宾（宾汉海隆地区）外大陆架划界案的建议摘要。

委员会同意确定大陆架外部界限最后一段的方法，或者可以是根据《公约》第七十六条第 4 款和第 7 款建立的公式线与从群岛基线量起的 200 海里线的交点，或者可以是最后一个公式点至 200 海里线的最短距离，只要该距离不超过 60 海里。

委员会建议，宾汉海隆地区的大陆架外部界限的划定，应按照《公约》第七十六条第 7 款，由长度不超过 60 海里的连接用经纬度确定的定点的直线段构建。并且，委员会同意在确定宾汉海隆地区大陆架外部界限中适用的方法，包括确定的定点和连接这些定点的直线。委员会建议菲律宾由此着手建立宾汉海隆地区的大陆架外部界限。

5　对委员会菲律宾外大陆架划界案建议的评注

5.1　本划界案由委员会一致通过

2012 年 4 月 12 日，委员会协商一致通过了"大陆架界限委员会关于 2009 年

4月8日菲律宾（宾汉海隆地区）大陆架划界案的建议"。

5.2 活动大陆边缘的大陆增生作用

大陆边缘分为活动大陆边缘、被动大陆边缘和剪切型大陆边缘三类。活动大陆边缘是由大洋板块的俯冲作用形成的，因主要分布在太平洋周围，所以也被称为太平洋型陆缘。

（1）地球科学中大陆边缘的定义，在最初获得各种科学组织采纳的时候，是从地貌方面来考虑的。而当前科学上对大陆边的性质和范围的认识，与最初的定义相比，已经有了很大的发展，包含了板块构造学框架内许多新的地质和地球物理学概念。[7]

（2）大陆增生是由丹纳（J. D. Dana）于19世纪提出的一种有关地壳演化的假说。该假说当时未被地质学界普遍接受，但在20世纪60年代板块构造学说兴起之后，仍被应用于解释大陆的增生，即认为在活动大陆边缘，由岩浆活动引起酸性物质的不断增加，以及地体或岛弧与大陆、大陆与大陆的碰撞拼合作用等导致的陆壳不断增长扩大的现象，叫大陆增生。[8]增生会聚型大陆边缘是活动大陆边缘的其中一种类型。

（3）宾汉海隆、莫拉菲坡尖和约拉坡尖构成的火山岩高地是吕宋岛的增生，因此构成吕宋岛大陆边缘的内在部分。

5.3 平均坡度和最大坡度

菲律宾原先提交的坡脚点位于陆坡平均坡度线与陆基坡度线的交汇点上。但小组委员会认为，以平均坡度值线确定的大陆坡脚点偏离了真正的陆坡底，因此，要求菲律宾修改BR-FOS-7坡脚点的位置。

在上问题上，小组委员会未偏离《公约》第七十六条第4款（b）项的规定，即"真正的陆坡坡脚"应是"坡度变动最大之点"，而不能以平均坡度代替最大坡度。虽然在爱尔兰划界案中，委员会引入"两段陆坡"的概念，但在确定大陆坡脚点时，仍谨守应为"下陆坡坡度变化最大之点"的判断标准。

5.4 国家实践

2012年7月2日，根据《公约》第七十六条第9款的相关规定，菲律宾通过照会，将《宾汉海隆地区的大陆架外部界限及坐标点列表》（Chart number 4726A）交存联合国秘书长（图9）。

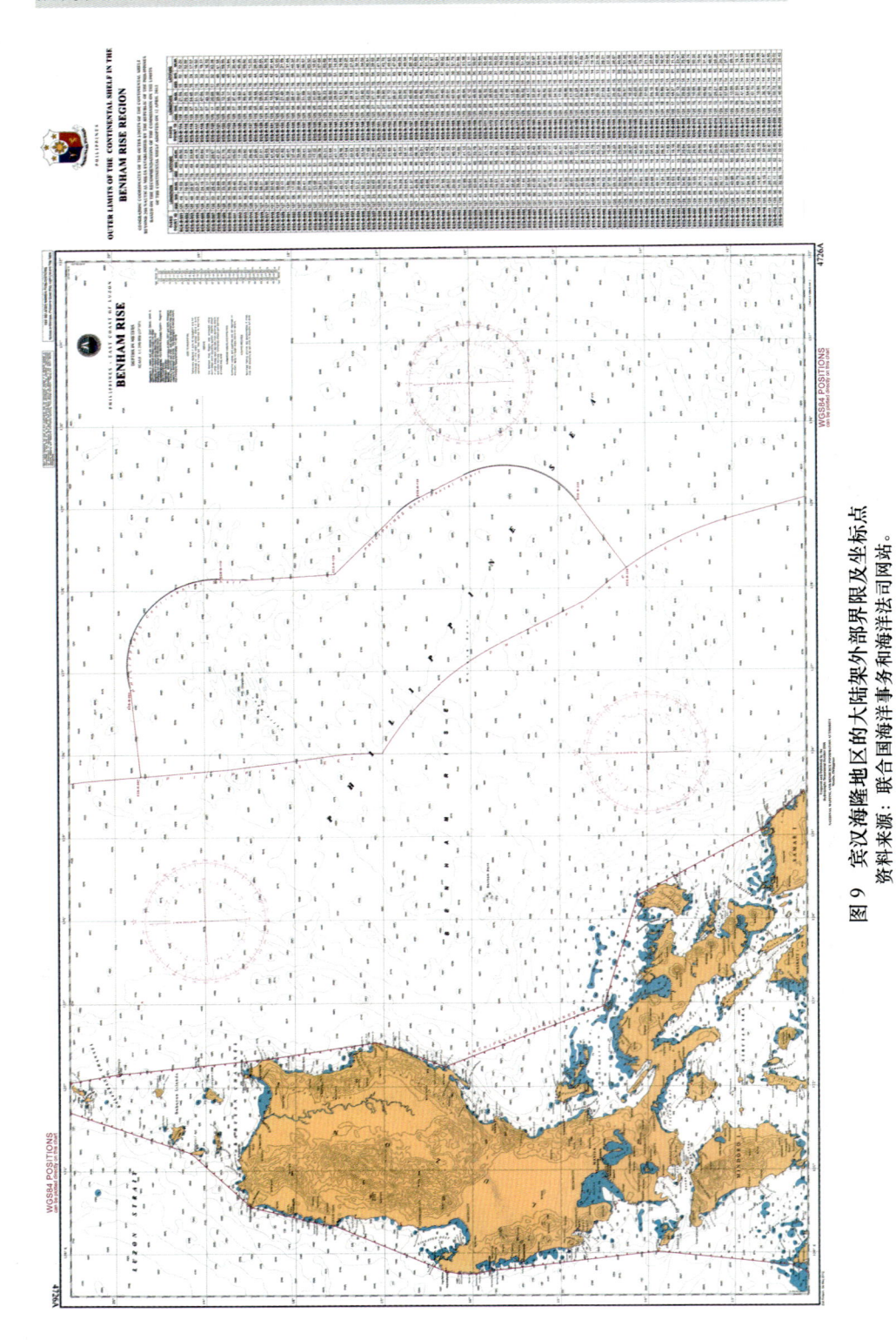

沿海国 200 海里以外大陆架外部界限划界案大陆架界限委员会建议评注

图 9 宾汉海隆地区的大陆架外部界限及坐标点
资料来源：联合国海洋事务和海洋法司网站。

302

参考文献

[1] Executive Summary of the Philippines' Extended Continental Shelf Submission (RP-BR-ES).

[2] 委员会第24届会议主席说明（中文版和英文版）(CLCS/64).

[3] 委员会第27届会议主席说明（中文版和英文版）(CLCS/70).

[4] 委员会第28届会议主席说明（中文版和英文版）(CLCS/72).

[5] 委员会第29届会议主席说明（中文版和英文版）(CLCS/74).

[6] Recommendations of the Commission on the Limits of the Continental Shelf in regard to the Submission made by the Philippines in respect of the Benham Rise Region on 8 April 2009, Adopted by the Commission on 12 April 2012.

[7] 委员会.《科技准则》第6.1.6段.

[8] 中华人民共和国自然资源部：什么是大陆增生理论？www.mlr.gov.cn/tdzt/zdxc/dqr/4_earthday/rsdq/dxbk/201004/t20100421_146221.htm. 2018年8月2日访问.

[9] Law of the Sea Bulletin 79e, p.65, also see Maritime Zone Notification M.Z.N.88.2012.LOS of 17 July 2012.

303

丹麦（法罗群岛以北地区）外大陆架划界案委员会审议建议评注

丹麦在《公约》开放供签署之日即签字加入，并在 2004 年 11 月 16 日批准了《公约》。《公约》于同年 12 月 16 日开始对丹麦生效。

1963 年 6 月 7 日，丹麦发布第 259 号皇家法令，宣布对丹麦海岸外的领海以外直到 200 米深度或超过此深度但上覆水深允许开发的海床和底土，出于勘探和开发自然资源的目的，拥有主权权利。丹麦在划界案执行摘要中声称，按照《公约》，此种主权权利如今可以行使到从基线量起超过 200 海里的距离或协议的边界。

1985 年 5 月 7 日，丹麦的官方公报公布了法罗群岛周围大陆架的范围。通过丹麦政府和法罗政府 1992 年 12 月 22 日的协议，有关底土资源的立法和行政权力让渡给法罗政府。法罗的国内立法规制了沿海国对大陆架权利的各个方面。

根据科学、技术和研究部的倡议，以及与法罗政府和格陵兰政府的密切配合，2002 年丹麦王国设立了大陆架项目（The Continental Shelf Project），并从第 2 年开始收集地震数据。

丹麦在批准《公约》后不久，就开始了提交本部分划界案的准备工作，包括对地震和测深数据的收集，以及处理、分析和解释。这些准备工作由丹麦外交部、法罗外交部、丹麦和格陵兰地质调查局（丹麦气候和能源部的机关），以及法罗地球和能源局（法罗工业和贸易部的机关）联合进行。这两个机关是国内海洋地质和地球物理的专业机构。各种其他机关和研究所，特别是丹麦国家调查和地质局、丹麦国家空间研究院和丹麦海上安全管理局，也为划界案提供了科学或其他帮助。

依据《公约》第七十六条第 8 款及附件二第四条的相关规定，丹麦于 2009 年 4 月 29 日向委员会提交了在法罗群岛以北地区自领海基线量起 200 海里以外大陆架外部界限划界案。法罗群岛以南海域和格陵兰以北、东北和以南地区的划界案将在以后提出。委员会没有任何成员对划界案提供科学或技术协助。

小组委员会在第 33 届会议上向委员会提交了划界案建议草案，委员会在第 34 届会议上以协商一致的方式通过了经修正的划界案建议。

1 丹麦的主张[1]

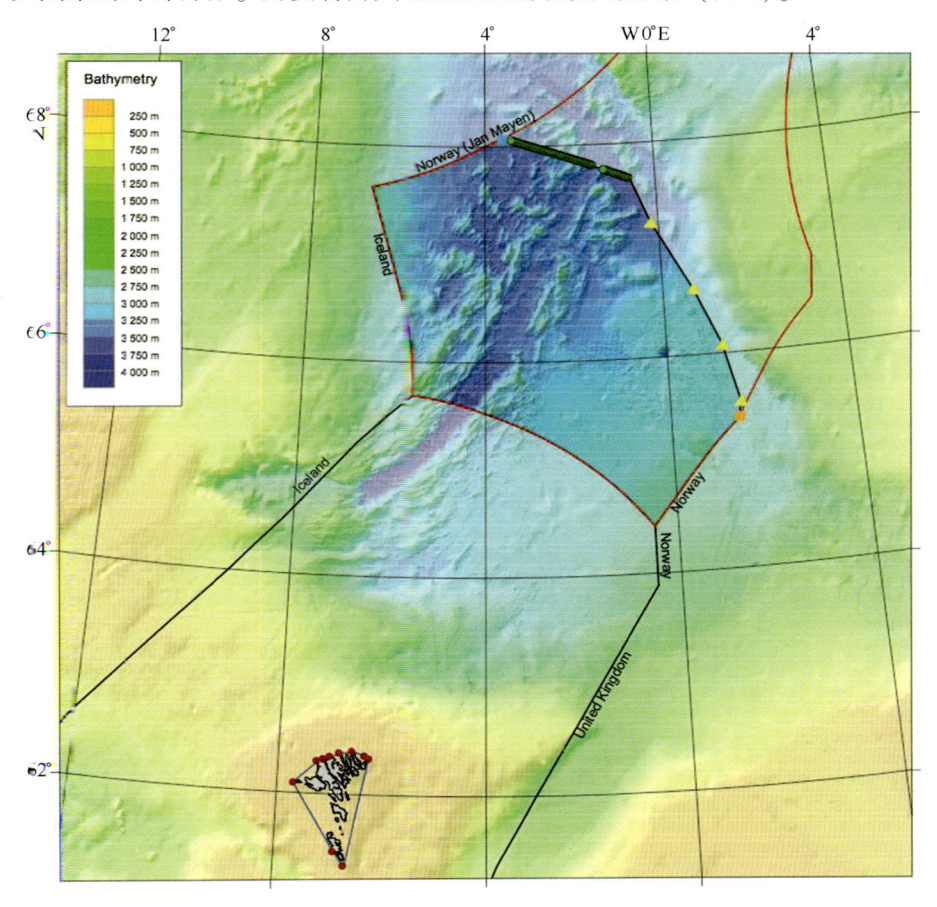

本划界案中所含的数据和情报的目的是能够建立法罗群岛以北地区 200 海里外大陆架的外部界限。丹麦将为其他地区另行提交划界案（图 1）。

图 1 丹麦拟在法罗群岛以北地区划定的大陆架外部界限全景

图中从上至下：红色线为 200 海里线；绿色点为距离法罗群岛 350 海里限制线上的点；黄色三角形为沉积岩厚度公式点；橙色四边形为挪威 200 海里线上的点；蓝色四边形为距离法罗群岛 350 海里限制线与距离扬马延 200 海里线的交点；图下方的红点蓝线为法罗群岛领海基线；黑色线为已经同意的海洋边界线。

资料来源：丹麦（法罗群岛以北地区）外大陆架划界案执行摘要。

丹麦在执行摘要中对法罗群岛大陆边进行了描述。法罗群岛的大陆边是东北大西洋大陆边的一部分，从西南的罗科尔和哈顿暗滩向东北的莫尔和沃灵陆边延伸。向西北，大陆边沿着法罗-冰岛洋脊延伸到埃吉尔洋脊上。

法罗群岛连同水下陆块为火山岩，具有陆壳性质。它们是北大西洋火成岩特征区（province）的一部分，由大约 5 500 万年前早第三纪超级大陆解体和北大西洋扩张过程中喷出和侵入的火山活动形成。北大西洋火成岩特征区覆盖北大西洋两岸大片岸上和岸外区域，包括位于东北大西洋东北的法罗群岛以及西边的东格陵兰的海岸和陆架区域。

法罗群岛以北大陆边的特点是，有许多洋脊和海底上的高地，它们从陆架和陆坡区域延伸到北部低地。这些海底高地中最突出的是法罗-冰岛洋脊和埃吉尔洋脊。埃吉尔洋脊的延伸超出法罗群岛以北的 200 海里线，包括形成了北大西洋海底已经消停了的扩张洋脊体系部分，以及法罗-冰岛洋脊连同其他分布在法罗群岛以北大陆边的洋脊和坡尖。丹麦使用卡地纳公式和海登堡公式划定大陆边外缘。该地区的大陆架的外部界限延伸到从测算法罗群岛领海宽度的基线量起 350 海里的距离。向西、西北和东南，大陆架的外部界限分别由冰岛、扬马延和挪威大陆的 200 海里界限划定。向东北，外部界限按照《公约》第七十六条第 4 款和第 7 款由连接各定点的直线划定。丹麦共提交了 130 个定点，其中：① 1 个定点位于挪威 200 海里线上；② 1 个定点为距离限制线和扬马延 200 海里线的交点；③ 4 个定点为沉积岩厚度公式点；④ 124 个点位于距离限制线上。相邻定点之间以长度不超过 60 海里的直线连接。

丹麦与邻国冰岛和挪威尚有未决的大陆架划界。三国四方（包括法罗群岛政府）于 2006 年 9 月 20 日签订的《会议纪要》已对包括香蕉洞南部区域的划界程序做出了安排。

2 各国反应照会和要点

各国所提交照会的时间见表 1。

表 1　各国所提交照会的时间

序号	国家	时间	备注
1	冰岛	2009 年 6 月 15 日	公开
2	挪威	2009 年 7 月 7 日	公开

资料来源：联合国海洋事务和海洋法司网站，经作者整理。

2.1 冰岛[2]

2006年9月20日，冰岛外交部长，丹麦外交部长，连同法罗政府总理和挪威外交部长，在纽约签署了《会议纪要》，涉及如何划分位于东北大西洋的"香蕉洞"南部，法罗群岛、冰岛和挪威200海里以外大陆架的问题。

根据《会议纪要》，当一国向委员会提交其在"香蕉洞"南部的外大陆架划界案时，其他国家将按照委员会《议事规则》通知联合国秘书长，他们不反对委员会审议该划界案并据此做出建议。该建议不妨害这些国家今后提交资料，也不妨害三国之间的双边大陆架划界问题。

冰岛和丹麦同是《公约》成员国。根据《公约》及其附件二，和委员会《议事规则》及其附件一，委员会的行为不应妨害相邻或相向国家间的划界问题。

依照前述，冰岛不反对委员会审议丹麦提交的"香蕉洞"南部海域的文件资料，也不反对委员会在此基础上做出建议。但该建议不得妨害冰岛于2009年4月30日提交的划界案，也不得妨害冰岛和丹麦之间的大陆架划界。

2.2 挪威[3]

挪威在照会中表示，挪威和丹麦同是《公约》成员国。根据《公约》及其附件二，和委员会《议事规则》及其附件一，委员会的行为不应妨害相邻或相向国家间的划界问题。

根据2006年9月20日签署的《会议纪要》，挪威声明其不反对委员会审议丹麦提交的"香蕉洞"南部海域的文件资料，也不反对委员会在此基础上做出建议。但该建议不得妨害挪威和丹麦之间的大陆架划界。

3 委员会审议过程

委员会在第24届会议、第30届会议至第34届会议审议丹麦划界案。在第30届会议上委员会成立小组委员会审议丹麦划界案。委员会在第34届会议上通过建议。

3.1 成立小组委员会之前的初步审议

在委员会第24届会议上，法罗群岛外交部法律顾问、代表团团长伯恩·昆诺伊（Bjørn Kunoy）和第七十六条项目经理、法罗地球和能源局局长马丁·范·海恩森（Martin Vang Heinesen）就本划界案向委员会做了陈述，并表示丹麦在编写划界案的过程中没有获得委员会成员的科学和技术咨询意见。

昆诺伊告知委员会，关于《议事规则》附件一第 2 款（a）项，在从法罗群岛、挪威大陆、冰岛、扬马延（Jan Mayen）、格陵兰和斯瓦尔巴群岛基线量起 200 海里以外被称为"香蕉洞"地区的大陆架划界问题上仍然存在着某些未决问题。他还说，2006 年 9 月 20 日，丹麦、冰岛和挪威商定了确定"香蕉洞"南部未来边界的程序。商定程序并不影响委员会的工作，根据这一程序，每个国家在提交关于"香蕉洞"南部大陆架外部界限的文件时，都将要求委员会在此基础上对文件进行审议并提出建议。因此，若一国向委员会提交文件，其他国家将通知联合国秘书长，表示这些国家不反对委员会在此基础上对文件进行审议并提出建议。他进一步指出，委员会的建议不影响这些国家在今后的某个阶段提交划界案，也不妨害这些国家之间以双边方式划定大陆架的界限。关于冰岛和挪威的普通照会，昆诺伊忆及，上述国家无一反对委员会审议划界案，对划界案不持异议。

委员会随后转入非公开会议。关于该划界案的审议方式，委员会决定，根据《公约》附件二第五条和委员会《议事规则》第四十二条的规定，将由在今后某次届会上设立的一个小组委员会依照《议事规则》第五十一条第 4 款第 3 项的规定对该划界案加以审议。[4]

委员会在第 30 届会议上决定为审议丹麦就法罗群岛北部所提交的划界案设立小组委员会，并任命 L·查尔斯、伊万·F·格卢莫夫（Ivan F. Glumov）、理查德·托马斯·哈沃斯（Richard Thomas Haworth）、卡尔恩吉、吕文正和拉詹为成员。稍后将任命第 7 名成员。小组委员会任命拉詹为主席，哈沃斯和卡尔恩吉为副主席。[5]

3.2 小组委员会审议

小组委员会在第 30 届会议至第 33 届会议期间审查了该划界案。委员会在第 34 届会议上审议了小组委员会的建议。

委员会在第 30 届会议上对划界案进行了初步分析。小组委员会断定需要更多时间审查所有数据并拟订建议草案。[5]

2012 年 12 月 4 日丹麦常驻联合国代表致函，请委员会为其提供一个机会，使之能就其划界案进行第二次陈述，因为有相当一批成员是在 2012 年 6 月缔约国第 22 次会议上新当选的。在委员会第 31 届会议上，昆诺伊、法罗群岛地球与能源局地质学家芬恩·默尔克（Finn Mørk）和丹麦代表团中的其他一些顾问进行了第二次陈述，并通报委员会的两名现任成员海尼森（Heinesen）和雷斯特

（Roest）就该划界案的编写提供了咨询。小组委员会讨论了丹麦就第一套问题的部分答复，并提出了第二套问题要求丹麦提供补充数据。本届会议期间，小组委员会和丹麦代表团进行了充分的交流。[6]

在委员会第 32 届会议上，小组委员会代理主席哈沃斯告知已向丹麦代表团通报小组委员会的审议结果。丹麦代表团向小组委员会提供了补充资料。代表团与小组委员会继续进行沟通，澄清了与丹麦所提资料有关的一些问题。代表团与小组委员会就草案议程达成谅解，预计在委员会第 34 届会议的第一次全会上向委员会提交建议。由于原主席拉詹已故辞职，小组委员会重新选举哈沃斯为主席，格卢莫夫为副主席。[7]

委员会召开第 33 届会议。根据委员会《议事规则》附件三第十条第 3 款的规定，小组委员会向丹麦代表团陈述了其审议划界案过程中产生的观点和一般性结论。代表团表示同意建议草案纲要，并表示打算引用《议事规则》附件三第十五条第 1 款第 2 项的规定，向委员会作最后陈述。

小组委员会最后敲定了建议草案，于 2013 年 10 月 30 日一致通过，并于同日转交给委员会主席。[8]

3.3 委员会通过建议

在委员会第 34 届会议上，小组委员会主席向委员会介绍了划界案的建议草案。法罗群岛总理府外交部法律顾问兼代表团团长昆诺伊和法罗群岛地球与能源局高级地球物理学家菲恩·莫克（Finn Mørk）依照委员会《议事规则》附件三第十三条第 1 款第 2 项做出陈述。在陈述中，代表团赞同小组委员会审查划界案后得出的意见和一般性结论。

委员会随后转入非公开审议。2014 年 3 月 12 日，委员会在全面审议了小组委员会修订的《建议》草案和代表团所作的上述陈述之后，一致通过了经修正的"大陆架界限委员会关于 2009 年 4 月 29 日丹麦（法罗群岛以北地区）大陆架划界案的建议。"[9]

4 委员会对丹麦外大陆架划界案的建议[10]

4.1 从属权利检验

丹麦法罗群岛北部的大陆边是东北大西洋大陆边的一部分，后者从西南的罗科尔和哈顿暗滩（Rockall and Hatton Banks）向东北的莫尔和沃灵大陆边（Møre and Vøring margins）延伸。向西北，大陆边沿着法罗-冰岛洋脊延伸到埃吉尔洋脊（Ægir Ridge）。法罗群岛是北大西洋火成岩特征区的一部分，由大约 5 500 万年前早第三纪超级大陆解体和北大西洋扩张过程中喷出和侵入的火山活动形成（图 2）。

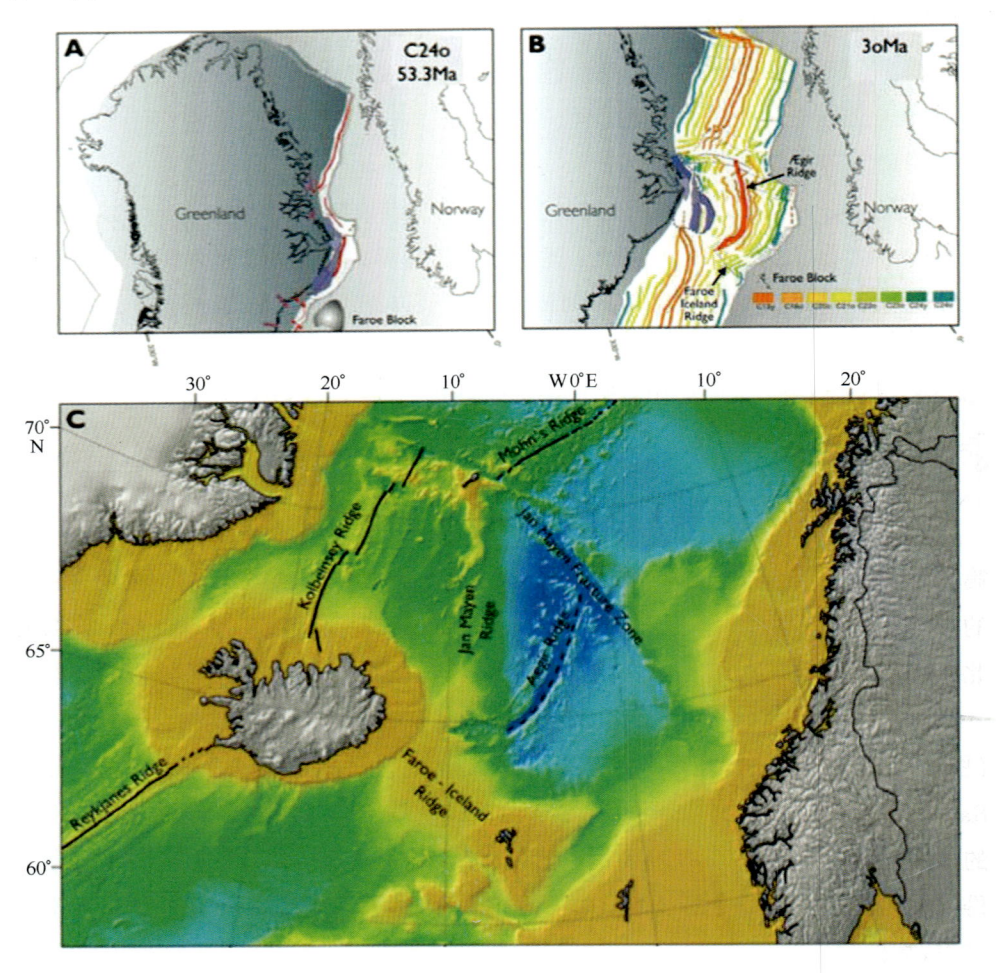

图 2　东北大西洋陆边板块运动再造

注：A. 解体时期（约 5 500 万年前）；B. 埃吉尔洋脊消停时期（约 3 000 万年前）；C. 当前的构造。

资料来源：委员会对丹麦（法罗群岛以北地区）外大陆架划界案的建议摘要。

埃吉尔洋脊区包括已经消停了的、形成了北部深海盆（Northern Deep）大洋性海底扩张洋脊体系的部分，以及法罗-冰岛洋脊。

法罗群岛以北大陆边的特点是有许多海底高地从陆架和陆坡延伸到北部深海盆。这些海底高地中最突出的是法罗-冰岛洋脊和埃吉尔洋脊。埃吉尔洋脊的南部与法罗-冰岛洋脊的北部陆坡合并。埃吉尔洋脊的北部远远延伸出法罗群岛200海里以外。

北部深海盆的南部和东部边缘一带的洋流、冰期碎屑陆坡移动导致了从陆架和陆坡到盆地的大范围的沉积物输送。因此，陆坡底以外的北部低地盆地可被定性为典型的陆基。

法罗群岛以北地区的大陆架由3个不同的地理区域组成：北海扇区（the North Sea Fan region）；泰尔洋脊（Tyr Ridge）和法罗-冰岛洋脊区；埃吉尔洋脊区。法罗群岛北区的陆坡底可在这些区域中或区域中间被找到。

通过适用《公约》第七十六条第4款的规定，法罗群岛北区的大陆坡坡脚所产生的大陆边缘超过了该区200海里界限。基于此，委员会确认丹麦在该区于200海里界限外建立大陆架的法律权利。

4.2 确定大陆坡脚

大陆坡脚应当按照《公约》第七十六条第4款（b）项确立。在第七十六条第3款，即"大陆边包括沿海国陆块没入水中的延伸部分，由陆架、陆坡和陆基的海底和底土构成，它不包括深洋洋底及其洋脊，也不包括其底土。就法罗群岛北区的大陆边，北部低地可被定性为典型的陆基。

依据多波束数据，北海扇区有一个明显的西北朝向的前沿区可以确定陆坡底（图3）。此陆坡底沿着巴尔德尔坡尖（Baldur Spur）至奥辛海底山脉（Óðin Range），后者与埃吉尔洋脊的东南部相接。在划界案审议期间，丹麦提供了补充的多波束数据从而进一步细化了该区的陆坡底。在最初的文本中，丹麦提交了一份翔实的对埃吉尔洋脊进行多波束测深的调查结果，表明正如北向的巴拉海峡（Búra Passage）——与洋脊东侧在地形上间断，陆坡底沿着埃吉尔洋脊东侧连续。由此，北部低地的沉积岩流入埃吉尔洋脊的中央峡谷。

陆坡底接着沿埃吉尔洋脊东段的西侧到达坡底南端，转而又向北从埃吉尔洋脊东段到西段。巴拉海峡的北部，埃吉尔洋脊的西段变成碎片化，陆坡底在约北纬67°处断开。

在建立大陆边外缘的过程中，丹麦在连续的陆坡底区域确定了7个坡脚点。

7个坡脚点产生丹麦法罗群岛北区200海里界限之外的公式点。两个公式点

沿海国 200 海里以外大陆架外部界限划界案大陆架界限委员会建议评注

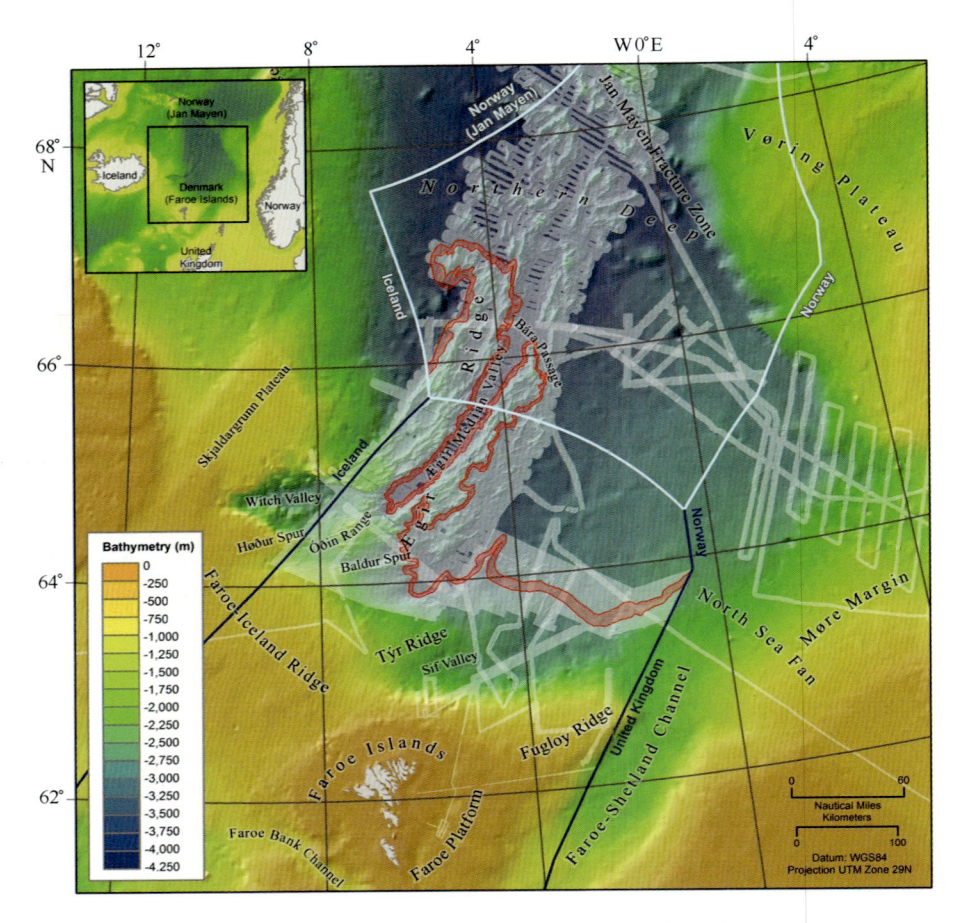

图 3　法罗群岛北区多波束数据覆盖范围（灰色阴影）

注：黑色圆圈中为北海扇区西北朝向的前区。

资料来源：委员会对丹麦（法罗群岛以北地区）外大陆架划界案的建议摘要。

在北海扇区，5 个公式点在埃吉尔洋脊（图 4）。

法罗群岛北区大陆边缘最显著的地形特征是埃吉尔洋脊。丹麦指出，与大陆边地质相连且作为其自然构成部分的海隆是海底高地。相比之下，海底洋脊虽也是在形态上与大陆边构成整体的海底高起，但可能是与从沿海国陆地大陆边延伸出来的部分或整个海隆不同的地质成因。因此，丹麦的结论是，虽然埃吉尔洋脊是法罗群岛北区大陆边的延续，并且在陆坡坡脚的共同包络线内，但也是与法罗群岛陆块地质不同的消停的海底扩张洋脊，是《公约》第七十六条第 6 款所指的海底洋脊。小组委员会对这一观点表示赞同。

小组委员会审查了沿着埃吉尔洋脊东段东侧的陆坡底的连续性。在小组委员

丹麦（法罗群岛以北地区）外大陆架划界案委员会审议建议评注

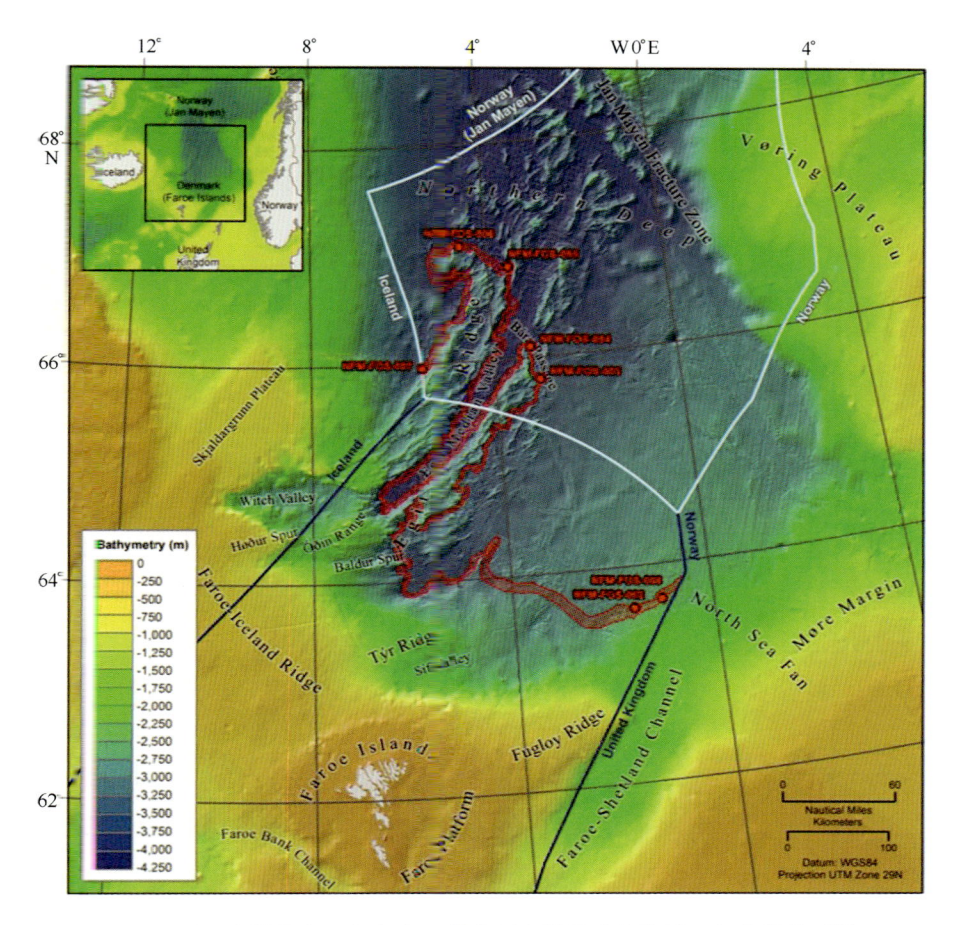

图4 显示7个坡脚点（红色点）的位置和陆坡底包络线（红色带状区域）

资料来源：委员会对丹麦（法罗群岛以北地区）外大陆架划界案的建议摘要。

会和丹麦代表团进行了一系列讨论后，小组委员会接受了丹麦所定义的整个埃吉尔洋脊区陆坡底的连续性。小组委员会审查了丹麦提议的在埃吉尔洋脊附近的5个大陆坡脚点相关的所有数据，并同意了这些点的位置。

委员会同时审查了丹麦提交的在北海扇区的大陆坡脚点 NFM-FOS-001 的位置。丹麦解释点 NFM-FOS-001 同点 NFM-FOS-002 一样位于北海扇区沉积叶前的西北部。然而委员会认为该沉积叶前并未延伸至点 NFM-FOS-001。同样，在小组委员会和丹麦代表团进行了一系列讨论后，代表团提议由点 NFM-FOS-008 代替点 NFM-FOS-001，点 NFM-FOS-008 的位置已经小组委员会同意。

去此，小组委员会同意丹麦为法罗群岛北区大陆边外缘建立的大陆坡底包络

313

线。特别是小组委员会同意了丹麦最初提交的7个大陆坡脚点中其中6个的位置（点NFM-FOS-002至点NFM-FOS-007），并同意用点NFM-FOS-008替换原先提交的点NFM-FOS-001。

根据对丹麦划界案中所含技术和科学资料，及以上提及的补充信息的审议，委员会得出结论，在法罗群岛北区，所列的大陆坡脚点符合《公约》第七十六条和委员会《科技准则》第5章的标准。委员会建议，这些大陆坡脚点应当构成建立法罗群岛北区大陆边外缘的基础。

4.3 公式线的运用

出于《公约》的目的，丹麦在法罗群岛北区大陆边的外缘应当按照《公约》第七十六条第4款和第7款建立。

法罗群岛北区部分大陆边外部界限由适用60海里距离公式而来的定点构成，即根据《公约》第七十六条第4款（a）项（2）目的规定，利用法罗群岛北区大陆边外缘上的4个大陆坡脚点产生的定点。这4个大陆坡脚点分别为：点NFM-FOS-002、点NFM-FOS-008（替代点NFM-FOS-001）、点NFM-FOS-006和点NFM-FOS-007。

从距离公式而来的6个定点或者是在60海里弧线上，或者是在弧线的交点上，但所有这些定点都在挪威、扬马延（挪威）和冰岛200海里限制线内（图6）。

委员会同意丹麦在法罗群岛北区构建这些定点的方法。

丹麦利用法罗群岛北区大陆边外缘上的4个大陆坡脚点，并依据《公约》第七十六条第4款（a）项（1）目的沉积岩厚度公式，提交了7个定点（图5）。丹麦分别在地震线 NPD-LOS-99-002、NPD-LOS-08-004、NPD-LOS-00-21、NPD-LOS-00-21、NPD-LOS-00-21、NPD-LOS-00-08 和 NPD-LOS-00-21 上建立了这些定点：NFM-GAR-001、NFM-GAR-002、NFM-GAR-003、NFM-GAR-004、NFM-GAR-005、NFM-GAR-006 和 NFM-GAR-007。其中，4个定点 NFM-GAR-003、NFM-GAR-004、NFM-GAR-005 和 NFM-GAR-007 在 NPD-LOS-00-21 一条地震线上。

小组委员会虽然同意丹麦利用法罗群岛北区大陆边外缘上的大陆坡脚点建立沉积岩厚度公式点的程序，但却不同意丹麦证明沉积岩连续性的方法。在小组委员会和丹麦代表团进行了一系列讨论，并且丹麦提交了一些补充的地震线和沉积岩厚度注释图后，小组委员会同意其收到了显示相关大陆坡脚点及由此产生的每

丹麦（法罗群岛以北地区）外大陆架划界案委员会审议建议评注

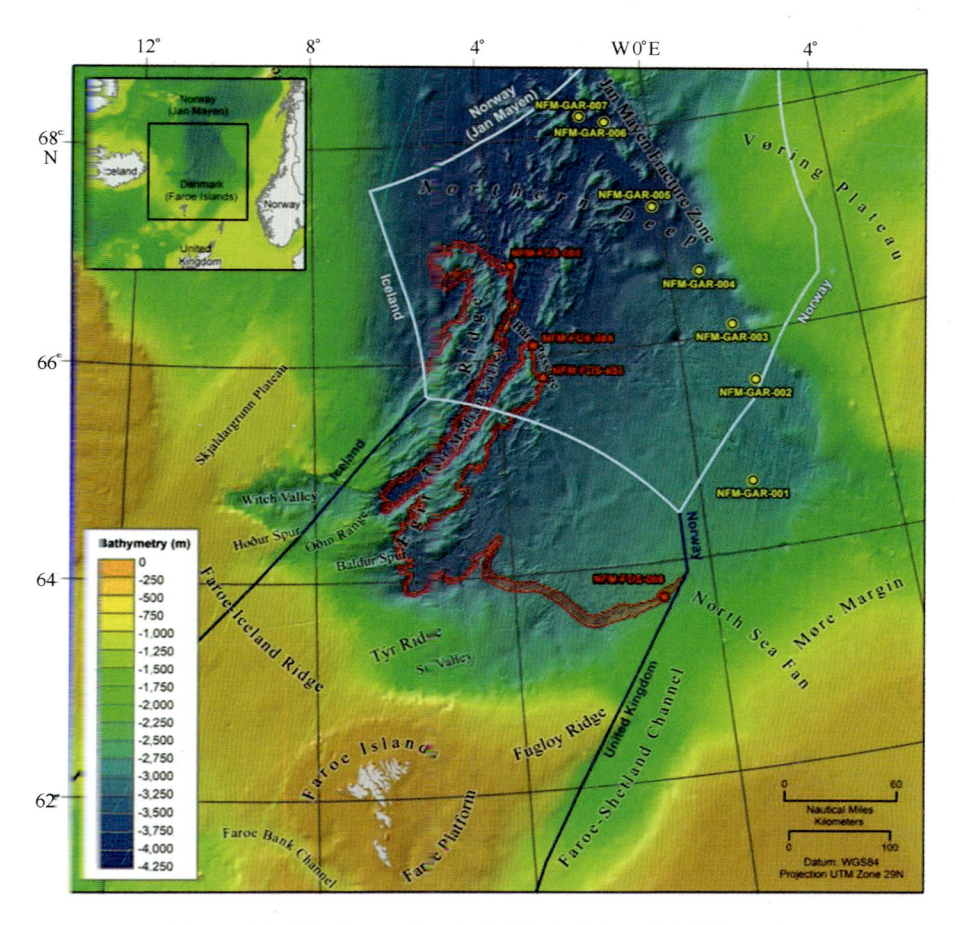

图 5　法罗群岛北区 7 个沉积岩厚度公式点（黄色圆点）和
产生这 7 个沉积岩厚度公式点的 4 个大陆坡脚点（红色圆点）

资料来源：委员会对丹麦（法罗群岛以北地区）外大陆架划界案的建议摘要。

个卡地尔点之间沉积岩连续性的信息。

小组委员会在审查划界案时注意到了一些细微的错误并提请丹麦代表团注意。代表团就每个问题向小组委员会做了适当更正。

甚此，委员会同意丹麦利用法罗群岛北区大陆边外缘上的大陆坡脚点建立沉积岩厚度公式点的程序，包括所提供的数据、地震解释、深度转换方法和距离计算。

在法罗群岛北区，其大陆边外缘大致向西北方向延伸，从挪威大陆 200 海里限制线上的点到挪威扬马延岛 200 海里限制线上的点。

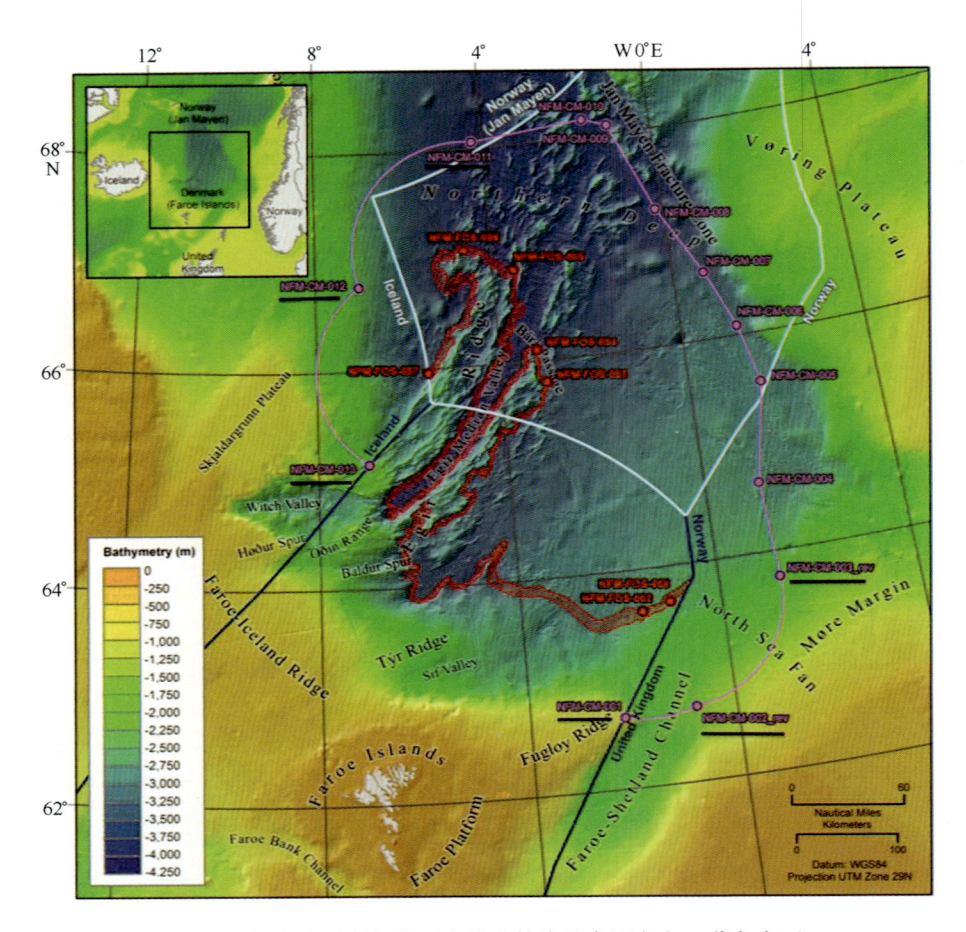

图 6　划定法罗群岛北区大陆边外缘的参照定点（紫色点）

注：下标黑线的 6 个定点是以 4 个大陆坡脚点 NFM-FOS-002、NFM-FOS-008、NFM-FOS-006 和 NFM-FOS-007 为基点，按照距离公式所确定的，分别是 NFM-CM-001、NFM-CM-002_ rev、NFM-CM-003_ rev、NFM-CM-011、NFM-CM-012 和 NFM-CM-013。

资料来源：委员会对丹麦（法罗群岛以北地区）外大陆架划界案的建议摘要。

在丹麦法罗群岛以北地区，200 海里外大陆边外缘是基于上述所描述的 60 海里弧线和沉积岩厚度公式点，按照《公约》第七十六条第 7 款确定的。委员会建议将这些弧线和点用做确立该地区大陆架外部界限的基础。

4.4　限制线的运用

在法罗群岛以北地区，大陆架外部界限制约的审查只涉及对距离限制线的检验。委员会接受了丹麦的观点，确认埃吉尔洋脊是海底洋脊，因此，大陆架外部

丹麦（法罗群岛以北地区）外大陆架划界案委员会审议建议评注

界限不能超过从测算领海宽度的基线量起 350 海里。据此，丹麦提交的距离限制线由不超过从测算法罗群岛领海宽度的基线量起 350 海里的弧线构成（图 7）。

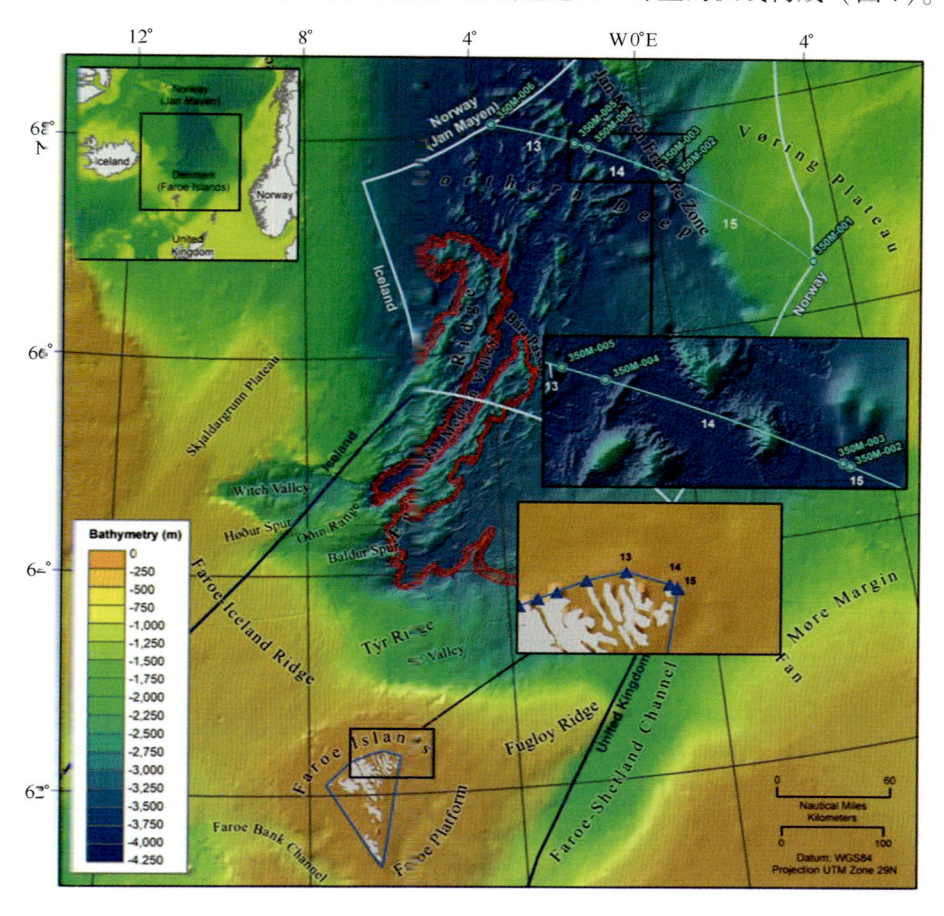

图 7　法罗群岛北区大陆边缘的距离限制线

资料来源：委员会对丹麦（法罗群岛以北地区）外大陆架划界案的建议摘要。

丹麦以法罗群岛领海基线东北部的 3 个基点（13、14、15）[11]构建该距离限制线。委员会同意丹麦在构建该限制线过程中所使用的程序和方法。

丹麦只适用距离限制线构建法罗群岛北区外部界限，委员会同意该方法。

4.5　最终外部界限及委员会建议

丹麦在 2009 年 4 月 29 日划界案中所提交的法罗群岛以北地区的大陆架外部界限，由被长度不超过 60 海里的直线连接起来的定点构成。这些定点是根据

317

沿海国 200 海里以外大陆架外部界限划界案大陆架界限委员会建议评注

《公约》第七十六条建立的，包括位于挪威大陆和挪威扬马延岛 200 海里限制线上的点（图 8）。

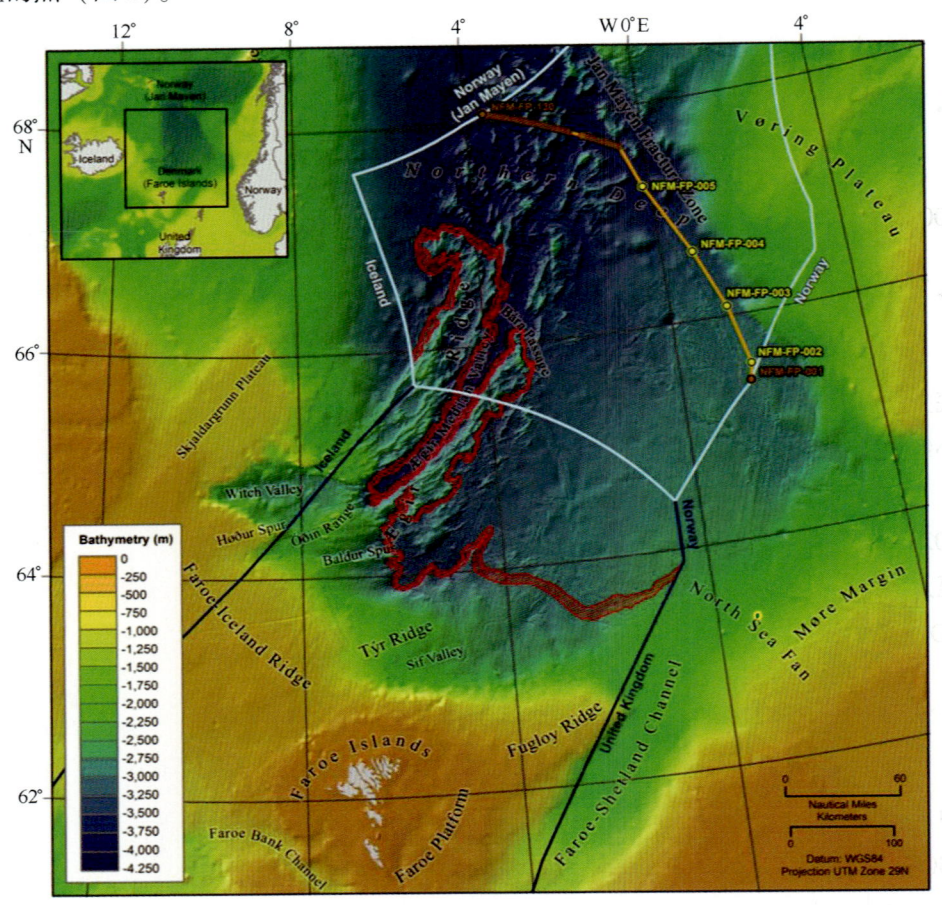

图 8 法罗群岛以北地区的大陆架外部界限

资料来源：委员会对丹麦（法罗群岛以北地区）外大陆架划界案的建议摘要。

委员会同意所列确立法罗群岛以北地区大陆边外缘的定点。委员会建议，该地区大陆架外部界限的划定应按照《公约》第七十六条第 7 款的规定，由被长度不超过 60 海里的直线连接起来的定点构成。并且，委员会同意丹麦在划定法罗群岛以北地区大陆架外部界限中使用的方法，包括确立定点和用直线连接这些定点的方法。委员会建议丹麦在委员会建议的基础上着手建立法罗群岛以北地区大陆架的外部界限。

5 对委员会丹麦外大陆架划界案建议的评注

5.1 本划界案由委员会一致通过

2014 年 3 月 12 日，委员会一致通过了经修正的"大陆架界限委员会关于 2009 年 4 月 29 日丹麦（法罗群岛以北地区）大陆架划界案的建议"。

5.2 小组委员会调整大陆坡脚点 NFM-FOS-001 的位置

小组委员会不同意大陆坡脚点 NFM-FOS-001 的位置，认为其并不在大陆坡底上。丹麦代表团提议由点 NFM-FOS-008 代替点 NFM-FOS-001。该方案获得小组委员会同意。

在委员会层面讨论这个问题时，丹麦解释点 NFM-FOS-001 同点 NFM-FOS-002 一样位于北海扇区沉积前沿的西北部。然而委员会认为该沉积叶前并未延伸至点 NFM-FOS-001。最后，委员会同意由点 NFM-FOS-008 代替点 NFM-FOS-001。

5.3 判定埃吉尔洋脊的性质

丹麦划界案值得注意的一个问题是如何判定埃吉尔洋脊的性质。在本划界案中，委员会认同丹麦的观点，确认残余扩张脊——埃吉尔洋脊是海底洋脊，适用 350 海里的距离限制线。

丹麦的判断理由是，"与大陆边地质相连的且作为其自然构成部分的海隆是海底高地。相比之下，海底洋脊虽也是在形态上与大陆边构成整体的海隆，但可能是与沿海国陆地大陆边延伸出去的部分或整个海隆有不同的地质特征。"换句话说，海底高地和海底洋脊的相同点是在地形上都是与大陆边缘相连，不同点是海底高地与大陆边缘地质相同，而海底洋脊与大陆边缘地质不同。即此处判断"自然构成部分"的标准是地质因素。

丹麦的结论是，"虽然埃吉尔洋脊是法罗群岛北区大陆边的延续，并且在陆坡坡脚的共同包络线内，但也是与法罗群岛陆块地质不同的消亡的海底扩张洋脊，是《公约》第七十六条第 6 款所指的'海底洋脊'。"小组委员会对这一观点表示赞同。

委员会在日本划界案中用了相同的判断依据。在判断小笠原洋脊的性质时，

319

委员会指出,"小笠原洋脊位于大陆坡脚包络线之内,应当属于大陆边的组成部分。但……地质特征不同于小笠原海台明显的增生,不应该被视为是大陆边的自然构成部分,因此在性质上属于海底洋脊,只能适用 350 海里距离限制线。"

5.4 区域重叠问题

本划界案所涉区域为"香蕉洞"南部,丹麦、冰岛、挪威对此都有潜在的重叠大陆架主张问题。2006 年 9 月 20 日,三国签署《会议纪要》,规定了将来在"香蕉洞"南部确定划界线的程序,并互不反对委员会审议各自的大陆架划界案。因此,该区域的最终划界将留待双边或多边协议解决。这为存在海域划界争端国家如何解决大陆架的划界提供了一个良好的范例。

5.5 国家实践与相关评论

2014 年 3 月 25 日,丹麦"大陆架项目"网站刊文《大陆架界限委员会认可法罗群岛北部陆架》。[12]文章指出,2014 年 3 月 14 日,委员会承认丹麦在法罗群岛以北超过 200 海里的大陆架权利主张。该区域面积为 87 792 平方千米。委员会支持丹麦和法罗政府在整个区域的权利主张,从而确认,在《公约》框架下,法罗群岛(丹麦)在该地区的海底开发利用享有主权权利。邻国挪威和冰岛在该地区存在重叠的权利主张,并已在 2006 年达成了一个预期程序(协议)来划分该地区的共同利益。该协议生效的一个前提是,委员会支持该地区相关国家提交相应的划界案。2009 年 3 月,挪威已收到了相关划界建议。法罗群岛(丹麦)和挪威目前在等待审议中的冰岛相关划界案,以完成三方的划界协议。

2015 年 7 月,克里斯汀·马克森(Christian Marcussen)、菲恩·莫克(Finn Mørk)、托马斯·丰克(Thomas Funck)、威利·莱曼·翁(Willy Lehmann Weng)和迈克·佩德森(Mikael Pedersen)在《丹麦和格陵兰地质调查导报》上联合撰文《丹麦王国的大陆架项目——现状与问题》。[13]

文章称,丹麦目前已经提交了 5 个划界案,分别是:2009 年法罗群岛以北地区、2010 年法罗群岛以南地区、2012 年格陵兰岛南部地区、2013 年格陵兰岛东北地区和 2014 年格陵兰岛以北地区(图 9)。委员会在审议法罗群岛以北地区时,特别注意到以下两种情况:① 埃吉尔洋脊的地形连续性;② 北部低地的沉积岩连续性。从严格的地形学意义上来说,法罗群岛的陆地与法罗-冰岛洋脊相连。此外,法罗-冰岛洋脊与埃吉尔洋脊合并且在地形上相连。这意味着埃吉尔洋脊与大陆边外缘在地貌上是连续的,且在大陆坡坡脚的共同包络线内。因此,从《公约》的意义上说，埃吉尔洋脊是法罗群岛大陆边缘的一个组成部分，尽管两者在构造和地壳性质上存在差异。

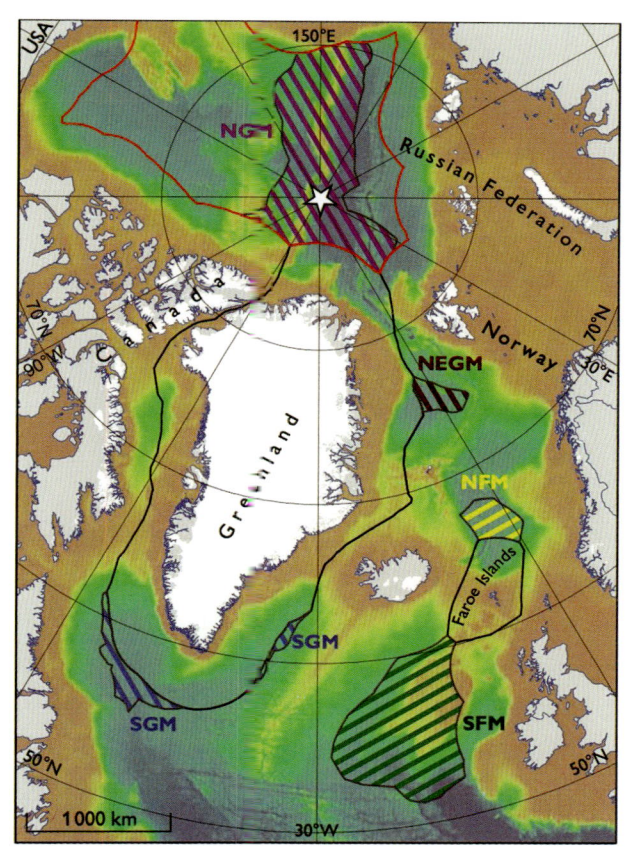

图 9　丹麦的 5 个部分划界案

资料来源：克里斯汀·马克森等，《丹麦王国的大陆架项目——现状与问题》。

文章指出，有关毗邻盆地的沉积岩厚度和大陆坡的沉积岩连续性的资料在划定大陆架外部界限过程中起着至关重要的作用。因大洋性地壳的后续热沉降而形成的北部深海盆的沉积岩厚度达 3 000 米。记录北部深海盆的沉积岩厚度主要是运用现代地震反射数据，通过重新处理选定的地震线以改进对沉积岩基部的确定，同时改进用于深度转换的地震速度测定。委员会同意建立沉积岩厚度的程序，可深度转换和地震解释的方法。然而，委员会起初不同意丹麦证明北部低地的沉积岩连续性的方法。为此，丹麦提供了补充的地震线、沉积岩厚度图和重力分布图，以满足委员会的要求。可见，丹麦在提交划界案的过程中积极遵循《公约》的规定及委员会的建议，并且，委员会建议提供的具有广泛应用价值的原则性意见也得到了丹麦的认可。

参考文献

[1] Executive Summary of the Denmark's Extended Continental Shelf Submission（ISBN：978-87-7871-245-5）.

[2] *Note Verbale* from Iceland on the Denmark's Extended Continental Shelf Submission（15 June 2009）（Ref.：FNY09060014/97. B. 512）.

[3] *Note Verbale* from Norway on the Denmark's Extended Continental Shelf Submission（28 August 2009）（Ref.：CLCS. 28. 2009. LOS）.

[4] 委员会第 24 届会议主席说明（中文版和英文版）（CLCS/64）.

[5] 委员会第 30 届会议主席说明（中文版和英文版）（CLCS/76）.

[6] 委员会第 31 届会议主席说明（中文版和英文版）（CLCS/78）.

[7] 委员会第 32 届会议主席说明（中文版和英文版）（CLCS/80）.

[8] 委员会第 33 届会议主席说明（中文版和英文版）（CLCS/81）.

[9] 委员会第 34 届会议主席说明（中文版和英文版）（CLCS/83）.

[10] Recommendations of the Commission on the Limits of the Continental Shelf in regard to the Partial Submission made by the Government of the Kingdom of Denmark together with the Government of the Faroes in respect of the Continental Shelf North of the Faroe Islands on 29 April 2009, Adopted by the Commission on 12 March 2014 with amendments.

[11] 2002 年 5 月 16 日，丹麦以第 306 号行政命令公布了法罗群岛的领海界限，其中提供了 10 个基点，分别是点 1（61°20′10.85″N，6°40′23.77″W），点 2（61°28′32.49″N，6°52′28.56″W），点 3（62°5′45.35″N，7°41′35.08″W），点 4（62°5′47.32″N，7°41′30.86″W），点 5（62°5′51.69″N，7°41′21.98″W），点 6（62°18′15.59″N，7°13′8.95″W），点 7（62°18′17.61″N，7°12′59.66″W），点 8（62°19′25.00″N，7°6′16.52″W），点 9（62°19′27.14″N，7°6′05.48″W），点 10（62°20′30.46″N，6°59′13.88″W）。Executive Order on the Delimitation of the Territorial Sea of the Faroe Islands, Executive Order No. 306 of 16 May 2002, Law of the Sea bulletin 68e, p. 15.

[12] The Continental Shelf Project：Shelf North of the Faroe Islands recognised by the Commission on the Limits of the Continental shelf, March 25, 2014. http：//a76. dk/cgi-bin/nyheder-m-m. cgi? id=1395772984 | cgifunction=form, visit on August 14, 2016.

[13] Christian Marcussen, Finn Mørk, Thomas Funck, Willy Lehmann Weng & Mikael Pedersen, *the continental shelf project of the kingdom of Denmark-Status and issues*, Geological Survey of Denmark & Greenland Bulletin, 2015. 7.

冰岛（埃吉尔海盆和雷克雅内斯洋脊西部和南部地区）外大陆架划界案委员会审议建议评注

冰岛在《公约》开放供签署期间即签字加入，并在1985年6月21日批准了《公约》。《公约》于1994年11月16日开始对其生效。

依据《公约》第七十六条第8款及附件二第四条的相关规定，冰岛于2009年4月30日向委员会提交了自其领海基线量起200海里以外大陆架外部界限划界案。

冰岛大陆架包括3个200海里外的不同地区：雷克雅内斯洋脊（Reykjanes Ridge）、哈顿－罗科尔地区和埃吉尔海盆地区。冰岛本次提交的是一个部分划界案，范围限于其在埃吉尔海盆地区以及雷克雅内斯洋脊西部和南部的大陆架。在埃吉尔海盆地区，冰岛、法罗群岛（丹麦）和挪威已经就该地区的划界达成临时协议，而在雷克雅内斯洋脊的西部和南部没有任何其他国家的重叠主张。

本划界案没有涵盖冰岛在哈顿－罗科尔地区的大陆架。冰岛、法罗群岛（丹麦）、爱尔兰和英国对该地区主张有重叠。为解决哈顿－罗科尔地区争端，四方自2001年起定期举行会谈。本划界案也没有包括雷克雅内斯洋脊东部的大陆架，因该地区与哈顿－罗科尔地区存在着在重叠。关于这两个地区的划界案将在以后提出。

小组委员会在第34届会议上向委员会提交了划界案建议草案，委员会在第40届会议上以协商一致的方式通过了经修正的划界案建议。

1 冰岛的主张[1]

冰岛在其提交的划界案执行摘要中首先描述了本划界案埃吉尔海盆和雷克雅内斯洋脊的西部和南部两个地区的水深和地质作用，其后论述在这两个地区不存在争端，委员会可以就此做出建议。接着，冰岛描述了这两个地区的大陆架外部界限。

在准备划界案的过程中，冰岛除了得到委员会成员哈拉尔·布雷克（Harald Brekke）的帮助外，其他成员均未提供建议。

冰岛的地理位置独特，是世界范围内洋中脊体系的最大陆块。雷克雅内斯洋脊和科尔本斯洋脊（Kolbeinsey Ridge）是冰岛南北向的扩张脊。与一般的洋中脊相比，该扩张脊的一个显著特征是水深浅。

从地形地貌、构造、地质史和地壳特征等方面能看出，这些扩张脊直接与冰岛的陆块相连。此外，一个较浅的无震脊横穿大西洋洋脊，从格陵兰经过冰岛直到法罗群岛。冰岛，以及水深较浅的雷克雅内斯洋脊、格陵兰-冰岛-法罗群岛洋脊、科尔本斯洋脊和冰岛海台的存在，是在一个地幔剧烈上涌的地区，由大西洋洋中脊和一个热点相互作用所产生的结果。该地幔上涌导致在北大西洋大部分地区出现高升的地形和反常的大洋水深，以及厚的地壳。划界案认为冰岛热点的这一作用向南沿着整个雷克雅内斯洋脊扩张到查利·吉布斯断裂带（Charlie-Gibbs Fracture Zone）。

该热点与洋脊的相互作用曾是北大西洋地貌和地质演变的主要因素。扩张中心曾几度变迁。从埃吉尔海盆中现今已经消停的埃吉尔洋脊向冰岛以北的科尔本斯洋脊跳跃，产生的一个大的断裂导致在北大西洋北部割裂出一个大陆碎片，即扬马延微型大陆。冰岛陆块在水下的自然延伸包括由相对简单的方式形成的各个部分，类似于今天冰岛中正在进行的板块扩张以及由复杂的断裂迁移、大陆拉伸和大陆分裂历史塑造的部分。所有这些构造都由共同的板块离散过程以及其与冰岛热点引起的极度的地幔上涌相互作用形成的。

冰岛声明，本划界案所涉地区不涉及争端。在埃吉尔海盆已有2006年9月20日冰岛、丹麦（代表法罗群岛）和挪威签署的《会议纪要》（注：该地区在文件中被称为"香蕉洞"南部）做出临时性安排。雷克雅内斯洋脊的东部虽有与哈顿-罗科尔地区（争议区）的潜在重叠区，但本划界案只涉及洋脊的西部和南部，其200海里外的大陆架主张没有与其他国家的大陆架主张重叠（图1）。

1.1 埃吉尔海盆

埃吉尔海盆地区的大陆架外部界限是使用大陆坡脚外推60海里的公式（海登堡公式）确定的。冰岛在执行摘要附件一中列了划定埃吉尔海盆地区大陆架外部界限的56个定点（图2），其中：①第1个（最南部）的定点是距离公式线与法罗群岛200海里线的交点（ICE-AE-OL-1）；②最后1个（最北部）定点是距离公式线与扬马延岛200海里线的交点（ICE-AE-OL-56）；③中间54个定点位

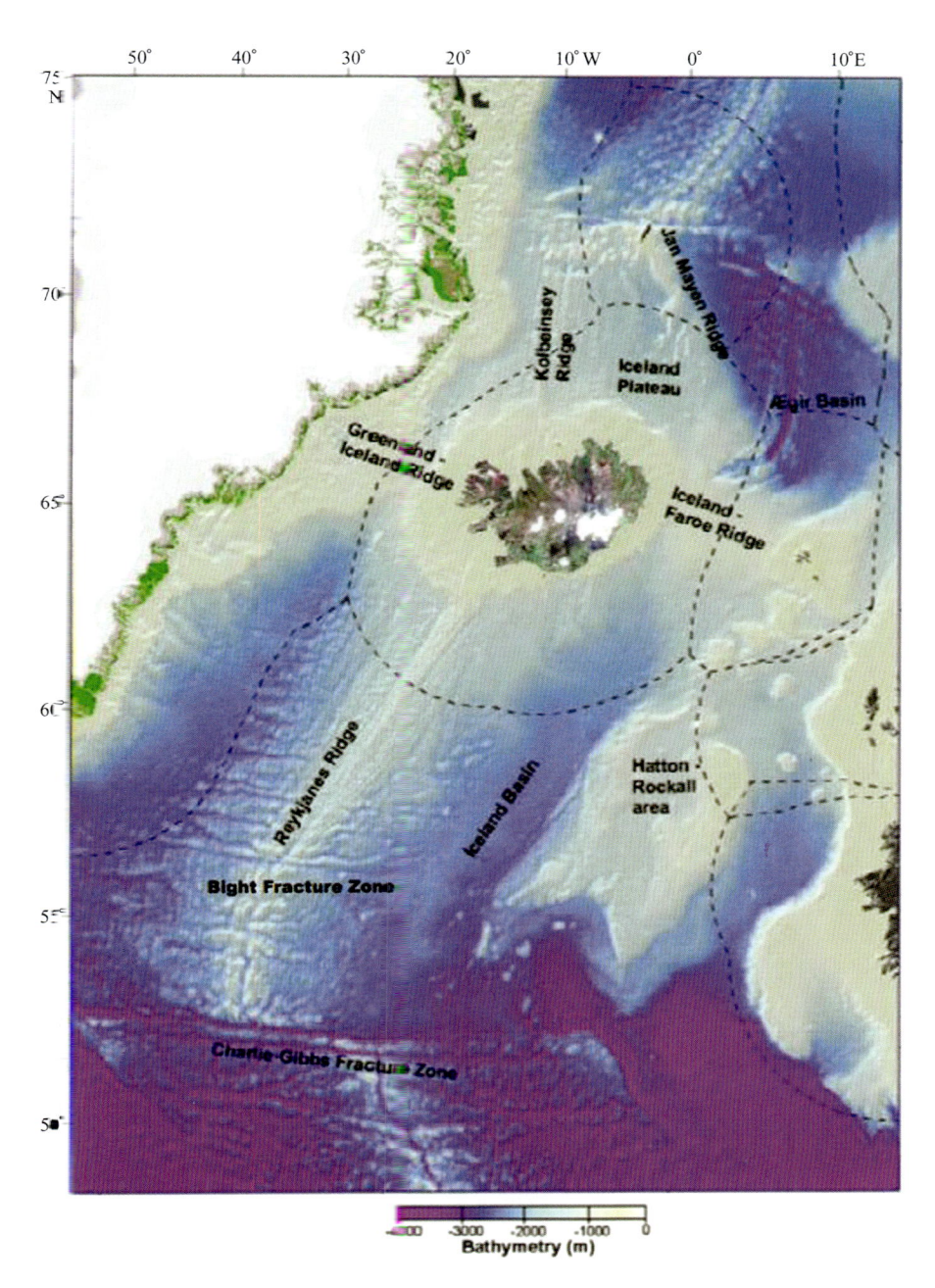

图 1　冰岛周围洋底概况

资料来源：冰岛（埃吉尔海盆和雷克雅内斯洋脊西部和南部地区）外大陆架划界案执行摘要。

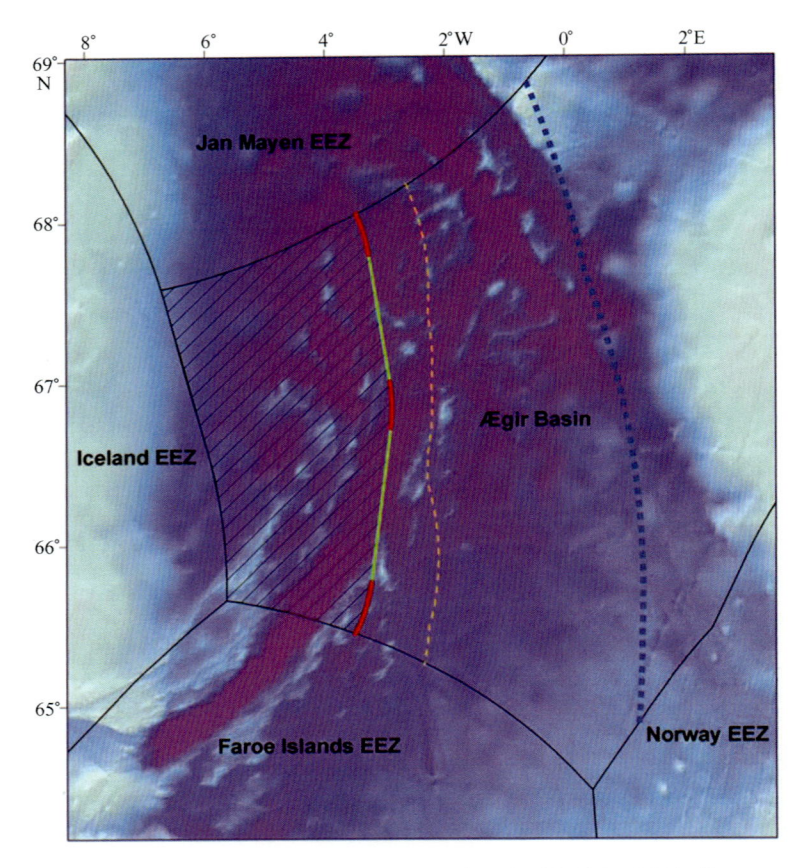

图 2 冰岛拟在埃吉尔海盆地区划定的大陆架外部界限细节

注：红色点线为海登堡点，即依据距离公式，在大陆坡脚点外 60 海里划定的定点；绿色线段为连接海登堡点的直线；橙色虚线为 2 500 米等深线外 100 海里的深度限制线；蓝色虚线为 350 海里距离限制线；黑色线为冰岛与邻国的 200 海里线；黑色斜线区为冰岛主张的超过 200 海里的大陆架。

资料来源：冰岛（埃吉尔海盆和雷克雅内斯洋脊西部和南部地区）外大陆架划界案执行摘要。

于距离公式线上。

冰岛以这 56 个定点和连接线确定了外部界限。这些点和线都没有超过距离限制线或深度限制线。

1.2 雷克雅内斯洋脊的西部和南部

雷克雅内斯洋脊西部和南部的大陆边外缘是使用大陆坡脚外推 60 海里的公式确定的。冰岛在划界案执行摘要附件二中列了划定雷克雅内斯洋脊的西部和南部大陆架外部界限的 319 个定点，其中：①3 个定点是距离公式线与格陵兰岛 200 海里线的交点（ICE-RR-OL-1、ICE-RR-OL-3 和 ICE-RR-OL-4）；②154 个定点位于距离公式线上；③3 个定点是距离公式线与深度限制线的交点（ICE-RR-OL-56、ICE-RR-OL-161、ICE-RR-OL-264）；④159 个定点位于深度限制线上。冰岛以这 319 个定点和连接线确定了外部界限。这些点和线没有超过 2 500 米等深线外 100 海里的限制线（图 3）。

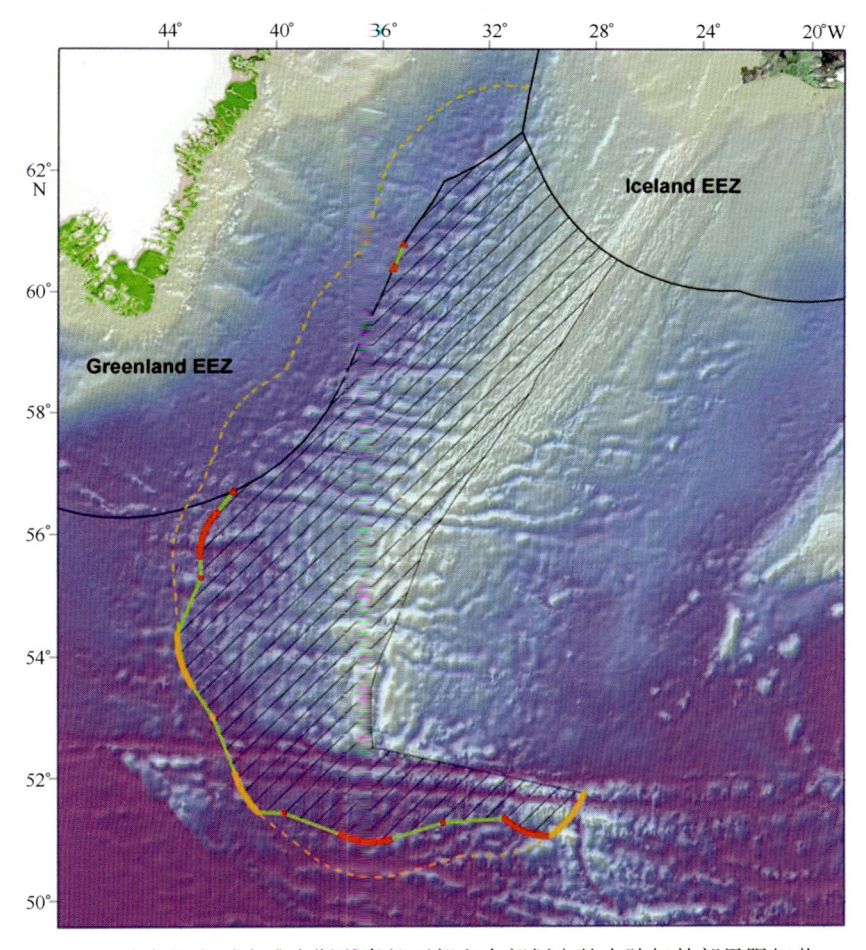

图 3 冰岛拟在雷克雅内斯洋脊的西部和南部划定的大陆架外部界限细节

注：红色点线为海登堡点，即依据距离公式，大陆坡脚外推 60 海里划定的定点；红色三角形为在 200 海里线上的海登堡点；绿色线段为连接海登堡点的直线；橙色点线为 2 500 米等深线外 100 海里上的定点；橙色虚线为 2 500 米等深线外 100 海里的深度限制线；黑色线为冰岛与邻国的 200 海里线；黑色斜线区为冰岛主张的超过 200 海里的大陆架。

资料来源：冰岛（埃吉尔海盆和雷克雅内斯洋脊西部和南部地区）外大陆架划界案执行摘要。

在雷克雅内斯洋脊的西北部，除在北纬 61.45°—61.02°的冰岛大陆架外部界限位于格陵兰专属经济区以外，其他部分外部界限大致与格陵兰专属经济区的界限重合。第 1 个也是最北部的定点，ICE-RR-OL-1，是距离公式线与格陵兰 200 海里线的交点。定点 ICE-RR-OL-2 位于距离公式线弧上，该弧位于格陵兰专属经济区外，而定点 ICE-RR-OL-3 是 60 海里距离公式线与格陵兰 200 海里线的交点。从那里开始外部界限再次沿着格陵兰的 200 海里线直到北纬 57.10°，在那里与距离公式线相交。

从那里向南，使用距离公式线弧，并且使用长度不超过 60 海里的各点之间的直线将相互重叠的弧连接起来。在一些地方使用了深度限制线来界定外部界限。最后一个定点，ICE-RR-OL-319，位于深度限制线上。

2　各国反应照会和要点

各国提交照会的时间见表 1。

表 1　各国所提交照会的时间

序号	国家	时间	备注
1	丹麦	2009 年 6 月 15 日	公开
2	挪威	2009 年 7 月 7 日	公开
3	丹麦	2013 年 1 月 17 日	公开

资料来源：联合国海洋事务和海洋法司网站，经作者整理。

2.1　丹麦[3]

在 2009 年 6 月 15 日的照会中，丹麦指出，丹麦和冰岛同是《公约》成员国。根据《公约》和委员会《议事规则》，特别《议事规则》附件一的规定，委员会的行为不应妨害相向或相邻国家间的划界问题。根据丹麦外交部长与法罗政府总理，挪威外交部长和冰岛外交部长 2006 年 9 月 20 日签署的"香蕉洞"南部的划界问题《会议纪要》，丹麦政府和法罗政府确认其不反对冰岛要求委员会审议的"香蕉洞"南部的划界案文件，也不反对委员会在此基础上做出建议，只要该建议不妨害委员会审议丹麦提交的法罗群岛以北地区的划界案，也不妨害法罗群岛（丹麦）和冰岛之间的大陆架划界问题。[2]

在 2013 年 1 月 17 日的照会中，丹麦称，2013 年 1 月 16 日，丹麦外交部长连同格陵兰政府总理，以及冰岛外交部长，在雷克雅未克和哥本哈根就格陵兰和冰岛在伊尔明厄海（Irminger Sea）200 海里以外大陆架的界限签署了《会议纪要》。根据该《会议纪要》，当一国向委员会提交有关伊尔明厄海大陆架外部界限的划界案时，另一国将通知联合国秘书长，根据委员会《议事规则》，其不反对委员会在划界案基础上做出建议，只要建议不妨害该国今后提交划界案，及不妨害两国之间的大陆架划界问题。丹麦和格陵兰政府知会联合国秘书长，其不反对委员会审议冰岛提交的有关伊尔明厄海大陆架外部界限的文件，亦不反对委员会据此提出建议。该建议不妨害丹麦于 2012 年 6 月 14 日提交的划界案，及丹麦今后提交新划界案，也不妨害丹麦和冰岛的大陆架划界。

2.2　挪威[4]

挪威表示，挪威和冰岛都是《公约》成员国，包括《公约》附件二及委员会《议事规则》附件一在内均规定，委员会的行动不应妨害海岸相向或相邻国家间的划界问题。

根据 2006 年 9 月 20 日挪威外交部长、丹麦外交部长连同法罗政府总理以及冰岛外交部长签署的《会议纪要》，挪威确认其不反对冰岛要求委员会审议"香蕉洞"南部的划界案文件，也不反对委员会在这些文件的基础上做出建议。该建议不妨害挪威和冰岛的大陆架划界。

3　委员会审议过程

在第 30 届会议上，委员会成立冰岛划界案小组委员会。此后，在第 31 届至第 34 届会议期间，小组委员会审议了冰岛划界案，并在第 34 届会议上将建议草案提交委员会。委员会在第 34 届、第 35 届、第 37 届和第 38 届会议上讨论划界案建议草案，并在第 40 届会议上通过建议。

3.1　成立小组委员会之前的初步审议

在第 30 届会议上，委员会成立小组委员会，任命穆罕默德·阿沙德（Muhammad Arshad）、焦什维利、西豪·恩朱古纳（Simon Njuguna）、埃斯特旺·斯特凡·马汗加（Estevao Stefane Mahanjane）、卡洛斯·马塞洛·帕泰利尼（Carlos Marcelo Paterlini）、雷斯特罗哲路·浦边（Tetsuro Urabe）为成员。小组

329

委员会选举任命浦边为主席，马汗加和帕泰利尼为副主席。[5]

在第 31 届会议上，冰岛代表团团长西格瓦尔迪·索尔达松（Sigvaldi Thordarson）、托马斯·海达尔（Tomas Heidar）等就划界案向委员会作了陈述，并说明委员会原成员布雷克提供了科技咨询。海达尔指出，划界案所涵盖的所有区域没有任何争议，并提请委员会注意冰岛、法罗群岛（丹麦）和挪威之间签署的 2006 年"法罗群岛、冰岛和挪威之间关于埃吉尔海盆地地区 200 海里以外大陆架划界问题的谅解备忘录"（注：即《会议纪要》，埃吉尔海盆即其中所指的"香蕉洞南部"）。他指出，根据"谅解备忘录"，当一国向委员会提交关于该国在埃吉尔海盆地地区大陆架外部界限的文件时，其他国家将根据委员会议事规则通知联合国秘书长，他们不反对委员会在此基础上对文件进行审议并提出建议，同时不影响这些国家在今后的某个阶段提交划界案，也不妨害这 3 个国家之间以双边方式划定大陆架的界限。据此，2009 年，法罗群岛（丹麦）和挪威政府通知秘书长，他们不反对委员会审议冰岛提交的有关埃吉尔海盆地地区的划界案并提出建议。

海达尔还提请委员会注意冰岛和格陵兰岛（丹麦）签署的"冰岛和格陵兰岛之间关于伊尔明厄海 200 海里以外大陆架划界问题的谅解备忘录"。依照 2013 年的"谅解备忘录"，格陵兰岛（丹麦）将不反对委员会在此基础上审议冰岛提交的有关其伊尔明厄海 200 海里以外大陆架外部界限的文件并提出建议，同时不影响丹麦 2012 年 6 月 14 日提交的（关于格陵兰岛南大陆架的）划界案中所载文件，不影响丹麦在今后的某个阶段进一步提交划界案，也不影响丹麦和冰岛之间大陆架的划界。丹麦 2013 年 1 月 17 日给秘书长的普通照会对此予以确认。委员会还接获了冰岛的通知，后者收到了格陵兰岛（丹麦）关于格陵兰岛基线变更的通知，这一变更使格陵兰岛 200 海里界限发生了变动，而这一变动又影响到冰岛关于雷克珍洋脊西部划界案中所载 3 个外部界限定点的位置，这些定点曾位于格陵兰岛原 200 海里界限上。

委员会主席指出，第 30 届会议期间已经设立了审议冰岛划界案的小组委员会，因此，该小组委员会将继续审议该划界案。[6]

3.2　小组委员会审议

小组委员会在下列各期会议及闭会期间审查了该划界案：第 31 届、第 32 届、第 33 届和第 34 届。

第 31 届会议期间，小组委员会同该代表团举行了 3 次会议。代表团向小组委员会详细陈述了其提交的划界案，并就小组委员会提出的初步问题作了答复。[6]

第 32 届会议期间，小组委员会与冰岛代表团举行了 4 次会议，代表团和小组委员会在这些会议上都作了陈述。[7]

第 33 届会议期间，小组委员会同冰岛代表团举行了 4 次会议。小组委员会向代表团介绍了小组委员会关于埃吉尔海盆区大陆架外部界限的观点。代表团提供了有关雷克雅内斯洋脊西部和南部的新资料。小组委员会分析了这些新资料并向冰岛代表团表达了观点。[8]

第 34 届会议期间，小组委员会与代表团举行了 7 次会议。根据委员会《议事规则》附件三第十条第 3 款的规定，小组委员会向该代表团陈述了其在审议划界案后得出的观点和一般性结论。2014 年 2 月 27 日，小组委员会以多数通过了划界案的建议草案。[9]

3.3 委员会通过建议

在第 34 届会议全会上，小组委员会主席和其他成员向委员会介绍了关于冰岛划界案的建议草案。冰岛代表团团长海达尔、索尔达松等根据委员会《议事规则》附件三第十五条第 1 款第 2 项的规定作了最后陈述。在陈述中，代表团赞同小组委员会审查划界案后得出的意见和一般性结论。委员会随后转入非公开审议。在详细讨论建议草案并考虑到代表团和小组委员会各自所作陈述之后，委员会决定根据《议事规则》第五十三条第 1 款，把对建议草案的进一步审议推迟至第 35 届会议，以便让委员会成员有充分时间考虑该划界案和建议草案。[9]

委员会在第 35 届会议期间对建议草案进行了详细讨论。因案情复杂，委员会对小组委员会起草的建议草案争论激烈，使其难以得到顺利地通过。决定在 2015 年举行的第 37 届会议期间在全体会议上再次审议该项目。[10]

第 37 届会议委员会审议了 2015 年 3 月 2 日冰岛的一份来文。委员会表示注意到该来文及其中表述的观点，并请主席代表委员会对冰岛来文做出回复。[11]

第 38 届会议委员会继续审议小组委员会提出的建议草案。委员会花了大量时间讨论划界案和建议草案的科学和技术方面，并注意到这一划界案特有的复杂性。委员会忆及《议事规则》第三十五条第 2 款的规定，决定进一步探讨是否可能在实质事项上以协商一致的方式达成协议，并在第 40 届全体会议上继续进一步审议建议草案。[12]

第 40 届会议委员会进行广泛审议之后，委员会主席在协调各方意见后提出一项提议，这项提议为审议取得协商一致的结果提供了基础。

331

2016年3月10日，委员会协商一致核准了经修正的"大陆架界限委员会关于2009年4月29日冰岛（埃吉尔海盆和雷克雅内斯洋脊西部和南部地区）大陆架划界案的建议"。

所有成员都对主席的建设性提议表示赞赏，这一提议推动建议获核准。然而，在这一过程中，委员会的某些成员表示，鉴于小组委员会在拟定建议草案时花费了大量时间，这些建议不能按小组委员会提出的样式获得核准，令人遗憾。[13]

4 委员会对冰岛外大陆架划界案的建议[14]

4.1 埃吉尔海盆

4.1.1 从属权利检验

埃吉尔海盆的平均深度达3 500米，周围有一些地形高地，即南部的冰岛-法罗洋脊，东部的挪威大陆边缘，以及西部的朗加里陆坡（Langahlíð slope）。朗加里陆坡的东北角是冰岛海台，西南角是冰岛大陆。其他主要地形有与东扬马延断裂带和沃灵海台（Vøring Plateau）相连的东北向洋脊。

埃吉尔海盆是沿着埃吉尔洋脊，以5 400万~2 600万年前形成的扇形开口。埃吉尔洋脊是已经消停的洋中脊。埃吉尔洋脊的形状特征是一个缓慢扩张的洋脊，其中央裂谷两侧分别有一些洋脊。除两侧洋脊外均覆盖着沉积岩。

通过适用《公约》第七十六条第4款的规定，埃吉尔海盆地区的大陆坡坡脚所产生的大陆边缘超过了该区200海里界限。基于此，委员会确认冰岛在该区于200海里界限外建立大陆架的法律权利。

4.1.2 确定大陆坡脚

大陆坡脚应当按照《公约》第七十六条第4款（b）项确立。

冰岛发展并运用"三步法"来确定大陆坡脚点：①依据区域坡度，为大陆坡底建立一个初始搜索区域；②在该搜索区域内确定大陆坡底；③通过适用《公约》第七十六条第4款（b）项，即将坡底坡度变化最大点作为大陆坡脚点。小组委员会同意这种方法。

确定大陆坡脚的位置最主要的地形是冰岛海台。冰岛海台东向经朗加里陆坡后即为深洋洋底。

冰岛通过适用一般规则，在朗加里陆坡的东侧提交了7个大陆坡脚点（图4）。

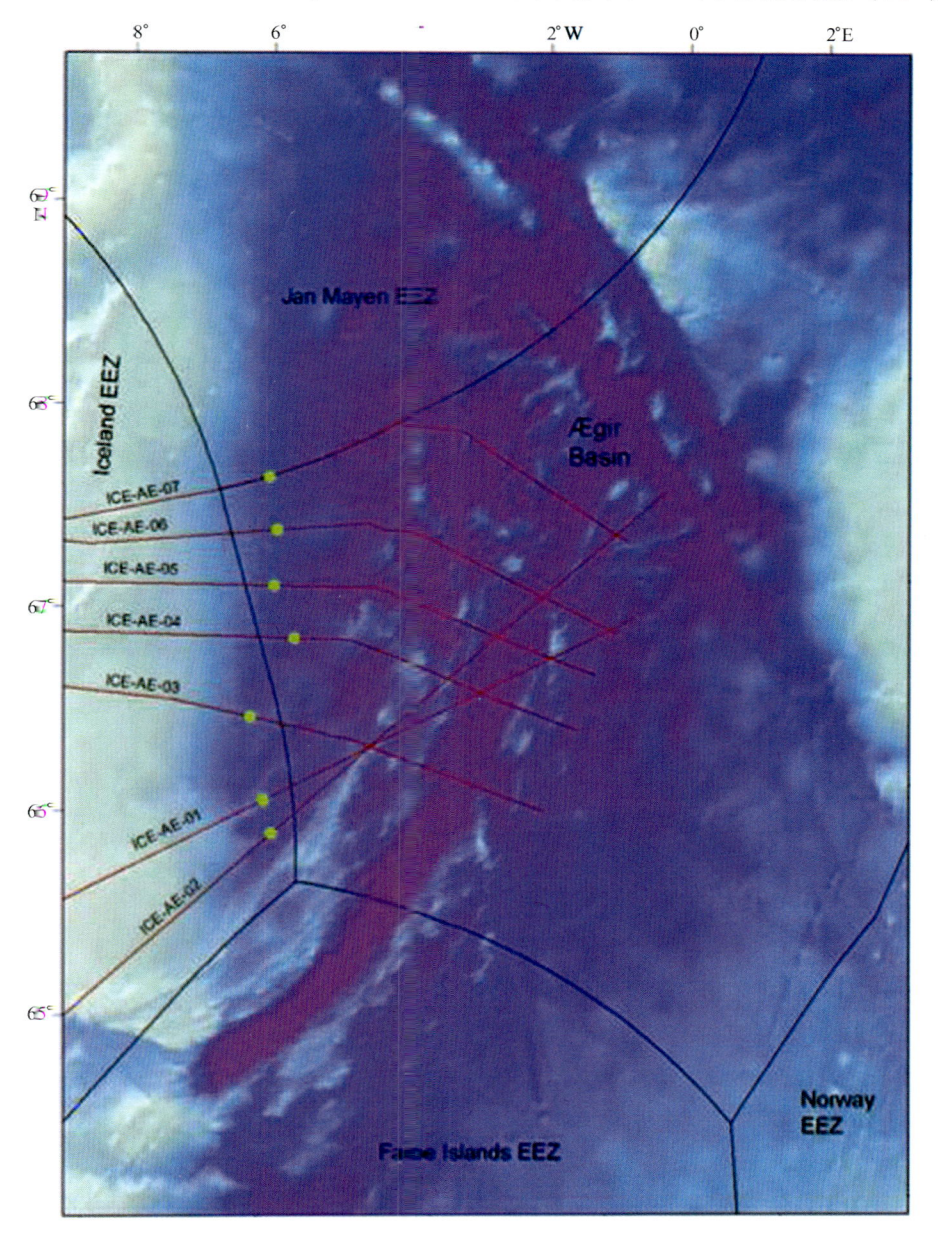

图 4 复合剖面图上显示的埃吉尔海盆地区的大陆坡脚点（绿色圆点）

资料来源：委员会对冰岛（埃吉尔海盆和雷克雅内斯洋脊西部和南部地区）外大陆架划界案的建议摘要。

小组委员会认为埃吉尔海盆地区的大陆坡底可以很明确地依据地形加以识

333

别。小组委员会接受了这 7 个大陆坡脚点地位置。

根据对冰岛划界案中所含技术和科学资料，委员会的结论是，在埃吉尔海盆地区，冰岛所列的大陆坡脚点符合《公约》第七十六条和委员会《科技准则》第 5 章的标准。委员会的建议是，这些大陆坡脚点应当构成建立埃吉尔海盆地区大陆边外缘的基础。

4.1.3 公式线的运用

埃吉尔海盆地区大陆边的外缘仅依据距离公式点确立，即根据《公约》第七十六条第 4 款（a）项（2）目的规定，大陆坡脚外推 60 海里的定点。7 个大陆坡脚点中的其中 5 个（FOS-ICE-AE-1、FOS-ICE-AE-2、FOS-ICE-AE-4、FOS-ICE-AE-6 和 FOS-ICE-AE-7）产生了 60 海里距离公式弧线。另外两个大陆坡脚点（FOS-ICE-AE-5 和 FOS-ICE-AE-3）与建立 60 海里距离公式弧线无关（图 5）。

委员会同意在构建该距离公式弧线中使用的方法。

两个大陆坡脚点（FOS-ICE-AE-6 和 FOS-ICE-AE-1）与桥接距离公式弧线无关。因此，仅由 3 个大陆坡脚点（FOS-ICE-AE-02、FOS-ICE-AE-04 和 FOS-ICE-AE-07）产生构建大陆边外缘的定点。冰岛在此超过 200 海里的大陆边外缘在埃吉尔海盆的西侧，呈南北走向（图 6）。

在冰岛埃吉尔海盆地区，200 海里外大陆边外缘是基于上述所描述的 60 海里距离公式线上的点，按照《公约》第七十六条第 7 款确定的。委员会建议将这些定点用做确立该地区大陆架外部界限的基础。

4.1.4 限制线的运用

在埃吉尔海盆地区，冰岛同时构建了距离限制线和深度限制线。

2 500 米等深线由多波束数据确定。从图 6 可以看出，在埃吉尔海盆地区，深度限制线完全位于距离限制线的向陆一侧。因此，350 海里距离线是可适用的限制线。

冰岛在埃吉尔海盆地区所提交的距离标准限制线是由从领海基线量起 350 海里的弧所构建的。委员会同意冰岛在构建该限制线过程中所使用的程序和方法。

冰岛在埃吉尔海盆地区所提交的深度限制线为 2 500 米等深线外 100 海里线。委员会同意冰岛在构建该限制线过程中所使用的程序和方法。

4.1.5 最终外部界限及委员会建议

冰岛埃吉尔海盆地区的大陆边外缘位于适用的限制线的向陆一侧。因此，大

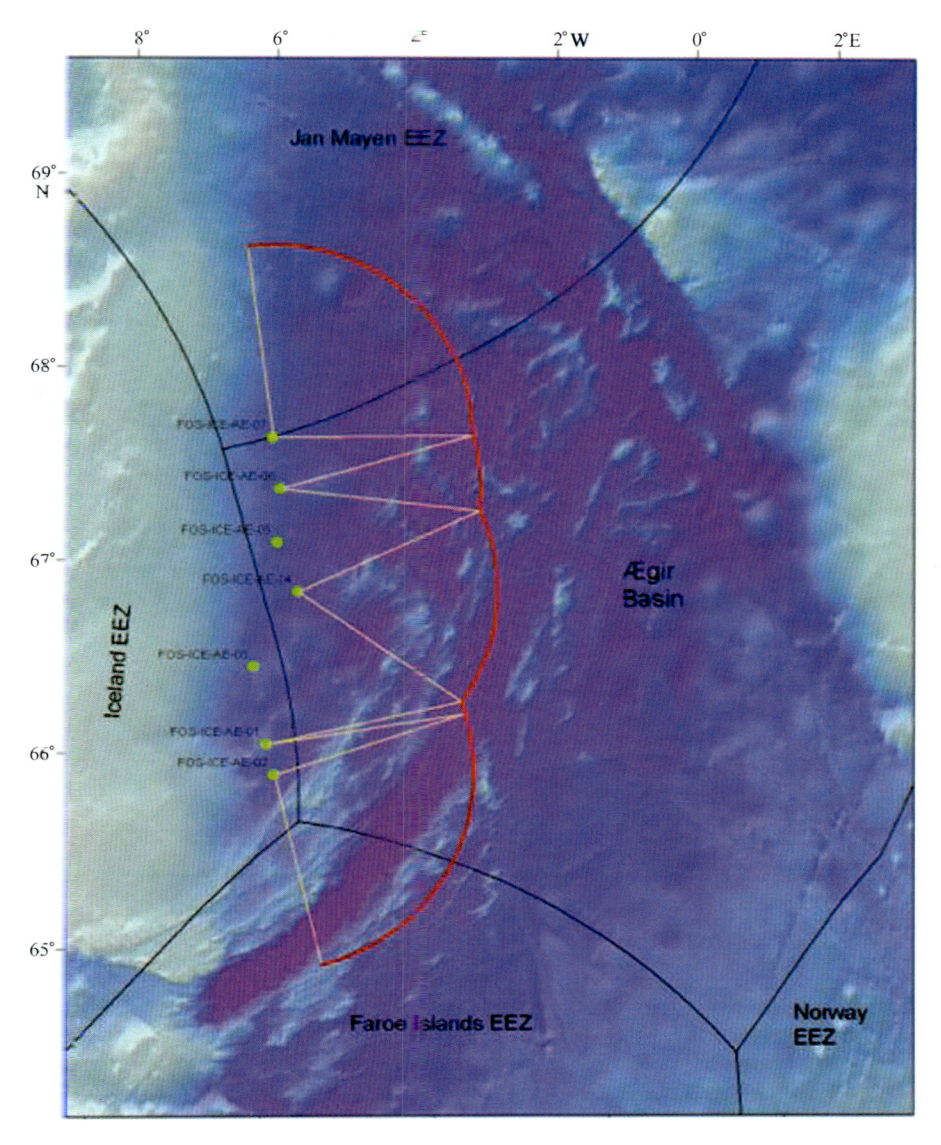

图 5 经 CARIS LOTS™ 软件计算的距离埃吉尔海盆地区大陆坡脚点 60 海里的弧线（红色线）与构建该距离公式弧线有关的大陆坡脚点经黄色直线与弧线相连

资料来源：委员会对冰岛（埃吉尔海盆和雷克雅内斯洋脊西部和南部地区）外大陆架划界案的建议摘要。

陆架外部界限可根据大陆边外缘划定。冰岛在 2009 年 4 月 29 日划界案中所提交的埃吉尔海盆地区的大陆架外部界限，由被长度不超过 60 海里的直线连接起来的定点构成。这些定点是根据《公约》第七十六条建立的（图 7）。

委员会建议，埃吉尔海盆地区的大陆架外部界限的划定，应按照《公约》

沿海国 200 海里以外大陆架外部界限划界案大陆架界限委员会建议评注

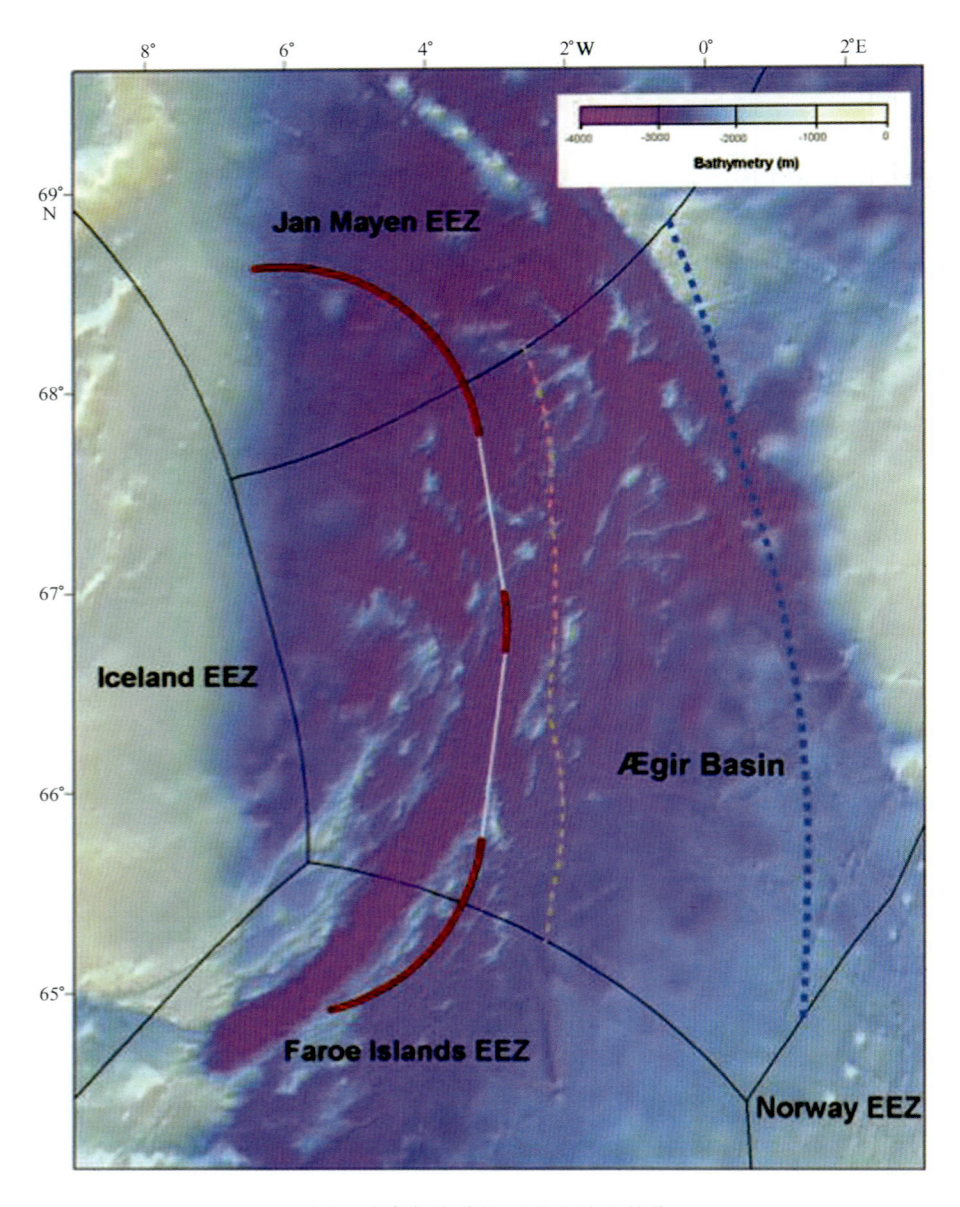

图 6 埃吉尔海盆地区的大陆边外缘

注：红色点线为海登堡点，即依据距离公式，在大陆坡脚点外 60 海里划定的定点；白色线段为连接海登堡点的直线；橙色虚线为 2 500 米等深线外 100 海里的深度限制线；蓝色虚线为 350 海里距离限制线；黑色线为冰岛与邻国的 200 海里线；黑色斜线区为冰岛主张的超过 200 海里的大陆架。

资料来源：委员会对冰岛（埃吉尔海盆和雷克雅内斯洋脊西部和南部地区）外大陆架划界案的建议摘要。

图 7 委员会建议的埃吉尔海盆地区的大陆架外部界限

资料来源 委员会对冰岛（埃吉尔海盆和雷克雅内斯洋脊西部和南部地区）外大陆架划界案的建议摘要。

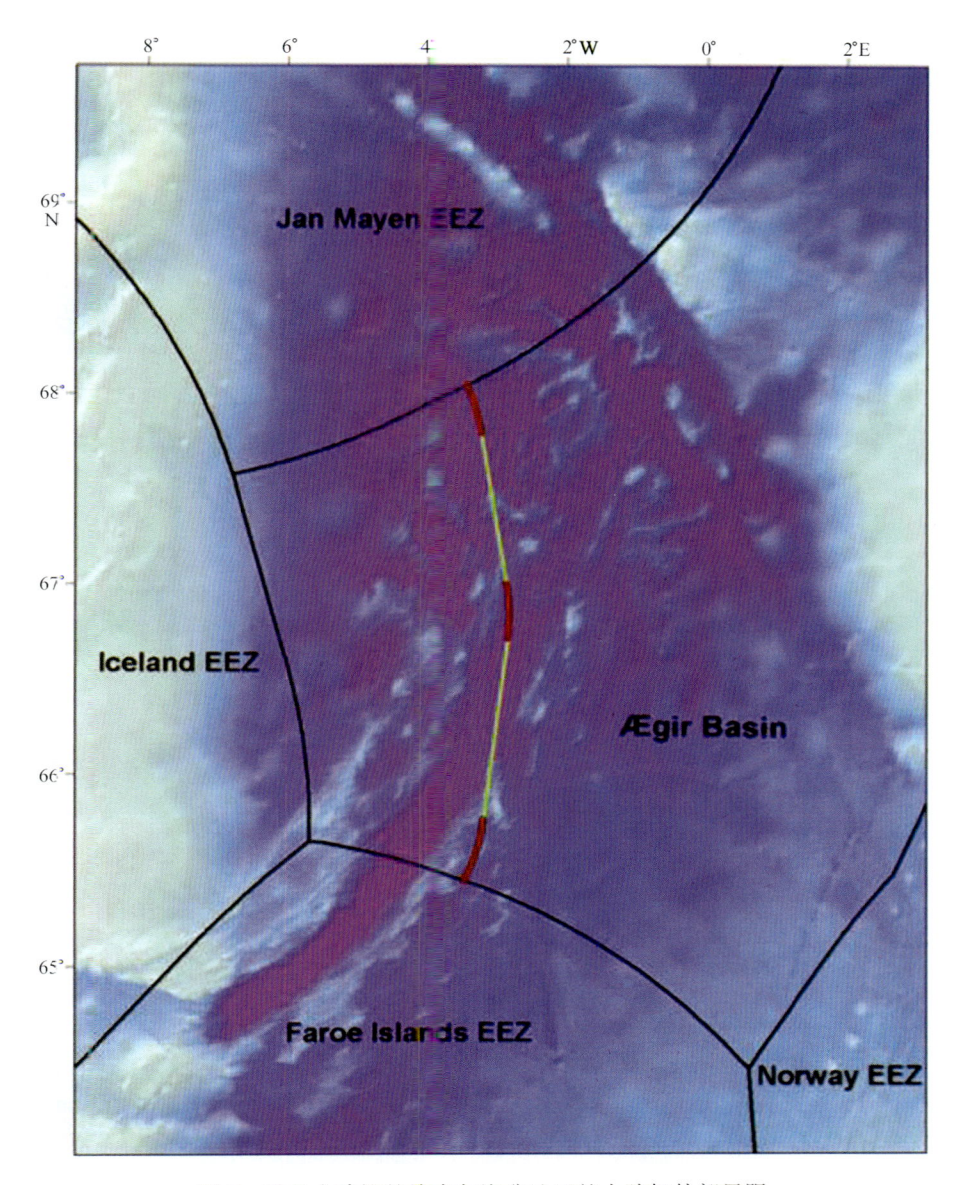

第七十六条第 7 款，由长度不超过 60 海里的连接用经纬度确定的定点的直线段构建。并且，委员会同意在埃吉尔海盆地区用来确定大陆架外部界限的定点，以及构建的连接这些定点的直线。

4.2 雷克雅内斯洋脊

4.2.1 从属权利检验

冰岛大陆边缘的特点是冰岛海台和两个洋脊,即南部的雷克雅内斯洋脊和北部的科尔本斯洋脊。这两个洋脊构成大西洋洋中脊系统的北大西洋部分的整体,与一般的洋中脊相比,这里的水深异常浅显。冰岛是全球洋中脊系统的最大地上部分。冰岛指出,雷克雅内斯洋脊从雷克雅内斯半岛海岸开始逐渐变深,直到查利-吉布斯断裂带北部已深达2 000米。

北大西洋扩张已超过5 000万年,在冰岛南部的扩张系统两边能观察到的最古老的地磁等时线24,在距今5 300万~5 400万年(图8)。该海底扩张是"北大西洋火成岩区"的大陆大规模玄武岩浆溢出(距今6 050万~5 450万年)作用下发生的。

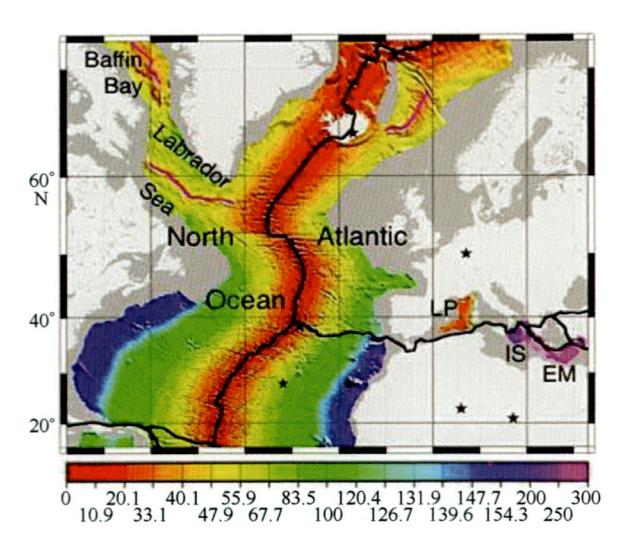

图8 推断的在北大西洋的大洋岩石圈的年龄(百万年)

资料来源:委员会对冰岛(埃吉尔海盆和雷克雅内斯洋脊西部和南部地区)外大陆架划界案的建议摘要。

当冰岛热点到达这一区域时,冰岛附近的北大西洋构造演化表明在2 600万年前后发生了明显的变化。彼时,一个重要的"裂谷跳"发生在从埃吉尔海盆如今已消停的埃吉尔洋脊跃向冰岛北部的科尔本斯洋脊,从而将扬马延微型大陆从格陵兰分离出去。同时,当扩张速度和扩张方向保持不变时,沿雷克雅内斯洋脊的南北向部分以及轴向的山谷的初始构造,被东西向的断裂带所消减,逐渐变成一条北北东—南南西向的直线扩张轴。当欧亚板块和北美板块分开时，这条倾斜的扩张轴向南方向蔓延，如今已远达北纬 57°。该倾斜的扩张区域首次在 1971 年由沃格特（Vogt）描述成 V 形区域。冰岛用 V 形区域来描述该冰岛热点与扩张脊相交汇的区域（图 9）。

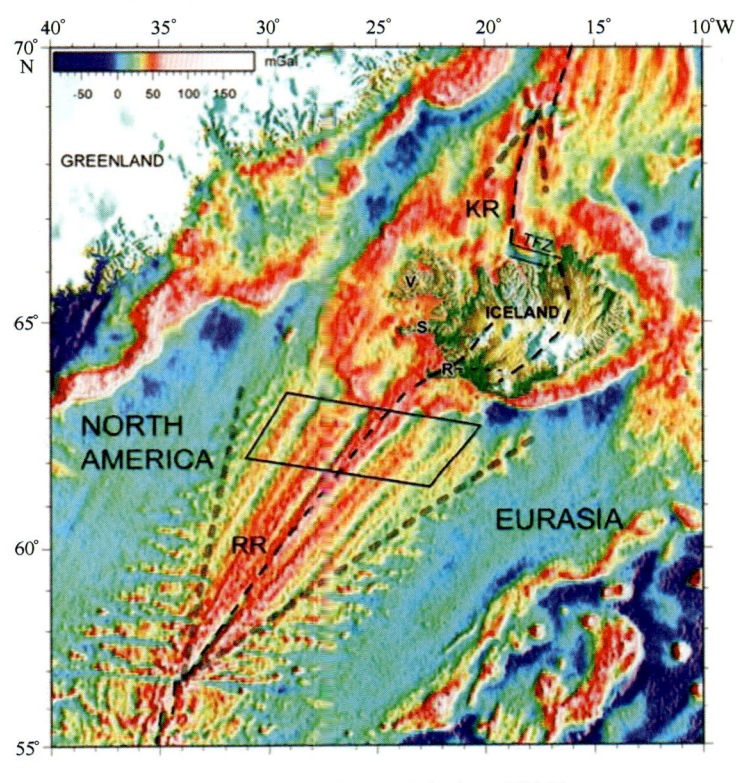

图 9　北大西洋卫星重力及 V 形洋脊

资料来源：委员会对冰岛（埃吉尔海盆和雷克雅内斯洋脊西部和南部地区）外大陆架划界案的建议摘要。

该 V 形区域长约 1 000 千米，从雷克雅内斯半岛延伸至北纬 57°附近，且宽达 500 千米。根据冰岛所提交的资料，该 V 形区域无论在形态上还是地质上都和冰岛相连。它们都是由于在异常的热地幔发生的频繁的火山活动，经相同的地质过程，即板块扩张而形成的。雷克雅内斯洋脊的 V 形区域的地壳构成与洋中脊两侧周围的地壳构成是可区分的。

通过适用《公约》第七十六条第 4 款的规定，雷克雅内斯洋脊的大陆坡坡脚所产生的大陆边缘超过了该区 200 海里界限。基于此，委员会确认冰岛在该区于 200 海里界限外建立大陆架的法律权利。

4.2.2 确定大陆坡脚

根据《公约》第七十六条的规定，在没有相反证明的情形下，大陆坡脚应定为大陆坡底坡度变化最大之点。委员会《科技准则》第 5 章向沿海国提供了一些可采用的方法来确定大陆坡底坡度变化的最大之点。

同在埃吉尔海盆地区一样，冰岛发展并运用"三步法"来确定大陆坡底和大陆坡脚点。委员会认为该方法符合《科技准则》的规定。

4.2.2.1 自然延伸

冰岛声称，划界案"遵循《公约》项下对大陆边缘的定义，将地球的固体表面分成 3 类：陆地领土、大陆边缘和深洋洋底及其洋中脊……一个大陆边缘围绕一块陆地，无论此块陆地是岛屿还是大陆。该大陆边缘的定义不涉及不同类型的地壳，如大洋地壳，或玄武岩壳和大陆地壳"。

冰岛视雷克雅内斯洋脊为冰岛陆地延伸的其中一个部分，因其在形态学上、地质起源和历史上与冰岛存在连续性。为满足从属权利检验标准，冰岛进一步认为其陆地水下延伸部分有相当面积的海底高地，这些海底高地是在"凹凸不平"的深洋洋底的平均高度之上。

小组委员会对从属权利进行检验后总结认为，热点-洋脊的交互作用极大改变了海底扩张进程和雷克雅内斯洋脊部分地区的形态。通过仔细审查划界案中的所有的科学和技术数据及其他信息，小组委员会认为冰岛所定义的热点与雷克雅内斯洋脊的西部和南部地区的海底扩张产生交互作用的区域是符合《公约》第七十六条的冰岛大陆边缘的一部分，并且从冰岛陆地向外延伸并超过了从测算领海宽度的基线量起 200 海里。同样重要的是，雷克雅内斯洋脊的西部和南部地区未与冰岛热点产生明确交互作用的区域，出于《公约》第七十六条的目的，应被视为是深洋洋底及其洋中脊的一部分。

因此，小组委员会同意，通过适用《公约》第七十六条第 4 款的规定，在雷克雅内斯洋脊的西部和南部地区，冰岛符合从属权利检验的标准。

小组委员会的观点是，仅仅依据水深尚不足以厘清大陆坡和深洋洋底之间的复杂边界区域，该边界区域位于雷克雅内斯洋脊的两侧（作为大西洋洋中脊体系的一部分），及附近的深海平原。依据《科技准则》第 5.4.4 段的规定，在此种情形下，要确定大陆坡底需要运用地质和地球物理信息加以支持。

小组委员会认为有 3 种由地质和地球物理证据支持的地形信息可以帮助用以确定大陆坡底和大陆坡脚点。

除最初提交的数据和信息外，冰岛还提供了一个高质量多波束测深数据库。该数据库是 2013 年 9 月 MGL 13-9 科考航次期间在拜特断裂带（Bight Fracture Zone）南部高地获取的。拜特断裂带位于 V 形区域的南端（图1）。

4.2.2.2　大陆坡底和大陆坡脚点

冰岛起先在雷克雅内斯洋脊的西侧与沉积岩深洋洋底的分界处，沿着测深剖面设置了一个搜索区域以确立大陆坡底的位置。该搜索区域是大西洋洋中脊的一部分。冰岛在搜索区域内沿着每个剖面建立大陆坡底，并用一般规则定位了大陆坡脚点。小组委员会认为冰岛最初提交的这些大陆坡脚点位于深洋洋底。

在第 32 届会议期间，小组委员会进一步阐释了观点，认为冰岛的自然延伸是限制在 V 形区域内的。随后，冰岛同意在 V 形区域内重新确立大陆坡底和大陆坡脚点。

小组委员会认为新提交的大陆坡底和大陆坡脚点，其中 11 个大陆坡脚点（ICE-RRW-03 至 ICE-RRW-08、ICE-RRW-10、ICE-RRW-110、ICE-RRW-120、ICE-RR-23 和 ICE-RRW-145）位于雷克雅内斯洋脊的西侧，3 个大陆坡脚点（ICE-RR-21、ICE-RR-20 和 ICE-RRE-103）位于拜特断裂带的南部。小组委员会审议了上述位于拜特断裂带以北的大陆坡底和大陆坡脚点，并一致同意其位置（图 11）。同时，小组委员会以多数同意的方式认可了冰岛提交的位于拜特断裂带南部的 3 个大陆坡脚点 ICE-RR-21、ICE-RR-20 和 ICE-RRE-103 的位置，因其存在地形连续性。

委员会一致同意大陆坡脚点 ICE-RRW-03 至 ICE-RRW-08 及其相应大陆坡底的位置。

就大陆坡脚点 ICE-RRW-110、ICE-RRW-120、ICE-RR-23 和 ICE-RRW-145，委员会一些委员接受了其位置，但另外一些委员不接受其周围大陆坡底的位置，也不认为它们是确定大陆边外缘的有效点。因 V 形区域仅到拜特断裂带，因此小组委员会撤回了拜特断裂带南部位于 V 形区域之外的 3 个大陆坡脚点 ICE-RR-21、ICE-RR-20 和 ICE-RRE-103。

根据对冰岛划界案中所含技术和科学资料，及以上提及的补充信息的审议，委员会的结论是，在雷克雅内斯洋脊的西侧，大陆坡脚点 ICE-RRW-03 至 ICE-RRW-08 符合《公约》第七十六条和委员会《科技准则》第 5 章的标准。委员会的建议是，这些大陆坡脚点应当形成建立雷克雅内斯洋脊西侧的大陆边外缘的基础（图10）。

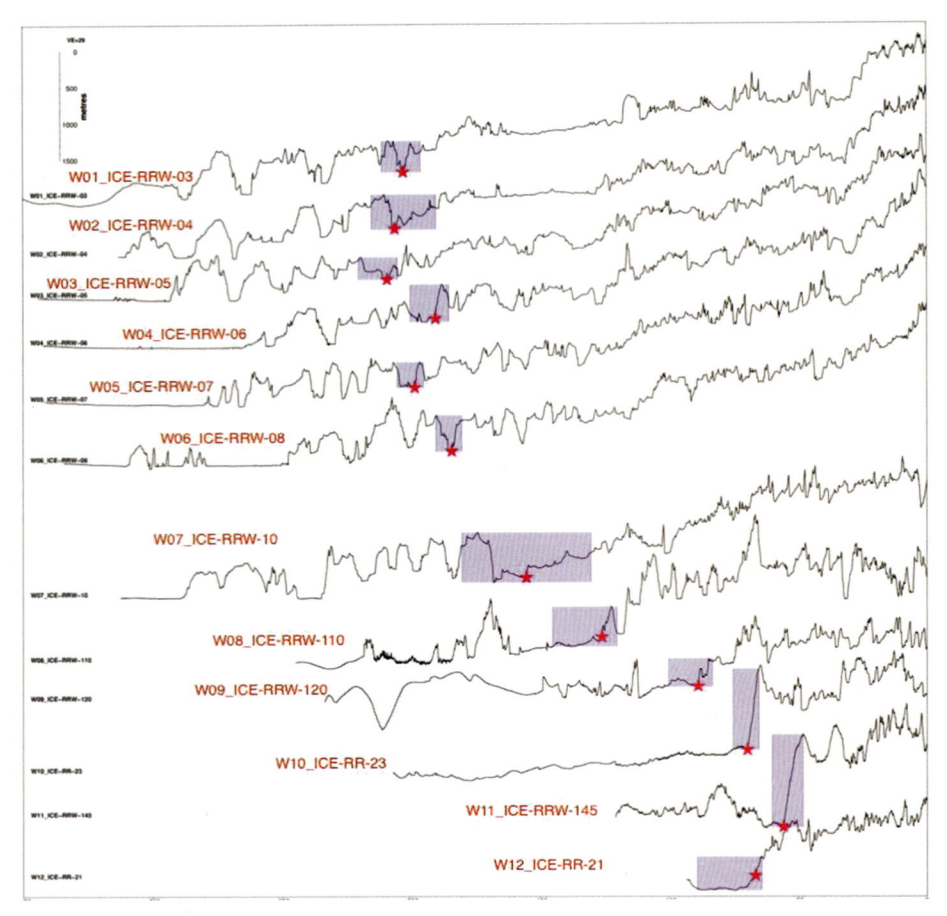

图 10 冰岛修改的雷克雅内斯洋脊的西部和南部的测深剖面

注：显示大陆坡底区域（蓝色方框）和大陆坡脚点（红星）。

资料来源：委员会对冰岛（埃吉尔海盆和雷克雅内斯洋脊西部和南部地区）外大陆架划界案的建议摘要。

4.2.3 公式线运用

在雷克雅内斯洋脊西侧，拜特断裂带的以北区域，冰岛只适用距离公式线，即基于按照《公约》第七十六条第 4 款（a）项（2）目，大陆坡脚外推 60 海里弧上的点。

以大陆坡脚点 ICE-RRW-03 至 ICE-RRW-08、ICE-RRW-10、ICE-RRW-110、ICE-RRW-120、ICE-RR-23、ICE-RRW-145、ICE-RR-21、ICE-RR-20 和 ICE-RRE-103 确定的大陆边外缘是小组委员会提交给委员会建议草案的一部分。小组委员会表示，一致同意以大陆坡脚点 ICE-RRW-03 至 ICE-RRW-08、

ICE-RRW-10、ICE-RRW-110、ICE-RRW-120、ICE-RR-23 和 ICE-RRW-145 确立的大陆边外缘，但决定撤回以大陆坡脚点 ICE-RR-21、ICE-RR-20 和 ICE-RRE-103 确定的大陆边外缘。

小组委员会和委员会一致接受由大陆坡底和大陆坡脚点 ICE-RRW-03 至 ICE-RRW-08 确立的大陆边外缘，并同意由此构建 60 海里弧线的方法。

雷克雅内斯洋脊西侧的大陆边外缘在北端与格陵兰岛的 200 海里线相交（图11）。西侧 200 海里外大陆边外缘是基于 60 海里距离公式线上的定点，按照《公约》第七十六条第 7 款确定的。委员会建议将这些定点和连接它们的直线用做确立该地区大陆架外部界限的基础。

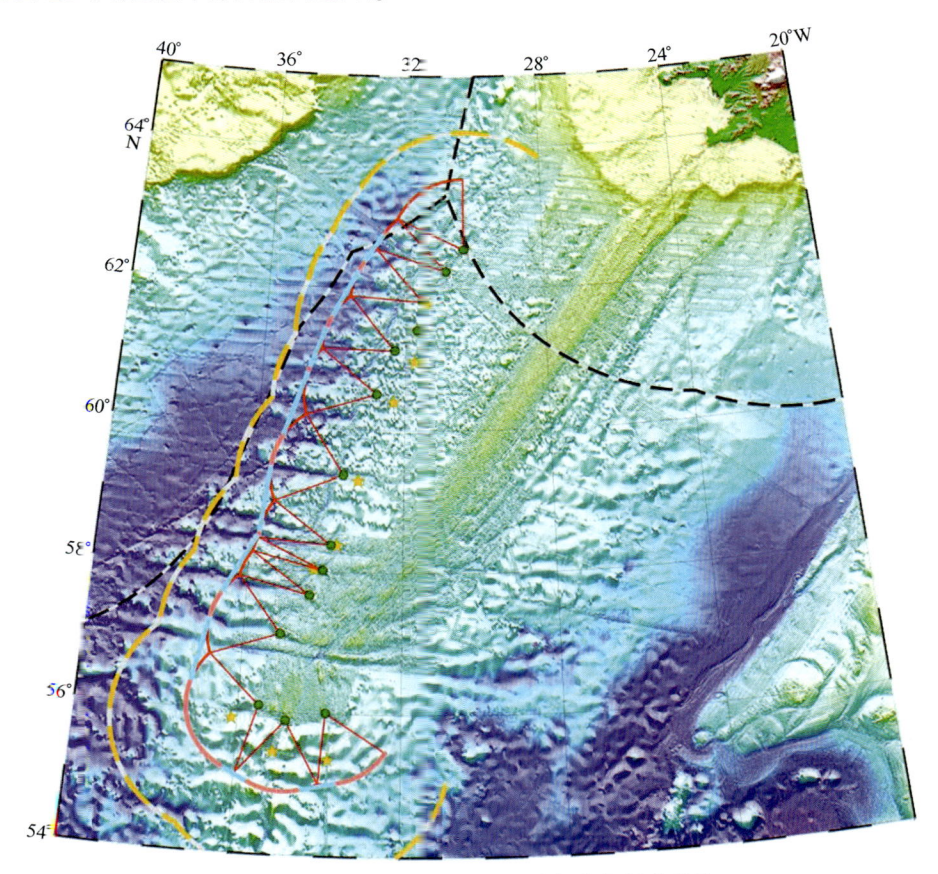

图 11　冰岛提交并经修订的雷克雅内斯洋脊的
西部和南部的大陆坡脚点（绿色点）

资料来源　委员会对冰岛（埃吉尔海盆和雷克雅内斯洋脊西部和南部地区）外大陆架划界案的建议摘要。

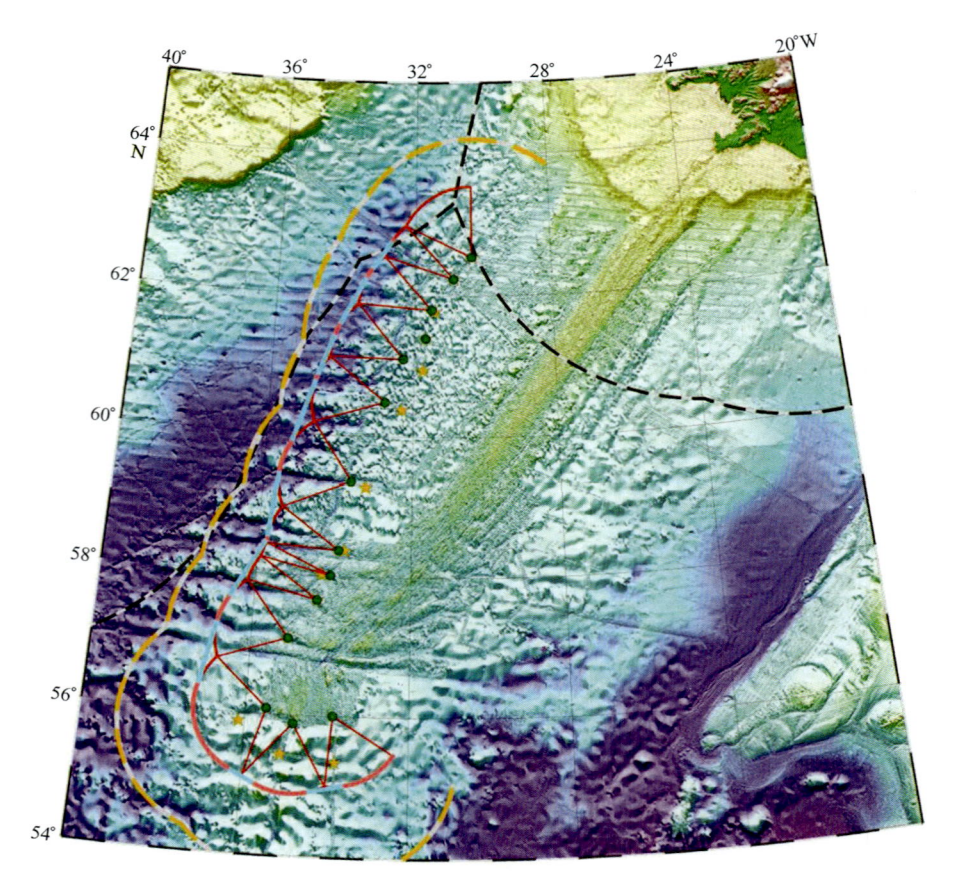

图 12 冰岛于 2014 年 2 月 20 日提交的经修订的雷克雅内斯洋脊的西部和南部的大陆坡脚点（绿色点），同时显示的有从这些大陆坡脚点位置确定的大陆边外缘（蓝色和粉红色线），2 500 米等深线关键点（橙色星点）和由此产生的深度限制线（橙色线）

资料来源：委员会对冰岛（埃吉尔海盆和雷克雅内斯洋脊西部和南部地区）外大陆架划界案的建议摘要。

4.2.4 限制线的运用

大陆架的外部界限不能超过《公约》第七十六条第 5 款和第 6 款中所规定的限制。由此，大陆架外部界限不得超过从领海基线量起 350 海里（距离标准限制）的规定可以适用于所有情况。或者，大陆架外部界限不得超过 2 500 米等深线外 100 海里的规定（深度标准限制）可以适用于那些被划分为该陆边自然构成部分的大陆架部分。

在雷克雅内斯洋脊的西部和南部，冰岛只选择了适用深度限制线。

小组委员会中的多数认为雷克雅内斯洋脊是《公约》第七十六条规定中的

海底高地，同意适用深度限制线。

小组委员会中的普遍观点是，在雷克雅内斯洋脊的西部和南部，深度限制线是可适用的限制线。小组委员会同意冰岛在构建该限制线时所使用的程序和方法，即基于沿选定的多波束测深剖面的 2 500 米等深线。

然而，一些委员不支持将雷克雅内斯洋脊视为海底高地，委员会无法就深度限制线的可行性得出结论，并认为划界案中支持雷克雅内斯洋脊的西部和南部为冰岛大陆边缘的自然构成部分的数据和信息是不充分的。因此，委员会只能建议由定点构成的大陆架外部界限应位于从测算冰岛领海宽度的基线量起 350 海里内。

委员会建议的限制线为 350 海里距离限制线。

4.2.5 最终外部界限及委员会建议

委员会建议，冰岛雷克雅内斯洋脊西侧大陆架外部界限的划定应按照《公约》第七十六条第 7 款的规定，由长度不超过 60 海里的直线连接起来的定点构成。这些定点最远不能超过从测算冰岛领海宽度的基线量起 350 海里（图 13）。其中一个定点位于由冰岛计算的格陵兰岛 200 海里线上。

5 对委员会冰岛外大陆架划界案建议的评注

5.1 本划界案由委员会一致通过

2016 年 3 月 10 日，委员会以协商一致的方式通过了"大陆架界限委员会关于 2009 年 4 月 29 日冰岛（埃吉尔海盆和雷克雅内斯洋脊西部和南部地区）大陆架划界案的建议"。委员会认定冰岛雷克雅内斯洋脊是北大西洋中脊的一部分，不是冰岛大陆地块的自然构成部分。雷克雅内斯洋脊只能作为"海底洋脊"处理，其延伸距离不应超过 350 海里。

5.2 冰岛划界案委员会建议的示范性意义

在本划界案中，冰岛代表团强调如下"科学证据"。

（1）相对大西洋中脊的其他部分，雷克雅内斯洋脊水深特别浅，平均 1 000~2 000 米。

（2）根据海底地形和卫星重力场显示在冰岛南侧存在一个巨大的 V 形区域，

345

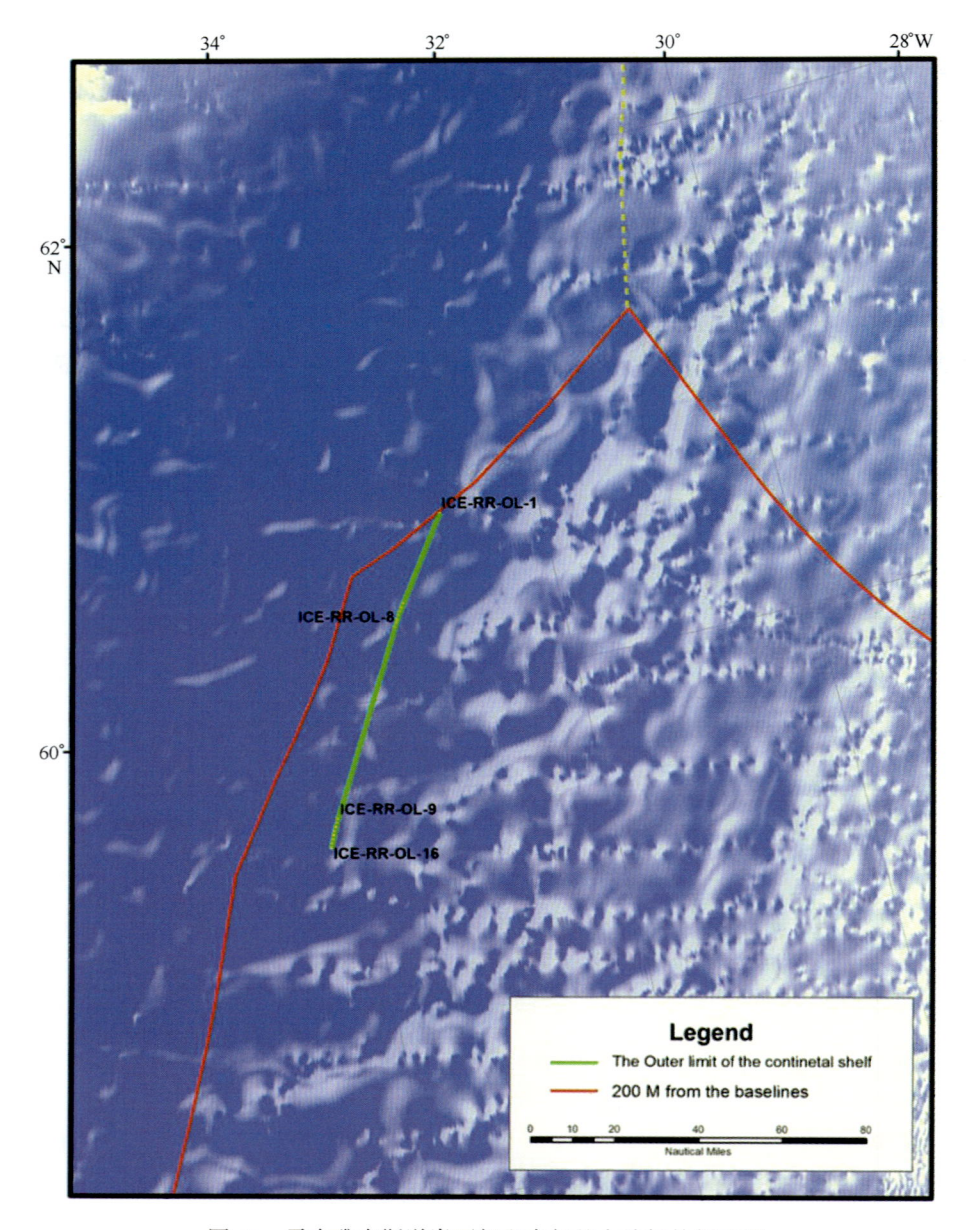

图 13 雷克雅内斯洋脊西部和南部的大陆架外部界限

资料来源：委员会对冰岛（埃吉尔海盆和雷克雅内斯洋脊西部和南部地区）外大陆架划界案的建议摘要。

区内地壳增厚，是冰岛热点作用形成的。并提出磁条带异常也存在这种 V 形结构和 V 形扩张的地质模型。

（3）雷克雅内斯洋脊的地貌特征和地球化学数据显示，热点的强烈影响一直延伸到北纬57°的拜特断裂带以南。因此认为雷克雅内斯洋脊是冰岛大陆边缘的自然构成部分，即"海底高地"，并因此为依据确定最南端的大陆坡脚位置在北纬57°附近。

（4）委员会《科技准则》在第7.2段并未限制在大洋中脊上有岛屿时应看做为"深洋洋脊"，因此沿海国可将其作为"海底高地"处理。

委员会注意到《公约》第七十六条第3款和第6款的规定可能给确定脊的类别造成困难，特别是一些脊（包括仍在活动扩张的脊）上可能有岛屿。尤其当此类洋脊或洋脊的一部分对于岛屿的影响特别大，而"陆块"和"陆地领土"二词在地质学的地壳分类方面又属中性用语，因此委员会认为在这种情况下很难将这部分脊视为深洋洋底的一部分，而可视为海底洋脊。然而无论如何，这部分脊都无法归入"海底高地"一类，这也可从委员会《科技准则》将两者分节规定予以佐证。

阿森松岛划界案的重要影响之一在于委员会首先肯定洋中脊为深洋洋脊，然而因阿森松岛的大陆坡脚仅限于其火山体基部，英国主张主权权利的脊的部分与岛屿的大陆边并不存在地形上的连续性，换言之，该部分洋中脊对阿森松岛的影响非常有限。因此，委员会拒绝将其认定为海底洋脊，并建议阿森松岛的大陆架权利不超过200海里。虽同为洋中脊上有岛屿的情形，冰岛划界案的不同点在于雷克雅内斯洋脊位于一个地幔剧烈上涌的地区，具有高升的地形、反常的大洋水深以及厚的地壳，对冰岛的影响较大。并且热点与扩张脊相互作用的V形区域一直延伸到拜特断裂带处，即大陆坡脚包络线基本位于该段洋脊的外缘。因此，委员会同意将雷克雅内斯洋脊视为海底洋脊，受350海里限制线制约。目前在世界范围内还存有大量此类地质构造，因此可以说，冰岛划界案委员会建议为洋脊规则的规范应用树立了公平公正、合理合法的典范。

参考文献

[1]　Executive Summary of the Iceland's Extended Continental Shelf Submission.

[2]　*Note Verbale* from Denmark on the Iceland's Extended Continental Shelf Submission（15 June 2009）（Ref. No. 119. N. 8）.

[3]　*Note Verbale* from Denmark on the Iceland's Extended Continental Shelf Submission（17 January 2013）（Ref. No. 119. N. 8）.

[4]　*Note Verbale* from Norway on the Iceland's Extended Continental Shelf Submission（07 July 2009）.

［5］ 委员会第 30 届会议主席说明（中文版和英文版）（CLCS/76）.

［6］ 委员会第 31 届会议主席说明（中文版和英文版）（CLCS/78）.

［7］ 委员会第 32 届会议主席说明（中文版和英文版）（CLCS/80）.

［8］ 委员会第 33 届会议主席说明（中文版和英文版）（CLCS/81）.

［9］ 委员会第 34 届会议主席说明（中文版和英文版）（CLCS/83）.

［10］ 委员会第 35 届会议主席说明（中文版和英文版）（CLCS/85）.

［11］ 委员会第 37 届会议主席说明（中文版和英文版）（CLCS/88）.

［12］ 委员会第 38 届会议主席说明（中文版和英文版）（CLCS/90）.

［13］ 委员会第 40 届会议主席说明（中文版和英文版）（CLCS/93）

［14］ Recommendations of the Commission on the Limits of the Continental Shelf in regard to the Submission made by Iceland in the Ægir Basin Area and in the Western and Southern Parts of Reykjanes Ridge on 29 April 2009, Adopted by the Commmission on 10 March 2016 with amendments.